KB050675

한국연구재단 학술명저번역총서
서양편 802

피렌체사 ❶

Istorie Fiorentine

Niccolò Machiavelli 저 | **김경희·신철희** 역

차 례

제 2 권

제 3 권

제 4 권

헌정사(Dedica)

가장 거룩하고 복되신 클레멘스 7세[1] 교황 성하께

비천한 종 니콜로 마키아벨리

가장 복되시고 거룩하신 교황 성하께서 추기경 시절[2] 피렌체인들이 행했던 일들을 기록하라는 명령[3]을 내리신 이후, 저는 자연과 경험[4]이 제게 준 모든 성실과 기술을 다하여 교황 성하께 만족을 드리고자 하였습니다. 이제 저의 작업은 메디치 가문의 대(大) 로렌초 공의 서거로 인해서 이탈리아에 정세의 변화[5]가 일어난 시기[6]에 이르렀습니다. 또한 이후에 일어난 더 뛰어나고 원대한 일들이 더 높고 큰 정신으로 묘사되어야 하기에, 저는 교황 성하께서 파종한 결과이

1) 클레멘스 7세. 줄리아노 데 메디치(죽은 대[大] 로렌초의 동생으로서, 아들이 태어난 첫 달이 얼마 지나지 않아서 파치 가문의 음모에 희생당함. 8권 9, 17장 참조)의 사생아인 줄리오 데 메디치(1478~1534). 사촌인 교황 레오 10세 다음으로 메디치 가문의 두 번째 교황이 된 클레멘스 7세는 1523년 11월 18일에 선출되었다. 클레멘스 7세에게 헌정하는 전체 편지는 피렌체 국립도서관의 코드에는 없다.

2) 이때는 클레멘스 7세가 아직 교황이 아니고 추기경이던 1523년 11월 1일이다(다음 각주를 보라).

3) 마키아벨리에게 피렌체 역사를 쓰라는 공식적인 임무는 (메디치 추기경이 수장이었던) 피렌체 대학으로부터 1520년 11월 8일에 결정되어서 통보됐다.

4) 『군주론』과 『로마사 논고』의 서문에 나오는 공부(lettura 또는 lezione)와 경험의 쌍에 대한 변형.

5) 정치 조직과 권력 관계의 변화.

6) 1492년. 대 로렌초의 죽음과 함께 『피렌체사』도 결말을 맺는다.

자 제 노력의 결실[7]의 일부를 우선 음미하실 수 있도록 저 시기까지 묘사한 모든 내용[8]을 한 권으로 압축하여 드리고자 합니다. 따라서 교황 성하께서 이 책[9]을 읽으시면 먼저, 로마 제국이 서쪽에서 그 세력을 잃기 시작한 이후 수 세기 동안 이탈리아에 얼마나 많은 재난과 군주들이 스쳐가며 국가들이 생겼다가 사라졌는지 보시게 될 것입니다.[10] 그리고 교황 성하께서는 교황령, 베네치아, 나폴리 왕국, 밀라노 공국이 이탈리아에서 제일의 지위와 명령권을 가지게 된 과정을 알게 되실 것입니다.[11] 또한 신성로마제국의 분열 때문에 황제들의 지배로부터 벗어났지만 분열 상태[12]로 있던 교황 성하의 조국[13]이 당신 가문[14]의 비호 아래 비로소 자치를 시작하게 된 경로를 보게 되실 것입니다. 교황 성하께서 당신의 조상들[15]이 행한 일들에 대하여 일절 아첨(adulazione) 없이 서술하라는 특별한 주의와 명령을 주셨기에(교황 성하께서는 인간의 진정한 칭송을 듣기 원하시고 호의를 얻고자[16] 바치는 거짓된 칭송을 싫어하시므로), 저는 조반니의 선함, 코지모의 지혜, 피에로의 자비,[17] 로렌초의 위대함과 사려 깊음을 묘사하면서 교황 성하의

---

7) 제 노력의 결실: 동일인이 시작한 것의 결과. 자연스럽게 『피렌체사』를 쓰는 데 있어서 추기경이 마키아벨리에게 주고 싶어 하는 적당한 사례비를 암시한다.

8) 클레멘스 7세에게 『피렌체사』를 바칠 때는, 아직 마키아벨리가 1492년 이후의 이야기는 쓰지 않았기 때문에 모든 구절을 의미한다.

9) 클레멘스 교황에게 바친 『피렌체사』 여덟 권.

10) 『피렌체사』 1권이 다룬 소재.

11) 이탈리아의 주요 국가가 되다.

12) 내부의 다툼 때문에 후에 제국의 통치권에 굴복하게 된다.

13) 피렌체.

14) 1434년에 코지모가 피렌체에 세운 메디치 가문.

15) 밑에 기록된 메디치 권력의 기원. 조반니 디 비치(Giovanni di Bicci), 코지모, 피에로와 로렌초 데 메디치. 이들의 통치에 대해서는 『피렌체사』 4권부터 구체적으로 이야기 할 것이다.

16) 아부하고 호의를 얻으려는 목적으로 쓰는 것을 의미.

17) 피에로의 자비(umanità di Piero). 자비는 집안의 특성처럼 보인다. 조반니 디

명령을 어기는 것[18]처럼 보일까 매우 두려웠습니다. 저는 교황 성하께, 그리고 저의 묘사를 신뢰하기 어려워하며 불쾌해 할 모든 사람에게 저의 변론을 해야겠습니다. 그들을 묘사했던 다양한 시기의 기록이 그들에 대한 칭송으로 가득 찬 것을 보았을 때, 저는 제가 발견한 그대로 묘사하거나, 아니면 질투심 때문에 침묵을 지켜야겠다는 의무감을 느끼기 때문입니다. 그리고 만약에 누군가 말하듯이 그들의 놀라운 행동 아래 공익에 반하는 야망이 숨겨져 있다면 그것을 모르는 한 제가 그것을 상론해야 할 의무는 없습니다. 저는 글을 쓸 때 고상한 목적 때문에 비열한 행동을 숨기거나, 칭송받을 만한 행동이 마치 그 반대의 목적을 위해서 행해진 양 얼버무리는 짓을 결코 한 적이 없기 때문입니다. 제가 얼마나 아첨을 멀리했는지는 이 책의 모든 부분, 특히 직접적이든 간접적이든,[19] 말하는 사람의 정확한 심정(umore)을 어떤 유보도 없이 담고 있는 연설(concioni)[20]과 사적인 의논(ragionamenti privati)[21]에서 잘 드러납니다. 따라서 증오에 찬 말들[22]

비치("정이 많고 자비로워서", 4권 3장), 코지모("매우 자비로운[인간적]", 4권 26장)에 적용된 형용사 "umano" 참조.

18) 역사의 객관성과 고객 또는 권력자의 바람 사이에 균형 잡기의 어려움에 대해서는 『로마사논고』 1권 10장 참조. 메디치 시대를 품위 있게 다루는 것의 어려움에 대하여는 마키아벨리가 귀차르디니에게 1524년 8월 30일에 보낸 편지 참조: "어떤 특정한 상황에 왔을 때는, 그 일을 부추겨야 할지 아니면 그만두어야 할지 당신 스스로 매우 난처한 상황에 처한다는 것을 이해할 필요가 있습니다. 비록 제가 일하는 방식을 고려한다고 하더라도, 진실을 말하면, 저는 결코 슬퍼할 수 없습니다."

19) 직접적으로 또는 간접적으로 그들이 한 연설.

20) 『피렌체사』의 인물들이 하게 한 공적인 연설들.

21) 이 구절은 단지 저자가 말하는 사람의 성격을 존중하려고 노력했다는 일반적 의미로 해석될 수 있다. 그러나 연설과 사적인 의논에서 메디치 가문의 적들에 대한 의견을 담고 있다. 마키아벨리가 진정한 의견을 위장하는 형태로서 메디치의 적들이 하게 하는 연설에 대해서는 (1533년 6월 30일 마르칸토니오 미켈리에게 보내는 편지에 나오는) 도나토 자노티의 증언 참조. 거기에서 『피렌체사』를 쓰는 시기와 관련해서 마키아벨리와 했던 대화를 전하고 있다. "이것[코지모가 권력을 잡고 그것을 강화한 방법]을 이해하기 원하는 사람들은

을 역사의 품위와 진실에 필요 없는 것들로 간주하여 누락시킨 부분이 있긴 하지만, 제 글을 올바르게 읽는 사람이라면 누구나 저를 아첨꾼으로 비난할 수는 없을 것입니다. 특히 아직 유명하지 않았을 때 짧은 생을 마감하여 많은 이야기를 할 수 없는 교황 성하의 부친[23]을 기리며 돋보이게 해드리는 글이 없는 것을 볼 때 이 점은 더욱 확인될 것입니다. 그러나 그분은 교황 성하의 아버지[24]였다는 것으로 충분히 위대하고 크시며, 그 사실은 조상들을 훨씬 능가하게 하고 그분의 불운이 앗아간 삶의 햇수에 수 세기를 더하여 그분께 명성을 드높인 것이었습니다. 가장 거룩하시고 복되신 교황 성하, 저는 제 글에서 진실을 더럽히지 않으면서 모든 사람들을 만족시키고자 애썼습니다. 그러나 저는 많은 사람들의 심기를 불편하게 만들지 않으면서 당대의 일들을 묘사하는 것이 불가능하다고 판단하기에, 모든 사람이 만족하지 않더라도 의아해하지 않을 것입니다. 제가 교황 성하의 자비에 의해 높임과 보호를 받듯이, 저는 또한 교황 성하의 가장 거룩하신 판단에 따라 움직이는 무장한 군대의 도움과 보호를 받게 될 것으로 희망하며 행복하게 이 과업에 착수했습니다. 제 목숨이 남아있고 교황 성하께서 저를 버리시지 않는 한, 제가 지금까지 글을 쓰면서 가졌던 정신(animo)과 용기를 그치지 않고 저의 과업을 다하겠습니다.

또한 내가 그의 적들에게 말하고 싶어 한다는 것을 알아차릴 것입니다." (Ferrai, *Letters,* p.1582). 이 논쟁에 대해서는 Sasso, *Machiavelli*, II p.356n. 참조.

22) '공격적인 표현들'. (말하자면, 거슬리는 희롱하는 말, 키케로, *Orat.*, VIII 25).

23) 파치 가문의 음모에 의해서 살해당한 줄리아노 데 메디치(Giuliano de' Medici, 1453～1478).

24) 줄리아노 데 메디치. 불과 25살에 죽임을 당했다.

서문(Proemio)

피렌체인들이 국내외에서 행했던 일들에 대하여 쓰기로 처음 작정했을 때,[25] 나의 의도는 코지모와 그의 아버지 조반니의 공적으로 메디치 가문이 피렌체의 어느 누구보다도 큰 권위를 획득한 서기 1434년[26]부터 이야기를 시작하는 것이었다. 1434년 이전에 발생한 모든 이야기는 두 명의 위대한 역사가인 아레초의 레오나르도(Leonardo d'Arezzo)[27]와 포조(Poggio)[28]가 상세하게 말했다고 생각했기 때문이

---

25) 줄리오 데 메디치 추기경 쪽에서 마키아벨리에게 『피렌체사』를 쓰도록 의뢰한 시기와 상황에 대해서는 헌정사의 각주 3 참조. 어느 시기부터 서술할지를 선택할 수 있는 자유에 대해서는 마키아벨리가 처남인 프란체스코 델 네로에게 보낸 편지(1520년 9월 10일부터 11월 7일까지) 참조. "피렌체 국가와 도시가 행했던 일들의 연대기나 역사를 쓰는 것을 의무로 하고 매년 봉급을 받든지… 그때부터 나는 라틴어나 토스카나어로 말하는 것이 편한 것 같았다." *Tutte le opere,* p.1200).

26) 1434년 코지모(1389~1464)가 망명으로부터 돌아오면서 15세기에 60년 동안의 메디치 정권이 시작되었다.

27) 레오나르도 브루니(또는 레오나르도 아레티노, 1374년에 피렌체에서 태어나서 1444년 피렌체에서 죽었다). 15세기 전반 인문학에서 가장 뛰어난 인물로서, 오랫동안(1427년부터 죽을 때까지) 피렌체 공화국의 서기장을 지냈다. 『피렌체인의 역사』 12권(1417년에 시작해서 미완성으로 남았다)을 저술했다. 이 책은 피렌체의 기원으로부터 1404년까지의 역사다. 브루니의 작품은 마키아벨리의 『피렌체사』 2권의 주요 자료 중 하나였다.

28) 위대한 인문주의자 포조 브라치올리니(1380~1459). 브루니와 함께 피렌체 공화국의 서기장(1453년부터)을 지냈다. 1350년부터 1455년까지 피렌체의 사건들을 다룬 『피렌체인의 역사』의 저자이다. 브라치올리니의 역사 저술은 사실 마키아벨리가 『피렌체사』의 자료로 전혀 사용하지 않았다. 2권 2장의 피렌체의 기원에 대한 정보에 전혀 나오지 않는다. 그럼에도 불구하고 포조의

다. 나는 그들을 모방함으로써 나의 역사책이 독자들로부터 더 인정받게 되지 않을까 하여, 그들이 어떤 질서와 방식(ordini e modi)[29]으로 글을 썼는지를 알아보기 위해 그들의 저작들을 면밀하게 읽었다. 그들은 피렌체인들이 외국의 군주들이나 인민들과 벌인 전쟁에 대해서는 상세하게 묘사했으나, 시민들 사이의 불화와 내부의 증오에 대하여는 전적으로 침묵했고, 그로 인해 발생한 효과와 관련해서는 매우 간략하게 설명했기 때문에, 독자들에게 즐거움이나 유익을 주지 못했음을 발견할 수 있었다. 나는 그들이 그렇게 쓴 이유를 시민들 사이의 불화와 내부의 증오의 정도가 너무 약해서 글로 남길 가치가 없다고 여겼거나, 아니면 그들이 이야기 속에서 비난해야만 하는 인물들의 자손들의 심기를 거스르기를 꺼렸기 때문이라고 짐작한다. 그러나 이 두 가지 이유는 말할 나위 없이 뛰어난 이 작가들에게 합당하지 않은 것 같다. 역사가 즐거움이나 교훈을 준다면 그것은 상세하게 진술된 사건들일 것이고, 공화국을 통치하는 시민들에게 유익한 독서가 있다면, 그것은 도시의 불화와 분열이 어떻게 발생하는지 보여주어 다른 사람들의 희생을 통해 이와 같은 지혜를 배운 그들이 시민들 사이의 연합을 유지하는 법을 터득하게 하는 것이기 때문이다. 만약 어느 한 공화국의 사례가 감동적이라면, 자신의 도시의 사례를 읽을 때에는 더욱 감동적이고 유익하다. 그리고 다른 어떤 공화국의 분열보다 피렌체의 분열이 가장 주목할 만하다. 우리가 찾아볼 수 있는 대다수의 공화국들은 하나의 분열에 만족하고, 우연한 사건에 따라 그 분열이 때로는 세력을 확장하기도 하고 때로는 도시를 망하게 하기도 했는데,[30] 피렌체는 하나의 분열에 만족하지 못하고 많은 분열을 만

역사는 브루니의 역사와 함께 번역되어서 널리 유통되었다.

29) 역사학의 기준과 방법.

30) 제시된 이분법은 분명히 『로마사 논고』 1권 4장의 논지를 가리킨다. ("로마의 평민과 원로원의 분열은 자유와 공화정의 힘을 가져다주었다"). 마키아벨리는

들어냈기 때문이다. 모두가 알고 있듯이 로마에서는 왕들이 쫓겨난 후 귀족과 평민 사이의 분열이 발생하여 로마가 멸망할 때까지 그 분열이 유지되었다.[31] 아테네에서도, 당시에 번성한 다른 모든 공화국에서도 그러했다.[32] 하지만 피렌체에서는 처음에 귀족들(nobili)끼리,[33] 다음에는 귀족과 포폴로 사이에,[34] 마지막에는 포폴로와 평민(plebe)[35] 사이에 분열이 발생했다. 그리고 많은 경우 승리한 쪽이 다시 둘로 나뉘었다. 그러한 분열들로 인하여 우리가 기억하는 그 어떤 도시에서 발생한 것보다 더 많은 사람들의 죽음과 망명, 그리고 많은 가문들의 멸망이 있었다. 내 판단으로는 참으로, 그 어떤 위대하고 강력한 도시라도 소멸시켜 버렸을 힘(forza)을 가지고 있었던 이 분열들로부터 발생한 역량(potenza)보다 우리 도시의 역량을 더 잘 보여주는 다른 사례는 없어 보인다. 분열에도 불구하고 우리 도시의 역량은 더 강해졌다. 그 분열에서 살아남은 피렌체 시민들의 능력, 즉 피렌체인들과 그들의 조국 피렌체를 위대하게 만든 지성과 정신의 힘이 엄청났기 때문이다. 그래서 분열로부터 살아남은 소수는 피렌체를 약화시킨 그 사건들의 해악이 피렌체를 압도하지 못하도록 그 사건들이 보

도시의 불가피한 분열의 일반적 상황에 의지해서 아이디어를 제시하고 있다. 분열의 결과는 도시에 힘의 증진을 가져다 줄 수 있다.

31) 로마의 '멸망'은 아직 이해되지 않았다. 그러나 마키아벨리가 엄격한 사회적 충돌이 분명히 경제적 성격을 취한 시기인 그라쿠스 형제의 때에 공화국과 자유의 경험이 끝이 난다(『로마사 논고』 1권 6장과 1권 37장 참조).

32) 모든 공화국에서 귀족과 평민이라는 두 개의 계급(umori) 사이의 갈등의 불가피성에 대해서는 『로마사 논고』 1권 4장, 『군주론』 9장 참조.

33) 구엘프 파벌과 기벨린 파벌 사이의 분열(그것에 관해서는 2권 3장을 보라). 피렌체의 첫 번째 분열은 (귀족과 포폴로라는) 상이한 계급 사이의 사회적 충돌이라는 근본적 역동성에 속하지 않고, 파벌(consorterie)의 충돌이다.

34) 13세기 후반부의 시민들의 역사가 보여주는 분열. 마키아벨리는 그것에 대해서 특히 2권 11장의 첫 부분에서 말하고 있다(2권 8장을 보라).

35) 『피렌체사』에서 모호한 용어다. 소길드(Arti minori)의 하층민이나 중산층을 지칭하기도 하고, 임금생활 계층을 가리키기도 한다.

여준 자신들의 역량을 사용하여 피렌체를 고양시킬 수 있었다. 신성 로마제국으로부터 자유로워진 후 피렌체가 단결을 유지할 수 있는 정부 형태를 획득할 수 있을 정도로 번영했다면, 내가 아는 현대나 고대의 어떤 공화국도 역량(virtù)과 군사력과 근면함으로 가득 찬 피렌체보다 우월할 수 없었을 것임은 의심의 여지가 없다. 피렌체는 토스카나와 롬바르디아를 기벨린파로 가득 채울 정도로 많은 기벨린파를 확실하게 몰아냈으며, 캄팔디노(Campaldino) 전투 일 년 전인 1288년 아레초(Arezzo)와의 전쟁에서 구엘프파는 시민들 중에서 1천 2백 명의 전사와 1만 2천 명의 보병을 선발했던 것을 볼 수 있기 때문이다. 이후 피렌체인들은 기댈 군대가 없어서 그 대신에 자신들의 근면을 시험할 수밖에 없었던(이 당시에 군대가 다 소진되었으므로), 밀라노 공작 필리포 비스콘티(Filippo Visconti)와의 전쟁[36]에서 5년 동안 350만 플로린을 사용했다. 전쟁이 끝난 후 피렌체인들은 평화에 만족하지 않고 도시의 힘을 더욱 과시하고자 루카(Lucca)에 있는 들판으로 진격했다. 그래서 나는 이 분열들에 대한 상세한 묘사가 불필요하다는 생각에 동의할 수 없다. 만약 매우 저명한 그 저술가들이 자신들이 논구해야 하는 인물들에 대한 기억에 상처를 내지 않기 위해 자제했다면, 그들은 큰 실수를 한 것이며 자신뿐 아니라 조상들의 이름을 영원토록 기리고자 하는 인간의 야망과 욕망에 대해서도 거의 모른다고 할 수 있다. 또한 칭송받을 만한 행위로 명성(fama)을 얻을 기회가 없는 경우 경멸할 만한 일들로라도 그것을 얻고자 획책하는 사람들이 얼마나 많은지를 잊은 것이다. 그리고 그들은 그 자체로 위대한 행위는, 정부와 국가에 관련된 행동이 그러하듯, 어떤 식으로 다루어지든 혹은 어떤 목적을 가지고 있든지 간에, 인간에게 항상 비난보다는 명예(onore)를

36) 1423년에서 1428년까지의 전투(필리포 마리아 비스콘티와 싸운 다양한 전투들)를 암시한다. 마키아벨리는 그것에 대해 4권 5–14장에서 말하고 있다.

더 가져다주는 것 같다는 사실을 생각하지 못했다. 이러한 일들을 숙고한 후, 나는 계획을 변경하여 역사 서술의 시작을 우리 도시의 기원으로 정했다. 다른 사람들을 대체하는 것은 나의 의도가 아니므로, 1434년까지는 도시 내부에서 발생한 일들만 상세하게 묘사하고, 도시 외부에서 발생한 일들에 대해서는 내부의 일들을 아는데 도움이 되는 것만 말하도록 하겠다. 1434년 이후에 대해서는 도시 내부와 외부의 일 모두를 상세하게 기록 하겠다. 덧붙여, 피렌체를 다루기 전에, 나의 역사 서술이 모든 시대 모든 사람에게 더 잘 이해될 수 있도록 이탈리아가 당시 이탈리아를 지배하고 있었던 세력권으로 어떻게 들어오게 됐는지 먼저 설명할 것이다. 피렌체뿐 아니라 이탈리아에 관련된 일들은 네 권의 분량을 차지한다. 1권은 로마제국의 쇠퇴이후 1434년까지 이탈리아에서 발생한 예측 불가능했던 모든 사건들을 간략하게 말할 것이다. 2권[37]은 피렌체의 시작으로부터 아테네 공작의 추방 이후 교황과의 전쟁까지를 다룰 것이다. 3권은 1414년 나폴리의 라디슬라오 왕의 죽음과 함께 끝난다. 4권은 1434년까지 다루고, 그 이후 우리 현시대에 이르기까지 피렌체 내부와 외부에서 발생한 일들을 상세하게 묘사할 것이다.

---

37) 사실 2권은 1353년, 피렌체가 밀라노의 시뇨레인 조반니 비스콘티 주교와 지속했던 전쟁이 끝나면서 종결된다. 교황과의 전쟁은 1375년부터 1378년까지 교황 그레고리오 11세와 벌였던 소위 "오토 산티" 전투만큼 잘 보여주는 것도 없다. 이에 대해서 마키아벨리는 3권 7장에서 말하고 있다.

제 1 권

제 1 권[1)]

1.[2)]

라인강과 다뉴브강[3)] 넘어 북쪽 지역은 생산성이 높고 살기에 좋아 사람들이 엄청난 수로 불어났다. 그래서 그들 중 일부는 조국 땅을 등지고 새로이 거주할 지역을 구해야 했다. 인구의 부담을 덜어야 했던 한 지역이 택했던 방법은 인구를 귀족과 평민, 부자와 빈자가 똑같이 포함되도록 삼등분한 다음, 제비 뽑힌 집단이 새로운 운을 찾아 떠나고, 인구의 3분의 1을 덜어낸 나머지 두 집단은 남아서 조국의 재화를 누리는 것이었다. 이 이민자들이 로마제국을 파괴시킨 사람들이었다. 제국의 오래된 터전인 로마를 버리고 콘스탄티노폴리스[4)]로 물러가 거주함으로써 제국의 서쪽 지역을 방치하고 관리들(ministri)과

---

1) [역자주] **로마제국의 쇠퇴부터 1434년까지.** 원문에는 권(libro)이나 장(capitolo)의 제목이 없지만 독자의 이해를 돕기 위해서 Allan Gilbert(1989)의 영문판에 나오는 제목을 참고해서 제목을 붙였다.

2) **야만인의 침입 375~439.**

3) 여전히 아우구스투스 시대에 북쪽과 북동쪽에 로마제국의 경계를 표시했던 두 강.

4) 테오도시오스 황제의 죽음으로 로마제국이 동쪽 지역을 차지한 아르카디오(Arcadio)와 서쪽 지역을 소유하게 된 오노리오(Onorio) 두 명의 아들 사이에 분할된 때인 395년에 동쪽 지역의 수도가 됐다.

적들의 약탈에 노출시켜 그 지역을 약화시킨 황제들이 이들에게 기회를 줬다. 그리고 정말로, 미덕을 가진 수많은 사람들의 피흘림 위에 세워진 그런 대단한 제국의 멸망은 군주들의 나태와 신하들의 불충과 공격한 자들의 견고한 힘이 켜켜이 쌓인 결과일 수밖에 없었다. 그토록 많은 사람들이 제국의 멸망을 도모했다. 로마시민인 마리우스에게 패배했던 킴브리(Cimbri)족[5] 다음으로 제국 북쪽 지역(라인강과 다뉴브강)을 공격한 사람들은 비시고트(Visigoths)족[6]이었는데, 그들 언어로 그 이름은 서고트족[7]을 뜻했다. 제국의 경계에서 몇 번의 교전이 있은 후, 그들은 황제들의 허락을 받고 다뉴브강에 자리를 잡았다. 그러다가 이들은 여러 시기에 다양한 이유로 로마 지역을 여러 차례 공격했으나 황제들은 무력으로 이들을 항상 제어했다. 그들을 영광스럽게 굴복시켰던 마지막 황제는 테오도시우스(Theodosius)[8]였다. 테오도시우스 황제에게 복종하게 된 이후 그들은 자신들을 통치할 왕을 다시는 선출하지 못했으며, 그들에게 내려진 하사금에 만족하고 황제의 통치(governo)와 깃발 아래 살면서 황제가 이끄는 전투에도 참여했다.[9] 그

---

5) 킴브리족은 덴마크 기원의 주민으로서 2세기 말에 갈리아 지역에 들어와 있었다. 101년에 캄피 라우디(Campi Raudii) 전투에서 가이오 마리우스 장군에게 패했다. 마리우스는 그 시절에 킴브리족 근처에 있었고, 갈리아 지역에 침투한 튜튼족을 이미 공격했다.

6) 비시고트족은 376년에 로마지역에 거주할 수 있는 허가를 얻었으나 그 후 몇몇 제국의 관리들과 의견이 불일치하자 반란을 일으켜 마르치아노폴리(Marcianopoli, 377)와 리아노폴리(Adrianopoli, 378)에서 로마군대를 격파했다. 거기서 황제 발렌테(Valente)의 주검이 발견됐다.

7) 서 게르마니카(germanica)에 뿌리를 둠. 1권 3장에서 마키아벨리는 비온도(BIONDO), *Decades*, I 3의 안내에 따라 명사 오스트로고티(Ostrogoti)를 'Goti orientali'로 번역한다. 플라비오 비온도의 *Decades*는 『피렌체사』 1권에서 마키아벨리가 유일하게 활용하는 원전이다.

8) 사실 테오도시우스는 전투에서 몇 번의 결정적 승리를 얻지는 못했으나, 비시고트족에 맞서는 데는 성공했다. 협정을 맺어서 황제의 동맹(foederati, 382)으로 그들에게 모이시아(Mesia) 지역에 거주하도록 허락했다. 테오도시우스는 379년에 권력을 잡았다.

러나 테오도시우스 황제가 죽고 나서[10] 그의 아들들인 아르카디오(Arcadius)와 오노리오(Honorius)는 제국의 유산만 받았고 아버지의 역량과 행운은 이어받지 못했다. 이제 시대가 바뀌었다. 테오도시우스는 동쪽에 루피누스(Rufinus),[11] 서쪽에 스틸리코네(Stilicone),[12] 아프리카에 길도(Gildo),[13] 이렇게 제국의 세 지역에 세 명의 총독을 배치했었는데, 황제가 죽은 후 그들은 모두 맡은 지역의 관리를 계속하는 것이 아니라 자신들이 황제가 되어서 지역을 소유할 마음을 먹었다. 길도와 루피누스는 초기에 바로 진압됐지만, 자신의 의도를 능숙하게 숨겼던 스틸리코네는 한편으로 새로운 황제의 신뢰를 얻고자 노력하고, 다른 한편으로 나중에 제국을 더 쉽게 손에 넣기 위하여 제국에 혼란을 책동했다.[14] 그는 서고트족을 황제의 적으로 만들기 위해서 황제들에게 서고트족에게 그동안 주었던 하사금을 중단할 것을 조언했다.[15] 이 적들이 제국을 혼란에 빠뜨리기에 충분하지 않아 보이자, 그는 부르군디족, 프랑크족, 반달족, 아리안족–새로운 땅을 찾아 나

9) 로마와의 협정(foedus)은 그들에게 다뉴브강의 경계를 지키는 것을 의무로 하고 있었다.

10) 395년.

11) 플라비오 루피노(335∼395)는 그 밑에서 법무관을 지냈던 테오도시우스보다 몇 달 더 오래 살았다. 어린 아르카디오의 후견인이 됐다가 오노리오의 후견인이었던 스틸리코네가 보낸 자객에게 죽임을 당했다.

12) 반달족 출신의 테오도시우스의 장군으로서 테오도시우스가 죽자 오노리오의 후견인이 되었고, 그 후 제국의 서쪽 지역의 총독이 되었다.

13) 386년부터 이미 아프리카의 총독이었다. 397년에 스틸리코네와 오노리오를 공격했으나 패하고 죽임을 당했다(398년).

14) 스틸리코네의 이야기는 압축되서 논의되고 있다. 확실히 많은 현대 역사 서술들이 비온도의 *Decades*를 반영하고 마키아벨리로 돌아가는 것에 반대 의견을 가지고 있다.

15) 제국과의 협정에 따라 그들을 거주하도록 허락한 상태에서. 테오도시우스 통치 마지막 해에 이미 서고트족과 제국 사이의 갈등이 강화되었다. 395년부터 397년 사이 서고트족은 동쪽의 발칸 지역(콘스탄티노폴리스 가까이 도착했다)과 그리스 원정을 마친 상태였다.

선 북쪽 민족들－에게 로마 지역을 공격하도록 명령을 내렸다. 하사금을 박탈당한 서고트족은 성공적인 복수를 위해 알라리쿠스(Alaricus)[16]를 왕으로 삼았다. 이들이 제국을 공격했고, 예측하지 못한 많은 사건들이 이탈리아를 황폐화시킨 후에, 로마를 점령하고 약탈했다. 이 승리 후에 알라리쿠스가 죽고 그 뒤를 이은 아타울루프(Ataulfo)[17]는 황제의 누이인 플라치디아를 아내로 삼았다. 그는 그 결혼을 성사시키기 위하여 위에서 언급한 이유들로 반달족, 부르군디족, 아리안족, 프랑크족들로부터 공격을 당한 골(Gaul)과 스페인 지역을 도우러[18] 가는데 동의했다. 이제 서고트족은 베티카(Betica)[19]라고 불린 스페인 지역을 점령한 반달족과 치열하게 싸우게 됐다. 제국을 위하여 아프리카를 다스리고 있던 보니파시오는 반달족에게 아프리카로 침입해달라는 요청을 했는데, 이는 그가 반란을 일으켰던 자신의 실수가 황제에게 발각될까 두려웠기 때문이다. 기꺼이 이 일에 참여하게 된 반달족은 가이세리크(Gaiseric) 왕 아래 아프리카의 지배자가 되었다.[20] 그 와

---

16) 395년에 권력을 잡은 알라리코는 황제에 대한 반란 후에 이탈리아에 있는 서고트족을 이동시키기로 결심했으나, 폴렌차에서 스틸리코네에게 패했다(402). 서고트족은 스틸리코네의 죽음(408) 후에 이탈리아로 향한 후 어렵지 않게 로마에 도착해서 잔혹하게 약탈했다(410). 알라리코는 칼라브리아에서 몇 달 후에 죽었다.

17) 알라리쿠스의 처남인 아타울포(아타울루프)는 414년에 오노리오의 누이인(410년 로마 약탈 시기에 인질로 붙잡혀있던) 갈라 플라치디아와 결혼했다. 그 결혼－정치적으로 큰 의미가 있었던－은 서고트족과 제국 사이의 갈등으로 끝이 났다.

18) 오노리오와의 협정으로 412년에 아타울포는 남부 갈리아를 차지하고 다른 야만족(아리안족과 부르군디족)의 공격으로부터 방어해줬다. 그와 함께 스페인에서 서고트족의 팽창을 시작해서 침투해 온 반달족과 스베비아족(Svevi)과 전투를 벌였다.

19) 안달루시아.

20) 반달족은 아프리카에 429년에 도착했다. 동맹 협정(foederati)에 따라 처음에는 거주를 허락받았으나, 이미 430년에 가이세리크 왕이 북서 아프리카의 모든 지역에 완전한 통치권을 인정해줬다.

중에 제국을 승계한 아르카디오의 아들 테오도시우스[21]는 제국의 서쪽의 일에는 별 관심이 없었고, 이에 반달족은 자신들이 이미 얻은 것들을 지킬 수 있다고 믿었다.

2.[22]

반달족은 아프리카의 지배자가 되었고, 아리안족과 서고트족은 스페인의 지배자가 되었다. 골(Gaul)을 차지한 프랑크족과 부르군디족은 점령한 지역에 자신들의 이름을 붙였고, 그로부터 한 지역은 프랑스, 다른 지역은 부르군디로 불리게 됐다. 이들의 놀라운 성공을 보고 다른 민족들도 제국의 영토를 넘보려는 자극을 받게 됐다. 훈족은 파노니아(Pannonia)[23]를 점령하고 다뉴브강의 먼 기슭에 자리 잡았다. 훈족으로부터 이름을 따온 그 지역은 오늘날 헝가리(Ungheria)[24]라고 불리게 되었다. 사방천지로부터의 공격을 목도한 황제는 적을 줄이기 위해서 이번에는 반달족, 다음에는 프랑크족과 협정을 맺었는데, 이 조치는 야만인들의 권위와 힘은 증가시키고 제국의 권위와 힘은 약화시킴으로써 이미 벌어진 혼란을 가중시킬 뿐이었다. 오늘날 잉글랜드라고 불리는 브리타니아(Brettagna) 섬도 큰 혼란으로부터 안전하지 못했다. 이민족이 프랑스를 점령하고 황제에게 보호받지 못할 것으로 생각한 브리튼족이 게르만족의 하나인 앵글로족(Angli)[25]에게 도움을

---

21) 408년에 아르카디오 동쪽의 왕위를 계승한 테오도시우스 2세.

22) **야만인의 정복 440~600.**

23) 로마 제국이 관리한 고대 지역으로 다뉴브강의 중류에 위치했다. 현재의 서 헝가리, 동 오스트리아, 그리고 크로아티아와 세르비아의 북부 지역 일부를 포함했다.

24) 사실 9세기 말경 그 지역을 차지한 웅가리(Ungari) 또는 마지아리(Magiari)에서 나온 이름.

요청했기 때문이다. 앵글로족은 그들의 왕인 보르티게른(Vortigern)의 지휘 아래 그 임무를 수용했다. 처음에 그들은 브리튼족을 보호하고 그 다음 그들을 섬에서 쫓아내 버리고 자신들이 눌러앉아 살면서, 그 섬을 자신들의 이름을 따서 앙글리아(Anglia)라고 불렀다. 조국을 빼앗긴 그 섬의 이전 거주자들은 어쩔 수 없이 포악해져서[26] 자기들의 나라를 지킬 수는 없었지만 다른 민족의 나라 하나를 차지하기로 마음먹었다. 그들은 동족들과 함께 바다를 건너 가장 가까운 해안을 차지하고 자신들의 이름을 따서 브르타뉴(Bretagne)[27]라고 불렀다.

3.[28]

우리가 위에서 말한 것처럼 파노니아를 점령한 훈족은 기피족(Gepids), 헤룰리족, 오스트로고티(Ostrogoti, 그들의 언어로 동고트족은 그렇게 불렸다)로 불린 다른 민족들과 섞였고, 새로운 나라를 찾아 떠났다. 이들은 야만족 군대가 지키고 있는 프랑스로 진입하지 못하고 자신들의 왕 아틸라[29]의 지휘 아래 이탈리아로 왔다.[30] 바로 직전에 왕국을

---

25) 앵글로족은 5세기부터 7세기까지 긴 기간 동안 잉글랜드에 들어온 게르만족(다른 민족은 색슨족과 주트족)의 하나였다. 프랑스에 정착한 야만인들로부터 안전하려고 앵글로족이 피해서 잉글랜드에 거주하게 됐다는 정보는 개인적 의견이다. 비온도(*Decades* I 2, pp.20－21)는 브리튼족이 앵글로족에게 로마의 식민지였던 섬의 북쪽(칼레도니아 Caledonia, 지금의 스코틀랜드)을 차지하고 있는 주민들을 공격해달라고 도움을 요청했고, 처음에 그들을 격퇴한 다음 앵글로족 군대를 모집하기로 결정했다고 쓰고 있다.

26) 인민의 잔혹함(용어의 긍정적 가치에 대해서는 적어도 『군주론』 8장과 『로마사 논고』 1권 19장, 2권 2장 참조). 네체시타와 인민의 군사적 용맹 사이의 연결은 매우 마키아벨리적이다(『로마사 논고』 1권 1장 참조).

27) 망슈(Manica)와 북대서양 사이에 있는 북서 프랑스의 반도.

28) **이탈리아 침략당함 452～476.**

29) 아틸라는 450년에 프랑스로 들어왔다. 하지만 프랑크족 및 서고트족과 동맹

독차지하기 위해서 형인 블레다(Bleda)를 죽였던[31] 일로 아틸라가 막강해지자, 기피족 왕인 안달리쿠스(Andaricus)와 동고트족 왕인 겔리메르(Gelimer)가 그의 아래로 들어왔다. 아틸라는 이탈리아로 와서 아퀼레이아(Aquileia)를 포위하고 아무 방해를 받지 않고 2년[32] 동안 머무르며 주위 마을을 초토화시키고 모든 주민들을 흩어버렸다. 다른 데서 말하겠지만, 이것이 베네치아[33]의 시작이었다. 아퀼레이아와 다른 많은 도시들을 점령하고 파괴한 후 그는 로마로 향했으나 교황[34]의 기도 때문에 로마를 파괴하는 것은 끝내 삼갔고, 교황에 대한 존경심이 매우 커서 이탈리아를 떠나 오스트리아로 물러나 거기에서 죽었다.[35] 아틸라의 죽음 후에 동고트 왕인 겔리메르와 다른 나라의 수장들이 아틸라의 아들들인 에릭(Eric)과 우릭(Uric)에게 반기를 들었다. 에릭은 그들에게 죽임당했고 우릭은 훈족과 함께 다뉴브강을 건너 조국[36]으로 돌아갔다. 동고트족과 기피족은 파노니아에 자리를 잡았고, 헤룰리족(Eruli)과 튀링겐족(Thuringi)은 다뉴브강의 반대쪽 강둑에 남았다. 아틸라가 이탈리아를 떠났으므로 서로마제국의 황제 발렌티니아누스[37]는 이탈리아를 회복할 것으로 생각하고, 야만인들로부터 이탈

을 맺은 로마 장군 에지오(Ezio, 390~454)는 그를 451년 7월 카탈라우눔(샬롱 쉬르 마른) 전투에서 저지했다. 프랑스를 통과하려는 시도가 실패하자 그 훈족 왕은 파노니아로 피했다.

30) 452년.

31) 444년. 블레다와 아틸라는 434년에 숙부인 루아(또는 루가)를 승계했다.

32) 사실 단지 몇 달 동안의 포위. 마키아벨리가 말하는 정보는 이번에는 출처의 실수다.

33) 도시의 기원은 1권 29장에 기술되어 있다.

34) 위대한 레오 1세. 전설에 의하면 교황 레오는 만토바에서 멀지 않은 곳에서 아틸라를 만나서 그가 로마 공격을 시도하지 못하도록 설득했다.

35) 453년. 아틸라가 죽자 훈족 왕국은 여러 명의 아들 사이에서 잘게 쪼개졌다

36) 파노니아가 아니라 러시아 남부인 다뉴브 저지대, 코카서스, 카스피해 사이로 작은 단위로 흩어졌다.

37) 오노리오 황제의 계승자인 발렌티니아누스 3세(425~455년 재위).

리아를 더 편리하게 방어할 수 있도록 로마를 버리고 라벤나[38]에 거주했다. 서로마제국이 겪은 이 역경들은 콘스탄티노폴리스에 거주하는 황제로 하여금 제국의 소유를 여러 차례 포기하게 했는데, 이것은 위험하고 비용이 많이 들었다. 자신들이 버림받은 것을 본 로마인들은 황제의 허락 없이 여러 차례 자기 방위를 위해 황제를 옹립하기도 했고, 스스로의 권위를 내세워 제국을 찬탈하는 자가 생기기도 했다. 이 시기 발렌티니아누스의 사후에 로마인 막시무스[39]가 제국을 차지한 다음 발렌티니아누스의 미망인 에우독시아(Eudoxia)[40]를 강제로 아내로 삼는 일이 벌어졌다. 황가의 혈통으로 태어나 평민과 결혼하는 것을 견딜 수 없었던 에우독시아는 자신이 받은 모욕을 복수하고 싶은 마음에, 반달족의 왕이자 아프리카의 패자인 가이세리크에게 로마를 차지하기가 얼마나 쉽고 효과적인지를 일깨워주면서 이탈리아로 진출하도록 살며시 권유했다. 전리품에 마음이 동한 가이세리크[41]는 재빨리 로마로 와서 주인이 없음을 발견하고 약탈한 다음 14일을 머물렀다. 그는 또한 이탈리아에서 훨씬 많은 마을을 점령하고 약탈했다. 가이세리크는 그와 그의 군대가 챙긴 약탈물이 두둑해지자 아프리카로 돌아갔다.[42] 이에 로마인들은 로마로 돌아가서 죽은 막시무스의 자리에 로마인 아비투스(Avitus)를 황제로 옹립했다.[43] 이탈리아 내

38) 동로마제국의 수도인 라벤나. 사실 라벤나는 오노리오 황제 밑에서 402년에 그런 역할을 받았다.

39) 페트로니우스 막시무스.

40) 동로마제국 황제 테오도시우스 2세의 딸이었다.

41) 가이세리크는 455년 3월에 테베레 강 근처에 상륙했고, 그때 로마에서는 페트로니우스 막시무스가 봉기한 인민에 의해 학살당했다.

42) 아프리카로 돌아온 후 가이세리크는 다음해 시칠리아, 코르시카와 남부 이탈리아의 일부를 정복할 수 있는 원정대를 조직했다.

43) 455년. 아비투스는 로마인이 아니고 골의 귀족이었다. 그는 갈리아에서 서로마 황제로 선출되었고, 무엇보다 가이세리크의 절대권력을 걱정하는 갈리아의 비시고트족 왕 테오도리우스 2세의 지지를 받았다.

부와 외부에서 많은 일이 일어났고 많은 황제가 죽었으며, 이후 콘스탄티노폴리스 제국은 제논(Zeone)[44]에게, 서로마제국은 오레스테스(Orestes)[45]와 그의 아들 아우구스툴루스(Augustolo)에게 넘어갔다. 이들은 속임수로 제국을 차지했다. 그들이 무력을 가지고 로마제국을 유지하려고 계획을 세우고 있을 때, 내가 말했듯이, 아틸라의 사후 다뉴브강의 반대쪽 강둑에 자리 잡은 헤룰리족과 튀링겐족은 동맹을 맺고서 그들의 대장인 오도바카르[46]의 지휘 아래 이탈리아로 왔다. 그들이 비워놓은 곳에는 마찬가지로 고도고(Godogo) 왕이 이끄는 북쪽 민족 랑고바르드족이 들어왔다. 그리고 그들은, 우리가 다른 데서 말하겠지만, 이탈리아의 마지막 역병[47]이었다. 오도바카르는 이탈리아로 와서 오레스테스를 파비아 근처에서 죽였고, 아우구스툴루스는 도망쳤다. 이 승리 후 로마가 힘의 변화에 어울리게 이름을 바꿔야 한다고 생각한 오도바카르가 제국이라는 이름[48]을 버리고 자신을 로마의 왕이라 칭했다. 그리고 그는 당시에 세계를 채우고 있던 민족들의 모든 수장들 중에서 이탈리아에 처음으로 정착했던 인물[49]이다. 다른

---

44) 황제 레오 1세의 딸과 결혼한 이사우리코(Isaurico) 장군을 말한다. 474년부터 491년까지 통치했다. 마키아벨리는 서로마의 제위에 8명의 황제가 오른 20년 동안의 무질서한 기간을 건너뛴다.

45) 오레스테스는 파노니아 출신의 로마 장군으로 황제 지울리오 네포테(Giulio Nepote)에 의해 해고된 야만인 군대(무엇보다 헤룰리족과 루지족)를 운영하는 책임자 자리에 임명됐다. 적법한 황제 오레스테스를 사냥한 후, 그의 자리에 로몰로 아우구스톨로(Romolo Augustolo)의 아들을 임명했다(475년 10월)

46) 476년 여름에 오도바카르는 오레스테스를 파비아에서 격파했다. 로몰로 아우구스톨로스는 폐위돼서 캄파니아로 쫓겨났다.

47) 마지막 대규모 국토 침입. 마키아벨리는 1권 8장에서 말하고 있다.

48) '제국의 칭호'. 오레스테스를 격파한 후 오도바카르는 동로마제국의 황제 제논에게 황제의 기를 보내서 제논의 대리인과 함께 이탈리아의 총독으로 선포했다. 그 에피소드는 전통적으로 서로마제국 말기의 흔적으로 잘 알려져 있다.

49) 오도바카르는 그럼에도 불구하고 야만인 왕이 아니었고, 이탈리아에 거주할 때부터 제국 군대의 장군이었으며, 476년 오레스테스에 대항한 야만인 반란 때 군대 지휘관으로 뽑혔다.

수장들은 동로마 황제의 도움을 쉽게 받을 수 있을 것이므로 로마를 계속 소유할 수 없을 것이라는 두려움을 갖거나 혹은 다른 숨겨진 이유들로 인해 로마를 약탈한 후 거주할 수 있는 다른 나라를 찾아 떠나갔던 것이다.

4.[50)]

그래서 이 시기에 고대 로마제국은 다음과 같은 군주들 아래 놓이게 됐다. 콘스탄티노폴리스에서 지배하던 제논은 동로마제국 전체를 통치했고, 동고트족은 모에시아와 파노니아의 패자였다. 서고트족, 수비에족, 아리안족은 가스코뉴와 스페인을, 반달족은 아프리카를, 프랑크족과 부르군디족은 프랑스를, 헤룰리족과 튀링겐족은 이탈리아를 차지했다. 동고트 왕국은 동로마제국 황제인 제논과 친분을 유지하고 있었던 겔리메르의 조카 테오도리쿠스[51)]가 차지했다. 그는 제논에게 쓴 편지에서, 미덕에 있어 다른 모든 민족보다 우월한 그들이 제국에서 열등한 대접을 받는 것이 부당하고, 자신들이 파노니아 영내에만 머물러 있는 것은 불가능하다고 말했다. 그는 동고트족이 무기를 들고 새로운 마을을 찾도록 허락할 필요가 있으며, 제논에게 그들이 더 품위 있고 편안하게 살 수 있는 나라를 자신이 제공해주고 싶다는 사실을 먼저 알려주고자 한다고 했다. 그래서 제논은 일부는 두려움으

---

50) **테오도리쿠스 이탈리아에 오다** 476~526.

51) 테오도리쿠스(454경~526)는 474년에 왕이 됐다. 동고트족은 그때부터 제국과 협정을 맺었다. 461년부터 471년 사이 콘스탄티노폴리스에 살았던 동일한 테오도리쿠스는 세상과 그리스 문화에 대한 깊은 지식을 얻었다. 테오도리쿠스와 제논 사이의 친구 관계는 오래됐다. 그 동고트족 왕은 모든 경우에 제논에게 군사적으로 도움을 주고, 땅을 받고서 메시아(Mesia)의 인민과 로마의 귀족이자 집정관이라는 칭호를 얻었다.

로 또 일부는 오도바카르를 이탈리아에서 쫓아내고 싶은 마음으로 테오도리쿠스가 오도바카르를 공격해 들어와 이탈리아를 차지하는 것[52]을 허락했다. 테오도리쿠스는 파노니아에 친구들과 기피족을 남겨두고 신속히 이탈리아로 와서 오도바카르와 그의 아들을 죽이고, 오도바카르의 선례를 따라 이탈리아의 왕의 지위를 차지했다.[53] 테오도리쿠스는 발렌티니우스 황제가 이전에 거기서 살았던 똑같은 이유로 라벤나에 자리를 잡았다. 그는 전쟁 시에도 평화 시에도 매우 뛰어난 인물이었다. 전쟁에서는 항상 승리했고, 평화 시에는 도시들과 인민들에게 큰 이익을 제공했다. 그는 동고트족을 분산시켜서[54] 각 마을에 우두머리로 두어, 전쟁 시에는 지휘하고 평화 시에는 교정을 집행하도록 조치했다. 그는 라벤나를 확장시키고 로마를 회복한 다음, 군사훈련을 제외하고 로마인들에게 모든 명예를 허락했다.[55] 그는 오직 자신의 권위로서 제국에 사는 모든 야만인 왕들로 하여금 전쟁의 소란 없이 경계 내에서만 머물도록 만들었고,[56] 이탈리아를 공격하려는 새로운 야만인들이 통과하는 것을 더 쉽게 막기 위해서 아드리아해 입구부터 알프스산맥까지 도시와 요새를 건설했다. 그리고 말년에 왕국에 대한 다양한 의심을 가지고 벌였던 몇 가지 잔인한 행동으로 그의 그토록 많은 미덕이 훼손되지 않았다면 ―가장 경애할만한 사람들인 심마쿠스와 보에티우스[57]의 죽음이 보여주듯이― 그에

---

52) 이탈리아를 차지하겠다는 요구는 488년 제논에게 했다. 다음 해 테오도리쿠스는 이탈리아로 들어왔다.

53) 493년 3월. 테오도리쿠스 쪽에 의한 이탈리아 정복은 사실 쉽게 이루어졌다.

54) 정복한 땅의 세 번째 부분을 그 사람들에게 분배했다. 마키아벨리는 테오도리쿠스가 동고트족의 요소를 가진 지역의 통제를 위해서 효과적인 네트워크를 조직했다고 말하고 싶어한다.

55) 로마인들이 더 높은 시민적 임무에 접근하도록 했다.

56) 테오도리쿠스는 로마의 주요 왕국들과 유럽의 야만인들 ―동고트 왕국 외에도 부르군디, 프랑크, 서고트 왕국― 사이의 평화와 정치적 균형의 유지에 있어서 특별한 역할을 했다.

대한 기억은 모든 면에서 어떤 명예라도 받을 자격이 있었을 것이다. 그의 미덕과 선함 덕에 로마와 이탈리아뿐 아니라 서로마제국의 모든 지역은 오랫동안 많은 야만인들의 침략[58]의 홍수 속에서 끊임없이 두들겨 맞는 데서 벗어나, 회복을 이루고 질서와 큰 번영을 얻게 됐기 때문이다.[59]

5.[60]

진실로 이탈리아와 야만인들에게 점령당한 지역에서 더욱 비참한 시대가 있었다면, 아르카디오와 오노리오 때부터 테오도리쿠스 때까지[61]일 것이다. 군주나 정부가 외부의 힘이 아니라 오직 시민들 사이의 불화에 의해 교체되면 공화국이나 왕국에 얼마나 큰 해가 되는지를 고려할 때(아무리 강한 공화국이나 왕국이라 해도 약간의 변화[62]가 모두에게 어떻게 파괴적인지를 거기에서 볼 수 있다), 이탈리아와 다른 로마 지역이 그 당시에 얼마나 고통을 겪었을지는 쉽게 상상할 수 있기 때문이다. 정

---

57) 로마 귀족인 아니키우스 만리우스 토르콰투스 세베리누스 보에티우스(480~526)는 테오도리쿠스 궁정에서 중요한 관리였고, 그럼에도 불구하고 콘스탄티노폴리스 황제와 함께 이탈리아 귀족의 음모를 조직했다는 이유로 테오도리쿠스에게 사형선고를 받았다.

58) 『군주론』 26장에서 마키아벨리는 외부의 침략(illuvioni esterne)에 대해서 말하고 있다. 그러나 외국 군대의 도착을 가리키기 위한 암시의 메타포는 이미 페트라르카(RVF, cxxviii 28–30)에 있다.

59) 테오도리쿠스의 시대는 무엇보다도 그 시대를 특징짓는 평화 덕분에 경제와 시민의 재부흥을 목격했다.

60) **야만족의 시기에 이탈리아의 변화 395~493.**

61) 즉 4세기 말부터 5세기 말까지.

62) 변화(variazione), 변환(mutazione)의 주제(동의어에 대해서는 『로마사 논고』 3권 7장 참조)에 대해서 『로마사 논고』 1권 2장 참조. 보다 광범위한 이야기에 대한 검토의 맥락은 『로마사 논고』 2권 5장 참조.

부와 군주뿐 아니라 법, 관습, 생활방식, 종교, 언어, 의복, 이름도 바뀌었기 때문이다. 이런 일들은 개인이든 집단 전체든 직접 보거나 겪지 않고 단지 생각하는 것만으로도, 가장 정신이 단단하고 안정된 사람마저 두려움에 떨게 하기에 충분하다. 이것이 많은 도시들의 파괴, 시초, 확장[63]이 유래한 지점이다. 파괴된 도시들 중에는 아퀼레이아, 루니, 키우지, 포폴로니아, 피에졸라, 그 외에 많은 다른 도시들이 있었다. 처음으로 건설된 도시들에는 베네치아, 시에나, 페라라, 아퀼라, 그리고 많은 다른 도시들과 요새화된 마을이 있었는데, 생략하겠다. 작은 마을이 커진 경우는 피렌체, 제노바, 피사, 밀라노, 나폴리, 볼로냐 등이 있었다. 이 모든 경우에 로마에 더해 다양하게 무너지고 재건된 다른 많은 도시들이 있다. 이 무수한 파괴와 새로운 민족들 사이에서 프랑스, 스페인, 이탈리아에서 보이는 새로운 언어가 출현했다. 이 언어들은 이 민족들의 고유 언어와 고대 로마인들의 언어가 섞여서 만들어진 새로운 종류의 언어[64]였다. 이 외에도, 지역들의 이름뿐 아니라, 호수, 강, 바다, 사람들의 이름도 바뀌었다.[65] 프랑스, 이탈리아, 그리고 스페인이 고대의 이름과 전혀 다른 새로운 이름들로 가득 찼기 때문이다. 예를 들어서, 다른 많은 것들은 생략하고, 포, 가르다(Garda), 아르키펠라고(Archipelago)[66]는 고대와는 다른 이름이다. 또한 사람들은 카이사르와 폼페이우스 대신에 이제 피에리, 조반니, 마테이가 됐다. 그러나 이 모든 변화 중에서 특히 중요하지 않을 수 없는 변화는 종교의 변화였다. 새로운 기적과 고대로부터 확립된 믿음의 습관의 싸움에서 사람들 사이에 매우 심각한 갈등과 증오가 생겨났기

63) 『피렌체사』 1권 29장과 『군주론』 12장 24절 참조.

64) 로만어 그룹.

65) 이와 같이 마키아벨리는 일반적으로 프랑스, 이탈리아 또는 스페인 같은 거대한 영토의 통합을 가리킨다(2권 1장 참조).

66) 에게해.

때문이다. 정말로 기독교가 단합했더라면 혼란이 적었을 것이다. 그러나 그리스, 로마, 라벤나의 교회가 서로 싸우고,[67] 거기에 더해 이단[68]이 가톨릭 신앙에 도전했기 때문에 교회가 여러모로 세상에 고통을 안겨주었다. 아프리카가 그 증거다. 아프리카는 반달족의 탐욕이나 타고난 잔인함보다 자신들이 믿은 아리우스주의로 인해 더 많은 고통을 겪었다.[69] 수많은 핍박 속에서 살면서, 영혼의 공포로 덮여 있던 사람들은 어떤 도움과 희망도 없이 비참하게 죽어갔다. 이는 그들이 겪은 수많은 고통에 더해, 상당수는 모든 비참한 사람들이 희망하듯이 하나님께 도움을 구하고자 달아날 힘이 없었고, 또 그보다 더 많은 사람들은 어떤 하나님께 의지해야 하는지를 몰랐기 때문이다.

6.[70]

따라서 수많은 악을 잠재운 최초의 인물인 테오도리쿠스를 아무리 칭송해도 지나치지 않다. 그가 통치한 38년[71] 동안 이탈리아를 매우 위대하게 만들어서 과거의 고통이 더 이상 그 땅에 보이지 않았다. 그러나 테오도리쿠스가 자신의 딸인 아말라순타의 아들 아탈라리쿠스에게 왕위를 남기고 죽자, 운명의 여신(Fortuna)이 아직 만족하지 않았

---

67) 마키아벨리는 당연히 1세기 교회를 가로지르는 제도상의 갈등을 가리키는데, 특히 모든 기독교인들 위에 로마 주교의 우월권을 확증하는 논의와 관련됐다.

68) 3세기와 4세기 사이에 교회를 찢은 수많은 교리적 질문과 관련됐다(이교도인 아리우스파, 마니교, 몬타누스 등).

69) '이교인 아리우스파의 원인'(아리우스파는 고대 이탈리아에서 보다 일반적인 형태였다).

70) **유스티니아누스 시기의 이탈리아 493~555.**

71) 마키아벨리는 분명히 488년(이탈리아 정복을 위해서 제논과 협정을 맺은 해)부터 526년까지를 계산하고 있다.

기에 이탈리아는 얼마 되지 않아 과거의 고난으로 되돌아갔다. 할아버지의 죽음 직후 아탈라리쿠스가 죽고[72] 왕국은 그의 어머니에게 남겨졌으나, 그녀는 왕국의 통치를 위해 도움을 청하고자 불러들였던 테오다하투스[73]에게 배신을 당했다. 그는 아말라순타를 죽이고 스스로 왕이 됨으로써 동고트족의 증오를 불러일으켰다. 이 일로 테오다하투스를 이탈리아에서 쫓아낼 수 있을 것이라는 믿음을 가지게 된 유스티니아누스 황제는 벨리사리우스(Belisarius)를 이탈리아 원정[74]의 지휘관으로 임명했다. 벨리사리우스는 이미 아프리카를 정복하여 반달족을 쫓아내고,[75] 그 지역을 제국에 회복시켜준 인물이었다. 그는 시칠리아를 정복하고 이탈리아로 진격해서 나폴리와 로마를 점령했다.[76] 이 패배 이후 고트족은 패배의 원인이었던 그들의 왕 테오다하투스를 죽이고 그 대신에 비티게테스(Vitigetes)를 선택했다. 몇 번의 전투 후에 벨리사리우스는 라벤나를 포위하여 비티게테스를 사로잡았다.[77] 그러나 그가 정복을 완수하기 전에 유스티니아누스 황제는 그를 불러들였고,[78] 그와는 능력과 행실에 있어서 완전히 다른 요하네스와 비탈레스를 그 자리에 앉혔다. 그러자 고트족은 용기를 다시 얻

---

72) 아탈라리쿠스는 534년에 젊은 나이로 죽었다(516년이나 518년에 태어났다). 사실 할아버지가 죽었을 때 아말라순타의 섭정 아래 있었기 때문에 아직 통치권이 없었다.

73) 고트족 법은 딸이 통치하는 것을 허락하지 않았기 때문에 아말라순타가 사촌인 테오다하투스의 통치에 참여한 것이다. 테오다하투스는 권력을 가까스로 잡은 후에 아말라순타를 볼세나 호수의 섬에 쫓아보낸 후에 그녀를 죽였다(535년). (마키아벨리가 조금 앞서서 감지한) 그 사건은 유스티니아누스에게 이탈리아에 군사개입 할 구실을 줬다.

74) 반도를 황폐하게 만든 20년(535~553) 동안 지속된 그리스·고트족 전쟁.

75) 벨리사리우스(500~569)는 533~534년에 아프리카 반달족을 격파했다.

76) 536년 여름.

77) 라벤나는 오랜 포위 끝에 벨리사리우스에게 함락됐다. 비티게테스는 조금 후에 콘스탄티노폴리스에서 죽었다.

78) 라벤나 점령과 비티게테스 체포는 고트족과의 전쟁을 공식적으로 끝냈다.

어서 베로나의 총독인 일도브라도(Ildovrado)[79]를 그들의 왕으로 선택했다. 일도브라도가 살해당한 후에 왕국은 토틸라[80]에게 돌아갔고, 토틸라는 황제의 군대를 패배시킨 후, 토스카나와 나폴리를 되찾았으며, 벨리사리우스가 다시 얻었던 지역으로부터 황제의 장군들을 거의 몰아냈다. 이에 유스티니아누스 황제는 벨리사리우스를 이탈리아로 돌려보내기로 결심했다. 약해진 군대와 함께 돌아온 그는 이전에 얻었던 명성을 더하는 대신에 깎아먹고 말았다. 그가 자신의 군대와 함께 오스티아에 있었을 때 토틸라가 바로 그의 눈앞에서[81] 로마를 낚아채 갔기[82] 때문이다. 토틸라는 로마를 놔줄 수도 그렇다고 붙들고 있을 수도 없는 상황임을 알고서, 로마의 많은 부분을 파괴하고,[83] 인민을 쫓아내고, 원로원 의원들도 그들과 함께 내보냈다. 그때 토틸라는 벨리사리우스를 크게 신경쓰지 않고서, 벨리사리우스를 도우러 그리스에서 오는 사람들을 대적하기 위해 칼라브리아[84]로 군대를 이끌고 갔다. 그 와중에 벨리사리우스는 로마가 버려진 것을 알고 명예로운 과업을 수행했다. 폐허가 된 로마에 들어와서 가능한 한 빠르게 도시의 성벽을 재건하고 주민들을 다시 불러들였던 것이다. 그러나 행운은 이 칭찬받을만한 과업의 편에 서지 않았다. 유스티니아누스 황제가 바로 그때 파르티아족[85]에게 공격을 받고서 벨리사리우스를

79) 일디발도(Ildibaldo).

80) 많은 후보들 사이의 경쟁 끝에 일디발도의 조카인 토틸라(Totila)라고 불리는 바두이라(Baduila)가 왕좌를 물려받았다(541년 가을).

81) 그의 코(naso) 아래서.

82) 로마는 546년에 토틸라에게 정복당했다.

83) 토틸라는 홀로 성벽의 일부를 무너뜨렸다.

84) 칼라브리아는 "로마의 의미로 사용됐고 오늘날 칼라브리아가 아니라 풀리아(Puglia)와 일치한다. 풀리아는 사실 조반니의 그리스 용병 군대가 야영했던 루카니아에 있는 장소다."(Fiorini).

85) 페르시아인들은 유스티니아누스와 545년에 휴전을 맺었는데 548년에 싸움을 재개했다.

소환했기 때문이다. 벨리사리우스는 주군에게 복종하기 위해서 이탈리아를 토틸라의 수중에 남겨두고 떠났고, 토틸라는 다시 로마를 차지했다.[86] 그러나 로마는 과거와 똑같은 잔인함을 겪지는 않았는데, 당시에 거룩함으로 대단한 명성을 가지고 있었던 베네딕토 성인[87]의 기도로 토틸라가 도시를 재건하기로 했기 때문이다. 그때 유스티니아누스 황제가 파르티아와 협정을 맺고, 이탈리아를 돕기 위해 새로운 사람을 보내려고 생각하고 있던 차에, 다뉴브강을 건너 일릴리아와 트라케아를 공격한 새로운 북방 민족인 슬라브족의 방해를 받게 되면서 토틸라는 이탈리아의 거의 대부분을 차지했다. 하지만 유스티니아누스 황제는 슬라브족을 정복한 후 환관인 나르세스(Narses)[88]를 군대와 함께 이탈리아로 보냈다. 전쟁에서 가장 뛰어난 인물 중 하나인 나르세스는 이탈리아에 도착하여 토틸라를 격파하고 죽였다.[89] 패배 후 남은 고트족은 파비아로 물러나서 테이아스를 왕으로 삼았다. 나르세스는 승리 후에 자신의 몫으로 로마를 차지하고, 결국 노세라 근처에서 테이아스와 전투를 벌여서 그를 격파하고 죽였다.[90] 이 승리에 의해 고트족의 이름은 그들이 테오도리쿠스 왕부터 테이아스까지 70년[91] 동안 통치했던 이탈리아에서 모두 제거됐다.

---

86) 549년. 토틸라의 힘이 강력할 때였다. 이탈리아 전체가 고트족 통제 아래 있었다.

87) 성 베네데토 다 노르치아(480～550경).

88) 551년에 이탈리아에 침입했다.

89) 구알도 타디노의 대전투(552년)에서.

90) 553년.

91) 사실 테오도리쿠스의 라벤나 정복(493년)에서 테이아스의 죽음(553년)까지.

7.[92]

유스티니아누스가 죽고[93] 아들 유스티누스 2세[94]를 후계자로 남겼을 때 이탈리아는 고트족으로부터 좀처럼 자유롭지 못했다. 유스티누스는 아내 소피아의 조언을 따라 나르세스를 이탈리아로부터 소환하고 롱기누스(Longinus)를 후임자로 보냈다. 롱기누스는 다른 사람들의 선례를 따라 라벤나에 살았지만, 그들의 방식을 벗어나 이탈리아에 새로운 형태(nuova forma)[95]를 부여했다. 고트족이 했던 것과 달리 지역의 총독(governatori)을 임명하지 않고 중요한 모든 도시와 마을에는 그가 공작(duca)이라고 부른 우두머리를 앉혔던 것이다. 그 당시까지 로마에서 유지되던 집정관과 원로원을 폐지하고 로마를 라벤나로부터 매년 파견되는 한 명의 공작 아래 두고서 로마 공국이라 부름으로써 롱기누스는 다른 도시보다 로마에게 더 우월한 명예를 안겼다. 황제를 대신하여 이탈리아 전체를 통치하기 위해서 라벤나에 머무는 사람에게 그는 태수(esarco)라는 명칭을 붙였다. 이런 분할은 이탈리아를 더 쉽게 파괴할 수 있게 했고, 랑고바르드족이 이탈리아를 더 빠르게 차지할 수 있는 기회를 주고 말았다.

---

92) **라벤나 관할구 565~568.**

93) 565년.

94) 유스티니아누스 2세(565~578). 유스티니아누스의 아들이 아니라 테오도라(소피아) 황비의 질녀의 남편이었다.

95) 새로운 통치 시스템.

8.[96)]

나르세스는 자신의 역량과 피로 획득한 그 지역의 통치권을 황제(유스티누스 2세)가 빼앗아간 것에 매우 화가 났다. 소피아(유스티누스 2세의 왕비)가 그를 소환해서 상처를 주는 데 만족하지 않고, 그를 돌아오게 해서 다른 환관들과 같이 실을 잣게 만들고 싶다는 모욕적인 말을 덧붙이기도 했기 때문이었다. 분개로 가득찬 나르세스는 당시 파노니아를 다스리고 있던 랑고바르드족의 왕 알보인에게 가서 이탈리아를 차지하라고 설득했다. 위[97)]에서 보았듯이 랑고바르드족은 자신들의 왕인 오도바카르가 이탈리아로 진출할 때 헤룰리족과 튀링겐족이 버려둔 다뉴브강 근처의 지역으로 이주했었다. 랑고바르드족은 잔인하고 대담한 사람인 알보인에게로 왕국이 넘어갈 때까지 거기에 머물렀다. 이후 알보인은 다뉴브강을 건너가서 파노니아를 차지하고 있던 기피족[98)] 왕 쿠니문드와 싸워 승리했고, 전리품 중 쿠니문드의 딸인 로자문드를 아내로 삼고 스스로 파노니아의[99)] 왕이 되었다. 잔인한 본성을 가진 그는 승리를 기억하는 의미로 쿠니문드의 해골로 잔을 만들어서 술을 마시곤 했다. 그가 고트 전쟁 중에 친구였던 나르세스의 부름으로 이탈리아에 왔을 때, 그는 위[100)]에서 말한대로 아틸라의 죽음 후 조국으로 돌아갔다가 다시 이탈리아로 온 훈족에게 파노니아를 맡겼다. 그는 이탈리아가 매우 많은 부분으로 분열되어 있는 것을 보고 단번에 파비아, 밀라노, 베로나, 비첸차, 토스카나 전체, 오늘날

---

96) **랑고바르드족 568~756.**
97) 1권 3장.
98) 기피족은 그 당시에 다치아(Dacia)에 머물고 있었다.
99) 당연히 다치아의.
100) 1권 3장.

로마냐라고 불리는 플라미니아의 대부분을 차지했다.[101] 매우 빠르게 너무 많은 것을 획득한 알보인은 이탈리아에서의 승리가 이미 자신의 것처럼 보였기에, 베로나에서 연회를 열어 자축했다. 술을 잔뜩 마셔서 기분이 좋아진 그는 쿠니문드의 해골에 포도주가 가득 찼을 때, 너무 즐거워 하며 자기 건너편에서 음식을 먹고 있던 왕비 로자문드에게 그녀가 아버지와 함께 마시기를 원한다며 큰 소리로 그 잔을 권했다. 그 말은 그녀의 가슴에 비수가 되어 꽂혔고, 그녀는 복수하기로 결심했다. 로자문드는 랑고바르드의 귀족이자 젊고 강포한 헬메키스[102]가 자신의 하녀를 사랑한다는 사실을 알고서, 헬메키스가 그녀 대신 자신과 잠을 자도록 하녀와 비밀스럽게 일을 꾸몄다. 계획대로 헬메키스가 어둠 속에서 하녀를 찾아와서 하녀로 착각한 로자문드와 함께 자리에 누웠다. 그 일 후 왕비는 자신을 그에게 드러내고서, 이제 알보인을 죽이고 그녀와 함께 왕국을 향유할 것인지, 아니면 왕비를 겁탈한 자로 처형을 당할 것인지 선택하라고 말했다. 헬메키스는 알보인을 죽이는 데 동의했지만, 알보인을 죽인 후 자신이 왕국을 차지하는 일은 성공하지 못할 것임을 알았다. 랑고바르드족이 알보인에게 품고 있는 애정 때문에 랑고바르드족에게 죽임을 당할 것을 확신한 그들은 궁의 보물을 가지고 라벤나에 있는 롱기누스에게로 도망쳤고, 롱기누스는 예우를 갖추어 그들을 받아주었다. 이런 고난 중에 유스티누스 황제[103]가 죽었고, 그 자리에 파르티아와 전쟁 중이어서 이탈리아를 도울 수 없는 티베리우스가 앉았다. 그때를 로자문드와 그녀의 보물을 통해서 랑고바르드족과 이탈리아 전체의 왕이 될 적기로

---

101) 랑고바르드족은 568년 4월에 이탈리아로 들어와서 프리울리, 롬바르디아, 피에몬테를 1년 반의 기간 동안 침략했다.

102) 알보인의 병사.

103) 대(大) 유스티니아누스 황제의 조카 유스티니아누스 2세는 578년에 죽었다. 후계자는 티베리우스 2세 콘스탄티누스(578~582)였다.

본 롱기누스는 그녀에게 자신의 계획을 의논하기를, 헬메키스를 죽이고 자신을 남편으로 받아달라고 설득했다. 그 계획을 받아들인 그녀는 독이 든 포도주잔을 준비시킨 다음 막 목욕을 끝내고 나와서 목이 마른 헬메키스에게 그 잔을 직접 건넸다. 반 정도 마셨을 때 속이 뒤집어지는 것을 느낀 헬메키스는 사태를 알아차리고 나머지를 로자문드에게 강제로 마시게 했다. 몇 시간 후 둘 다 죽자 롱기누스는 왕이 될 희망을 빼앗기고 말았다. 랑고바르드족은 왕국의 본거지로 삼은 파비아에 모여서 크레프를 왕으로 지명했다. 크레프는 나르세스가 파괴한 이몰라를 재건하고 리미니부터 로마까지 거의 모든 지역을 차지했으나, 승리의 와중에 죽었다.[104] 그는 외부인들뿐 아니라 심지어 랑고바르드족에게도 너무 잔인했고, 왕의 권력에 두려움을 갖게 된 랑고바르드족은 더 이상 왕을 세우고 싶지 않아졌다. 이들은 자신들 중에서 30명을 공작으로 지명하여 나머지 사람들을 통치하도록 했다.[105] 이 의회(consiglio)는 랑고바르드족이 더 이상 이탈리아 전체를 차지하지 못하는 원인이 되어 그들의 통치는 결코 베네벤토를 넘어서 확장되지 못했다. 로마, 라벤나, 크레모나, 만토바, 파도바, 몬셀리체, 파르마, 볼로냐, 파엔자, 포를리, 체세나는 때때로 스스로 보호해야만 했지만, 결코 랑고바르드족에게 점령당하지는 않았다. 왕이 없어서 전쟁 준비가 부실했고, 왕을 옹립하더라도 한동안 자유를 누렸던 터라 잘 복종하지 않으며 자기들끼리 불화를 일으키는 경향이 더 강해졌기 때문이다. 이것 때문에 처음에는 승리가 지체되다가 마침내는 이탈리아에서 쫓겨난 것이다. 랑고바르드족이 경계 안에 머물 때에는 로마인과 롱기누스가 그들과 협정을 맺어 모든 사람이 무기를 내려놓

---

104) 574년에 시종에게 살해당했다.

105) 574년부터 584년(클레프의 아들 아우타리가 선출된 해) 사이 10년 동안의 공위기.

고 각자가 가진 것만 즐길 수 있었다.

9.[106)]

이 시기에 교황은 이전보다 더 큰 권위를 가지기 시작했다. 베드로 성인 이후 초기 교황들은 삶의 거룩함과 기적으로 존경[107)]을 받았고, 그들의 모범이 기독교를 확장시켜서 군주들은 세계의 큰 혼란을 몰아내기 위해서 불가피하게 기독교에 복종할 수밖에 없었다. 따라서 황제는 기독교인이 된 후에 로마를 떠나 콘스탄티노폴리스로 옮겨갔고, 처음에 우리가 말한 것처럼 로마제국은 더 빨리 파괴되고 로마교회는 더 빨리 성장했다. 더군다나, 이탈리아 전체가 랑고바르드족이 도착하기 전까지 황제나 왕들[108)]에게 복종하고 있었기 때문에 교황은 그 시기 동안 관습과 가르침[109)]이 주었던 존경 이상의 어떤 다른 권위도 결코 얻지 못했다. 교황들은 다른 일들에서는 황제나 왕들에게 복종했고, 어떤 때는 황제나 왕들에 의해 죽임을 당하고,[110)] 또 어떤 때는 신하로 활용되기도 했다. 그러나 교황을 이탈리아 정세에서 보다 중요하게 만든 사람이 등장했는데, 바로 라벤나에 자리 잡았던 고트족 왕 테오도리쿠스였다. 로마가 군주 없이[111)] 남겨졌을 때, 로마인들은

---

106) **교황들 4~16세기.**

107) 그들의 권위는 도덕과 영혼의 올바름의 결합에서 나왔다. 종교적 기적의 역할에 대해서 『로마사 논고』 1권 12장 참조.

108) 먼저 오도바카르(476~493), 다음 동고트 왕인 테오도리쿠스부터 테이아스까지(493~553). "황제들"은 당연히 이탈리아 영토의 다양한 부분을 통제했던 콘스탄티노폴리스의 황제들.

109) 신학적 지식.

110) 마키아벨리는 마르티노 1세(649~654)를 암시하는 것 같다.

111) 주민들에게 지시할 수 있는 정치적 권위를 빼앗긴.

자신의 안전을 위해서 교황에게 더욱 복종할 이유가 생긴 것이다. 그럼에도 로마 교회가 라벤나 교회보다 우위에 서게 된 것 외에 교황의 권위가 이 일로 인해 충분히 커지지는 않았다. 랑고바르드족이 이탈리아로 와서 이탈리아를 여러 지역으로 분할하자, 교황에게 더욱 적극적으로 활동[112]할 이유가 생겼다. 교황이 로마의 수장이었기 때문에 콘스탄티노폴리스의 황제와 랑고바르드족이 그를 존경했고, 로마인들은 교황으로 인해 랑고바르드족과 롱기누스의 신하가 아니라 동업자로서 결합할 수 있었던 것이다. 교황들이 계속해서 어느 때는 랑고바르드족과, 또 어떤 때는 그리스인들과 친구가 되면서 교황의 위엄은 더욱 높아졌다. 그러나 동로마제국의 파괴 이후 (이 일은 헤라크리우스 황제[113] 시기에 슬라브족이 일릴리아를 다시 공격했기 때문에 발생했다. 슬라브족[114]은 일릴리아를 차지하고서 자신들의 이름을 따라 그곳을 슬라보니아[115]라 불렀다. 그리고 제국의 다른 지역들은 처음에는 페르시아인들[116]에게, 그 다음에는 무함마드의 지휘 아래 아라비아에서 온 사라센인들[117]에게, 마지막으로 투르크인들[118]에게 공격을 당했으며, 투르크인들은 거기서부터 시리아,[119] 아프리카, 이집트를 차지했다.) 제국의 무능으로 인해 교황에게는 제국 안에서 안식처를 찾을 가능성이 더는 남아있지 않았다. 한편, 랑고바르드족의 군대가 성장하고 있을 때, 교황은 새로운 지원자를 찾아야겠다고 생각해서 프랑스 왕들에게 의탁했다. 그렇게 해서 이탈리아에서 야만인들에 의

---

112) 그의 정치적 부담이 증가했다.
113) 610년부터 641년까지 재위.
114) 1권 6장에 기록되어 있다.
115) 이스트리아와 알바니아 사이의 지역.
116) 헤라크리우스 황제 시절 페르시아의 호스로 2세는 아시아와 아프리카의 로마제국 지역을 차지했으나 황제에 의해 재정복당했다(628).
117) 아랍인들.
118) 그들의 출현은 훨씬 늦었다(13세기). 제국과의 오랜 전투는 1453년 콘스탄티노폴리스 정복으로 끝이 났다.
119) 이 용어는 현재의 시리아보다 훨씬 큰 영토를 가리킨다.

해 벌어진 전쟁은 대부분 교황에 의해서 초래됐고, 이탈리아를 침입한 야만인들은 매우 자주 교황들이 불러들인 결과였다. 이런 사태의 진행 방식은 오늘날에도 지속되고 있다. 이것이 이탈리아가 지금까지 분열되고 허약해진[120] 이유이다. 그러므로 그 시기부터 지금까지 발생한 것을 기술할 때, 먼지 더미에 쌓인 제국의 파괴에 대해서는 더 이상 보여줄 것이 없고, 나는 그 이후부터 샤를 8세의 출현까지 이탈리아를 지배한 교황들과 다른 군주국들의 확장에 대해 보여줄 것이다. 당신은 교황들이 —처음에는 견책으로 그 다음에는 면죄부가 섞인 견책과 군대 둘 다로— 얼마나 형편없으면서도 대단했는지, 또 둘 다 잘못 사용하여 어떻게 전부를 잃었는지, 그리고 어떻게 다른 이들의 재량[121]에 맡겨지게 됐는지 보게 될 것이다.

10.[122]

그러나 이제 우리의 순서로 돌아가서, 나는 교황의 자리를 어떻게 그레고리오 3세[123]가 차지하고, 랑고바르드 왕국이 어떻게 해서 협정과 다르게 라벤나를 차지하고 교황과 전쟁을 시작한 아이스탈프(Aistulf)[124]에게 갔는지 말하려고 한다. 결과적으로, 위에서 언급한 이유들로 인해 그레고리오 교황[125]은 자신이 약해져서 콘스탄티노폴리스

120) 『로마사 논고』 1권 12장의 유명한 주장의 반복. 전체 장은 오랜 기간의 전쟁 이야기로 마키아벨리의 주목을 끄는 중요한 사례로 구성되어 있다.

121) 자신의 군대를 가지지 못해서 다른 사람의 힘의 도움에 의지하는 군사력에 관하여.

122) **교황 그레고리오 3세 731~741년 재위.**

123) 732년에 라벤나 행정구를 침략하고 로마를 5번 포위한 랑고바르드 왕 리우트프란도(712~744)의 공격에 맞서야 했다.

124) 아스톨포(749년부터 756년 사이 왕).

의 황제 자리를 유지할 자신이 없기도 하고, 또 랑고바르드족이 자주 신의를 깨뜨려서 그들을 신뢰할 수도 없어서, 프랑스의 피핀 2세[126]에게 의탁했다. 피핀 2세는 아우스트라시아와 브라반테[127]의 주인이 된 후, 자신의 역량보다는 자신의 아버지 샤를 마르텔과 할아버지 피핀의 역량으로 프랑스의 왕까지 됐다. 샤를 마르텔은 프랑스의 총독이었을 때 투르 근처 루르강[128]에서 사라센인들에게 인상적인 패배를 안겼는데, 거기에서 20만 이상을 도륙했다. 그 일 이후 아버지의 명성과 역량은 그의 아들 피핀을 프랑스의 왕으로 만들었다. 교황 그레고리오가 랑고바르드족에 대항하여 도움을 요청한 당사자가 바로 피핀이었다. 피핀은 교황[129]에게 도움을 주겠다고 약속했지만, 먼저 그를 개인적으로 알현하고 존경을 표하고자 했다. 따라서 그레고리오는 적인 랑고바르드족의 어떤 방해도 받지 않고 랑고바르드족 마을을 지나서 프랑스로 갔다.[130] 그것이 가능했던 것은 랑고바르드족이 종교에 대해 가지고 있던 존중 덕분이었다. 그가 프랑스로 들어갔을 때 왕은 그레고리오에게 존경을 표하고 군대를 붙여서 이탈리아로 돌려보냈

125) 사실은 스테파노 2세.

126) 대부분의 프랑스 왕국의 책임자들(궁정의 교사들 또는 장관들)과 함께 부친인 샤를 마르텔에게 741년에 도움을 구했다. 피핀은 751년 11월에 자카리아 교황으로부터 프랑크족의 왕으로 서임되었다. 용감한 피핀이라는 이름으로 더 유명한 그를 마키아벨리는 헤리스탈(Heristal)의 피핀과 구분하기 위해서 '2세'라고 부른다.

127) 아우스트라시아는 원래 프랑스 왕국의 동쪽 지역이다(네우스트리아는 현재 북프랑스에 일치하는 서쪽 지역을 말한다). 브라반테는 사실 메로빙거 갈리아(간단히, 동서 방향으로 라온과 레노 사이, 남북 방향으로 레노 강과 보르고냐 사이)의 아우스트라시아 왕국의 지역이다.

128) 로아라 위에 있는 투르. 그 전투(732년 벌어짐)는 포이티에르(Poitiers)라는 이름으로 더 유명하다.

129) 당연히 그레고리오 3세가 아니라 계속 스테파노 2세.

130) 아스톨포는 사실 강력한 프랑스 왕이 보낸 두 명의 사절에 의해 통과를 허락하도록 위협적인 요구를 받았다. 스테파노는 754년 초에 피핀을 프랑스 영토에서 만났다.

다. 그 군대는 파비아에서 랑고바르드족을 포위했다. 이에 아이스탈프는 프랑스와 어쩔 수 없이 협정[131]을 맺게 되었는데, 자신의 적이 죽기보다는 개종하고 살아가기를 원했던 교황의 간청으로 성사된 협정이었다. 이 협정 하에 아이스탈프는 자신이 점령한 모든 마을을 교회에 돌려주기로 약속했다. 그러나 피핀의 군대가 프랑스로 돌아가자 아이스탈프는 협정을 준수하지 않았고,[132] 교황은 다시 피핀에게 의지했다. 피핀은 다시 군대를 이탈리아로 보내서 랑고바르드족을 정복하고 라벤나를 차지했다. 그리고 동로마제국 황제의 의지와는 반대로, 그의 관할 하에 있던 다른 모든 마을과 함께 라벤나를 교황에게 주고, 거기에 우르비노와 마르케(Marche) 땅까지 더해주었다. 그러나 이 마을들을 넘겨주는 와중에 아이스탈프는 죽고,[133] 토스카나의 공작이었던 랑고바르드 사람 데시데리우스가 왕국을 차지하기 위해 군대를 일으켰다. 그는 우정을 약속하면서 교황에게 도움을 청했고, 교황과 다른 군주들의 허락과 동의를 받았다. 데시데리우스는 신의[134]를 지켰고 피핀이 만든 조약에 따라서 교황에게 계속 마을들을 위탁했다. 더 이상 어떤 총독도 콘스탄티노폴리스에서 라벤나로 오지 않았고, 라벤나는 이제 교황의 의지에 따라서 통치됐다.

131) 파비아가 포위되자 아스톨포는 754년 10월에 피핀과 평화협정을 체결했다.
132) 이미 756년 1월에 아스톨포는 로마를 공격했다.
133) 756년 12월.
134) 처음에 거주를 허락한 협정.

11.[135)]

피핀이 죽은 후[136)] 그의 아들 샤를이 왕국을 승계했는데, 샤를은 그가 한 위대한 일들 때문에 "위대한"(Magno) 샤를이라고 불렸다. 이때 교황직 계승자는 테오도리쿠스 1세[137)]였다. 그는 데시데리우스와 반목했고, 로마[138)]에서 그에게 포위당했다. 그러자 교황은 샤를에게 도움을 청했고, 샤를은 알프스를 넘어와 데시데리우스를 파비아에서 포위하고[139)] 그의 아들들과 함께 사로잡은 후 프랑스 감옥으로 보냈다.[140)] 그 다음 샤를은 로마의 교황을 방문하여, 하나님의 대리자로서 교황은 인간에게 판단을 받을 수 없다는 결정을 내렸다. 그러자 교황과 로마인들은 그를 황제[141)]로 세웠다. 로마는 다시 서쪽에 황제를 갖기 시작했고, 이때부터 교황은 황제들에게 승인을 받곤 했으며, 황제는 자신이 선출될 때 교황의 도움이 필요해졌다. 제국이 잃은 특권을 교회가 획득했고, 이런 식으로 교회는 세속 군주들에 대한 권위를 높여 나갔다. 랑고바르드족은 이탈리아에 232년[142)] 동안 머물렀지

---

135) **샤를마뉴와 교황의 세속권력 768~844.**

136) 768년 9월.

137) 마키아벨리의 사소한 실수다. 그가 말한 사건의 주인공은 교황 아드리아누 1세(772~795)다.

138) 사실 데시데리우스는 로마가 아니라, 랑고바르드족과 교황이 아이스탈프를 두고 투쟁하던 기간에 로마냐와 이탈리아 중부 지역을 공격했다.

139) 파비아는 774년 6월에 함락됐다. 베로나는 이미 첫 번째 달에 무너졌다. 프랑스의 침입은 랑고바르드 왕국의 종말을 확정지었다. 위대한 샤를은 이미 몇 년 전부터 프랑크와 랑고바르드족의 왕이라는 공식 지위를 가지고 있었다.

140) 사실 아델키(Adelchi)는 콘스탄티노폴리스로 도망가는 데 성공했다.

141) 마키아벨리는 보는 것처럼 샤를이 774년에 로마의 교황 아드리아누 곁으로 간 것과 그가 프랑스 왕이었을 때 교황 레오 3세에 의해 신성로마제국의 황제로 대관식을 했던 800년의 일을 동일시 하고 있다.

142) 사실 206년(568년부터 774년)이다. 명백하게 마키아벨리는 800년에 랑고바

만, 이름 말고는 이민족임을 알 수 있는 흔적이 남아있지 않았다. 샤를이 이탈리아의 질서를 다시 세우고자 했을 때 －당시는 교황 레오 3세 때[143]－ 그는 랑고바르드족이 정주하며 성장해온 지역에서 살며, 그 지역을 그들의 이름을 따서 롬바르디아로 부르는데 만족했다. 그들이 로마의 이름에 존경을 가지고 있기도 하여 샤를은 라벤나 총독 아래 있던 이탈리아의 모든 지역을 로마냐로 칭하면 좋겠다고 생각했다. 이 외에도 그는 자신의 아들 피핀을 이탈리아 왕[144]으로 삼았다. 샤를의 관할권이 베네벤토까지 이르렀고, 나머지는 모두 그가 협정(accordo)을 맺은[145] 동로마 황제의 소유였다. 이 시기에 파스칼 1세(Paschal I)[146]가 교황이 됐다. 로마교회의 사제들이 파스칼 1세와 더 가까워서 그를 교황으로 선출하는데 참여했으며, 영광스러운 칭호로 자신들의 권한을 장식하기 위해서 스스로 주교(cardinali)라고 부르기 시작했다. 주교들은 많은 명예를 요구했고, 특히 교황의 선출에 있어 로마인들을 배제했다. 자신들의 외부에서 교황을 선출하는 일은 매우 드물었다. 파스칼 1세가 죽었을 때 산타 사비나(St. Sabina) 성당의 에우제니오 2세가 교황으로 선출됐다. 이탈리아는 프랑스의 손에 떨어진 후 형태와 질서가 일부 바뀌었다. 교황이 세속의 일에 더 큰 권위를 갖고, 라벤나 총독 롱기누스가 공작이라는 이름을 도입했듯이, 프랑스가 백작과 후작이라는 명칭을 도입했기 때문이다. 다른 몇몇 교황을 거친 후 로마인 오스포르코(Osporco)가 교황이 됐는데, 그의 이

르드 왕국이 끝난 것을 잘못 계산하고 있다.

143) 795년과 816년 사이의 통치.

144) 781년에 샤를은 아들 피핀과 로도비코를 각각 이탈리아와 아퀴스타니아(Aquistania)의 왕으로 봉했다.

145) 812년에 체결된 샤를마뉴와 비잔틴 황제(Niceforo) 사이의 협정은 전쟁, 무엇보다도 지중해에서의 전투 시대를 열었을 뿐 아니라, 프랑크 왕의 황제 즉위에 의해 촉발된 외교적 갈등을 끝냈다.

146) 파스쿠알레 1세(817～824).

름이 흉측해서 스스로 세르지오(Sergio)라고 부르게 했다. 이것이 교황이 선출되면서 이름을 바꾸는[147] 시초가 됐다.

12.[148]

한편, 샤를 황제가 죽으면서[149] 승계했던 아들 루이도 죽은 후,[150] 너무 많은 다른 일들이 그의 아들들 사이에 벌어져서 샤를의 손자들 대에 이르러[151] 제국은 프랑스로부터 첫 번째 독일 황제 아르눌프스[152]에게로 넘어갔다. 샤를 가문은 불화 때문에 제국을 잃었을 뿐 아니라, 랑고바르드족이 군대를 다시 결집하여 교황과 로마인들을 공격했기 때문에 이탈리아 왕국도 잃고 말았다. 피난처를 잃었음을 알게 된 교황은 어쩔 수 없이 프리울리(Friuli)의 공작 베렌가리우스를 이탈리아의 왕으로 삼았다. 이 예측하지 못한 사건들이 파노니아에 있던 훈족을 자극해서 이탈리아를 공격하게 했다. 베렌가리우스와 충돌하게 되자 훈족은 파노니아, 즉 자신들의 이름을 딴 지역인 헝가리로 돌아올 수밖에 없었다. 이 시기 그리스의 황제는 로마누스[153]였는데,

147) 다만 이름을 바꾸는 관습은 10세기가 시작되면서 퍼졌다(요한 12세는 토스카나 공작 가문의 오타비아노였다).

148) **베렌가리우스 814~951.**

149) 814년.

150) 피오(Pio)라 불리는 루도비코(아버지인 샤를마뉴의 유일하게 살아남은 외아들)는 840년에 죽었다.

151) 카롤링거 왕조는 공식적으로 비만왕 샤를 3세의 죽음(888년)으로 끝난다.

152) 카린지아의 백작 아르놀포(게르마니아인 루도비코의 손자였고, 루도비코는 루도비코 일 피오의 죽음 후에 제국의 동쪽 지역을 관리하고 있었다). 896년에 황제에 즉위했다.

153) 로마누스 1세 레카페노(Lecapeno). 황제의 해군 대장이 자신의 딸 엘레나를 콘스탄티노스 7세 포르피로엔니토스에게 시집 보냈고, 912년 9월 가까스로 황제가 되었다. 920년 레카페노는 사위와 공동 왕이 됐다. 944년에 폐위됐다.

그가 군대 장관(prefetto)일 때 콘스탄티노폴리스로부터 제국을 빼앗았던 것이다. 풀리아와 칼라브리아가 그런 변화를 보고 반란을 일으켰고 ―위[154]에서 말한 것처럼 그들은 콘스탄티노폴리스 제국에 복종했으므로― 로마누스는 이에 격분하여 사라센으로 하여금 이 지역을 통과하도록 허락했다. 사라센인들은 와서 그 지역을 차지했고, 또 로마를 쓸어버리려고 했다. 그런데 베렌가리우스는 훈족으로부터 자신을 방어하느라 바빠서, 로마인들은 토스카나의 공작 아벨리크를 대장으로 삼았다. 아벨리크는 자신의 역량으로 사라센인으로부터 로마를 구해냈다. 사라센인들은 포위를 풀고 가르가노 산에 요새를 지어 이탈리아 전체와 싸우면서 풀리아와 칼라브리아의 주인이 됐다. 그리고 이 시기에 이탈리아는 알프스 쪽에서는 훈족, 나폴리 쪽에서는 사라센인들과 전투를 치르면서 엄청난 곤경을 겪었다. 이탈리아는 연이어 승계한 세 명의 베렌가리우스 치하 내내 고통을 겪었다. 이 시기에 교황과 교회는 언제나 불안했고, 서쪽 군주들의 불화와 동쪽 군주들의 무능으로 어디에도 의지할 곳이 없었다. 제노바와 그곳의 모든 해변은 이 시기에 사라센인에 의해 파괴됐고, 이곳 조국에서 쫓겨난 많은 민족이 피난을 오면서 피사가 커지게 됐다. 이 일들은 서기 931년에 일어났다. 이 시기에 하인리히[155]와 마틸다의 아들로서 대단히 명성 있는 신중한 인물이었던 작센의 공작 오토[156]가 황제의 자리에 올랐고, 교황 아가피토[157]는 오토에게 이탈리아로 와서 베렌가리우스 가문의 압제로부터 이탈리아를 구해달라고 간청하기 시작했다.

---

154) 1권 8장.

155) 912년부터 게르마니아의 왕(876~936).

156) 912~973. 사소니아의 공작이자 936년부터 게르마니아의 왕. 962년부터 황제가 됐다.

157) 교황 아가페투스 2세(946~955 재위).

13.[158]

이 시기에 이탈리아 국가들은 이런 식으로 자리를 잡았다. 롬바르디아는 베렌가리우스 3세와 그의 아들 알베르토[159] 아래 있었고, 토스카나와 로마냐는 서로마 황제의 대리인이 다스렸으며, 풀리아와 칼라브리아는 일부는 동로마 황제, 또 일부는 사라센인들에게 복종했다. 로마는 매년 귀족 중에서 두 명의 집정관을 선출했고, 집정관은 로마를 고대 관습에 따라 통치했다. 더불어, 인민의 재판을 담당한 장관(prefetto)이 있었고, 관할 마을들에 매년 감독(rettori)을 파견하는 12인 위원회가 있었다. 교황은 로마와 이탈리아 전체에서 황제나 이탈리아의 강력한 인물들로부터 호의를 얻느냐에 따라 다소간 권위가 달라졌다. 그때에는 오토 황제가 이탈리아를 55년간 통치했던 베렌가리우스로부터 왕국을 빼앗아서 교황직의 위엄을 회복시켜주었다. 오토 황제는 역시 오토라 불리는 아들 하나와 손자 하나가 있었고, 이들이 차례로 제국을 승계했다. 오토 3세 시기에 교황 그레고리오 5세가 로마인들로부터 쫓겨났다. 이에 오토 황제가 이탈리아로 와서 교황을 로마로 되돌려 보냈다.[160] 교황은 로마인들에게 복수하기 위해 그들에게서 황제를 선출할 권리를 빼앗아 독일[161]의 6명의 선제후, 즉 세 명의 주교－마인쯔, 트레베스, 쾰른－와 세 명의 군주－브란덴부르크, 파라티네, 작센－에게로 넘겨버렸다. 이 일은 1002년에 일어났다. 오토 3세가 죽은 후 선제후들은 바바리아의 공작 하인리히를 황제로

158) **이탈리아 국가들에서 벌어진 사건들 951~1046.**

159) 베렌가리우스 2세(그렇게 불렀다)와 선왕의 시종인 아달베르토(Adalberto).

160) 998년 2월. 그때 오토 3세가 사력을 다해서 제국의 수도로 정해진 로마에 남으려고 했다.

161) 게르마니아(Germania).

선출했고, 하인리히는 12년 후 교황 스테파노 8세에게서 왕관[162]을 받았다. 하인리히와 그의 아내 시메온다는 그들이 장식하고 건설한 많은 교회들−그중에는 피렌체 근처에 있는 산 미니아토 교회도 있다−에서 볼 수 있듯이 매우 경건한 삶을 살았다. 하인리히가 1024년에 죽고 스와비아의 콘라드가 승계했고, 그 다음 하인리히 2세가 제위를 이어받았다. 하인리히 2세는 교회를 분열시킨 세 명의 교황이 있는 로마로 와서 그들을 모두 폐위시키고 클레멘스 2세를 선출했으며, 그에게서 왕관을 받았다.

14.[163]

그때 이탈리아는 일부는 인민(popoli)[164]이, 일부는 군주[165]가, 일부는 황제가 보낸 사람들이 다스리고 있었다. 황제가 보낸 사람들 중 가장 위대할 뿐 아니라 다른 사람들에게 존경을 받은 인물은 칸첼라리오(Cancellario)로 칭해졌다. 군주들 중에는 고드프리드[166]와 하인리히 2세의 여동생이자 베아트리체의 딸인 그의 아내 마틸다 공작부인이 가장 유력했다. 그녀와 남편은 루카, 파르마, 레조, 만토바를 차지했는데, 오늘날 그 지역 전체를 파트리모니오라 부른다. 그때에는 로

162) 1002년부터 1024년까지 게르마니아의 왕이었던 엔리코 2세(게르마니아 왕으로는 7세)가 1014년에 교황 베네데토 8세(스테파노 8세가 아님)에 의해 황제로 즉위했다.

163) **이탈리아 정부, 교황들과 로마인민 1046~1061.**

164) 마키아벨리는 시민 자치의 주요 형태를 생각하고 있다.

165) 황제의 영주들(승계할 권리를 받았다).

166) 곱추(il Gobbo)라 불리는 로레나의 고프레도 2세. 그의 아내는 그 유명한 카놋사의 마틸데(1046~1115)로서, 카놋사 보니파시오 4세 후작과 로레나의 베아트리체의 딸이었다. 부부가 다스리는 영토는 엄청나서 토스카나, 에밀라, 롬바르디아, 라치오 사이에 이르렀다.

마 인민의 야망이 교황들과 상당한 갈등 가운데 있었다. 로마 인민은 처음에는 교황의 권위를 황제들[167]로부터 자유로워지는데 사용했지만, 교황이 로마에 통치권을 가지고 자신의 뜻대로 개혁하자 그들은 곧바로 교황의 적이 됐고, 교황은 어떤 다른 기독교 군주보다도 로마 인민에게서 더 많은 상처를 받았다. 교황이 파문(censure)으로 서쪽 전체[168]를 떨게 만들었을 때, 인민은 교황에 대항하여 반란을 일으켰다. 그들 서로에게서 명성과 권위를 빼앗아오는 것 외에는 다른 어떤 목표도 없었다. 그때 교황이 된 니콜라오 2세[169]는 그레고리오 5세가 로마인들로부터 황제 선출 권한을 빼앗은 것처럼, 그들에게서 교황 선출에 참여하는 권한을 빼앗고 교황은 오직 주교들이 선출하도록 만들었다. 니콜라오 2세는 여기에 만족하지 않고, 곧 앞으로 그 이유를 알게 되겠지만, 칼라브리아와 풀리아 지역의 군주들과 협정[170]을 맺은 후, 이들의 통치권을 통해 로마인들이 보낸 모든 관료들로 하여금 교황에게 복종하도록 했으며, 그들 중 몇 명의 관직을 박탈했다.

15.[171]

니콜라오가 죽은 후, 롬바르디아의 주교들은 로마에서 선출된 교황 알렉산데르 2세를 인정할마음이 없었기에, 파르마의 카다루스를 대립 교황으로 세움으로써 교회를 분열시켰다.[172] 교황의 권력을 증오했던

167) 콘스탄티노폴리스 황제들.

168) 서유럽. 파문은 당연히 제명과 성무정지를 당하는 것이다(1권 9장 참조).

169) 니콜라오 2세는 1058년부터 1061년까지 교황이었다.

170) 1059년 8월에 멜피(Melfi)에서 니콜라오는 남이탈리아에 있는 노르망을 정복하는 것을 공식적으로 인정했다. 마키아벨리는 그의 군주들(principi)이 로베르 기스카르(Roberto il Guiscardo)와 리카르도라고 말한다.

171) **카노사의 하인리히 4세와 로베르 기스카르 1061~1084.**

하인리히는 알렉산데르에게는 교황직을 포기하라고, 주교들에게는 독일로 가서 새 교황을 선출해야 한다고 통보했다. 결과적으로 교황이 로마에서 위원회를 열어 하인리히에게서 제국과 왕국을 빼앗았고,[173] 하인리히는 영적인 힘이 얼마나 중요한지 배운 첫 번째 군주가 됐다. 이탈리아 민족의 일부는 교황을 따랐고 또 다른 일부는 하인리히를 따랐다. 이 사건이 구엘프와 기벨린 파벌(umori)[174]의 씨앗이 됐고, 이 갈등으로 인해 이탈리아가 야만인의 침입이 없을 때 내전으로 갈가리 찢어진 것이다. 하인리히는 파문당했을 때 인민들의 강요로 로마에 가서 맨발로 교황 앞에 무릎을 꿇고 용서를 구할 수밖에 없었다.[175] 이 일은 1080년에 일어났다. 그 이후에도 곧이어 교황과 하인리히 사이에 새로운 불화가 발생했다. 교황은 하인리히를 다시 파문했고,[176] 황제는 역시 하인리히로 불리는 자신의 아들을 군대와 함께 로마로 보내 교황을 증오하는 로마인들의 도움을 받아 교황의 요새를 포위했다.[177] 그때 로베르 기스카르가 교황을 구하기 위해서 풀리아로부터

172) 루카의 주교였고 파타리노 운동(movimento della Pataria)의 보호자였으며 본명이 안셀모 다 바조(Anselmo da Baggio)인 알레산드로 2세(1061~1073)가 무엇보다도 일데브란도(미래의 교황 그레고리오 7세)의 지명 덕분에 선출됐다. 한 달 후 바실레이아에서 이탈리아와 독일의 주교들의 회의가 파르마의 주교 칼도를 교황으로 선출했고, 그는 오노리오 2세라는 이름을 택했다. 알레산데르는 1062년에 아우구스트 공의회에서 교황으로 확정됐다. 공의회 후 2년 동안 만토바를 파문했고, 오노리오는 알레산데르 선출의 정당성을 최종적으로 승인했다.

173) 로마 공의회(1076년 2월)가 하인리히를 파문하고, 그의 이탈리아와 독일의 신하들이 주군에 대한 충성에 따라 선출되어야 한다고 명시했다. 그 움직임이 효력이 있을수록 하인리히는 대 영주들(무엇보다도 하인리히에 반대하는 독일의 대립왕으로 선출된 슈바벤의 로돌포)로부터 강한 내부 반발에 직면할 수밖에 없었다.

174) 파벌의 첫 기원.

175) 그 유명한 카놋사의 에피소드. 1077년 1월에 하인리히가 교황을 카놋사에 있는 마틸데 성에서 만나서 파문의 철회를 얻어냈다.

176) 1080년 3월. 교황은 대립왕인 슈바벤의 로돌포(1077)의 선출을 승인했다.

177) 1081년 5월에 하인리히 4세가 로마 성벽 아래에 있었다. 두 번의 시도가 실

왔고,[178] 하인리히는 그 사이에 독일로 돌아가 버렸다. 오직 로마인들만 굳게 버텼으나, 로마는 다시 로베르에게 약탈을 당하면서 여러 교황들이 재건하기 전 고대의 폐허로 되돌아갔다. 나폴리 왕국의 질서는 이 로베르로부터 왔기 때문에 그의 행동과 기원에 대해서는 상세하게 말할 필요가 있다.

16.[179]

우리가 위[180]에서 본 것처럼 샤를마뉴의 후계자들 사이에 분열이 일어났을 때 노르만이라고 불리는 새로운 북방 민족들에게 기회가 주어졌다.[181] 이들은 프랑스를 공격해서 오늘날 그들의 이름을 따서 노르망디라 불리는 지역을 차지했다. 이 민족들의 일부는 베리가리우스족, 사라센인, 훈족이 이탈리아에 출몰할 때 이탈리아로 와서 로마냐의 몇몇 마을을 차지했고, 전쟁 중에도 용맹하게 스스로를 지켜냈다. 노르만 군주들 중 하나인 탕크레디는 많은 아들을 낳았는데, 그중에는 페레박이라 불리는 윌리엄과 기스카르라 불리는 로베르[182]가 있었

패(1081년과 1082년)한 후, 하인리히는 1084년 2월에 도시를 점령하는데 성공했다. 그때 그레고리오 7세는 산탄젤로 성을 공격하고 있었다. 몇 주 후에 하인리히는 대립교황인 클레멘스3세(1년 전에 선출)에 의해서 황제로 즉위했다.

178) 1084년 5월.

179) **이탈리아의 노르만족 845~1520.**

180) 1권 12장.

181) 911년에 노르만의 대장 롤로네(Rollone)가 프랑스왕 샤를 3세를 붙잡았고, 영토의 공식적인 소유는 브르타뉴와 세느강(정확하게는 노르망디) 사이를 포함했다.

182) 알타빌라의 탕크레디의 아들들은 1035년에 캄파니아에 도착해서 지역 귀족들이 봉사하도록 칼을 제공했다. 그들은 '팔씨름' 굴리엘모, 드로고네, 그리고 움프레도였다. 로베르 기스카르는 1057년부터 1085년 사이에 풀리아 노

다. 왕국은 윌리엄에게로 갔고, 이탈리아의 소요는 어느 정도 잦아들었다. 그렇지만 사라센인들은 시칠리아를 차지하고서 매일 이탈리아의 해변을 약탈했다. 윌리엄은 카푸아와 살레르노의 군주들, 그리고 동로마 황제를 대신하여 풀리아와 칼라브리아를 통치하던 그리스인 마니아케스와 함께 시칠리아를 공격[183]하기로 하고, 이 전쟁에 승리하면 그들은 각자 전리품과 그 나라의 4분의 1씩 나누기로 동의했다. 이 작전은 성공적이었다. 사라센인들이 쫓겨났고 그들은 시칠리아를 차지했다. 이 승리 이후 마니아케스는 비밀리에 그리스로부터 군인들을 오게 하여 황제를 위해 그 섬을 차지하고서는 전리품만 나누었다. 윌리엄은 불만족스러웠지만 더 적당한 때를 기다리며 살레르노와 카푸아의 군주들과 함께 시칠리아를 떠났다. 이 군주들이 그를 떠나서 고향으로 돌아가자마자, 윌리엄은 로마냐로 돌아가지 않고 자신의 군대와 함께 풀리아로 방향을 돌려서 멜피를 재빨리 차지하고, 짧은 시간 안에 동로마 황제의 군대를 상대로 싸워서 풀리아와 칼라브리아[184] 거의 모든 지역의 패자가 되었다. 이 지역은 교황 니콜라오 2세 시기에 윌리엄의 동생 로베르 기스카르가 통치했는데, 로베르는 승계를 두고 조카와 많은 이견이 있어서 이 문제를 해결하기 위해 교황의 권위를 이용했다. 교황은 기꺼이 호의를 베풀었다. 우리가 위[185]에서 본 것처럼, 그레고리오 7세의 요구로 로베르가 하인리히를 로마

르만인들의 대장이 됐고, 다른 세 명(탕크레디의 첫 번째 부인의 아들들)과 형제가 되었다.

183) 탕크레디의 아들은 1038년 시칠리아의 아랍인들에 대항한 비잔틴 작전에 용병과 함께 참여했다. 원정대의 대장은 비잔틴 사람 조르조 마니체(마키아벨리는 그를 “멜로르코” 또는 “멜로코”라고 말한다).

184) 굴리엘모 달타빌라(Guglielmo d'Altavilla)는 1042년 풀리아 백작(1046년에 사망)의 직위였다. 칼라브리아 정복은 1057년에 오히려 로베르에 의해 시작되었다.

185) 1권 15장.

로부터 쫓아내고 로마 인민을 제압했었는데, 이번에도 로베르가 독일 황제와 로마인민의 교만으로부터 자신을 보호해주기를 바랐기 때문이다. 로베르의 후계는 그의 아들들인 루지에로와 윌리엄[186]이 승계했으며, 지배 영토에는 나폴리와 나폴리와 로마 사이에 있는 모든 마을, 후에 루지에로[187]가 패자가 되는 시칠리아가 포함됐다. 이후 윌리엄이 황제의 딸을 아내로 맞이하기 위해서 콘스탄티노폴리스로 가는 도중에 형제 루지에로[188]의 공격을 받아 나라를 빼앗겼다. 루지에로는 이 획득을 자랑스러워 하여 처음에는 자신을 이탈리아의 왕이라 부르도록 했으나, 나중에는 풀리아와 시칠리아의 왕이라는 칭호에 만족했다. 혈통뿐 아니라 나라에서 발생한 잦은 변경에도 불구하고 그는 여전히 고대의 경계 안에 유지되는 그 왕국의 이름과 질서[189]를 처음으로 만든 사람이었다. 그리하여 루지에로 이후 노르만족 가계가 줄어들자, 왕국은 독일로, 거기서 프랑스로, 또 아라곤 가문으로 넘어갔고, 오늘날에는 플랑드르족[190]이 다스리고 있다.

186) 아들인 풀리아의 공작 루지에로(1085~1111)와 후계자인 로베르 기스카르.

187) 시칠리아 공작 루지에로 1세. 탕크레디의 아들들 중 가장 어렸다. 30년의 전쟁 후에 시칠리아 정복은 노토(Noto) 점령으로 1091년에 결말을 지었다.

188) 이미 다른 루지에로를 다루고 있다. 동명의 시칠리아 정복자의 아들 루지에로 2세. 그에 의해서 시칠리아의 노르만 나라와 남부 이탈리아의 통합이 이루어졌다. 즉, 굴리엘모의 죽음으로 기스카르의 후손이 부족할 때임에도 1127년에 혼자서 해냈다.

189) 마키아벨리 시대에도 있는 국가 정체성을 왕국이 그로 인해 획득하게 됐다는 말을 하고 싶어한다.

190) 1189년에 선인(il Buono) 굴리엘모 2세의 죽음으로 왕국은 슈바벤(Tedeschi) 가문으로 넘어갔다. 1260년에 만프레디가 죽고 안조니(Franciosi)에게 넘어갔다. 1435년에 아라곤으로 넘어갔다. 마키아벨리 시대에 나폴리 왕국은 스페인의 손에 있었다. 그러나 저자는 분명히 스페인과 플랑드르의 왕인 황제 카를로 5세(플랑드르의 헨트에서 1500년에 태어났다)를 생각하면서 '플랑드르족'을 말하고 있다.

17.[191]

이때 교황이 된 우르바노 2세[192]는 로마에서 미움을 받았다. 그는 이탈리아의 분열로 인해 안전을 의심하며 고귀한 원정에 착수했다.[193] 그는 모든 주교와 함께 프랑스로 가서 아비뇽의 많은 인민을 모은 다음 불신자들에 대항해야 한다고 연설했다.[194] 이 연설은 인민들의 마음에 불을 지펴서 사라센인들과 전투(impresa)[195]를 벌여 아시아를 회복하기로 결심하도록 만들었다. 이 원정은 이후 이와 유사한 다른 모든 원정과 함께 십자군 전쟁[196]이라고 불렸는데, 거기에 참여한 모든 사람이 붉은 십자가가 새겨진 무기와 옷을 입고 있었기 때문이다. 이 원정에 참여한 군주들에는 고트프루아 드 부이용(Bouillon), 에우스타체, 보두앵, 볼로냐의 백작들,[197] 그리고 경건함과 사려깊음으로 칭송받았던 은둔자 피에르[198]가 있었다. 많은 왕과 인민들이 돈을 가지고 이 전쟁에 참여했고, 종교가 그 당시 사람들의 정신에 아주 큰 영향력을 가지고 있었기에, 십자군의 지도자들의 모범에 감화를 받은 많은 개인들이 급여도 받지 않고 싸움에 참여했다.[199] 이 원

---

191) **십자군 1088~1192.**

192) 1088년부터 1099년까지 교황이었던 프랑스인 에튀드 디 라게리(Etudes di Lagery).

193) 우르바노 2세의 선출은 테라치나(로마는 그때 대립교황 클레멘스 3세의 손에 있었다)에서 이루어졌다.

194) 알베르니아(Auverna)에 있는 클레몽-페랑 공의회(1095)에서.

195) 첫 번째 십자군전쟁(1096~1099).

196) 그 용어는 15세기에야 유럽에 퍼졌다.

197) 고프레도(바사 로레나의 공작), 에우스타치오, 발도비노는 형제이자 볼로냐 백작의 아들들이었다.

198) 전설에 의하면 십자군 전쟁에 대한 영감을 처음으로 불어넣은 수도승.

199) 『로마사 논고』 1권 12장 참조. 이탈리아에서 도덕의 효과와 고위 성직자의 의복에 반대하는 주장. 종교적 감정의 정치적 영향에 대해서 유보적인 입장

정은 처음에는 모든 소아시아, 시리아, 이집트의 일부가 기독교인의 힘 아래 모여 참여한 것으로서 영광스러운 일이었다. 이를 통해서 예루살렘 기사단[200]이 탄생했는데, 기사단은 오늘날에도 여전히 로도스 섬을 통치하고 있으며, 무함마드교도들의 힘에 유일한 장애물로 남아 있다. 또한 이로부터 템플 기사단이 탄생했지만, 이 기사단은 그들의 나쁜 관습 때문에 곧 사라지고 말았다. 다양한 시기에 예기치 못한 다양한 사건들이 잇달아 발생하여 많은 나라와 특별한 사람들이 칭송을 받았다. 프랑스 왕과 잉글랜드 왕[201]이 이 원정을 돕기 위해 왔고, 피사인들, 베네치아인들, 제노바 인민들이 매우 큰 명성을 얻었다. 그들은 사라센의 살라딘의 시기까지 엎치락뒤치락 하며 싸웠다. 살라딘의 역량과 기독교인들 사이의 불화가 결국 처음에 획득했던 모든 영광을 빼앗아가버렸다. 90년 후 기독교인들은 그들이 매우 명예롭고 운좋게 회복했던 땅에서 쫓겨나고 말았다.

18.[202]

우르바노가 죽은 후 파스칼 2세[203]가 교황으로 선출됐고, 하인리히 4세[204]가 제국을 승계했다. 하인리히는 교황에게 우호적인 척하며 로

은 『로마사 논고』 1권 11장에 분명히 드러난다.

200) 몰타 기사단 또는 성 요한 기사단.

201) 마키아벨리는 아마 3차 십자군(1189~1192)을 말하는 것 같다. 거기에 프랑스 왕 필립 2세 아우구스토와 잉글랜드의 사자왕 리차드(다른 사람으로는 황제 페데리코 바르바로사)가 참여했다. 그러나 다른 프랑스왕은 2차 십자군(1147~1149)을 준비했고, 말할 것도 없이 6차와 7차(1248~1254, 1270)는 둘 다 루이 9세가 원했다.

202) **프리드리히 바르바로사와 대립교황 1088~1174.**

203) 1099~1118년 재위.

204) 보통 1106년에 권력을 잡은 하인리히 4세의 아들 하인리히 5세로 인용된다.

마로 와서 나중에 교황과 모든 주교를 감옥에 보내고는, 마음대로 독일 교회들을 처분할 권한을 주지 않는 한 풀어주지 않겠다고 했다. 이 시기에 마틸다 백작부인이 죽으면서[205] 자신의 관할 하에 있던 모든 나라의 상속권을 교회에 남겼다. 파스칼과 하인리히 4세가 죽은 후에 많은 교황과 황제가 뒤따랐고, 마침내 알렉산데르 3세가 교황에, 바르바로사(붉은 수염)라 불리는 슈바벤 사람 프리드리히(1세)가 황제가 됐다.[206] 그 당시 교황은 로마 인민과 황제들 모두와 잦은 갈등 관계[207]에 있었고, 바르바로사 시기에는 더 심했다. 프리드리히는 전쟁에 매우 뛰어나고 자부심이 매우 강한 사람이어서 교황에게 굴복하는 것은 참을 수 없는 일이었다. 그럼에도 황제로 선출될 때 로마에 가서 대관식[208]을 하고 평화롭게 독일로 돌아갔다. 그의 이런 마음은 오래가지 않아서, 자신에게 복종하지 않는 롬바르디아의 몇몇 도시를 진압하기 위해 이탈리아로 돌아왔다.[209] 이때 로마 태생의 산 클레멘테 주교가 알렉산데르 교황으로부터 독립하여 몇몇 주교들에 의해 교황으로 선출됐다.[210] 프리드리히 황제가 크레마[211]의 들판에 있을

아버지가 양위하도록 강요했다.

205) 1115년.

206) 알렉산데르 3세는 1159년부터 1181년까지 교황이었다. 슈바벤의 프리드리히 바르바로사는 1152년부터 1190년까지 왕이었다. 마키아벨리가 완성한 연대기적 도약은 분명 주목할 만하고 (서임권 투쟁의 착각에서 시작해서 이 장들에서 적지 않은 공간이 1122년 보름 협약에 할애된) 중요한 사건들로 가득 찬 -그가 사용한 원전의- 많은 페이지에 일치한다.

207) 1145년에 로마의 자유가 선포된 상태였고 교황은 도시를 사냥한 상태였다. 의도는 여전히 종교적이고 도덕적이어서 프레샤의 아르날도의 종교개혁(9세기 말~1155)으로 이어졌다.

208) 프리드리히는 1155년 6월 18일에 황제 대관식을 했다. 바르바로사는 도시에 다시 들어가는데 교황 아드리아노 4세(1154~1159)의 도움을 받았고, 로마를 공격하고 프레샤의 아르날도를 사로잡아서 이교도로 화형에 처했다.

209) 프리드리히는 1158년에 두 번째로 이탈리에 돌아왔다. 그에 대해서 언급되는 "도시"(terre)는 밀라노, 브레샤, 피아첸차, 파르마, 모데나이다.

210) 아드리아노 4세가 죽자 콘클라베가 추기경 오랑도 반디넬리(알렉산데르 3세)

때, 알렉산데르 교황이 그에게 와서 대립교황에 대해 불평했고, 프리드리히는 함께 대립교황에게로 가서 둘 중 누가 교황이 되어야 하는지 판정을 내리겠다고 했다. 이 대답은 알렉산데르의 맘에 들지 않았다. 알렉산데르는 프리드리히가 대립교황에게 마음이 기울었다는 것을 알았기 때문에 프리드리히를 파문하고 프랑스 왕 필립에게로 도망갔다. 이때 롬바르디아에서 전쟁을 수행하는 중이던 프리드리히는 밀라노를 차지하여 파괴했다.[212] 이에 베로나, 파도바, 피첸차가 공동방어를 위해서 연합했다.[213] 이때 대립교황이 죽자, 프리드리히는 크레모나의 귀도[214]를 그 자리에 앉혔다. 이 시기 로마인들은 교황의 부재와 황제가 롬바르디아에서 겪고 있는 곤경으로 인해 로마에서 어느 정도의 권위를 되찾을 수 있었고, 과거 그들에게 복종했던 마을들의 복종을 되찾으러 다녔다. 투스쿨룸인들은 로마의 권위에 기꺼이 복종하고 싶지 않았기에 프리드리히로부터 도움을 받았던 인민들과 함께 로마인들을 추격해서 군대를 학살했다.[215] 이로 인해 이후에는 로마가 결코 인구가 많아지거나 부유해지지 못했다. 그 와중에 알렉산데르 교황은 로마로 돌아왔는데, 로마인들이 프리드리히에게 가진 적대감과 롬바르디아의 적들 때문에 로마에 있는 것이 안전할 것으로 판단했기 때문이다. 그러나 프리드리히가 주저하지 않고 로마의 들판으로 가자, 알렉산데르는 그를 기다리지 않고 루지에로가 죽은 다음 왕국을 물려받은 풀리아의 왕 윌리엄에게로 도망갔다.[216] 프리드리히

를 선택했다고 선포했으나, 황제가 자신의 후보자인 오타비아노 디 몬티첼리(산 클레멘테의 주교)를 대립교황 비토리오 4세로 앉히는 데 성공했다.

211) 크레마 포위. 도시는 1160년 초에 함락됐다.

212) 1162년.

213) 이미 트레비조(Treviso)를 차지한 동맹은 1164년 초에 안정됐다.

214) 1164년. 대립교황은 크레모나가 아니라 크레마의 귀도였다. 파스칼 3세라는 이름을 얻었다.

215) 1167년 7월.

는 역병이 돌자 로마 포위를 풀고[217] 독일로 돌아갔다. 그리고 황제파가 장악하고 있던 파비아와 토르토나를 공격하기 위해 프리드리히에 대항하여 연합했던 롬바르디아의 도시들은 전쟁의 본부가 될 도시 하나를 건설한 다음, 알렉산데르 교황에게 경의를 표하고 프리드리히를 조롱하기 위해서 알렉산드리아로 이름을 붙였다. 대립교황인 귀도가 죽자 황제파의 호의로 몬테피아스콘티에 머물던 페르모의 조반니[218]가 그 자리에 임명됐다.

19.[219]

이 와중에 로마인들로부터 보호받기를 원하여 교황의 권위에 의존하려 한 투스쿨룸 인민들은 알렉산데르 교황을 불렀고 교황은 그들에게 갔다. 잉글랜드 왕 헨리[220]가 보낸 대변인들이 그에게 와서 캔터베리 주교인 복자(福者) 토마스[221]의 죽음으로 왕이 공적으로 불명예를 당한 상황이지만, 왕은 그 죽음에 대해 책임이 전혀 없다고 알렸

216) '선인' 굴리엘모 2세(1166~1189 재위)는 루지에로 2세(1101~1154)가 아닌 '불운한'(il Malo) 굴리엘모(1154~1166)를 승계했다.

217) 사실 프리드리히는 투스쿨룸의 승리 이후 도시에 들어왔다. 역병 때문에 그는 어쩔 수 없이 로마를 떠났다.

218) 1168년에 죽은 대립교황 파스칼 3세는 황제쪽의 대립교황 조반니 디 시르미오(오늘날 세르비아의 스렘스카 미트로비카, 그러나 그때 헝가리 왕국의 일부)에게 물려줬다. 그는 스트루미움의 수도원장이었고 갈리스토 3세라는 이름을 얻는다.

219) **캔터베리의 성 토마스와 바르바로사의 죽음 1170~1190.**

220) 헨리 2세 플랜태저넷은 1154년부터 1189년까지 왕이었다.

221) 토마스 베켓은 캔터베리의 대주교였다. 베켓은 클라렌든(clarendon) 헌법을 적용하는데 있어서 주요 반대자였다. 그 헌법은 이미 재정 수입이 있는 영국교회에 대해 브리튼왕의 권리를 명문화했다. 베켓이 1170년 살해되자 헨리 2세는 살인의 주범으로 비난받았다.

다. 알렉산데르 교황은 두 명의 주교를 잉글랜드로 보내서 이 일의 진실을 알아보았다. 왕이 명백하게 유죄라는 증거는 찾지 못했지만, 그 범죄의 오명을 생각하고 주교가 마땅히 받아야 할 경의를 왕이 표하지 않았음을 고려할 때, 두 주교는 왕이 속죄의 의미로 왕국의 모든 남작들을 소집하여 그들 앞에서 맹세로 용서를 구할 것을 요구했다. 이에 더해, 이들은 왕이 즉시 1년 치의 봉급을 주어 200명의 군사를 예루살렘에 보내야 하고, 왕은 3년이 지나기 전에 자신이 소집할 수 있는 한 많은 군대를 데리고 예루살렘에 개인적으로 가야 하며, 자신의 통치 기간에 행했던 교회의 자유에 해로웠던 모든 일을 철회하고, 그의 신민은 누구나 원하기만 하면 로마에 호소할 수 있도록 해야 한다고 요구했다. 헨리는 이 모든 일들을 수용했으며, 이것은 오늘날 사인(私人)도 인정하기 부끄러워할 만한 판정에 왕이 굴복한 셈이었다. 교황은 이렇게 멀리 있는 군주들에게는 큰 권위를 가지고 있었지만, 로마인을 복종케 할 능력은 없었다. 교황이 교회 일 외에는 관여하지 않겠다고 약속했음에도 로마에 머물게 해달라는 간청이 받아들여지지 않았다. 겉으로 보이는 위험은 가까이 있을 때보다는 멀리 있을 때 더 두려운 것이기 마련이다. 이때 프리드리히는 이탈리아로 돌아왔고,[222] 그가 교황을 상대로 새롭게 전쟁을 시작하려고 준비하는 동안 모든 주교와 영주들이 그에게 교회와 타협하지 않으면 그를 버리겠다고 경고했다. 프리드리히는 어쩔 수 없이 베네치아에 있는 교황에게로 가서 경의를 표하고 평화협정[223]을 맺었다. 협정을 통해 교황은 황제가 로마에 대해 갖고있는 모든 권위를 박탈하고, 시칠

222) 1174년부터 1178년까지 바르바로사의 최근 이탈리아 원정을 암시한다.

223) 1177년 5월 베네치아 공작의 궁에서 황제와 롬바르디아 동맹 사이의 평화협정을 안정시키기 위해서 교황이 양 당사자 사이에서 중재함으로써 연합을 유지하기로 했다. 아마 마키아벨리는 레냐노 전투 7개월 후인 1176년 11월의 사건과 이 날짜를 혼동하는 것 같다.

리아와 풀리아의 왕 윌리엄과 동맹을 맺었다. 전쟁을 하지 않는 것을 참을 수 없었던 프리드리히는 그리스도의 대리자(교황)에게 분출할 수 없었던 야망을 무함마드에게 분출하기 위해서 아시아 원정[224]에 참여했다. 그러나 키드누스강에 도착했을 때 맑은 물에 이끌리어 씻으러 들어갔다가 실수로 죽게 되었다. 파문이 기독교도인들에게 준 것보다 물이 무함마드교도들을 도운 것이 더 컸다. 파문은 프리드리히의 오만을 제어했지만 물은 그것을 영원히 잠재웠기 때문이다.

20.[225]

프리드리히가 죽자 교황은 로마인들의 완고함만 제압하면 됐다. 집정관의 선출에 대한 많은 논쟁 후에, 로마인들은 관습에 따라서 집정관을 선출하고 집정관은 교회와 믿음을 유지하겠다는 맹세를 하지 않으면 취임할 수 없다는 데 동의했다. 이 협정으로 대립교황 조반니는 알바노 산으로 도망가 곧 죽었다.[226] 이 시기 나폴리 왕 굴리엘모(Guglielmo)[227]가 친자식 탕크레디[228] 외에 다른 아들을 남기지 않고

224) 십자군전쟁. 바르바로사가 참여한 이 전쟁은 3차(1189~1192)다.

225) **황제이자 나폴리 왕인 프리드리히 2세 1190~1218.**

226) 베네치아의 평화협정 후 대립교황 갈리스토 3세가 교황 알렉산데르에게 굴복했다. 몇 년후 베네벤토에서 죽었는데, 그곳에 도시의 총독 자격으로 있었다.

227) 선인(善人) 굴리엘모 2세는 이미 여러 번 기술했는데, 1189년에 죽었다. 마키아벨리가 바로 아래에서 설명하듯이 굴리엘모는 아들이 없어서 그의 죽음은 왕조의 승계에 문제를 야기했다.

228) 탕크레디는 풀리아의 공작 루지에로의 친아들이었다. 그러므로 굴리엘모의 아들이 아니라 조카였다. 굴리엘모 2세의 죽음으로 왕의 선출은 이미 시칠리아의 왕 루지에로 2세의 아들 고스탄자 달다빌라(1154~1198)에게 넘어갔다. 남부의 영지인 시칠리아는 탕크레디를 왕으로 선출했는데, 그럼에도 불구하고 몇 년 후(1194) 45세에 죽었다.

죽었기 때문에 교황은 왕국을 차지할 계략을 꾸몄다. 그러나 영주들은 이 일에 교황을 따르지 않고 탕크레디가 왕이 되기를 원했다. 이때 교황은 첼레스티노 3세였는데, 그는 탕크레디의 손에서 왕국을 빼앗기 위해 프리드리히의 아들 하인리히[229]를 황제로 올렸고, 교회에 속했던 지역을 돌려받는 조건으로 하인리히에게 나폴리 왕국을 약속했다. 일을 더 쉽게 만들기 위해 그는 이미 늙은 윌리엄의 딸 고스탄자(Gostanza)를 수녀원에서 빼내서 그에게 아내로 주었다.[230] 이렇게 하여 나폴리 왕국은 건국자였던 노르만족으로부터 독일인들에게로 넘어갔다.[231] 독일의 일들이 정리되자마자 하인리히 황제는 아내 고스탄자와 프리드리히[232]로 불리는 4살짜리 아들과 함께 이탈리아로 왔다. 때마침 탕크레디가 루지에로[233]라고 불리는 어린 아들을 남기고 이미 죽었으므로,[234] 별 어려움 없이 나폴리 왕국을 차지했다. 하인리히는 얼마 후 시칠리아에서 죽었고, 왕국은 프리드리히, 제국은 작센 공작 오토[235]가 승계했는데, 오토는 교황 인노첸시오 3세의 호의로 황제가 된 것이었다. 그러나 오토는 즉위하자마자 모든 기대와는 달리 교황의 적이 되어, 로마냐를 차지하고 왕국을 공격할 준비를 했다. 이에 교황은 그를 파문하여 모든 사람이 그를 버리게 만들었고, 선제후들은 나폴리 왕 프리드리히[236]를 황제로 선출했다. 프리드리히

229) 바르바로사의 아들 하인리히 6세는 1189년 여름에 제국의 섭정직을 받았다. 그때 아버지는 3차 십자군(그곳에서 죽었다)을 위해서 떠나 있었다.

230) 1186년. 결혼할 때 고스탄자는 32살이었다.

231) 1권 16장 참조.

232) 미래의 황제 프리드리히 2세. 하인리히는 1191년에 이탈리아에 내려와 로마에서 황제 대관식을 했다.

233) 사실 굴리엘모(탕크레디의 장남인 루지에로는 아버지보다 먼저 죽었다).

234) 1197년.

235) 작센의 브룬스윅의 오토 4세.

236) 오토는 1210년에 파문당했다. 이미 시칠리아의 왕이던 프리드리히는 1212년에 황제로 선출됐으나 독일 군주들로부터 따돌림을 당했다.

는 즉위를 위해 로마에 왔지만, 교황은 그의 권력을 두려워하여 왕관 씌워주기를 꺼렸고, 오토에게 그랬던 것처럼 그를 이탈리아에서 끌어내려고 했다. 프리드리히는 격노하여 독일로 가버렸고, 그곳에서 여러 차례 오토와 전쟁을 치른 끝에 그를 격파했다.[237] 그러는 와중에 인노첸시오가 죽었는데,[238] 몇 가지 놀라운 업적 외에도 그는 로마에 산토 스피리토 병원을 지었다. 그의 자리는 호노리오 3세가 승계했으며, 1218년 성 도미니쿠스회와 성 프란치스코회[239]가 등장했다. 교황은 프리드리히를 황제에 앉혔고,[240] 예루살렘의 왕 보두앵—아시아에 남은 기독교인들과 함께 있으면서 여전히 그 칭호를 가지고 있었다—의 후손인 조반니(Giovanni)[241]는 프리드리히에게 딸 중 하나를 아내로 주고 왕국의 칭호도 주었다. 여기에서 비롯되어 나폴리의 모든 왕이 예루살렘의 왕이라는 칭호를 얻게 됐다.

21.[242]

그 당시 이탈리아 사람들은 이렇게 살았다. 로마인들은 더 이상 집정관을 선출하지 않았고, 그 자리에 동일한 권한을 가진 원로원 의원(senatori)[243]을 때로는 한 명, 때로는 그 이상 선출했다. 프리드리히

---

237) 부빈느(Bouvines)의 대전투(1214년 7월)에서.

238) 1216년. 1198년부터 교황이었다.

239) 두 교단은 호노리오 3세(1216~1227)의 교황 재위 아래서 성 프란체스코는 1216년, 성 도미니쿠스는 1223년에 공식적으로 승인됐다. 그러나 둘 다 이노첸시오 3세 재위 기간에 생겨났다.

240) 1220년 11월.

241) 예루살렘의 왕 조반니 디 브리엔느(1206~1225)는 1225년에 딸 이오란다(Iolanda)를 프리드리히에게 아내로 줬다.

242) **황제 프리드리히 2세와 기벨린파 1212~1243.**

243) 1191년에 민중 봉기가 원로원을 폐지하고 그것을 대체하기 위해 한 명의 원

바르바로사에 대항하는 롬바르디아 도시들－베로나, 비첸차, 파도바, 트레비조뿐 아니라 밀라노, 프레치아, 만토바, 로마냐의 대부분의 도시들－의 연합[244]이 지속됐다. 황제의 당파(parte) 쪽에는 크레모나, 베르가모, 파르마, 레조, 모데나, 트렌토가 있었다. 롬바르디아, 로마냐, 트레비조 영지의 다른 도시들과 요새화된 마을들은 필요에 따라 때로는 이쪽, 때로는 저쪽을 편들었다. 오토 3세 시기에 에첼리노(Ezzelino)가 이탈리아로 와서 아들 하나를 낳았고, 또 그 아들은 에첼리노라는 이름의 아들을 두었다. 부유한 권력자였던 이 마지막 에첼리노는 프리드리히 2세에게 자신을 의탁했는데, 그는 위에서 말한 것처럼 교황의 적이 됐던 인물이다. 프리드리히는 에첼리노의 행동과 호의 덕분에 이탈리아에 와서 베로나와 만토바를 차지하고, 비첸차를 파괴하고, 파도바를 장악했으며, 이들과 동맹한 마을들의 군대를 격파했다.[245] 이후 토스카나로 향했다. 이 와중에 에첼리노는 트레비조의 모든 영지를 굴복시켰으나, 아조 데스테(Azzo d'Este)와 교황이 롬바르디아에서부터 데리고 있던 군인들이 방어했던 페라라를 차지할 수 없었다. 포위가 풀렸을 때 교황이 페라라를 아조 데스테에게 영지로 주었고,[246] 그리하여 오늘날에도 영주로 있는 후손들에게 전해지고 있다. 프리드리히는 토스카나의 패자가 되려는 욕심으로 피사에 자리를 잡았다. 그 지역의 친구와 적을 식별함으로써 그는 이탈리아 전체를 파괴할 불화의 씨를 뿌렸다. 피스토이아에서 처음 이름이 불리기

로원 의원만을 뒀다. 몇 년 후 로마가 56명으로 구성된 전통적 원로원으로 돌아왔으나, 다시 －이노첸시오 3세가 선출된 때(1198)－ 한 명의 원로원 의원은 선출됐다.

244) 1167년의 첫 번째 롬바르디아 동맹을 암시한다. 프리드리히 2세 시기에 동맹은 북부 이탈리아 도시들과 프리드리히가 무방비 상태로 파괴되기 몇 달 전(1226년 3월)에 개정된 상태였다.

245) 1237년에 코르테누오바 전투에서.

246) 교회는 1332년에 에스텐시(Estensi)에게만 페라라를 영지로 줬다.

시작한, 교회를 따르는 구엘프 당파와 황제를 따르는 기벨린 당파의 세가 이때부터 커졌기 때문이다. 프리드리히는 피사를 떠날 때까지 많은 방법으로 교회의 마을들을 공격하고 초토화시켰기 때문에, 다른 해결책이 없었던 교황은 전임 교황들이 사라센인들에게 그랬던 것처럼 프리드리히[247]에 대항하여 십자군을 선포했다. 이에 프리드리히는 프리드리히 바르바로사와 그의 다른 조상들이 버림받은 것처럼 단번에 자신의 군대로부터 버림받지 않기 위해 많은 사라센인을 고용했다. 그는 사라센인들이 교황의 저주를 두려워하지 않고 자신들의 의무를 다할 수 있도록 그들에게 왕국에 있는 노체라(Nocera)[248]를 주어 이탈리아의 교회에 대항하는 견고한 보루로 삼아 그에게 더 안전하게 봉사할 수 있도록 만들었다.

22.[249]

인노첸시오 4세[250]가 교황이 됐다. 그는 프리드리히를 두려워하여 제노바로, 다시 프랑스로 갔다. 그는 리옹에서 공의회[251] 개최를 명했는데, 프리드리히도 참석하기로 결정했다. 그러나 프리드리히는 파르마에서의 반란 때문에 갈 수 없었고, 그 반란으로 쫓겨나서 토스카

247) 프리드리히 2세는 1239년에 두 번째로 그레고리오 9세에게 파문을 당했다. 프리드리히는 응당 그를 파문하도록 선고해야 하는 공의회가 로마에서 열려서 소환된 대부분의 것을 몰수당하는 것을 피했다(1241).

248) 페루자의 루체라.

249) **나폴리의 왕 만프레디, 에첼리노, 앙주의 샤를 1243~1268.**

250) 제노바 사람 시니발도 피에스키로 1243년부터 1254년까지 교황을 지냈다.

251) 이 공의회는 1245년에 열렸는데, 프랑스 왕 루이 9세의 보호 아래 리옹 공의회는 프리드리히를 파문하고 그를 폐위했다. 그의 자리에 게르만 왕 튀링겐의 하인리히 라스페를 지명했다.

나로, 다시 시칠리아로 쫓겨가서 죽었다.[252] 그에게는 슈바벤에 콘라드[253]라는 아들이 있었고, 풀리아에서는 첩에게서 낳은 만프레디[254]가 베네벤토의 공작이 됐다. 콘라드는 왕국을 소유하게 됐으나 나폴리에 도착하여 콘라딘이라는 작은 소년을 독일에 남겨두고 죽었다.[255] 만프레디는 처음에는 콘라딘의 교사로서 그 나라를 차지했고, 그 다음에는 콘라딘이 죽었다는 소문을 퍼뜨려서 교황과 나폴리인들의 바람을 거스르며 스스로 왕이 되었는데, 그는 나폴리인들의 동의를 무력으로 받아냈다. 이 일들이 왕국에 고통을 주고 있을 때, 롬바르디아에서는 구엘프파와 기벨린파 사이에 많은 움직임이 일어나고 있었다. 구엘프 쪽에는 교황의 특사[256]가 있었고, 기벨린 쪽에는 포강 반대쪽 롬바르디아 거의 전체를 가지고 있는 에첼리노[257]가 있었다. 전쟁 중에 파도바[258]가 에첼리노에게 반란을 일으키자 그는 1만 2천 명의 파도바인을 죽였다. 그러나 그도 전쟁이 끝나기 전 80세에 죽고 말자 그에게 속했던 모든 지역이 자유롭게 됐다. 나폴리의 왕 만프레디는 그의 조상들의 선례대로 교회에 대한 증오심을 이어가 교황 우르바노 4세[259]를 계속 근심케 했다. 교황은 만프레디를 굴복시키기 위해 그에 대하여 십자군을 선포하고는 페루자에 가서 자신의

252) 1250년 12월. 그 전에 황제의 군대가 볼로냐 군대와의 포살타 전투에서 심각하게 패배했는데, 그곳에서 프리드리히의 아들 엔조가 사로잡혔다.

253) 콘라드 4세가 프리드리히의 왕좌를 이었다.

254) 1231년에 태어난 프리드리히의 친아들 타란토의 왕자 만프레디는 형 콘라드의 보좌역으로 남이탈리아 왕의 영토를 소유했다.

255) 1254년.

256) 필리포 폰타나(1210~1270). 토스카나인으로 1250년부터 라벤나의 대주교였다. 1254년에 교황으로부터 십자군을 이끌라는 요청을 받고 에첼리노의 의지에 거슬러 소집했다.

257) 로마노의 에첼리노 3세.

258) 파도바가 1254년 6월 (베네치아가 유지하고 무엇보다도 도시의 망명자들로 구성된) 십자군에 의해 점령당했다.

259) 1261년부터 1264년까지 교황.

군사(genti)를 기다렸다. 군사들이 왔을 때 수가 적고 약한 데다가 너무 더디기까지 하자, 교황은 만프레디를 이기기 위해 더 확실한 도움이 필요하다고 생각했다. 그는 프랑스에 도움을 청하는 것으로 계획을 바꾸어, 프랑스왕 로도비코[260]의 동생인 샤를 앙주를 시칠리아와 나폴리의 왕으로 만든 다음 그에게 왕국을 차지하러 오라고 소환했다. 그러나 샤를이 로마에 오기 전에 교황이 죽고 클레멘스 4세가 그 자리에 앉게 되었다. 클레멘스 4세 시기에 샤를은 30척의 갤리선을 이끌고 오스티아로 오면서,[261] 다른 군사들을 육로로 합류하도록 명령했다. 샤를이 로마에 머무는 동안 로마 시민들은 그에게 감사를 표하기 위해서 원로원 의원 자리를 주었고, 교황은 일 년에 5만 플로린을 교회에 내는 의무를 조건으로 나폴리 왕국을 그에게 주었으며, 또한 앞으로 샤를이나 나폴리를 소유한 그 누구도 황제가 될 수 없다는 칙령을 내렸다. 샤를은 베네벤토 근처에서 만프레디를 격파하여 죽이고,[262] 스스로 시칠리아와 나폴리의 왕이 되었다. 그러나 아버지의 유언에 따라 이 나라를 물려받았던 콘라딘[263]은 샤를과 싸우기 위해 독일에서 많은 군사를 모아 이탈리아로 왔고, 이 둘은 탈리아코조에서 격돌했다. 패배한 콘라딘은 신분을 숨기고 도망쳤으나 붙잡혀서 죽임을 당했다.

---

260) 루이 9세(1225~1270).

261) 앙주의 샤를이 1265년에 이탈리에 왔다.

262) 전투는 1266년에 벌어졌다.

263) 콘라딘은 1252년에 태어나서 1267년에 이탈리아로 내려왔다. 1268년 10월에 (나폴리에서) 패배해서 사형당했다.

23.[264)]

하드리아노 5세[265)]가 교황직을 이어받을 때까지 이탈리아는 고요했다. 샤를이 로마에 있으면서 원로원 의원이라는 관직으로 로마를 통치하고 있었기에 하드리아노는 샤를의 권력을 참을 수 없었다. 그래서 비테르보에 살기 위해 그곳으로 가서 루돌프 황제[266)]에게 샤를에 대항하여 이탈리아로 오라고 간청했다. 교황들은 이렇게 어느 때는 종교 때문에, 어느 때는 자신의 야심 때문에 새로운 사람들을 이탈리아로 불러들여서 새로운 전쟁을 일으키는 일을 결코 멈추지 않았다. 그들은 한 명의 군주를 강력하게 만든 다음 그것을 후회하며 그의 파멸을 꾀했으며, 자신들이 약해서 소유할 수 없는 지역을 다른 사람들이 소유할 수 있도록 두지도 않았다.[267)] 군주들은 교황들을 두려워했는데, 우애를 가장한 거짓에 속아서 황제에게 붙잡힌 보니파시오 8세[268)]나 다른 교황들의 경우처럼 속임수를 통해 진압당하지 않으면, 교황은 언제나 싸우거나 도망치는 일에 성공했기 때문이다. 루돌프가 보헤미아 왕[269)]과의 전쟁에서 붙잡혀 이탈리아로 오지 못하는 사이에 하드리아노가 죽고 오르시니 가문의 니콜라오 3세[270)]가 교황

---

264) **교황 정실주의의 시작 1276~1281.**

265) 제노바 사람 오토보노 피에스키. 한 달 조금 더 교황직에 있었다(1276년 7월 11일~8월 18일).

266) 합스부르크의 루돌프는 1273년에 게르만의 왕이자 황제로 선출됐다(1291년에 사망). 그와 함께 위대한 합스부르크 왕조가 시작됐다.

267) 이탈리아의 정치적 분열에 대한 교회의 반응과 관련해서 『피렌체사』 1권 9장과 『로마사 논고』 1권 12장의 논쟁을 여기에서 반복하고 있다.

268) 당연히 프랑스의 '미남왕' 필립 4세와 보니파시오의 충돌을 암시한다.

269) 오타카르 2세(1233~1278, 1253년 보헤미아 왕). 오랫동안 오스트리아, 케르텐, 고렌스카 공작이었던 합스부르크의 루돌프와 대결했다.

270) 1277년부터 1280년까지 교황이었던 조반니 가에타노 오르시니(하드리아노

의 자리에 올랐다. 그는 대담하고 야심만만한 사람으로서 샤를의 힘을 빼놓기 위한 모든 방법을 강구했다. 니콜라오는 황제 루돌프로 하여금 만프레디가 죽은 후에 샤를이 그 지역에 회복시킨 구엘프파에 우호적인 총독(governatore)을 계속 두고 있다고 불평하게 만들었다. 샤를은 황제에게 굴복하여[271] 자신의 총독들을 물렸고, 교황은 자신의 조카들 중 하나[272]인 주교를 그곳에 황제의 총독 자격으로 보냈다. 황제는 그에게 주어진 명예로 그의 전임자들이 교회에서 뺏은 로마냐를 교회에 회복시켰고, 교황은 베르톨도 오르시니[273]를 로마냐의 공작으로 세웠다. 니콜라오는 자신이 강력해지고 샤를을 마주할 수 있게 됐다고 판단되자, 샤를의 원로원 의원직을 박탈하고 왕가의 혈통을 가진 사람은 누구도 로마의 원로원 의원이 되지 못하도록 하는 칙령을 선포했다. 그는 또한 샤를에게서 시칠리아를 낚아챌 마음을 먹고 이를 위해 비밀리에 아라곤의 왕 피에트로[274]와 계략을 꾸몄고, 이 계략은 그의 후계자의 때에 이루어졌다. 그는 더 나아가 자신의 가문 출신으로 롬바르디아와 토스카나에 하나씩 두 명의 왕을 만들 계획을 세웠는데, 이탈리아로 진출하려는 독일과 이미 나폴리에 있던 프랑스로부터 교회를 방어하기 위한 방편이었다. 그러나 그는 이런 계획을 세우다가 죽었다. 그는 자신의 야망을 공개적으로 드러내고

5세를 승계했고, 1년 동안 교황직에 있었던 요한 21세를 이어받았다).

271) 앙주는 1278년에 황제 특사의 임무를 그만두었다. 같은 해 니콜라오 3세는 로마 원로원 의원의 임무를 자신에게 이관했고, 나라가 앞으로는 황제, 왕, 또는 군주 없이 유지될 수 있도록 결정했다.

272) 니콜라오 3세의 누나의 아들인 라티노 말레브랑카(1225~1294). 1278년에 주교에 임명되어 황제의 대리 없이 교황 특사와 함께 토스카나에 초대됐다.

273) 니콜라오 3세의 다른 손자(조카)로 로마냐의 백작 겸 볼로냐 총독으로 지명됐다. 더 나가서 로마냐에서 루돌포는 마르케에 대한 교회 권리를 인정했다.

274) 1276년부터 1285년까지 아라곤의 왕 대(大) 피에트로 3세. 베스프리의 반프랑스 반란(1권 24장을 보라) 후에 1282년에 시칠리아에 군사적으로 개입했다. 그때 교황은 마르티노 4세였다.

교회를 위대하게 만든다는 구실로 자신의 명예와 이익을 꾀한 첫 번째 교황이었다. 그리고 그때까지는 교황의 조카나 친척에 대한 언급이 없었지만, 이후에는 역사가 그런 인물들로 가득 차서, 심지어 아들을 언급하는 일까지 벌어지게 된다. 그래서 우리의 때에 이르러서 교황은 아들을 군주로 만들고자 꾀했으므로 교황들이 시도 못 할 일은 없게 됐고, 결국 미래에는 아들에게 교황직을 세습할지도 모를 일이었다. 지금까지 교황들이 마련해 준 군주국들이 단명했던 것은 분명한 사실이다. 그것은 대부분 교황의 수명이 짧아 제대로 심지 못하거나 심더라도 매우 연약한 뿌리만 남겨서, 그것을 지탱할 힘이 사라져버리면 처음 맞닥뜨리는 바람에 곧바로 말라버리기 때문이었다.

24.[275)]

프랑스 태생으로 샤를의 당파에 우호적인 마르티노 4세[276)]가 니콜라오 3세의 뒤를 이었다. 마르티노를 좋아한 샤를은 로마냐가 마르티노에게 반란을 일으켰을 때 그를 돕기 위해 로마냐로 군사를 보냈었다. 이때 점성가인 귀도 보나토(Guido Bonatto)[277)]가 포를리 들판에 있으면서 자신이 정해준 시간에 포를리와 로마냐 인민이 프랑스군을 공격하도록 지시했고, 이에 프랑스군은 모두 붙잡혀서 죽임을 당했다.

---

275) **교황 마르티노 4세: 시칠리아의 저녁기도 1281~1285.**

276) 투르의 참사회원(cananico) 시몽 드 브리옹은 루이 9세에 의해서 곧 취소당했다. 무엇보다 앙주의 샤를의 지명 덕분에 교황(1281)에 선출됐다. 1285년에 죽었다.

277) 귀도 보나티(1220경~1296후)는 포를리 사람으로 유명한 점성술사였다. 기벨린파로서 프리드리히 2세와 로마노의 에첼리노 3세의 궁정에 가까이 있었다. 이미 몬타페르티 전투(1260)에 귀디 백작의 귀도 노벨로 일행과 함께 참여했다. 단테는 그를 『신곡』, 「지옥편」 20곡 118행에서 기록하고 있다.

이때 니콜라오 교황이 아라곤 왕 피에트로와 세웠던 계획이 실행에 옮겨져서, 시칠리아인들은 섬에서 프랑스인들을 발견하는 대로 모두 죽였다. 피에트로는 만프레디의 딸인 고스탄자[278]가 자신의 아내이기 때문에 그 섬이 자신의 소유라고 선포했다. 샤를은 그 섬을 회복하려고 전쟁을 준비하는 도중에 죽었고,[279] 앞의 전쟁에서 시칠리아에 포로로 잡힌 샤를 2세[280]가 남았다. 그리고 샤를 2세는 자유를 얻기 위해 아라곤 가문에게 자신이 3년 안에 교황으로 하여금 시칠리아 왕국을 돌려주게 만들지 못하면 포로로 다시 돌아오겠다고 약속했다.[281]

25.[282]

루돌프 황제는 제국의 명성을 회복하기 위해 이탈리아로 오는 대신, 몸값을 지불 할 의사가 있는 모든 도시를 자유롭게 만들 수 있는 권한을 가진 대리인(oratore)[283]을 보냈다. 많은 도시들이 자유를 샀고, 자유롭게 삶의 방식을 바꿨다. 작센의 아돌포[284]가 제국을, 피에트로

278) 피에트로 3세는 1262년에 고스탄자와 결혼했다. 당연히 지참금으로 시칠리아뿐 아니라 남이탈리아의 슈바벤 왕국 전체를 요구했다.

279) 1285년.

280) '절름발이'(lo Zoppo)라 불린 샤를 2세(1248~1309)가 1284년 (시칠리아가 아니라 아라곤 해군과 전투 중에 나폴리의 만에서) 아라곤의 포로가 됐다. 1288년에 풀려났다.

281) 아라곤의 페데리코 2세 칼타벨로타와 평화협정으로 1302년에 혼자 시칠리아 왕위에 즉위했다(그러나 페데리코의 죽음으로 그 섬이 앙주국으로 돌아와야만 했다).

282) **보니파시오 8세와 콜론나 가문 1286~1303.**

283) 라바냐의 백작 페르치발레 피에스키. 황제 대리인으로 1286년에 토스카나에 파견됐다.

284) 낫소의 아돌포는 합스부르크의 루돌포가 죽자 1292년에 황제에 선출됐다. 6년 후에 해임됐다.

무로네가 교황직을 승계했다. 피에트로는 교황 첼레스티노[285]로 시성됐는데, 은둔자이자 매우 경건한 사람이었기 때문에 6개월 후에 사임했다. 그 자리에 보니파시오 8세[286]가 선출됐다. (프랑스와 독일이 이탈리아에서 나오는 때가 반드시 있고, 그 지역은 그때 온전히 이탈리아인들의 손에 남게 될 것임을 알았던) 하늘은, 교황이 산너머의 방해로부터 자유로워질 때[287] 자신의 권력을 강화하지도 누리지도 못하게 하기 위해서, 두 개의 매우 강력한 가문인 콜로나(Colonna)와 오르시니(Orsini)가 로마에서 일어나도록 하여 그들의 권력과 근접성으로 교황을 계속 약화시켰다. 이 사태를 이해한 보니파시오가 콜로나 가문을 제거하기로 마음먹고 그들을 파문시켰을 뿐 아니라, 그들에게 십자군을 선포했다.[288] 이일이 콜로나 가문의 기분을 상하게 만들었다면, 교회는 더욱더 그러했다. 이는 믿음에 대한 사랑으로 고결하게 사용됐던 무기가 개인적 야망으로 기독교인들에게 겨냥됐을 때, 그 무기의 날이 무뎌지기 시작했기 때문이다. 자신들의 욕구(appetito)를 배출하고 싶은 너무 강한 욕망이 교황들로 하여금 조금씩 스스로 무장해제 하도록 만들었다. 보니파시오는 콜로나 가문의 두 명의 주교직을 박탈해버렸다.[289] 교황으로부터 도망가던 그 가문의 수장인 스키아라(Sciarra)는 카탈루냐 해적에게 신분이 노출되지 않은 채 붙잡혀서 노를 젓게 됐는데, 후에 마르세유에서 신분이 노출되어 프랑스의 필립 왕[290]에게 보내졌

285) 모로네의 피에트로. 첼레스티노 5세의 이름으로 1294년 7월에 교황으로 선출됐고, 같은 해 12월에 사임했다.

286) 로마의 높은 귀족 가문의 일원인 베네데토 카에타니(1235~1303).

287) 외국 세력이 자신의 권위를 방해하지 않는 때.

288) 1297년.

289) 피에트로와 자코모 콜로나는 1297년 3월 주교직을 박탈당했다. 두 콜로나 사람은 보니파시오 선출의 정당성에 대한 큰 반대 속에서 영적 운동에 충실했다.

290) 미남왕 필립 4세는 1285년부터 1314년까지 프랑스왕이었다.

다. 필립은 보니파시오에게 파문을 당해서 왕국을 빼앗긴 상태였다. 교황을 상대로 전쟁을 벌이면 지거나 많은 위험을 감수해야 하는 필립은 속임수를 쓰기로 마음먹었다. 그는 교황과 협정을 맺으려는 의향을 가장하여 스키아라를 비밀리에 이탈리아로 보냈다. 스키아라는 교황이 있는 아냐니[291]에 도착하여 밤에 친구들을 불러 모아서 교황을 붙잡았다. 비록 교황은 아냐니 사람들에 의해서 곧바로 풀려났지만 모욕을 당했다는 슬픔으로 실성해서 죽었다.[292]

26.[293]

1300년에 축제를 마련하고 100년마다 기념하도록 준비한 사람은 바로 보니파시오였다. 이 시기에 구엘프파와 기벨린파 사이에 많은 진통이 있었다. 이탈리아가 황제들에게 버려져서 많은 지역이 폭군에게 약탈당했지만, 또 많은 지역이 자유로워졌다. 베네딕토 교황은 콜로나 주교들을 복위시키고, 프랑스 왕 필립도 교회와 교제를 회복시켰다. 베네딕토를 승계한 클레멘스 5세[294]는 프랑스인이었으므로 1305년에 교황청을 프랑스로 옮겼다. 그러는 와중에 나폴리 왕 샤를 2세가 죽고, 아들 로베르가 승계했다. 룩셈부르크의 하인리히[295]가

291) 카에타니의 로마 분파의 중요한 성(城)인 아냐니(Anagni). 아냐니는 프랑스의 부기병대장인 굴리엘모 디 노가레의 군대와 스키아라 콜로나의 군대에 의해 점령당했다(1303년 9월).

292) 보니파시오는 9월 16일에 아냐니를 떠났다. 몇 주 후에 로마에서 죽었다. 장(章)의 마무리가 간략하고 효과적이다.

293) **이탈리아의 혼란, 구엘프파와 기벨린파 1300~1322.**

294) 보르도의 대주교인 베르트랑 드 고(Bertrand de Got)는 1305년 6월 페루자에서 선출됐다(교황은 1314년까지). 클레멘스는 미남왕 필립의 바람에 꺾여서 교황청을 아비뇽으로 옮겼다. 여기에서 마키아벨리가 쓰고 있는 것과 달리 1305년이 아니라 1309년에 발생했다.

제국을 차지하고 나서 교황이 없는데도 로마로 즉위식을 하러 갔다. 하인리히의 방문으로 인해 롬바르디아에 많은 움직임이 뒤따라 일어났다. 그가 구엘프파든 기벨린파든 모든 망명객들을 고향으로 돌려보냄으로써 서로를 쫓아내게 하고, 이로써 그 지역에 전쟁이 빈발하게 만들었기 때문이다. 황제는 아무리 노력해도 그것을 막을 수 없었고, 롬바르디아를 떠나 제노바를 거쳐 피사로 왔다.[296] 거기에서 그는 로베르 왕으로부터 토스카나를 빼앗으려 애썼다. 별 소득 없이 로마로 떠났지만, 로베르 왕의 허락을 받은 오르시니파가 쫓아내서 로마에서도 며칠 머물지 못하고 다시 피사로 돌아갔다. 그는 토스카나와 더 안전하게 전쟁을 벌여, 로베르 왕의 나라를 빼앗기 위해 시칠리아의 프리드리히 왕[297]으로 하여금 그곳을 공격하도록 자극했다. 그러나 토스카나도 점령하고 로베르 왕의 나라도 빼앗을 즈음 하인리히는 죽고만다.[298] 바바리아의 루드비히[299]가 제국을 승계했다. 그 와중에 요한 22세[300]가 교황이 됐고, 이 시기의 대부분 황제는 로베르 왕과 피렌체인들의 보호를 받던 구엘프파와 교회를 박해하기를 결코 멈추지 않았다. 이로부터 롬바르디아에서는 비스콘티 집안이 구엘프파와 벌였고, 토스카나에서는 루카의 카스트루초가 피렌체인과 벌인 여러

---

295) 룩셈부르크의 하인리히 7세. 1308년 가을에 황제에 선출됐다. 1310년 말쯤 이탈리아에 내려왔는데 기벨린파뿐 아니라 많은 구엘프파의 열렬한 환영을 받았다(단테는 그를 내부 투쟁으로 찢어진 이탈리아의 유력한 초당파 중재자로 이상화했다).

296) 1312년 3월.

297) 아라곤의 페데리코(프리드리히) 2세(시칠리아왕 페데리코 3세). 1권 24장을 보라.

298) 1313년 8월에 시에나의 부온콘벤토에서.

299) 바바리아의 루드비히 4세는 큰 반대 속에서 1314년에 선출됐다.

300) 아비뇽의 주교 자크 뒤에즈. 1316년부터 1334년까지 교황이었다. 바바리아의 루드비히와 이탈리아 황제정치의 주요 적이었다(그에 대해서는 1권 28장을 보라).

전쟁[301]이 발생했다. 비스콘티 가문이 후에 이탈리아를 지배하는 다섯 군주국 중 하나인 밀라노 공국을 처음 열었기에 이전 시기부터 그들의 형편을 서술할 필요가 있다고 판단된다.

27.[302]

위[303]에서 언급한 그 도시들의 롬바르디아 동맹이 프리드리히 바르바로사로부터의 방어를 위해 체결된 이후에, 파괴에서 벗어나 회복한 밀라노는 그동안 받은 상처를 복수하기 위해 동맹에 참여했다. 그 동맹은 바르바로사를 제어하고 교회파를 롬바르디아에 잠시 묶어두었으며, 그리고 이어진 전쟁의 진통 속에서 델라 토레 가문[304]이 그 도시의 매우 강력한 세력으로 떠올랐다. 이후 그 가문의 명성은 계속 커졌고, 황제들은 그 지역에서 권위를 거의 갖지 못했다. 그러나 프리드리히 2세가 이탈리아로 왔을 때 기벨린파는 에첼리노[305]의 노력으로 강력해졌고, 모든 도시에서 기벨린의 파벌(umori)이 상승했다. 기벨린파 편에 선 사람들 중 밀라노의 비스콘티 가문은 밀라노에서 델라 토레 가문을 쫓아냈다.[306] 그러나 델라 토레 가문은 잠시만 밖에 나

301) 루카와 피스토이아의 군주 카스트루초 카스트라카니에 대해서는 마키아벨리가 2권 26장에서 말하고 있다(더군다나, 당연히 『카스트루초 카스트라카니의 생애』는 이 루카의 용병대장에 대한 이야기다). 앞서서 피사와 루카의 군주 우구치오네 델라 프라지우올라(1319년에 죽었다)는 토스카나 기벨린파의 대장으로 임명된다.

302) **비스콘티 가문 1167~1450.**

303) 1권 18장.

304) 토레 가문은 12세기 후반에 확실한 정치적 무게를 얻기 시작했다. 그러나 사실 도시에서 가문을 '가장 강력하게' 만들어준 정치적 행운은 파가노가 포데스타와 호민관으로 지명된 1237년에 훨씬 늦게 시작됐다.

305) 로마노의 에첼리노 3세(1194~1259). 에첼리노(그에 대해서는 1권 21장 참조)는 밀라노에서 구엘프파와 기벨린파 사이의 갈등의 직접적인 당사자다.

갔다가 황제와 교황 사이의 협상의 결과로 조국으로 돌아왔다.[307] 교황이 프랑스로 궁정(corte)을 옮기고, 룩셈부르크의 하인리히가 로마에서 대관식을 하기 위해 이탈리아로 왔을 때, 밀라노에서 당시 각자 자기 가문의 수장이었던 마테오 비스콘티와 귀도 델라 토레가 맞아주었다. 마테오는 귀도를 쫓아내기 위해서 황제를 이용할 계획을 세우고 있었다. 귀도가 제국에 반대하는 파벌에 속해 있었으므로 이 작업이 쉽게 성공할 것이라고 판단하고서 독일인들의 기이한 행동에 대해 인민들이 가지고 있는 유감을 이용했다. 그는 조심스럽게 모든 사람을 격려하여 야만인들 밑에 있는 노예상태에서 벗어나자고 설득하고 다녔다. 일이 자신의 목적에 맞게 진행되는 것으로 보이자 그는 자신의 심복 중 누군가에게 소동을 일으키도록 책동하여 모든 인민이 독일의 이름에 대항하여 무기를 들도록 했다. 분쟁(scandolo)이 시작되자마자 마테오가 그의 아들들과 모든 동지들과 함께 무기를 들었다. 이들은 하인리히에게로 달려가서, 밀라노에서 사인(私人)으로 사는 데 만족하지 않고 구엘프파를 기쁘게 하고 밀라노의 군주 자리를 차지하기 위해 마테오를 약탈할 기회를 잡은 델라 토레가 이 소란을 어떻게 일으켰는지 말했다. 그러면서 하인리히에게 그가 방어를 원한다면 어떻게든 그의 편에 서서 구할 준비가 되어있으니 기운을 내라고 격려했다. 하인리히는 마테오의 말이 모두 진실이라 믿고 자신의 군대를 비스콘티 가문의 군대에 합류시키고, 소란을 멈추기 위해 도시 이곳저곳을 뛰어다니는 델라 토레를 공격했다. 죽일 수 있는 사람들은 죽이고, 나머지 사람들은 재산을 압수한 후 망명을 보냈다. 이렇게 해서 마테오 비스콘티 가문은 밀라노의 군주로 남게 되고, 뒤이어 갈레아초와 아레초,[308] 후에 루키노[309]와 조반니[310]가 군주가 됐다. 조반니

306) 1277년.

307) 1302년.

는 밀라노의 주교가 됐고, 그보다 앞서 죽은 루키노는 베르나보와 갈레아초를 남겼다. 갈레아초 또한 곧 죽으면서 미덕의 백작(Conte di Virtù)으로 불리는 조반 갈레아초[311]를 남겼다. 조반니 주교의 죽음 이후 조반 갈레아초는 삼촌인 베르나보를 속임수로 죽이고 밀라노의 유일한 군주로 남았다. 그는 공작이라는 칭호를 처음 받은 사람이었으며, 필리포[312]와 조반 마리아놀로를 남겼다. 이후 마리아놀로가 밀라노 인민에게 죽임을 당하자, 밀라노는 아들이 없었던 필리포에게 남겨졌다. 밀라노는 이런 식으로 곳곳에서 앞으로 상술하게 될 이유들로 인해 비스콘티 가문에서 스포르차 가문[313]으로 넘어갔다.

28.[314]

내가 잠깐 샛길로 빠진 곳[315]으로 돌아가면, 루드비히 황제는 자신의 당파의 위신을 세우고 대관식도 하기 위해 이탈리아로 왔다. 밀라노에 도착한 그는 밀라노인들로부터 돈을 얻을 구실로 그들에게 자유를 주는 척 위장을 하고, 비스콘티 가문을 감옥에 가두었다. 그런 다

308) 마테오는 1322년에 죽었다. 아들 갈레아초(1329년에 죽었다)가 밀라노의 통치를 승계했다. 아레초(또는 아레초네)는 막내아들이자 마테오의 손자였다.

309) 갈레아초 1세의 동생. 손자 아초(1339년에 죽었다)에게 승계해줬다. 1349년까지 밀라노의 군주였다.

310) 갈레아초와 루키노의 동생으로 밀라노의 대주교였고, 1349년부터 1354년까지 도시를 통치했다.

311) 잔 갈레아초(1351~1402).

312) 형 조반니 마리아(1412)가 죽은 후에 밀라노의 공작인 필리포 마리아. 1447년에 죽었는데, 아들 없이 프란체스코 스포르차에게 시집간 친딸 비앙카 마리아만 남겼다.

313) 1450년 프란체스코 스포르차에 의해.

314) **황제 루드비히, 보헤미아의 왕 요하네스 1327~1334.**

315) 1권 26장 끝부분에서 밀라노의 비스콘티를 언급하며 샛길로 빠졌다.

음 루카의 카스트루초의 중재로 그들을 석방시켰다.[316] 이탈리아를 더 쉽게 혼란에 빠뜨릴 수 있도록 로마로 진격한 후, 피에로 델라 코르바라를 대립교황으로 세우고,[317] 대립교황의 명성과 비스콘티 가문의 힘을 사용하여 토스카나와 롬바르디아의 반대 세력을 약화시킬 계획을 세웠다. 그러나 카스트루초가 죽음으로써 황제의 몰락이 시작되었다. 피사와 루카가 그에게 반란을 일으켰고, 피사인들이 대립교황을 포로로 잡아 프랑스의 교황에게 보냈기 때문이다.[318] 황제는 이탈리아를 얻는 데 있어 좌절이 계속되자 독일로 돌아갔다. 그가 떠나자마자 보헤미아의 왕 요하네스가 브레샤(Brescia)의 기벨린파의 요청으로 이탈리아로 와서[319] 브레샤와 베르가모의 주인이 되었다.[320] 그가 오는 일에 교황이 비록 반대하는 것처럼 행동했지만 사실 교황의 동의가 있었기에 가능했으며, 볼로냐의 특사는 이러한 형국이 황제가 이탈리아로 돌아오지 못하도록 막는 좋은 방책이 될 것이라고 판단하고 그를 반겼다. 이런식으로 이탈리아의 상황이 바뀌었다. 그 특사가 기벨린파의 작업을 선호하는 것을 보고서, 그 특사의 모든 친구들과 보헤미아 왕은 피렌체인들과 로베르 왕과 적이 됐기 때문이다. 많은 군주들이 구엘프파나 기벨린파에 상관없이 연합했는데, 비스콘티 가문, 델라 스칼라, 만토바의 필리포 곤자가, 카라라 가문, 에스테 가문이 대표적이었다. 결국 교황은 그들 모두를 파문했다. 왕은 이 동맹을

316) 1328년 3월.

317) 1328년에 로마에서 루드비히는 도시의 포폴로 원로원(Popolo Senatore)과 황제에 의해. 후에 교황 요한 22세가 폐위 시켰는데, 로마 추기경들에 의해 프란체스코회 소속인 피에로 라이날두치 다 코르바라는 대립교황으로 선출됐고, 니콜라오 5세라는 이름을 얻었다.

318) 선출되고 조금 후 니콜라오 5세는 민중 봉기로 로마를 떠나야만 했다.

319) 보헤미아의 왕, 룩셈부르크의 요하네스(구 황제 하인리히 7세의 아들)는 1330년 12월 이탈리아에 왔다.

320) 1331년.

두려워하여 더 많은 군대를 모으러 본국으로 돌아갔다. 왕이 더 많은 군대를 이끌고 이탈리아로 돌아왔지만, 그 작전이 너무 힘들 것으로 판단되자 낙담하며 보헤미아로 돌아갔고,[321] 특사는 이를 불쾌하게 생각했다. 왕은 수비대를 레조와 모데나에만 남겨두었고, 파르마는 그 도시의 강력한 실력자인 마르실리오와 피에로 데 로시의 보호 아래 두었다. 그가 떠난 후 볼로냐가 동맹에 참여했고,[322] 동맹들은 교회 쪽에 남겨진 네 도시를 자기들끼리 분할했다. 그들은 파르마는 델라 스칼라, 레조는 곤자가 가문, 모데나는 에스테 가문, 루카는 피렌체가 갖기로 동의했다. 그러나 이 지역을 차지하기 위한 많은 전투들이 이어졌고, 대부분은 후에 베네치아에 의해 정리됐다. 누군가에게는 내가 베네치아인들에 대해 논하는 것을 오랫동안 미뤄둔 것이 이상하게 보일지도 모르겠다. 베네치아인들은 그 질서와 힘으로 다른 모든 군주국보다 높이 칭송받아야 마땅한 공화국인데 말이다. 그러나 원인을 이해함으로써 놀라지 않기 위해서, 나는 베네치아의 시작이 어떠했는지, 왜 그들은 그렇게 오랫동안 이탈리아의 일에 개입하지 않았는지를, 시간상 앞으로 돌아가 모든 사람에게 설명하겠다.

29.[323]

훈족의 왕 아틸라가 아퀼레이아를 포위하고 있을 때, 오랜 시간 방어하다가 구원받을 확신을 잃고 절망하게 된 아퀼레이아 주민들은 들고 갈 수 있는 물건들을 모두 가지고 아드리아해 끝에 있는 많은 해

321) 1333년 10월.
322) 볼로냐는 1334년에 베르트란도 델 포제토 동맹에 반기를 들었다.
323) **베네치아 452~1520.**

초로 둘러싸인 무인도로 힘껏 달아났다. 파도바인들도 가까이서 화염을 보고 아퀼레이아가 정복되면 아틸라가 쳐들어올 것을 두려워하여 들고 갈 수 있는 값어치 있는 물건들을 모두 아드리아해의 리보 알토(Rivo alto)라 불리는 곳으로 옮기고, 그곳으로 여자, 아이, 노인들을 보냈으며, 젊은이들만 파도바에 남아 그곳을 지키도록 했다. 몬셀리체 인민들은 같은 두려움에 몰린 주변의 언덕에 있는 주민들과 함께 아드리아해의 해초로 갔다. 그러나 아틸라가 아퀼레이아를 장악한 다음 파도바, 몬셀리체, 비첸차, 베로나까지 장악한 후에도 파도바인들과 강한 사람들은 남아서 리보 알토 근처의 늪지에 거주했다. 그리고 고대에 비네치아(Vinezia)라 불리던 지역 주위의 인민들 역시 동일한 사건으로 쫓겨나서 이 늪지로 물러났다. 그들은 어쩔 수 없이 매우 활기차고 비옥한 곳을 떠나, 척박하고 보기 흉하며 안락함이 결여된 곳에 정착하게 되었다. 많은 인민이 매우 짧은 시간 안에 한 번에 모여들었기에 그들은 그 지역을 거주할 수 있을 뿐 아니라 살기에 즐거운 곳으로 만들었다. 그들은 자신들의 법과 질서[324]를 세우고, 이탈리아의 엄청난 파괴 속에서 안전을 누렸다. 그들은 명성과 힘에 있어 빠르게 성장했다. 위에서 언급한 주민들 외에 특히 랑고바르드 왕 켈프[325]의 잔인함을 피해 고향을 떠난 롬바르디아 도시들의 많은 사람들이 그곳으로 피난 왔기 때문이다. 이들의 존재가 도시에 주는 보탬이 결코 작지 않았다. 프랑스 왕 피핀이 교황의 요청으로 랑고바르드족을 이탈리아에서 쫓아내려고 왔을 때, 그와 그리스(동로마) 황제 사이에 체결된 조약 내용에 베네벤토의 공작과 베네치아인들은 누구에게도 복종하지 않고 중간에서 자유를 누릴 수 있다는 조항이 있을 정도였다. 이 외에도 불가피하게 물에서 살게 되었으므로 이들은 육지

324) 둘에 대해서는『로마사논고』1권 6장 참조.
325) 알보인의 후계자로 572년부터 574년까지 왕이었다.

를 이용하지 않고서 품위 있게 살 수 있는 방법을 모색할 수밖에 없었다. 자신들의 배로 세상을 돌아다니면서 베네치아를 다양한 상품들로 가득 채웠다. 이런 상품들이 필요한 사람들이 많아져서 자주 그 장소에서 모이는 것이 이익이 됐기 때문이다. 오랫동안 그들은 상품의 운송을 더 쉽게 만드는 것 외에 다른 지배(dominio)에 대해서는 관심이 없었다. 그래서 그들은 그리스와 시리아에 많은 항구를 획득했고, 프랑스인들은 아시아로 항해할 때 그들의 배를 주로 이용하는 대가로 칸디아 섬을 주었다. 이렇게 사는 동안 그들의 이름은 바다에서 위세를 떨쳤고, 이탈리아에서 존중받았다. 그리하여 그들은 분쟁이 발생하면 자주 중재자로 나섰다. 나누어야 하는 지역을 두고 동맹 사이에 견해 차이가 발생했을 때 그 일은 베네치아에 넘겨졌고, 베르가모와 브레샤가 비스콘티 집안에 귀속됐다.[326] 그러나 얼마 후 베네치아가 지배 욕심에 이끌려 파도바,[327] 비첸차, 트레비조, 또 나중에 베로나, 베르가모, 브레샤 및 왕국과 로마냐에 있는 많은 도시들을 차지했을 때, 그들은 자신의 힘을 과대평가하게 되었고, 이탈리아의 군주들뿐 아니라 알프스 너머의 왕들까지도 그들을 두려워했다. 이 왕들과 군주들은 베네치아를 상대로 함께 공모하여, 그들이 얻는데 오랜 시간 엄청난 비용이 들었던 국가(stato)를 하루만에 빼앗고 무한한 대가를 치르게 만들었다. 비록 최근 베네치아가 일부를 되찾았음에도 예전의 명성이나 힘을 다시 얻지는 못했기에, 다른 모든 이탈리아 군주들과 마찬가지로 현재 다른 이들의 재량 아래 살고 있다.

---

326) 마키아벨리는 캉그란데(1329년에 죽음)의 아들이자 후계자인 스칼라(1308~1351)가 마스티노 2세와 싸운 전쟁을 말하고 있다.

327) 1405년. 기록된 다른 도시들은 1339년(트레비조)과 1428년(베르가모와 브레샤)에 점령됐다.

30.[328)]

이탈리아 전체에 대한 소유를 잃은 것으로 생각한 교황 베네딕토 12세[329)]는 루드비히 황제[330)]가 이탈리아의 주인이 될까 두려워, 황제에게 복종했던 지역을 빼앗은 모든 사람과 친구가 되기로 결심했다. 그들이 제국을 두려워하여 그와 함께 이탈리아를 지키게 만들기 위한 계획이었다. 그는 롬바르디아의 모든 참주에게 그들이 찬탈한 지역을 정당한 칭호(titulo)를 가지고[331)] 소유해야 한다는 칙령을 내렸다. 그러나 이 허락 후에 교황이 죽고 클레멘스 6세[332)]가 그 자리에 올랐다. 황제는 교황이 제국에 속한 지역을 마음대로 처분하는 것을 보고, 타인의 재산에 관하여 교황보다 덜 관대하지 않도록 교회의 영토에 있는 모든 참주에게 황제의 권위로 그들의 영토를 소유하도록 조치했다. 이로 인해 갈레오토 말라테스티와 그의 형제들이 리미니, 페사로, 파노[333)]의 군주가 됐다. 안토니오 다 몬테펠트로는 마르케와 우르비노, 젠틸레 다 바라노는 카메리노,[334)] 귀도 다 폴렌타는 라벤나, 시니발도 오르델라피는 포를리와 체세나, 조반니 만프레디[335)]는 파엔자,

---

328) **작은 참주들, 나폴리의 조반나 1334~1348.**

329) 1334년부터 1342년까지 교황이었던 툴루즈의 자크 푸르니에.

330) 바바리아의 루드비히 4세. 이탈리아 원정(1327~1329)—그것에 대해서 1권 26장을 보라—이 실패한 후 오랫동안(1347년에 죽음) 통치했다.

331) 좋은 법으로, 정당성 있게.

332) 1342년부터 1352년까지 교황.

333) 말라테스타 가문은 이미 1295년부터 리미니의 군주였다. 도시에 대한 통치는 1344년(갈레오토와 말라테스타 2세와 함께) 공식적으로 군주정으로 바뀌었다.

334) 마키아벨리는 아마도 카메리노의 첫 번째 군주인 젠틸레(1293년에 죽었다)가 아니라 1393년에 교회로부터 카메리노의 군주로 승인받은 바라노의 젠틸레를 생각하고 있는 것 같다.

335) 프란체스코의 손자이자 1313년의 시뇨리아 창설자로서 1388년에 죽었다.

루도비코 알리도시[336]는 이몰라의 주인(signori)이 됐다. 이 외에도 다른 많은 지역의 많은 참주들이 군주가 되어 교회에 속한 지역 중 군주가 없는 곳은 거의 없게 됐다. 이런 상황이 우리 시대의 알렉산데르 6세[337]가 참주의 후손들을 멸망시켜서 교회의 권위를 되찾아 줄 때까지 줄곧 교회를 약화시켰다. 황제는 이 일을 양보할 때 트렌트에 있었고, 그가 이탈리아로 진격할 것임을 알렸다. 이때부터 롬바르디아에 많은 전쟁이 잇따랐고 이로 인해 비스콘티 가문이 파르마의 주인이 됐다. 이때 나폴리 왕 로베르가 죽고 얼마 전에 죽은 아들 카를로가 낳은 두 명의 손녀만 남았다.[338] 로베르는 손녀 중 언니 조반나를 왕국의 상속자로 삼고, 헝가리 왕의 아들인 그의 조카 안드레와 결혼할 것을 유언으로 남겼다. 안드레는 그녀와 함께 오래 살지 못했는데, 그녀가 그를 죽이고 또 다른 사촌인 타란토의 군주 루도비코와 결혼했기 때문이다. 그러나 헝가리의 왕이자 안드레의 동생인 루드비히가 형의 죽음을 복수하기 위해 군대를 이끌고 이탈리아로 와서 조반나 여왕과 그녀의 남편을 왕국에서 내쫓았다.

---

336) 1391년에 아버지 베르트란도의 후계자가 됐다. 루도비코라고 불리는 리포와 함께 1335년부터 가문에 속한 칭호인 이몰라의 교황 대리직도 더불어 이어받았다.

337) 알렉산데르 6세(로드리고 보르자, 1492년부터 1503년까지 교황)는 아들인 발렌티노 공 체자레를 통해서 교회국에서 중앙집권을 재확인하는 활발한 정책을 실현시켰다.

338) 1343년.

31.[339]

이 무렵 로마에서 주목할 만한 사건이 벌어졌다. 로마 총독(cancelliere) 니콜로 디 로렌초[340]라는 사람이 로마 원로원 의원들을 내쫓고 호민관 직함을 가지고 스스로 로마 공화국의 수장이 되어,[341] 정의와 미덕에 있어 대단한 명성을 가지고 고대 공화정을 회복시켰던 것이다. 이에 인근 지역뿐 아니라 모든 이탈리아가 그에게 사절을 보냈고, 제국의 오래된 속주들은 로마가 다시 태어나는 것을 보고 그들의 머리를 들었으며, 일부는 두려움에 또 일부는 희망으로 그에게 존경을 표했다. 그러나 니콜로는 대단한 명성을 얻었음에도 시작하자마자 용기를 잃었으며, 엄청난 부담감에 겁을 먹고 누가 쫓아낸 것도 아닌데 변장을 하고 도망갔다.[342] 그리고 바이에른의 루드비히를 경멸했던 교황의 명령에 따라 황제로 선출된 보헤미아의 왕 카를로[343]를 만나러 갔다. 카를로는 교황을 만족시키고자 니콜로를 교황에게 포로로 보냈다. 조금 지난 후에 프란체스코 바론첼리라는 사람이 니콜로를 모방하여 로마의 호민관직을 차지하고 원로원 의원들을 쫓아냈다.[344]

---

339) **로마의 호민관들 1347~1354.**

340) 콜라 디 리엔초(1313~1354)로 더 유명하다. 1344년부터 "도시 의회의 공증인"의 책임을 맡고 있었다. 1343년에 민중 봉기로 탄생한 시민의 새정부의 관리로 있었다.

341) 1347년 5월 20일에 로마 인민은 콜라에게 도시를 다스릴 수 있는 광범위한 권력을 부여했다.

342) 1347년 말에 민중봉기가 그로 하여금 호민관 직책을 버리고 로마를 떠나도록 압박했다.

343) 1346년부터 보헤미아의 왕이었던 카를로 4세(1355년에 황제로 즉위했다). 그는 콜라를 1350년 여름에 프라하에서 붙잡았다.

344) 새 교황 이노첸시오 6세(1352~1362)는 1354년 여름에 콜라를 로마로 불러서 원로원 의원직과 도시의 질서와 권위를 다시 세우는 임무를 줬다.

교황은 그를 제압하는 가장 빠른 해결책으로서 니콜로를 감옥에서 석방시켜 로마로 보내서 호민관 자리에 앉히는 조치를 취했다. 니콜로는 그의 지위를 되찾고 프란체스코를 죽였다. 그러나 콜로나파가 그의 적이 되어 얼마 지나지 않아 죽임을 당했고,[345] 쫓겨났던 원로원 의원들은 직을 되찾았다.

32.[346]

한편 헝가리 왕 루드비히는 조반나 여왕을 내쫓고[347] 자신의 왕국으로 돌아왔다. 그러나 헝가리 왕보다는 여왕을 로마 근처에 두고 싶었던 교황은 그녀의 남편 루도비코가 타란토의 직함에 만족하고 왕으로 불리지 않는데 동의한다는 조건으로 헝가리 왕으로 하여금 이 왕국을 그녀에게 돌려주는데 동의하도록 손을 썼다. 1350년이 되자, 교황은 보니파시오 8세가 100년마다 치르도록 명령했던 기념식을 50년 주기로 줄이는 것이 가능한 것처럼 보였다.[348] 그가 이 내용을 칙령으로 내리자, 이 이익에 대한 대가로 로마 시민들은 교황이 로마에 네 명의 주교를 보내서 도시를 개혁하고 교황이 원로원 의원을 지명하도록 허용했다. 그런데 교황은 다시 타란토의 루도비코를 나폴리 왕으로 선포했고, 조반나 여왕은 이 이익에 대한 대가로 자신의 지참금의 일부였던 아비뇽을 교회에 주었다. 이때 루키노 비스콘티가 죽었고, 결과적으로 밀라노의 주교였던 조반니만 홀로 주인(signore)으로

345) 1354년 10월 8일. 콜라는 민중 봉기 후 캄피돌리오에서 참살당했다.

346) **조반나 여왕, 비스콘티 가문, 교황 아비뇽으로 돌아오다, 제노바와 베네치아의 전쟁 1342~1381.**

347) 1권 30장 참조.

348) 교황 클레멘스 6세가 1349년에 50주년을 알리는 칙령을 공포했다.

남게 됐다.[349] 조반니는 토스카나 및 이웃과 많은 전쟁을 치렀고 그로 인해 매우 강력해졌다. 그가 죽자 그의 조카들인 베르나보와 갈레아초[350]가 뒤를 이었다. 하지만 갈레아초는 곧 조반 갈레아초[351]를 남기고 죽었는데, 그는 삼촌인 베르나보와 권력(stato)을 공유했다. 이 시기에 보헤미아의 왕 카를로가 황제였고, 교황은 인노첸시오 6세였다. 교황은 스페인 태생의 주교 에지디오(Egidio)를 이탈리아로 보내어 자신의 역량으로 로마냐와 로마뿐 아니라 이탈리아 전체에서 교회의 명성을 회복시켰다. 그는 밀라노 주교가 차지한 볼로냐를 회복하고, 교황이 매년 외국인 원로원 의원을 보내는 것을 로마시민들이 수용하도록 만들었다. 그는 비스콘티 가문과 명예로운 조약을 맺었고, 토스카나[352]에서 기벨린파를 돕기 위해 4천 명의 군사를 이끌고 싸웠던 영국인 존 호크우드[353]를 격파하여 사로잡았다. 교황직을 승계한 우르바노 5세[354]가 이 승리들에 대하여 듣고서 이탈리아와 로마에 방문하기로 결심했고, 카를로 황제 또한 로마에 왔다. 몇 달 후 카를로는 자신의 왕국으로, 교황은 아비뇽으로 돌아갔다. 우르바노가 죽은 후 그레고리오 11세가 교황이 됐다. 에지디오 주교 또한 죽었고,[355] 이탈리아는 비스콘티 가문에 대항하여 동맹을 맺었던 민족들에 의해 초래된 이전의 분쟁상태로 되돌아갔다. 그래서 교황은 먼저 6천 명의 브르타뉴인들과 함께 이탈리아로 사절[356]을 보냈다. 그다음 그는 개

349) 루키노는 1349년 1월에 죽었다. 1339년부터 밀라노의 대주교였던 루키노의 동생 조반니는 1354년까지 도시의 지배자였다(비스콘티 가문의 변천에 대해서는 1권 27장을 보라).

350) 1권 27장을 보라.

351) 1권 27장 참조.

352) 처음에는 피사, 그 후에는 베르나보 비스콘티를 위해서 싸웠다.

353) 용병대장 존 호크우드(1320경~1394)는 이탈리아어로 조반니 아쿠토.

354) 1362년부터 1370년까지 교황.

355) 1367년.

356) 주교 로베르토 디 지네브라. 그레고리오 11세는 1370년부터 1378년까지 교

인 자격으로 와서 교황청을 프랑스로 옮긴지 71년만인 1376년[357]에 로마로 원위치시켰다. 그러나 그가 죽은 후 우르바노 6세가 교황의 자리에 올랐고, 곧 우르바노가 정당하게 선출된 것이 아니라고 말하는 10명의 주교에 의해 폰디(Fondi)에서 클레멘스 7세[358]가 교황으로 선출됐다. 이 시기 오랫동안 비스콘티 가문 아래 살았던 제노바인들이 반란을 일으켰다.[359] 이들과 베네치아인들 사이에 테네도스 섬을 두고 많은 심각한 전쟁이 벌어졌고, 이로 인해 이탈리아 전체가 분열됐다. 이 전쟁 중에 독일인이 개발한 새로운 무기인 대포가 처음 선보였다. 비록 제노바인들이 잠시 우위에 서고 베네치아인들을 수개월 동안 포위했으나, 결국 베네치아인들이 승리했다. 이후 교황의 중재로 1381년에 평화가 찾아왔다.

33.[360]

우리가 말한 대로[361] 교회에 분열이 일어났고, 조반나 여왕은 대립교황을 선호했다. 이 때문에 우르바노는 나폴리 왕국의 후손인 두라

황이었다.

357) 1377년 1월. 마키아벨리는 습관적으로 일년이 3월 25일에 시작하는 피렌체 방식을 채택한다.

358) 교황 그레고리오가 죽자 나폴리 가문의 귀족 바르톨로메오 프리냐노가 교황이 됐고, 우르바노 6세의 이름을 얻었다. 그가 선출되고 잠시 후 프랑스 주교들이 폰디에서 콘클라베를 새로 열고 주교 로베르토 디 지네브라를 교황으로 선출했다. 그는 클레멘스 7세의 이름을 얻고 아비뇽으로 옮겼다. 이른바 서방교회의 분열이 이렇게 일어난 것이다(1417년 콘스탄츠 공의회로 종료되었다).

359) 1356년.

360) **대립교황, 조반 갈레마초 비스콘티 1381~1402.**

361) 1권 32장.

초의 카를로로 하여금 그녀에 대항하여 왕국에 침략하게 했다. 카를로가 와서 그녀의 나라를 빼앗아 왕국의 주인이 됐고, 이에 그녀는 프랑스로 도망쳤다. 프랑스왕은 이 일로 화가 나서 앙주의 루이를 이탈리아로 보내 여왕에게 왕국을 회복시켜주고 우르바노를 로마에서 쫓아냈으며, 대립교황을 세워 로마의 주인이 되도록 했다. 그러나 이 일의 도중에 루이가 죽었고,[362] 그의 군대는 패배하여 프랑스로 돌아갔다. 한편 교황은 나폴리로 가서 프랑스 편에 서고 대립교황을 따랐다는 이유로 9명의 주교를 감옥에 가두었다. 교황은 두라초의 카를로가 자신의 조카들 중 하나를 카푸아의 군주로 만들기를 거부한 것에 화가 났고, 그 일을 염두에 두지 않은 것처럼 가장하고서 왕에게 자신이 살 곳으로 노체라(Nocera)를 달라고 요청했다. 그곳에서 그는 스스로를 강하게 단련하고 카를로에게서 왕국을 빼앗을 준비를 했다. 이 일로 교황은 왕과 전투를 하게 됐고, 교황은 제노바로 달아나서[363] 자신이 감옥에 가두었던 주교들을 처형했다. 그는 제노바에서 로마로 와서 스스로 명예를 높이기 위해 29명의 주교를 임명했다. 이때 나폴리 왕 카를로는 헝가리로 가서 왕이 됐으나 곧 죽임을 당했다.[364] 그에게는 나폴리에 아내와 두 자녀, 라디슬라우(Ladislao)와 조반나가 있었다. 이 시기 조반 갈레아초 비스콘티는 삼촌 베르나보를 죽이고[365] 밀라노 전체를 차지했다. 그러나 롬바르디아 전체의 공작이 되는 것으로 만족할 수 없었던 그는 토스카나 역시 차지하고자 했다. 토스카나의 지배권을 차지하고 나서 이탈리아의 왕으로 즉위하자마자 그는 죽고 말았다.[366] 보니파시오 9세가 우르바노 6세를 승계했

362) 1384년.

363) 1385년.

364) 1385년.

365) 1385년. 1권 27장과 32장을 보라.

366) 1402년 멜레냐노에서. 조안 갈레아초는 1395년 황제로부터 공작의 지위를

을 때다. 동시에 아비뇽에서는 대립교황 클레멘스 7세가 죽고 베네딕토 13세가 그 자리에 올랐다.

34.[367)]

이 시기에 이탈리아에 영국, 독일, 브르타뉴에서 온 많은 군인들이 있었는데, 일부는 다양한 시기에 이탈리아로 온 군주들이 데려왔고, 또 일부는 아비뇽에 있는 교황들이 파견했다. 이탈리아 군주들이 이들과 오랫동안 전쟁을 벌이던 중, 로마냐 출신의 인물 루도비코 다 코니오가 나타나서 산 조르조(San Giorgio)의 이름을 딴 이탈리아 병사들로 이루어진 부대를 만들었다. 짧은 시간 안에 부대의 역량과 규율을 세운 이탈리아 군대는 외국 군대로부터 그 명성을 빼앗았고, 이후에도 이탈리아 군주들은 자기들끼리 싸우는 데 이 군대를 활용했다. 로마시민들과의 불화의 결과로 교황은 아씨시로 물러나[368)] 거기에서 1400년 기념일이 돌아올 때까지 오랫동안 머물렀다. 로마시민들은 교황이 돌아오는 것이 로마에 이익이 된다고 생각하고 교황이 보내는 외국인 원로원 의원을 다시 받아들이는 조건을 수용하고, 교황이 산탄젤로 성을 강화할 수 있도록 허락했다. 교황은 이 조건을 수락하며 돌아왔고, 교회를 부유하게 만들기 위해 빈 성직을 차지하려는 사람은 누구나 일 년 치 봉급을 교황청 재정실에 먼저 내도록 조치했다. 밀라노 공작 조반 갈레아초가 죽으며[369)] 두 아들, 조반 마리아놀라와

받았다.

367) **용병, 기념일, 비스콘티 가문 롬바르디아를 잃다 1393~1405.**

368) 교황 보니파치오 9세는 1389년에 선출됐다(1404년에 죽었다). 아마 마키아벨리는 1392년에 도시의 인민들과 갈등 이후 로마를 버린 것을 언급하는 것 같다. 그러나 보니파치오는 다음 해에 다시 왔다.

필리포[370]를 남겼지만, 그 나라는 여러 부분으로 분열됐다. 거기에 더해진 어려움 속에서 조반마리아가 죽임을 당하고, 필리포는 파비아 요새에 잠시 갇혔다가 성주의 신의와 미덕 덕분에 구출됐다. 한때 아버지 소유였던 도시들을 장악한 사람들 중에 굴리엘모 델라 스칼라[371]가 있었다. 그는 망명 중에 자신의 명줄을 쥐고 있던 파도바의 주인인 프란체스코 다 카라라[372]의 도움을 받아 베로나를 다시 차지했다. 그러나 그는 그 자리에 오래 있지 못하고 프란체스코의 명령으로 독살 당함으로써 도시를 빼앗겼다. 이에 비스콘티 가문의 깃발 아래 안전하게 살던 비첸차의 주민들은 파도바의 주인의 위대함을 두려워하여 베네치아에 의탁했다. 베네치아는 비첸차 주민들을 통해 파도바의 주인과 전쟁을 치렀고, 그리하여 처음에는 베로나를, 그다음에는 파도바를 빼앗았다.

35.[373]

그 사이에 보니파치오가 죽고 인노첸시오 7세[374]가 교황으로 선출됐다. 로마인들은 그에게 요새를 포기하고 자유를 돌려달라고 탄원했다. 교황이 동의하지 않자 로마인들은 나폴리 왕 라디슬라우[375]에게

369) 1402년(1권 33장).
370) 조반니 마리아와 필리포 마리아.
371) 칸그란데 2세(1332~1359)의 사생아.
372) 1388년부터 파도바의 군주였던 프란체스코 노벨로 다 카라라(1359~1406).
373) **나폴리의 라디슬라우, 대립교황들 1404~1413.**
374) 볼로냐의 주교이자 롬바르디아와 토스카나의 특사인 코지모 밀리오라티는 1404년 10월에 교황으로 선출됐다(1406년 말에 죽었다).
375) 라디슬라우(1377~1414)는 두라초의 카를로 3세의 아들로서 1386년에 아버지에 이어 나폴리 왕위를 승계했다(실질적으로는 1399년에).

도움을 요청했다. 로마인들을 두려워했던 그는 비테르보로 도망가서 조카 루도비코를 마르케의 백작으로 삼았고, 후에 그들 사이에 조약을 체결하고 나서 교황은 로마로 돌아왔다. 그가 죽자 그레고리오 12세가 대립교황이 교황직을 버리면 언제든지 자신도 교황직을 버리는 조건으로 교황에 선출됐다. 주교들의 간청으로 교회를 다시 통합하기 위해 대립교황 베네딕토는 포르토 베네레로, 그레고리오는 루카로 가서 많은 것을 논의했지만 결론은 나지 않았다. 그래서 주교들은 두 교황을 버렸고, 베네딕토는 스페인으로, 그레고리오는 리미니[376]로 갔다. 주교들은 볼로냐의 주교이자 특사인 발다사레 코사의 호의로 피사에서 위원회를 열고 알렉산데르 5세[377]를 교황으로 선출했다. 그는 재빨리 라디슬라우 왕을 파문하고 그 자리를 앙주의 루이[378]에게 주었다. 그때 피렌체, 제노바, 베네치아는 특사인 발다사레 코사와 함께 라디슬라우를 공격하여 로마에서 몰아냈다.[379] 그러나 이 전쟁이 한창일 때 알렉산데르가 죽고, 발다사레 코사가 교황으로 선출되어 스스로 교황명을 요한 23세[380]로 정했다. 그는 교황으로 선출된 장소인 볼로냐를 떠나 로마로 가서 프로방스 군대를 이끌고 온 앙주의 루이와 함께 그와 분쟁중인 라디슬라우를 격파했다. 그러나 용병대장의 실수로 그들은 승리를 제대로 챙기지 못했고, 라디슬라우 왕은 잠시 후 자신의 군대를 회복하여 로마를 탈환했다.[381] 이에 교황은 볼로냐

376) 카를로 말라테스타 근처. 1408년 4월에 로마는 나폴리의 라디슬라우에게 새롭게 점령당했다.

377) 밀라노의 주교 피에트로 필라르지는 1409년 6월에 선출됐다.

378) 루이의 아들인 앙주의 루이 2세.

379) 1410년 1월.

380) 나폴리 사람 발다사레 코사(1370~1419)는 1410년 피사의 공의회에서 주교들에 의해 선출됐다(알렉산데르 5세는 선출된지 몇 달 후에 죽었다). 요한 23세는 1413년에 콘스탄츠 공의회를 소집해서 오랜 교회 분열을 끝낼 수 있었다(그것에 대해서는 1권 36장).

381) 1413년 5월.

로, 루이는 프로방스로 도망갔다. 교황은 라디슬라우의 힘을 약화시킬 방법을 생각하다가 헝가리 왕인 지기스문트를 황제로 선출하고, 그에게 이탈리아로 오라고 설득하여 만토바[382]에서 회동했다. 그들은 적의 군대에 대항하기 위해 연합해야 할 필요에 동의했고, 교회가 다시 연합하는 공의회를 개최하기로 했다.

36.[383]

그때 세 명의 교황－그레고리오, 베네딕토, 요한[384]－이 있어서 교회를 약하게 만들고 명예를 실추시켰다. 요한은 반대했지만 독일의 콘스탄츠가 공의회 장소로 선택됐다. 라디슬라우의 죽음으로[385] 교황이 공의회를 추진할 이유가 사라졌지만 그럼에도 의무감 때문에 교황은 공의회 참석을 거부할 수 없었다. 콘스탄츠에 온 지 몇 달 지나지 않아 요한은 너무 늦게 자신이 실수했음을 알아차리고 달아나려고 시도했으나, 그 때문에 감옥에 갇히고[386] 교황직을 사직할 수밖에 없었다. 대립교황 중 하나였던 그레고리오는 자신의 대리인을 통해 사직했고, 또 다른 대립 교황 베네딕토는 사직을 거부하여 이교도로 정죄당했다. 결국 자신의 주교들에게 버림받은 베네딕토 또한 사직할 수밖에 없었고, 공의회는 콜로나 가문 출신의 오도네를 교황으로 선출

382) 회동은 만토바가 아니라 로디에서 1413년에 했다.

383) **세 교황 1414~1417.**

384) 그레고리오 12세, 베네딕토 13세, 요한 23세.

385) 그 나폴리 왕은 1414년에 죽었다(1권 35장을 보라).

386) 1415년 3월 20일부터 21일까지 밤에 요한이 오스트리아의 프리드리히 공작 근처 샤프하우젠으로 도망갔다. 시지스몬도(지그문트)에게 다시 돌아온 후 3월 29일 공의회에 의해서 폐위됐다. 하우젠 성에 오랫동안 포로로 잡혀있다가 1419년 새 교황 마르티노 5세의 중재로 자유롭게 됐다.

하여 마르티노 5세[387]로 불렸다. 이렇게 해서 많은 교황들 아래 분열된지 40년 만에 교회는 다시 연합을 이루었다.

37.[388]

이때 우리가 말했듯이,[389] 필리포 비스콘티가 파비아의 요새에 있었다. 그러나 롬바르디아의 소동 속에서 베르첼리, 알레산드리아, 노바라, 토르토나의 주인이 되어 많은 재산을 모은 파치노 카네[390]는 죽으면서 자식이 없었으므로 아내인 베아트리체[391]에게 이 국가들을 유산으로 남겼다. 그리고 카네는 아내를 필리포와 결혼시키도록 친구들에게 부탁했다. 필리포는 이 결혼으로 강력해져서 밀라노와 롬바르디아 영토 전체를 되찾았다. 이후 큰 은혜에 감사하기 위해[392] 군주들이 거의 항상 사용하는 방법으로 그는 아내인 베아트리체를 간통죄[393]로 고발하여 죽게 만들었다. 그렇게 막강해진 그는 아버지인 조반 갈레아초의 계획을 잇기 위해 토스카나에서의 전쟁을 고민하기 시작했다.

---

387) 1417년 11월에 공의회에서 선출됐다(1431년에 끝남). 그의 선출은 대분열을 끝내고 단일한 교황 아래 기독교를 재결합시켰다.

388) **필리포 비스콘티 1412~1418.**

389) 1권 34장 참조.

390) 파치노 카네는 1412년 3월 6일 죽었다. 다양한 군주들에게 용병으로 봉사하다가 마지막으로 잔 갈레아초 비스콘티에게 봉사했다. 이 파치노의 죽음 후에 공작령 남쪽에 방대한 개인 지배를 구축했다. 1409년에 조반니 마리아(1389~1412)가 파비아를 장악한 지 1년 후에 권력을 양보하도록 압박했다. 이미 자신의 권위를 잔 갈레아초, 필리포 마리아의 차남에게 확장한 상태였다.

391) 텐다(Tenda)의 군주의 딸인 베아트리체 라스카리스(1370경~1418).

392) 『로마사 논고』 1권 29장.

393) 베아트리체는 궁정의 시종과 간통했다고 고소당했다.

38.[394]

나폴리 왕 라디슬라우는 죽으면서 아내인 조반나[395]에게 왕국뿐 아니라 이탈리아의 주요 용병대장들이 지휘하는 큰 군대를 남겼는데, 그중에서 으뜸은 군인들 사이에서 용맹함으로 이름난 콘티뉴올라의 스포르차였다. 여왕은 그녀가 키운 판돌펠로를 정부(情夫)로 곁에 두고 있다는 오명을 피하기 위해 다음 조건을 전제로 왕가의 혈통을 가진 프랑스인 라 마르케의 제임스[396]를 남편으로 선택했다. 그녀가 제시한 조건은 그가 타란토의 군주[397]로 불리는 것으로 만족하고, 왕국의 칭호와 정부는 그녀에게 맡기는 것이었다.[398] 그러나 그가 나폴리에 도착하자마자 군사들은 그를 왕이라 불렀고, 남편과 아내 사이에 큰 불화가 생겼으나 엎치락뒤치락 하다가 결국 여왕이 승리했다. 그렇게 그녀는 교황의 적이 됐고, 그녀를 곤란하게 만들어서 자신의 품에 의탁하게 만들려고 했던 스포르차는 그녀의 기대와 다르게 용병계약을 파기했다.[399] 이로 인해 단번에 비무장 상태[400]가 되자 그녀는 달리 방도가 없어 그녀가 아들로 입양한 아라곤과 시칠리아의 왕인

394) **나폴리의 여왕 조반나, 스포르차와 브라초 1415~1425.**

395) 두라초의 카를로의 딸 조반나 2세(1371~1435)는 1414년 나폴리의 왕좌에 올랐다.

396) 마르케의 백작인 부르봉의 제임스 2세. 조반나는 1415년에 제임스와 결혼했다.

397) 나폴리에 도착한 지 몇 달 후(1415년 여름)에 부르봉의 제임스는 나폴리의 다른 대가문들의 지지의 힘으로 알로포와 스포르차를 포로로 잡고 스스로 왕으로 선포했다. 알로포는 10월 1일에 처형됐다.

398) 제임스는 1416년 10월에 투옥됐다.

399) 그녀를 기다리지 않고 [여왕에게] 봉사하는 것을 멈춘. 1420년에 6월에 일어났다. 그 사건은 『전쟁론(Arte della Guerra)』 1권 58장과 『군주론』 12장에서 용병의 신뢰할 수 없음에 대한 명백한 사례로 인용되고 있다.

400) 갑자기 자신의 군대를 박탈당한. 『군주론』 12장 17절에 똑같이 표현되어 있다.

알폰소[401]에게 도움을 청했다. 그리하여 그녀는 브라초 다 몬토네[402]를 고용했는데, 그는 군대에서 명성이 스포르차만큼 높았고 몇몇 교회의 다른 지역을 정복했을 뿐 아니라 교황으로부터 페루자를 차지한 것으로 인해 교황의 적이 되어있는 자였다. 이때 여왕과 교황 사이에 평화[403]가 있었으나, 알폰소 왕은 그녀가 남편을 대했던 것처럼 자신을 대할 것으로 의심하고 조심스럽게 요새를 차지하려고 시도했다. 그러나 명민했던 그녀는 이를 예측하고 나폴리 요새의 방비를 강화했다. 그렇게 서로 의심을 키우다가 그들은 전쟁을 벌였다. 여왕은 그녀에게 다시 봉사하게 된 스포르차의 도움으로 알폰소를 격파하고 나폴리에서 쫓아낸 다음, 그의 입양을 취소하고 앙주의 루이를 입양했다. 이후 알폰소의 편을 들었던 브라초와 여왕을 선택했던 스포르차 사이에 전쟁이 일어났다. 전쟁을 수행하는 중에 스포르차가 페스카라 강을 건너다가 익사하자[404] 여왕은 다시 비무장 상태로 남겨졌다. 알폰소를 아라곤으로 돌아가도록[405] 만들었던 밀라노의 공작 필리포 비스콘티의 도움[406]을 받지 않았더라면 그녀는 왕국에서 쫓겨났을 것이다. 브라초는 알폰소가 자신을 버린 것[407]에 낙담했지만 여왕과 전투

401) 1416년부터 아라곤, 시칠리아 사르데나의 왕이었던 '관대한 왕'(il Magnanimo)으로 불리는 아라곤의 알폰소 5세(1396~1458). 알폰소는 (아들이 없는) 조반나 여왕에게 입양돼서 1421년에 나폴리의 왕에 지명되었다.

402) 움브리아의 몬토네 태생의 귀족 가문 출신으로, 브라초라고 불리는 안드레아 포르테브라치. 몇 년 전에 교황에게 봉사해서 나폴리의 라디슬라우의 군대를 격파했다(1권 34장을 보라).

403) 사실 평화협정은 교황(마르티노 5세)이 아니라 나폴리 왕좌에 있던 다른 왕위 요구자 앙주의 루이와 체결했다. 피렌체와 비스콘티뿐 아니라 교황의 지지를 받았다.

404) 1424년 1월.

405) 사실 알폰소는 카스티야의 위협을 받는 아라곤의 여왕을 보호하러 가기 위해서 1423년 말쯤 이미 이탈리아를 떠난 상태였다.

406) 밀라노 공작 필리포 마리아 비스콘티는 귀도 토렐로의 지휘를 받는 제노바 갤리 함대를 파견했다.

407) 알폰소가 전투를 포기한 사건 때문에.

를 지속했다. 그가 아퀼라를 포위했을 때 교황은 브라초가 강력해지는 것이 교회에 좋지 않다고 판단하고 스포르차의 아들인 프란체스코를 고용했다. 프란체스코는 아퀼라에서 브라초를 격파하고 그를 죽였다.[408] 브라초 세력의 생존자 중에 그의 아들인 오도네가 있었다. 교황은 오도네에게서 페루자를 빼앗았지만 몬토네는 그의 소유[409]로 남겨주었다. 그러나 오도네는 잠시 후 로마냐에서 피렌체를 위해 싸우다가 전사했다. 브라초와 함께 싸운 사람 중 니콜로 피치니노[410]가 있었는데 명성이 매우 높았다.

39.[411]

그러나 내가 계획[412]했던 시기까지 거의 이야기를 해서 —다뤄야 하는 남은 부분[413] 중에서 우리가 피렌체를 특별히 다룰 때[414] 이야기하게 될 피렌체와 베네치아가 밀라노 공작 필리포와 벌였던 전쟁 외에는 대부분 중요하지 않기 때문에— 나는 더 이상 진행하고 싶지 않다. 나는 단지 우리가 글을 쓰다가 이르게 된 시기에 이탈리아가 군주와 군대 모두와 관련해서 처했던 곤란을 잠시 환기시킬 것이다. 주요 국가 중 조반나 2세 여왕은 나폴리 왕국을 소유했다. 마르케, 파

408) 1424년 5월.

409) 포르테브라치 가문이 소유한 영지.

410) 니콜로 피치니노(1386~1444)는 프란체스코 스포르차의 미래의 적이었다. 『피렌체사』의 주요 주인공(4-6권).

411) **이탈리아 국가들에 대한 견해 1434.**

412) 이야기는 1434년 가까이 다다랐고, 1권의 연대기적 제한은 서문에 나와 있다.

413) 즉 1424년(아퀼라의 전투. 1권 38장에 서술된 마지막 사건)부터 1434년 사이에 포함된 사건들.

414) 4권에서 1420년경부터 1434년까지 포함한 국내와 국외의 정치 변천이 다뤄지고 있다.

트리모니오, 로마냐에서 어떤 지역은 교회에 복종하고, 어떤 지역은 교황 대리나 참주가 소유했다. 페라라는 모데나가, 레조는 에스테 가문이, 파엔자는 만프레디가, 이몰라는 알리도시가, 포를리는 오르델라피 가문이, 리미니와 페사로는 말라테스티 가문이, 카메리노는 다 바라노 가문이 소유했다. 롬바르디아 일부는 필리포 공작에게, 일부는 베네치아에 복종했는데, 이는 만토바의 주인이었던 곤자가 가문을 제외하면 그곳이 자신의 국가였던 사람들이 모두 사라졌기 때문이다. 토스카나 대부분의 지역은 주인이 피렌체였고, 루카와 시에나－루카는 귀니지 가문 아래서 살았고 시에나는 자유로웠다－만 자신의 법 아래서 살았다. 때로는 자유로웠고 때로는 프랑스 왕이나 비스콘티 가문의 노예였던 제노바는 불명예스럽게 살았으며 약소국으로 간주됐다. 이 모든 주요 국가들은 자신의 군대로 무장하지 않았다. 필리포 공작은 방 안에 처박혀 자신을 보이지 않게 하고, 전쟁은 대리인(commisari)을 통해 지휘했다. 베네치아는 육지전으로 전환했을 때, 그들을 바다에서 영광스럽게 만들었던 군대를 치워버리고 다른 이탈리아인들의 관습을 따라[415] 군대를 타인의 지휘 아래 두고 운영했다. 교황은 종교인이라서 군대가 부적절 하기 때문에, 나폴리의 조반나 여왕은 여자이기 때문에, 어쩔 수 없이 다른 사람들이 했던 나쁜 선택을 반복했다. 피렌체는 잦은 분열로 귀족을 제거하여 상업으로 길러진 사람들의 손에 공화국이 넘겨져 동일한 선택의 반복이 불가피했고, 그리하여 다른 사람들의 질서와 운명을 따라갔다. 그렇게 해서 이탈리아 군대는 군소 군주나 국가가 없는 사람들의 손에 놓였다. 군소 군주는 어떤 영광 때문이 아니라 더 부유하거나 안전하게 살기 위해서 군복을 입었고, 다른 이들은 어려서부터 군대에서 자라서 다른 기예는 알지 못하여 재산이나 권력으로 명예 얻기를 추구했기 때문이

415) 『군주론』 12장에 이 표현이 반복되고 있다.

다. 이들 중에서 가장 유명한 사람이 카르미뉴올라,[416] 프란체스코 스포르차, 브라초의 견습생 니콜로 피치니노, 아뇰로 델라 페르골라,[417] 로렌초와 미켈레토 아텐돌리,[418] 페루자의 타르탈리아,[419] 자코파치오,[420] 페루자의 체콜리노,[421] 니콜로 다 토렌티노,[422] 귀도 토렐로,[423] 안토니오 달 폰테 아드 에라,[424] 이 외에 다른 많은 유사한 사람들이 있었다. 이들과 함께 위에서 말한 지배자들(signori)이 있는

416) 카르마놀라의 공작 프란체스코 부조네(1380~1432). 그에 대해서 4권 13장 참조(그러나 1권 34장에도 이미 기록되어 있다). 프란체스코 스포르차(1450년부터 밀라노의 군주)와 니콜로 피치니노(1386~1444)-마키아벨리는 바로 다음에서 인용하고 있다-에 대해 『피렌체사』는 곳곳에서 말하고 있다.

417) 교회와 중부 이탈리아의 다양한 도시에서 고용된 롬바르디아인. 필리포 마리아 비스콘티의 군인으로 첫 20년을 지냈다(1428년에 죽었다). 4권 6장과 11장에 기록되어 있다.

418) 코티놀라(Cotignola)의 공작이자 미켈레토의 형인 로렌초(1351경~1442경)는 알베리코 다 바르비아노의 학교에서 성장했다. 그는 오랜 경력 중에 이탈리아의 모든 권력자들을 위해서 용병으로 일했다. 『피렌체사』에만 이렇게 정확하게 기록하고 있다. 미켈레토(1370경~1451)는 자신의 경력을 밀라노를 정복할 때 프란체스코 스포르차와 전투를 치름으로써 베네치아에 봉사하는 것으로 마무리했다(특히 6권 3장, 11장, 18장 참조).

419) 안젤로 라벨로. 스포르차라 불리는 무지오 아텐돌로와 브라초 다 몬토네를 위해 봉사했던 군인. 배신했다는 비난을 받고 스포르차에 의해 살해당했다. 『피렌체사』의 이 부분에만 기록되어 있다.

420) 자코모 칼도라(1369~1439). 브라초 다 몬토네를 따라서 교황과 조반나 2세에게 봉사했다. 칼도라는 『피렌체사』에서 더 이상 언급되지 않는다.

421) 체콜리노 미켈로티. 1300년대 말부터 1400년대 초 사이에 잔 갈레아초 비스콘티에게 봉사했다. 1416년에 브라초 다 몬토네에게 붙잡혀서 살해당했다.

422) 스타치올라 공작들인 마우루치의 톨렌티노 가문의 군인들 중 가장 유명한 인물(5권 3장에 기록). 1406년부터 교회, 필리포 마리아 비스콘티, 나폴리의 조반나, 마지막으로 피렌체를 위해서 싸웠다. 1435년에 아마도 필리포 마리아 비스콘티에 의해 살해당해서 1435년에 죽었다(죽음의 상황에 대한 의혹은 5권 3장에 나와 있다).

423) 만토바 사람 과스탈라 백작(1379~1449). 무엇보다도 필리포 마리아 비스콘티를 위해 싸웠다(4권 5장에 기록되어 있다).

424) 아냐니와 다른 중부 라치오의 군주인 폰테데라의 안토니오 감바코르타. 콜로나를 위해 전투하다가 1436년에 죽었다. 『피렌체사』의 다른 곳에는 기록이 없다.

데, 여기에는 나폴리 왕국과 롬바르디아의 영주들과 신사들, 로마의 남작들, 오르시니 가문, 콜로나 가문을 언급할 수 있다. 그들은 서로 간에 전쟁을 치렀기 때문에 일종의 유대와 서로에 대한 이해가 있었고, 이들의 경우 전쟁은 시간을 보내는 기술로 전락하여 전쟁을 하면 대부분 양쪽이 모두 패배했다. 결국 그들은 전쟁을 큰 악으로 전락시켜서 고대의 역량(virtù)의 그늘에 자리할 뿐인 어떤 평범한 장군이라도 다시 태어났다면 그들에게 수치를 안겨주었을 것이다. 그러나 모두가 놀랄만큼 지혜가 부족한 이탈리아라서 이 용병대장들은 존중을 받았다. 따라서 나의 역사는 이 게으른 군주들과 아주 악한 군대들에 대한 이야기로 가득 차 있다. 그러나 그것들을 다루기 전에 처음 약속한대로 뒤로 돌아가서 피렌체의 기원에 대해 먼저 이야기하겠다. 그리하여 당시 그 도시의 상태가 어떠했는지, 천년 동안 이탈리아에 닥쳤던 수많은 곤경으로 인해 어떻게 이 상태에 이르게 됐는지, 모든 사람이 충분히 이해하게 할 필요가 있다.

제 2 권

제 2 권[1)]

1.[2)]

우리 시대에는 사라지고 없는 고대 공화국과 군주국의 위대하고 놀라운 질서들(ordini)[3)] 중에는 많은 마을과 도시들을 새롭게 건설하던 질서가 있었다. 위대한 군주와 잘 조직된 공화국에서 방어나 경작의 편리함을 위해 정착 가능한 새로운 마을을 건설하는 것보다 한 지역(provincia)[4)]에 더 유용한 다른 일은 없기 때문이다. 고대인들은 식민지라 불리는 정복했거나 비어있는 나라(paesi)로 주민들을 새롭게 보내는 관행이 있었기 때문에 이를 쉽게 할 수 있었다. 새로운 마을을 건설하는 이 질서는 정복된 나라를 정복자들에게 더 안전한 지역으로 만들고, 빈 장소를 주민들로 채워 사람들이 그 지역에 퍼지도록 했다. 이제 어떤 지역에 정착하여 더 편안하게 삶으로써 사람들은 그곳에서

---

1) **피렌체의 기원과 1353년까지의 초기 역사.**
2) **척박한 지역에서 경작하는 것의 효과.**
3) 규칙, 시스템. 이 용어는 마키아벨리의 용어사전에서 중요하며, 중요도의 어떤 단계를 보여준다. 국가의 근본적인 헌법(costituzione)이나 법(leggi)보다 더 일반적이고(이 경우처럼), 보다 특수하고 기술적인 의미.
4) 여기에서(그리고 장에서 연이어) 내부의 지역적 다양성을 제시하는 '넓은 영토의 통합'을 가리킨다.

대를 잇고 공격에 더 준비되고 더 안전하게 방어하게 되었다. 이 관습이 사라진 것은 오늘날 공화국과 군주들의 악행으로 인한 것이며, 이로 인해 이 지역들에 약화와 쇠퇴가 발생했다. 이 질서만이 제국을 더 안전하게[5] 만들고, 말했듯이, 사람들이 더 풍성하게 거주하며 나라를 유지시켜주었기 때문이다. 군주가 새롭게 차지한 지역에 세워진 식민지가 나머지 사람들을 충성스럽게[6] 지켜주는 요새와 수비대로 서있기에 안전이 생겨나는 것이다. 게다가 이 질서 없이 지역을 사람들이 거주하도록 하고 주민들이 그 안에서 잘 흩어져 지낼 수 있도록 관리할 수 있는 사람은 아무도 없다. 그 지역 안의 모든 장소가 생산적이거나 건강한 것은 아니기에 사람들이 군집하는 곳이 있고 그렇지 않은 곳이 있게 마련이다. 만약 사람들을 그들이 원하는 곳을 포기하게 하거나 그들이 원하지 않는 곳으로 가도록 만들 방법이 없다면, 그 지역은 곧 쇠퇴하게 될 것이다. 한 지역은 주민이 너무 적어서 황야가 되고 또 다른 지역은 주민이 너무 많아서 궁핍해질 것이기 때문이다. 그리고 자연이 이런 무질서를 고칠 수 없으므로 인간의 노력이 시정해야 한다. 건강하지 않은 지역은 단번에 그곳을 차지하는 다수의 사람들에 의해 건강해지는데, 경작으로 토양을 깨끗하게 만들고 불로 공기를 정화하는 것은 자연이 결코 제공할 수 없는 것들이기 때문이다. 늪이 많고 해로운 장소에 자리 잡았지만 그곳으로 단번에 모여든 주민들 덕분에 건강해진 베네치아가 증명한다. 피사 또한 공기가 나빠서 제노바와 그 해안이 사라센인들에 의해 파괴될 때까지[7] 결코 인구가 많지 않았다. 조국으로부터 쫓겨난 많은 수의 사람들이

---

5) 말하자면, 정복한 영토를 통제하는.

6) (군주국이나 공화국과 관련된) 영토를 통치하는 권위에 충성하는.

7) 제노바와 그 해안이 931년 사라센인들에 의해 심각한 위험에 처했다. 그럼에도 불구하고 그 침략-엄청난 파괴에 의한-이 토스카나 근처의 인구의 안정적 이전을 결정하지는 않았다.

단번에 피사로 모여들면서 이곳에 인구가 밀집하고 도시가 강해졌다. 식민지를 보내는 질서가 무시되면서 정복된 나라는 더 유지하기 어려워지고, 빈 땅은 결코 채워지지 않으며, 반면에 너무 가득 찬 나라는 영원히 부담이 줄어들지 않는다. 그리하여 세계의 많은 지역, 특히 이탈리아가 고대 시기에 비해 황폐해졌다. 그리고 이 모든 것은 군주들에게 진정한 영광을 향한 열정[8]이 없고 공화국에는 칭송받을 만한 질서가 없기 때문에 발생했고 또 발생하고 있다. 그러나 고대에는 이 식민지 덕분에 새로운 도시가 자주 생겨났으며 이미 있던 도시 역시 성장했다. 이 중에는 피에솔레로 시작하여 로마의 식민지가 돼서 성장한 도시, 피렌체가 있다.

2.[9]

단테[10]와 조반니 빌라니[11]가 보여준 대로, 피에솔레는 산 정상에 위치해 있고, 상품을 가지고 오려는 사람들이 더 자주 편하게 시장에 왕래하기 좋도록 언덕 위가 아니라 산 밑과 아르노 강 사이 평지에 시장을 열도록 조처한 것은 정말 사실이다. 상인들은 상품을 놓아둘 편리한 창고−후에 튼튼한 건물이 되었다−를 원했으므로, 내가 판단하기에, 이 시장들은 그 장소에 처음 세워진 건물들의 기반이 되었다. 후에 로마인들이 카르타고를 정복했을 때 외국과의 전쟁으로부터 이

8) 3권 5장 참조. 무엇보다도 "영광"에 대한 현대의 빗나간 개념에 대해서 『로마사 논고』 1권 10장을 보라.

9) **1215년까지의 피렌체.**

10) 특히 그는 도시의 피에솔레 기원에 대한 원전으로 기록하고 있다(『신곡』, 「지옥편」 15곡 61−63행, 「천국편」 15곡 125−6행).

11) (1348년에 쓰여진 피렌체 역사를 다루는) 조반니 빌라니의 *Cronica*는 『피렌체사』 2권의 주요 원전 중 하나다.

탈리아를 안전하게 지키기 위해 건물의 수가 많이 불어났다. 인간은 그곳에 머물러야만 할 어떤 필연성(necessità)이 있지 않으면 결코 어려움을 견디지 못하기 때문이다. 그래서 전쟁의 공포가 감당하기 힘들고 거친 장소에서 기꺼이 살도록 사람들을 내몰지만, 전쟁이 끝나면 편리함에 이끌리어 이미 길들여지고 살기 쉬운 장소로 몰려든다. 그래서 로마 공화국의 명성 아래 이탈리아가 안전해지기 시작하면서 앞서 언급한 방식으로 시작된 주거가 매우 큰 숫자로 늘어났고, 주거 양식은 처음부터 빌라 아르니나(Villa Arnina)라고 불리는 마을의 형태를 띠었다. 후에 로마에서 처음에는 마리우스와 술라 사이에, 다음에는 카이사르와 폼페이우스 사이에[12], 나중에는 카이사르의 살해자들과 그의 죽음을 복수하려는 사람들[13] 사이에 내전이 일어났고, 처음에는 술라에 의해서, 나중에는 카이사르의 복수를 한 후 제국을 나눈 세 명의 로마시민[14]에 의해 피에솔레[15]가 식민지로 지정됐다. 식민지로 보내지는 사람들 대부분이 이미 시작된 마을 근처의 평원에 주거를 삼았고, 그 장소는 건물과 사람들, 그리고 이탈리아의 도시들 중 손꼽힐만한 모든 다른 시민적 질서(ordine civile)로 가득 차게 되었다. 한편, 피렌체라는 이름이 어떻게 나오게 되었느냐에 대해서는 다양한 의견이 있다. 식민지 지도자 중 하나인 플로리노(Florino)의 이름을 따

---

12) 처음에는 마리우스가 이끌었고 그가 죽은 후에는 친나가 이끌었던 민주파와 술라가 이끌었던 원로원파 사이의 갈등은 기원전 88년부터 82년까지 로마를 분열시켰다. 기원전 49년부터 46년까지 카이사르와 폼페이우스 사이에 전쟁이 재개됐다.

13) 옥타비아누스와 마르코 안토니우스는 기원전 42년에 필리피에서 카이사르에 대한 음모를 꾸민 책임이 있는 두 지도자인 브루투스와 카시우스를 격파했다.

14) 이른바 2차 삼두정치(기원전 43년)를 구성하는 사람들. 옥타비아누스, 마르코 안토니우스, 레피두스.

15) 『로마사 논고』 1권 1장 참조(거기에서 피렌체 기원의 문제가 똑같이 다뤄지고 있다). 마키아벨리는 인문주의 논쟁을 심도 있게 이해하고 있음을 보여준다.

서 그렇게 불렀다는 말이 있다. 또 어떤 사람들은 피렌체 옆에 아르노 강이 흐르고 있어 처음에는 플로렌치아(Florenzia)가 아니라 플루엔치아(Fluenzia)라고 불렸다고 말하면서, "플루엔티니는 흐르는 아르노 강 옆에 있다"고 말한 플리니(Pliny)를 인용한다. 플리니의 글은 피렌체인들이 어떻게 불리는지가 아니라 어디에 위치하는지를 말해주는 것이므로 이 주장은 틀렸을 수도 있다. 플리니와 가까운 시기에 글을 쓴 프론티누스와 코르넬리우스 타키투스는 마을을 플로렌치아로, 사람들을 플로렌티니로 칭했기 때문에, 플루엔티니라는 단어는 오류일 가능성이 크다. 티베리우스 시기에 이미 피렌체는 다른도시들과 같은 관습에 따라 스스로 통치하고 있었고, 타키투스의 말에 따르면, 피렌체의 사절들이 키아나에서 오는 물이 자신들의 나라를 침수시킬 수 있으니 물길을 돌리지 말아달라고 황제에게 간청했다고 한다. 한편, 그 도시가 동시에 두 개의 이름을 가지고 있었다는 설도 합리적이지 않다. 나는 무슨 이유에서 그렇게 불렸든 처음부터 플로렌치아로 불려왔다고 믿는다. 어떤 기원으로 생겨났든지 간에, 피렌체는 로마 제국 아래서 태어났고 첫 번째 황제들의 시기에 문필가들에 의해 기록되기 시작했다. 야만인들의 침입으로 제국이 고통을 겪을 때 피렌체도 동고트족의 왕인 토틸라에 의해서 파괴됐다가, 250년 후 샤를마뉴에 의해 재건됐다. 그때부터 서기 1215년까지 이탈리아를 통치한 지배자들과 동일한 운명을 따랐다. 우리가 일반적인 일을 다룬 글(『피렌체사』 1권을 말함)에서 본 것처럼, 처음에는 샤를마뉴의 후손들이, 이후에는 베렝가리오 가문[16]이, 마지막으로는 독일 황제들이 주인이었다. 이 시기에 피렌체인들은 그들이 따르던 제국의 통치자들의 힘 때문에 도시를 성장시키거나 기념할 가치가 있는 어떠한 일도 하지 못했다.

16) 베렝가리오 1세(888~924)와 베렝가리오 2세(950~963). 그들에 대해서 1권 12-13장 참조.

그러나 1010년 피에솔레 주민들이 신성한 날로 지키는 성 로물루스의 날에 이들은 피에솔레를 점령하고 파괴했다. 그들은 황제들의 동의를 받아 그렇게 하거나, 한 황제의 죽음과 다음 황제의 즉위 사이 모든 사람이 더 자유로운 시기에 그렇게 했다. 그러나 이후 교황이 이탈리아에서 더 큰 권위를 획득하고 독일 황제들이 약해지자, 이 지역의 모든 마을은 군주에 대한 공경을 덜어내고 스스로 통치하기 시작했다. 그래서 1080년 하인리히 3세[17] 시기에 이탈리아는 제국과 교회 사이의 분열을 숨길 수 없는 지경에 이르렀다. 그러나 피렌체인들은 1215년까지 연합을 유지하며 우세한 자들에게 복종하며 스스로를 구하는 것 이상으로 영토를 확장하려고 하지 않았다. 그러나 우리의 몸이 그러한 것처럼 병은 늦게 올수록 더 위험하고 치명적인데, 피렌체가 바로 그러했다. 피렌체는 이탈리아의 파벌에 늦게 참여한 만큼 더 많은 고통을 당했다. 첫 번째 분열은 단테[18]와 다른 많은 작가들이 언급해서 매우 잘 알려져 있지만, 그럼에도 간략하게 설명할 필요가 있을 것 같다.

3.[19]

피렌체에서 가장 강력한 가문은 부온델몬티 가문과 우베르티 가문이었다. 이들에 근접한 가문에 아미데이 가문과 도나티 가문이 있었다. 도나티 가문에 매우 아름다운 딸을 둔 부유한 미망인이 있었다.

---

17) 황제 하인리히 4세. 1권 15장에서 1080년이 하인리히 4세와 교황이 카노사에서 격돌한 해로 기록되고 있다.

18) 『신곡』, 「천국편」 16곡 136－44행.

19) **부온델몬티 가문과 도나티 가문 대(對) 아미데이 가문과 우베르티 가문의 불화가 시작되다 1215.**

이 미망인은 딸을 부온델몬티 가문의 젊은 기사이자 가문의 수장인 남자와 결혼시킬 계획을 세웠다. 부주의 때문이었거나 아니면 항상 시간이 있다고 믿은 그녀는 자신의 계획을 누구에게도 알리지 않았다. 그러다가 우연히 부온델몬티 가문의 남자가 아미데이 가문의 젊은 소녀와 약혼하는 일이 생겼고, 미망인은 매우 못마땅했다. 그녀는 결혼식이 치러지기 전에 딸의 미모로 그 결혼을 뒤집을 수 있을 것이라는 희망을 가지고 있었는데, 그 부온델몬티 남자가 자기 집 쪽으로 혼자 오는 것을 보고 딸을 뒤따르게 하고서 아래층으로 내려갔다. 그가 지나갈 때 그녀는 간신히 마주칠 수 있었고, "제 딸을 당신을 위해 마련해 두었지만 당신이 아내를 구했다니 매우 기쁩니다."라고 말하고서 문을 열어 그에게 딸을 보여주었다. 그 기사는 소녀의 드문 미모를 보고, 그녀의 혈통과 지참금이 그가 약혼한 여자보다 못하지 않다는 생각이 들자, 그녀를 차지하고 싶은 열망으로 불타올랐다. 그는 자신이 맹세한 신의나 그것을 깨뜨렸을 때 야기할 상처, 신의를 깨뜨릴 때 마주치게 될 악을 생각하지 않고서, "당신이 나를 위해 그녀를 준비해 두었고 시간도 여전히 남았는데 그녀를 거부한다면 염치없는 일이죠."라고 말하며 지체없이 결혼식을 치러버렸다. 이 일이 알려지자마자 그 결혼과 관련되어 있는 아미데이 가문과 우베르티 가문은 분노에 휩싸여서 많은 친척들을 모아 상처를 참는 것은 치욕이기 때문에 그 부온델몬티 남자를 죽이는 것 외에 다른 복수는 없다고 결론을 내렸다. 그렇게 했을 경우 따라오게 될 악을 고민한 사람들도 있었지만, 모스카 람베르티는 많은 것을 고민하면 어떤 결론도 내릴 수 없다고 말하면서, "잘만 되면 모든게 끝난다(Cosa fatta capo ha)"[20]라는

20) 모든 연대기에 언급되고 있고, 이 '진부한 문장'은 불화의 씨를 뿌리는 사람들 사이에 모스카 람베르티를 배치한 단테에 이미 나와있다(『신곡』, 「지옥편」 28곡 106-8행). '진부하고 유명한'(trita e nota)은 두 개의 의미로 해석되는 동의어다.

그 진부하면서도 유명한 문장을 반복했다. 그러자 그들은 이 살인을 모스카, 스티아타 우베르티, 람베르투초 아미데이, 오데리고 피란티에게 맡겼다. 부활절 아침[21]에 이들은 베키오 다리와 산토 스테파노 사이에 자리한 아미데이 가문의 집에 숨어들었다. 그 부온델몬티 남자는 혼인 약속을 부정하는 일은 상처를 잊는 것처럼 쉬운 일이라고 생각하면서 흰 말을 타고 다리 위를 지나가다가 다리 끝의 마르스 신상 아래에서 그들에게 공격받아 죽고 말았다. 이 살인으로 도시 전체는 분열되어, 한쪽은 부온델몬티 가문, 또 다른 쪽은 우베르티 가문의 편에 서게 됐다. 이 가문들은 집, 탑, 군사력에서 강했기 때문에 한쪽이 다른쪽을 몰아내지 못한 채 수년 동안 싸웠다. 그들의 증오는 평화롭게 마무리되지 못한채 휴전이 이루어졌고, 이런 식으로 새로운 사건이 생겨나면 그들의 증오는 때때로 잠잠하기도 하고 때때로 불타오르기도 했다.

4.[22]

피렌체는 이미 나폴리의 왕이자 교회에 대항해서 세력을 강화하여 토스카나를 확보할 수 있다는 말에 설득당한 프리드리히 2세[23] 시기까지 이 고난이 지속됐다. 그는 우베르티 가문과 그 추종자들의 편을 들었고, 프리드리히의 지지를 받은 그들은 부온델몬티 가문을 쫓아냈다. 그리고 이후 우리 도시는 이탈리아가 오랫동안 그러했듯이 다시

21) 1215년.

22) **구엘프파와 기벨린파, 프리드리히 2세 1220～1250.**

23) 1194～1250. 1220년 11월에 황제 대관식을 했다. 프리드리히는 어머니 알타빌라의 코스탄차의 유산으로 남부 이탈리아와 시칠리아를 소유했다. 1권 20－22장 참조.

구엘프파와 기벨린파로 분열됐다. 이쪽 파벌과 저쪽 파벌을 추종한 가문들을 열거하는 일이 부적절해 보이지는 않는다. 그때 구엘프 파벌을 따른 가문에는 부온델몬티, 네를리, 로시, 프레스코발디, 모치, 바르디, 풀치, 게라를디니, 포라보스키, 바넷시, 귀달로티, 사케티, 마니에리, 루칼데시, 키아라몬테시 콤피오베시, 카발칸티, 잔도나티, 잔릴리아치, 스칼리, 구알테로티, 임포르투니, 보스티치, 토르나퀸치, 베키에티, 토싱기, 아리구치, 알리, 시치, 아디마리, 비스도미니, 도나티, 파치, 델라 벨라, 아르딩기, 테달디, 체르키가 있었다. 기벨린 파벌을 따른 가문에는 우베르티, 마넬리, 우브라키, 피판티, 아미데이, 인판가티, 말레스피니, 스콜라리, 귀디, 갈리, 카피아르디, 람베르티, 솔다니에리, 치프리아니, 토스키, 아미에리, 팔레르미니, 미리오렐리, 필리, 바루치, 카타니, 아골란티, 브루넬레스키, 카폰사키, 엘레세이, 아바티, 테달디니, 주키, 갈리가이이가 있었다.[24] 덧붙여, 포폴로 중 많은 사람들이 귀족 가문의 이쪽 저쪽에 가담하면서 거의 도시 전체가 그 분열로 부패하게 됐다. 그래서 쫓겨난 구엘프파는 자신들이 많은 요새를 가지고 있는 발다르노 계곡 위쪽에 있는 마을들로 물러났다. 이런 식으로 그들은 적의 군대에 대항하기 위해 최선을 다해 방어했다. 그러나 프리드리히가 죽자 피렌체에서 중립을 지키며 포폴로에게 더 큰 신임을 얻고 있던 시민들[25]은 도시가 계속 분열하여 멸망하기 전에 다시 통합시켜야 한다고 생각했다.[26] 그래서 그들은 구엘프파가 상처

24) 빌라니가 다룬 긴 목록은 『피렌체사』의 자필 개요에는 없다.

25) 부르주아(la borghesia).

26) 사건들 사이의 관계가 정확하지가 않다. 프리드리히 2세는 1250년 12월에 죽었는데, 이른바 '첫번째 포폴로 정권'(Primo Popolo)－마키아벨리 훨씬 앞서 "자유로운 삶"(vivere libero)이라고 말함－의 수립을 가능하게 한 포폴로의 선언은 10월 20일로 거슬러 올라간다. 프리드리히의 죽음이 아니라 포살타(1249년 5월 볼로냐 근처)에서 황제에게 당한 패배와 이어지는 중남부 이탈리아에서 기벨린파의 쇠퇴가 여러 달 동안 피렌체를 지배한 기벨린 귀족에 대항한 선고를 가능하게 만들었다.

를 제쳐놓고 돌아오고, 기벨린파는 의심을 제쳐놓고 구엘프파를 수용하도록 조처했다.[27] 마침내 그들이 단합했을 때, 새로운 황제가 힘을 얻기 전에 자유로운 삶의 방식(vivere libero)[28]을 형성하고 스스로를 방어할 수 있도록 하는 제도(ordo)를 취해야 할 때가 온 것처럼 보였다.

5.[29]

그래서 그들은 도시를 6개 구역으로 나누고, 도시를 통치할 12명의 시민을 각 구역당 2명씩 선출했다. 선출된 시민들은 안지아니(Anziani)라고 불렸으며 매년 교체됐다. 재판의 결과에 적대감을 가질 가능성을 제거하기 위해 그들은 두 명의 외국인 재판관을 고용하도록 규정했고, 한 사람은 포폴로의 대장(Capitano di Popolo), 또 한 사람은 포데스타(Podestà)[30]로 임명되어 시민들 사이에 발생하는 형사 및 민사 재판을 담당했다. 그리고 방어를 위한 기제를 갖추지 않으면 어떤 제도도 안정되지 않기 때문에, 그들은 도시에 20명, 시골에 76명의 기수를 세우고 그 아래 모은 젊은이들을 등록시켰다. 곤팔로니에레들은 대장이나 안지아니가 부르면 언제든지 자신의 깃발 아래 젊은이들을

27) 구엘프파는 1251년 1월에 피렌체에 다시 들어오게 되었다. 마키아벨리가 쓴 것과 다르게, “Primo Popolo”의 탄생을 위한 전제조건은 구엘프와 기벨린의 (귀족) 가문 사이의 평화의 정치가 아니라, 그것에 이어지는 사건이었다.

28) ‘민주적 제도.’ Vivere libero는 포폴로의 대표에 의한 공화정을 가리키는, 마키아벨리의 정치적 어휘(사전)에서 열쇠가 되는 용어다.

29) **13세기 피렌체 정부.**

30) 포데스타는 프리모 포폴로의 수립 이전에 존재했던 공직이다. 포폴로의 대장은 반대로 새로 만들어졌는데, 포데스타와 동일하게 높은 강제력과 기능을 가진 직책이었다. 사실 포폴로의 대장은 당파성을 가진 공직으로서, ‘포폴로’의 이익의 정확한 대리인이다. 포폴로는 피렌체 시민 전체가 아니라 부유한 부르주아를 가리키는 용어다.

무장하도록 명령할 수 있었다. 젊은이들은 무기에 따라 깃발이 달라져서 석궁사수는 이런 깃발, 방패병은 저런 깃발을 가지고 다녔다. 매년 사순절에 대단히 장대하게 새로운 젊은이들에게 깃발을 수여하고, 새로운 지휘관을 모든 조직에 배치했다. 군대에 장엄함을 부여했으며, 전투 중인 병사가 피난하거나 피난한 후 다시 적에 대항할 수 있는 장소를 제공하기 위해 붉은 천을 덮고 그 위에 붉은색과 흰색이 섞인 기를 달은 황소 두 마리가 끄는 큰 마차를 준비시켰다.[31] 그들은 군대가 전진하기를 원할 때마다 이 마차를 신시장(Mercato Nuovo)으로 끌고 와서 장엄한 의식을 치른 다음 포폴로의 대장들에게 넘겼다. 그들은 또한 작전에 위엄을 주기 위하여 군대가 출정하기 전 한 달간 마르티넬라라는 종을 계속 울리게 했으며, 이로써 적은 방어할 시간을 얻을 수 있었다. 그때에는 이 군인들에게 대단한 미덕이 있어서 대단한 정신의 관대함으로 스스로를 통제했다. 오늘날에는 적에 대한 예기치 않은 공격이 칭송받을만한 현명한 행동으로 간주되지만, 당시에는 경멸스럽고 거짓된 것으로 여겨졌다.[32] 그들은 또한 이 종을 군대와 함께 가지고 나가서 수비대를 배치하고 다른 일반적인 군사 행동을 지시하는데 사용했다.

6.[33]

피렌체인들은 이 군사 및 시민 제도 위에 자유의 기초를 놓았다. 피렌체가 짧은 시간 안에 얼마나 큰 권위와 힘을 갖게 됐는지는 누구

31) 카로치오(소가 끄는 전차)는 1250년 이전의 제도다.

32) 이상화된 과거와 군사적 쇠퇴로 확인된 현재 사이의 거리를 나타내는 세속적 대조(『피렌체사』에서도 반복되는 주제. 아래 4권 1장을 보라).

33) **만프레디 왕의 기벨린파 지원, 몬타페르티 전투 1250~1260.**

도 제대로 가늠하기 어렵다. 피렌체는 토스카나의 지배자가 됐을 뿐 아니라 이탈리아의 첫째 가는 도시로 손꼽히게 됐다. 잦은 새로운 분열이 피렌체를 괴롭히지만 않았다면 피렌체가 도달했을 위대함에 한계가 없었을 것이다. 피렌체인들은 이 정부 아래서 10년[34] 동안 지냈고, 이 기간 동안 피사, 아레초, 시에나의 인민들이 자신들과 동맹[35]을 맺도록 조처했다. 피렌체인들은 시에나의 들판에서 돌아오던 중 볼테라[36]를 차지하고 다른 몇 개의 요새들을 파괴했으며, 그 주민들을 피렌체로 데리고 왔다. 이 전투들은 모두 기벨린파보다 더 강력했던 구엘프파의 조언에 따라 수행됐는데, 기벨린파는 그들이 지배하던 프리드리히[37] 시기 동안의 교만한 행동으로 포폴로의 미움을 산 반면, 구엘프파는 교회의 파벌로서 황제 파벌보다 더 사랑을 받았던 것이다. 포폴로는 교회의 도움을 받아 자신들의 자유를 보존하기를 바랐고,[38] 황제 아래서 그것을 잃을까 두려워했다. 그러나 기벨린파는 자신들이 권위를 잃고 있는 것을 보며 잠잠히 있을 수가 없어서 국가(stato)를 다시 찾을 틈만 노렸다. 프리드리히의 아들인 만프레디가 나폴리 왕국의 주인이 되고 교회의 권력을 흔들어댔을 때[39] 기회가 온 것처럼 보였다. 그래서 그들은 권위를 되찾기 위해 만프레디와 비밀

---

34) 즉 몬타페르티의 큰 패배로 끝나다(1260).

35) 피렌체는 1253년부터 1255년까지 피스토이아, 아레초, 시에나와 전쟁을 벌였다. 모두 도시에 유리하게 결말지어졌다. 피렌체는 피사와도 그 당시에 긴장과 충돌 상태에 있었다.

36) 도시는 1254년 8월에 점령당했다.

37) 즉 그 시기(1248~1251)에 구엘프파는 추방됐었고, 그들을 지탱해주는 것은 황제 프리드리히 2세의 힘(군사력)이었다.

38) 주어는 '포폴로'이고, 마키아벨리에게서 집합명사와 똑같이 발생하는 복수형 동사와 일치한다.

39) 프리드리히 2세의 친아들 만프레디는 팔레르모에서 나폴리 왕으로 즉위하는데 성공했다(1258). 만프레디는 즉시 슈바벤의 대립교황이라는 전통적 정치를 재개했고, 다양한 이탈리아 도시의 기벨린파를 선호했다.

리에 계획을 세웠으나, 안지아니에게 계획을 숨기지 못했다.[40] 안지아니는 명령에 따르지 않았을 뿐 아니라 무기를 들고 집 안에서 방비를 강화한 우베르티 가문을 소환했다. 인민은 이 일에 분개하여 스스로 무장하고 구엘프파의 도움을 받아 우베르티 가문에게 피렌체를 버리고 모든 기벨린 파벌과 함께 시에나로 가도록 강제했다. 우베르티 가문은 거기에서 나폴리 왕 만프레디에게 도움을 요청했고, 파라나타 델리 우베르티의 노력으로 왕의 군대가 구엘프파를 아르비아 강 근처에서 격파하고 학살했으며,[41] 그 패배로부터 살아남은 사람들은 도시를 잃은 것으로 판단하고 피렌체가 아니라 루카로 피신했다.

7.[42]

만프레디가 그 당시에 군대에서 매우 평판이 높았던 조르다노 백작[43]을 군대 지휘관으로 기벨린파에게 보냈다. 승리 후 백작은 기벨린파와 함께 피렌체로 가서[44] 피렌체의 자유를 보여주었던 행정관들과 다른 모든 제도를 폐지함으로써 도시 전체로 하여금 만프레디에게 전적으로 복종하도록 강요했다. 현명하지 않게 행해진 이 조처로 큰 적대감이 생겨났고, 모든 사람(universale)[45]이 기벨린파를 향해 단순히

40) 우베르티 가문의 다른 구성원들이 만프레디와 함께 협력한 음모는 1258년 7월에 발각됐다.

41) 1260년 9월 4일 아르비아 계곡에 세워진 작은 성인 몬타페르티에서.

42) **파리나타 델리 우베르티가 피렌체 멸망에 반대해서 항거하다 1260.**

43) 산 세베리노의 백작이자 만프레디의 사촌인 조르다노 단글라노(그의 어머니는 정확하게 안글라노였다). 만프레디 왕을 위한 토스카나의 총 대리인이었다.

44) 1260년 9월 16일. 도시에 남은 구엘프파는 3일 전에 피렌체를 떠나서 루카에 피신한 상태였다.

45) (자주 universale 개념이 의미하듯이) 전체 시민(l'intera cittadinanza)은 대개 포폴로 가문 전체를 가리킨다.

적대적인 태도에서 극도의 증오로 바뀌었다. 시간이 지남에 따라 이 모든 것들로 인해 기벨린파는 결국 파멸했다. 그리고 조르다노가 왕국의 긴급상황으로 인해 나폴리로 소환됐을 때, 그는 카센티노의 영주인 귀도 노벨로 백작을 왕의 대리인으로 피렌체에 남겼다. 노벨로 백작은 기벨린파의 회의(concilio)를 엠폴리에 소집했고, 거기에서 모든 사람이 토스카나에서 기벨린파를 강력하게 유지시키고자 했으며, 구엘프파로 인해 교회 파벌의 힘이 회복될 가능성이 있다면 피렌체를 파괴하는 것만이 유일한 방법이라고 결정했다. 매우 고귀한 도시에 대해서 내려진 너무나 잔인한 결정에 반대하는 시민이나 친구는 파리나타 델리 우베르티 말고는 없었다. 그는 공개적으로 어떤 주저함도 없이 피렌체를 변호했다.[46] 그는 조국에서 살지 못할 정도로 큰 곤란을 수반한 위험을 경험하지 않았고, 그렇게 오랫동안 추구해온 것을 계속 바라는 것을 이제 멈추거나 이미 행운이 가져다 준 것을 포기하지 않겠다고 말했다. 오히려 달리 계획한 사람들에게는 구엘프파에게 적대적이었던 것보다 결코 덜 적대적이지 않겠다고 선언했다. 그리고 그들 중에 누군가 조국을 두려워하고 그것을 파괴하려고 한다면 구엘프파를 쫓아낼 때와 동일한 역량을 가지고 조국을 방어하기를 희망한다고 말했다. 파리나타는 대단한 정신의 사람이고, 전쟁에서 뛰어났으며, 기벨린파의 우두머리였고, 만프레디에게 대단한 존경을 받았다. 그의 권위가 그 계획을 와해시켰고, 그들은 조국을 살릴 수 있는[47] 다른 방법을 강구해야 했다.

---

46) 그 매우 유명한 에피소드는 분명히 단테의 기억에 의해 전달됐다(『신곡』, 「지옥편」 10곡 91－3행).

47) 단지 피렌체에서 기벨린의 권력(stato)에 대해서뿐 아니라 토스카나 전체에 대해서 말하고 있다. 유사한 의미는 『카스트라초 카스트라카니의 생애(Vita di Castruccio)』, 101 참조.

8.[48]

루카로 피신한 구엘프파는 조르다노 백작[49]의 위협을 받은 루카인들에 의해 쫓겨났다. 그래서 그들은 볼로냐로 갔다. 그곳에서 파르마의 구엘프파[50]로부터 기벨린파에 대항하기 위해 와달라는 요청을 받았다. 파르마에서 그들은 자신들의 역량으로 적을 물리치고 적의 모든 재산을 얻었다. 부와 명예가 엄청나게 커졌으며, 클레멘스[51] 교황이 만프레디로부터 왕국을 빼앗아 달라는 요청을 앙주의 샤를에게 했다는 사실을 알자마자, 이들은 교황에게 사절을 보내 군대를 제공하겠다고 전했다. 교황은 이들을 친구로 받아들였을 뿐 아니라, 그들에게 자신의 기(insegna)[52]를 줬다. 구엘프파는 이후 그 기를 전쟁에서 가지고 다녔으며 피렌체에서 지금까지도 사용되고 있다. 후에 만프레디는 샤를에게 왕국을 빼앗기고 죽임을 당했다.[53] 피렌체의 구엘프파가 그 일에 개입한 후로 구엘프파는 더 대담해지고 기벨린파는 약해졌다. 이에 귀도 노벨로 백작과 더불어 피렌체를 지배하던 기벨린파는 이전에 자신들이 모든 가능한 모욕으로 괴롭혔던 포폴로에게 약간의 이익을 줘서 자신들의 편으로 끌어들이는 것이 좋겠다고 판단했다. 그들이 그런 해결책을 불가피해지기 전에 적용했더라면 유용했을 것이다. 그러나 마지못해(sazna grado)[54] 이제야 그 해결책을 쓰자 소

48) **만프레디가 앙주의 샤를에게 패배하다, 피렌체를 길드로 나누다 1260~1266.**
49) 귀도 노벨로 백작은 1261년부터 1263년 사이에 루카에 속한 여러 개의 성을 차지했다.
50) 원전은 모데나와 레조가 기벨린파에 대항해서 싸운 전투를 말하고 있다.
51) 클레멘스 4세는 1265년 2월에 교황에 선출됐다.
52) 흰 바탕에 붉은색 독수리와 녹색 독사가 그려짐.
53) 베네벤토 전투(1266년 6월)에서. 이것의 추이는 1권 22장을 보라.
54) 이 주제에 대해서는 『로마사 논고』 1권 32장과 51장 참조.

용없었을 뿐 아니라 파멸을 앞당기고 말았다. 그래서 그들은 포폴로에게서 이전에 빼앗았던 명예와 권위의 일부를 돌려주면 그들을 친구이자 지지자(partigiani)로 만들 수 있을 것이라고 판단했다. 그리고 포폴로에게서 36명의 시민을 뽑아 볼로냐에서 데려온 두 명의 기사[55]와 함께 도시의 정부(stato)를 개혁하도록 했다. 이 위원들은 만나자마자 도시를 길드로 나누고[56] 각 길드에 행정관(magistrato)을 두어 그 휘하에 있는 회원들의 문제를 판결하도록 했다. 더군다나 그들은 각 길드의 행정관에게 깃발 하나를 배정하여 도시가 필요할 때 모든 사람이 무장하고 그 아래 출동하도록 했다. 처음에는 대길드 7개와 소길드 5개를 합쳐서 총 12개의 길드가 있었는데, 소길드가 14개로 증가하여 현재 21개의 길드가 있다. 36명의 개혁가들은 공익을 위해 다른 일도 처리 했다.

9.[57]

귀도 백작이 자신의 군대[58]를 유지하기 위해 시민들로부터 세금을 걷도록 명령했다. 많은 반대에 부딪쳤으나 감히 징세를 위해 군대를 사용하지는 못했다. 그리고 권력(stato)을 잃은 것처럼 보이자 물러나서 기벨린파의 수장들과 협의를 했다. 신중하지 못하게도 포폴로에게 주었던 것을 다시 강제로 회수하기로 결정했다. 36명이 함께 모였을

55) 카탈라노 데이 말라볼티와 로데링고 델리 안달로.

56) 길드(corporazioni 또는 Artes)는 이미 오래전부터 존재했다. 1266년의 배치가 길드의 지위를 안정시키고 도시(comune) 내부에서 그것의 역할을 규정해 줬다.

57) **귀도 백작과 기벨린파가 피렌체를 버리다 1267.**

58) 만프레디가 토스카나의 기벨린파의 도움으로 보낸 독일 기병을 다루고 있다 (2권 6장 참조).

때 군대는 미리 준비했다가 함성을 지르며 소란을 일으켰다. 이에 36명이 놀라서 각자 집으로 도망갔고, 즉시 길드의 곤팔로니에레들이 뒤에 많은 무장한 사람들을 대동하고 밖으로 나왔다. 귀도 백작이 자신의 당파와 함께 산 조반니에 있다는 것을 알고 시민들은 산타 트리니타에[59] 모여서 조반니 솔다니에리를 우두머리로 선택했다. 한편 백작은 포폴로가 어디에 있는지 듣고서 그들을 찾으러 다니기 시작했다. 포폴로는 그 싸움으로부터 도망가지 않고 적에 대항하여 나갔고, 오늘날 토르나퀸치의 개랑(開廊, loggia)이 서있는 곳에서 만났다. 여기에서 백작은 다수의 군사를 잃고서 격퇴당했고, 이후 매우 낙담하여 적이 밤중에 공격해서 패배로 용기를 잃은 그의 군대를 발견하면 자신을 죽일지 모른다는 두려움에 휩싸이게 됐다. 그는 이런 상상에 너무 사로잡힌 나머지 다른 해결책은 생각하지 않은 채 싸우기보다는 도망쳐서 목숨을 구하기로 마음먹었다. 통치자들(rettori)과 기벨린파의 충고를 무시하고 모든 군대를 데리고 프라토(Prato)로 떠났던 것이다.[60] 그러나 그는 안전한 장소에 도착하자마자 두려움이 사라지고 자신의 실수를 깨달았다. 사태를 바로잡기 위해 날이 밝자마자 군대를 이끌고 자신이 겁이 나서 버렸던 도시 피렌체에 힘으로 재입성하려고 했지만 그의 계획은 성공하지 못했다. 그를 어렵게 쫓아냈던 포폴로가 쉽게 그를 들여보내지 않았기 때문이다. 그는 슬픔과 굴욕을 당한 채 카센티노[61]로 갔고, 기벨린파는 자신들의 집[62]으로 돌아갔다. 포폴로는 그렇게 승리자가 되어 공화국의 선(이익)을 사랑한 사람들을 격려하기 위해, 모든 시민들, 밖에 있는 구엘프파뿐 아니라 기벨린파도 불러들여 도시를 다시 통합시키기로 결의했다. 그래서 구엘프

59) 즉 산 조반니 광장에서 100미터쯤에.

60) 이것은 분명히 1266년 11월에 발생했다.

61) 그의 영지. 귀도 가문은 카센티노와 모딜리아나의 군주였다.

62) 성(castelli).

파가 쫓겨난 지 6년 만에 돌아왔고, 기벨린파 역시 그들의 최근의 잘못을 용서받고 조국으로 돌아왔다. 그럼에도 기벨린파는 포폴로와 구엘프파로부터 무척 미움을 받았는데, 구엘프파는 망명을 떠난 기억을 지울 수 없었고, 포폴로는 기벨린파의 정부 아래서 저질러졌던 폭정을 잊을 수 없었기 때문이었다. 이 때문에 이쪽 당파든 저쪽 당파든 마음의 평안을 누릴 수 없었다. 포폴로가 피렌체에서 이런 형태로 살 때 만프레디의 조카인 콘라딘(Conradin)이 나폴리를 차지하기 위해 독일로부터 군대를 이끌고 온다는 소문이 퍼졌다.[63] 기벨린파는 자신들의 권위를 되찾을 수 있다는 희망으로 가득 찼다. 구엘프파는 적에 대항해서 방어하기 위해 무엇을 해야 할지 고민했고, 샤를 왕에게[64] 콘라딘이 지나갈 때 방어할 수 있도록 도와달라고 요청했다. 샤를의 군대가 오고 있었고 구엘프파는 교만해졌다. 구엘프파가 기벨린파를 매우 놀라게 해서, 기벨린파는 샤를의 군대가 도착하기 이틀 전에 쫓겨나지도 않았는데 도망치고 말았다.[65]

10.[66]

기벨린파가 떠났을 때 피렌체인들은 도시의 정부를 재정비했다.[67] 그들은 두 달 동안 행정을 담당할 12명의 지도자를 선출하고, 안지아니가 아니라 선인(Buoniuomini)[68]이라고 불렀다. 이외에도 80명의 시

63) 바바리아(Baviera)로부터. 콘라딘은 1267년 9월에 이탈리아에 왔다.
64) 나폴리 왕이자 이탈리아 구엘프파의 우두머리인 앙주의 샤를.
65) 1267년 4월.
66) **구엘프파 다시 피렌체 지배하다, 그레고리오 10세, 니콜라오 3세 1267~1278.**
67) 1267년 실행된 도시의 사법부의 전면 개혁.
68) 무엇보다 회계 분야에 집행권을 가진 관리.

민위원회를 선출하고 크레덴차(Credenza)[69]라고 불렀다. 이후 도시의 여섯 구역[70]에 각 30명씩 180명의 포폴로가 크레덴차 및 12명의 선인과 함께 총회(il Consiglio generale)를 구성했다. 피렌체인들은 포폴로와 귀족을 포함한 120명의 시민으로 구성된 또 다른 위원회를 만들어서 다른 위원회에서 심의한 모든 것을 최종 확정하도록 했다. 이런 식으로 피렌체는 공화국의 관직을 배분했다. 정부가 확정됐을 때 그들은 더 강한 힘으로 기벨린파를 방어할 수 있도록 행정관과 다른 제도로 구엘프파를 더욱 강화시켰다. 그들은 기벨린파의 재산을 삼등분하여 하나는 공공재산으로, 하나는 "대장"(Capitani)이라 불리는 구엘프파의 행정관에게, 나머지 하나는 구엘프파에게 손해 배상의 명목으로 주었다. 교황은 토스카나의 구엘프파를 지키기 위해 샤를 왕을 토스카나의 황제 대리인(Vicario)으로 삼았다.[71] 그렇게 피렌체인들이 새 정부 덕분에 국내는 법으로, 해외는 군대로 명성을 유지하고 있을 때에 교황이 죽었다. 2년 넘게 걸린 오랜 논쟁[72] 끝에 그레고리오 10세가 교황으로 선출됐다. 교황은 오랫동안 멀리 시리아[73]에 있었고 선출될 때도 여전히 그곳에 있었으므로 그는 당파들의 증오(umori)와 거리가 멀었고, 그리하여 당파들을 그의 전임자들이 다루던 방식으로 대하지 않았다. 그래서 프랑스로 가는 길에 피렌체에 왔을 때, 그는 피렌체를 다시 단합시키는 일이 훌륭한 목자의 임무라고 생각했다. 그는 피렌체인들이 기벨린파의 귀환 조건으로 기벨린파 대리인

69) 실제 다른 공동체에서 발견되는 이름. 더 민감하게 숙고하는 행정관들을 모아 놓고 특별한 비밀이 요구되는 제한된 위원회를 가리킨다.

70) sestiere. 도시의 행정구역 구획에 대해서는 2권 5장 참조.

71) 1268년 4월. 교황은 이미(2권 8장) 기록된 클레멘스 4세(1265~1268)다.

72) 가장 길었던 비테르보 콘클라베는 클레멘스 4세의 죽음(1268년 11월)과 그레고리오 10세의 선출 사이 3년 동안이나 이어졌다.

73) 선출될 때 그레고리오 10세는 웨일스(Galles)의 군주 에도아르도를 동행해서 산 조반니 다크리에 있었다.

(sindachi)[74]을 받아들이도록 하는 데 성공했다. 비록 합의가 이루어졌지만 기벨린파는 너무 두려워하여 피렌체로 돌아오기를 매우 꺼려했다. 교황은 이 일로 피렌체를 비난했고, 화가 나서 도시를 파문했다. 피렌체는 그레고리오 교황이 살아있는 동안 파문 상태에 있었으나, 그가 죽은 후 이노첸시오 5세에 의해 다시 회복됐다.[75] 이후 교황직은 오르시니 가문에서 태어난 니콜라오 3세[76]에게 갔다. 교황들은 항상 이탈리아에서 권력이 강해진 사람이 교회의 호의를 통해 성장했다 해도 그를 두려워했으며, 그 권력을 약화시키려고 노력했기에,[77] 이탈리아에서는 소요와 변화가 잦았다. 강자가 된 사람에 대한 두려움이 약한 자를 강하게 만들었고, 약한 자가 강해지면 다시 두려움을 느끼고 그를 약화시키려고 애썼다. 만프레디의 손에서 왕국을 빼앗아 샤를에게 주고, 샤를을 두려워하여 그의 몰락을 추구했던 일이 바로 이것이다. 그래서 니콜라오 3세는 이런 원인들에 마음이 동하여 황제를 이용해서 토스카나 정부를 샤를[78]에게서 빼앗도록 하고, 황제의 이름으로 자신의 특사인 라티노 공[79]을 그 지역에 보냈다.

---

74) 대리인(rappresentanti).

75) 그레고리오 10세는 1276년 1월에 죽었다. 그의 후계자 이노첸시오 5세는 교황직에 몇 달만 있었다.

76) 1277년부터 1280년까지 교황이었던 조반니 가에타노 오르시니. 그의 작전에 대해서 말하면서 마키아벨리는 그 오르시니 사람을 '대범하고 야망 있는 인물'이라고 평가한다.

77) 교황정치의 유형과 효과에 대해서는 『로마사 논고』 1권 12장과 『피렌체사』 1권 9장 참조.

78) 샤를은 토스카나의 황제 대리인이었다. 교황 이노첸시오 5세가 그의 매우 짧은 교황재위 중에 내려준 역할.

79) 라틴 주교 말라브랑카(피렌체에 1278년 10월에 들어왔다). 그의 인물됨은 이미 1권 23장에 기록됐다.

11.[80)]

그때 구엘프파의 귀족들이 교만해지고 행정관들을 두려워하지 않아 피렌체의 상황이 매우 나빴다. 매일 많은 살인과 다른 폭력행위들이 일어났지만 범죄를 저지른 사람들은 이런저런 귀족의 비호를 받고 있어 처벌받지 않았다. 이에 포폴로의 수장들이 이 교만을 중지시키기 위해서 망명한 사람들을 불러들이는 것이 좋겠다고 생각했다. 이 상황이 교황 특사[81)]에게 도시를 다시 단합하게 할 기회를 만들어주었고, 기벨린파가 돌아올 수 있었다.[82)] 포폴로는 12명의 행정관(governatori) 대신 각 당파[83)]에 7명씩 14명의 행정관직을 만들었으며, 이들은 교황이 택하고 1년간 재직했다. 피렌체는 프랑스 출신 교황 마르티노 4세[84)]가 교황직을 승계하고 샤를 왕에게 니콜라오로부터 빼앗겼던 모든 권위를 회복시켜줄 때까지 2년 동안 이 정부를 유지했다. 피렌체인들이 황제의 총독(governatore)[85)]에 대항하여 무기를 들었으므로 토스카나에 있는 당파들은 즉각 되살아났다. 그리고 귀족(potenti)을 제어하고 기벨린파에게서 정부를 빼앗기 위해 그들은 새로운 정체(forma di reggimento)를 구성했다. 때는 1282년이었고, 행정관과 기(insegne)가 길드에 주어졌기 때문에[86)] 길드의 명성이 매우 높아져 있었다. 그때부

---

80) **피렌체에서 프리오리(Priori)를 세우다, 캄팔디노 전투, 새로운 도시 성벽 1279~1289.**

81) 라틴 주교 말라브랑카.

82) 1280년 1월.

83) 구엘프파와 기벨린파.

84) 본명이 시몬 드 브리옹(또는 드 브리에)인 마르티노 4세는 1281년 2월에 교황으로 선출됐다(1285년에 죽었다).

85) 1281년에 합스부르크의 루돌포 황제에 의해 약 3백 명의 기병을 받고 임명된 독일인 로도.

86) 1266년의 개혁으로(2권 5장 참조).

터 길드는 권위를 가지고 14명 대신 '프리오리'(Priori)라 불리게 될 3명의 시민을 선출하도록 명했다. 그들은 2달 동안 정부를 통치했으며, 상인이거나 전문 기술(arti)을 가지고 있으면 포폴로(popolani)든 귀족(grandi)이든 선출될 수 있었다. 첫 번째 임기 후[87] 프리오리는 6개의 길드에 각 1명씩 총 6명으로 늘어 1342년까지 유지되다가, 이후 도시가 구역으로 다시 나누어지면서 8명으로 늘었다. 그러나 이 기간 동안 몇몇 사건으로 프리오리가 12명일 때도 있었다. 적절한 때에 보게 되겠지만 이 관직은 다양한 사건으로 포폴로에 의해 귀족들이 그로부터 배제되고 나중에 가차 없이 짓밟혔기[88] 때문에 귀족의 파멸[89]의 계기가 되었다. 귀족은 처음에 단합되어 있지 않았기 때문에 저항하지 않았는데, 각자가 다른 사람의 지위를 빼앗으려 애쓰는 동안 모두가 모든 것을 잃기 때문이다. 이전에는 행정관들과 위원회가 교회에서 회의를 열었지만, 이 관직은 궁[90]에 배정되고 계속 머물렀다. 그들은 병사와 다른 관리자(ministri)를 배속받아 그 관직이 더 명예로워졌다. 비록 처음에는 단지 프리오리라고 불렸지만 나중에 더 큰 위엄을 부여하기 위해 시뇨리(Signori)라는 호칭이 더해졌다. 피렌체는 구엘프파를 쫓아낸 아레초의 주민들과 전쟁을 하는 얼마간은 내부가 잠잠했다. 그리고 캄팔디노에서 아레초인들을 격파[91]하는 데 성공했다. 도시의 인구와 부가 성장하여 성벽을 확장할 필요가 있어 보였다. 그래서 전에는 지름이 베키오 다리부터 산 로렌초 정도밖에 안됐지만, 이때 원을 확장하여 현재 보이는 성벽이 된 것이다.[92]

---

87) 첫 번째 임기의 기간에(1282년 6월부터 7월까지).

88) 자노 델라 벨라(1293년)의 정의의 법령(Ordinamenti di giustizia)에 대한 명백한 암시.

89) 길드의 분명한 부르주아적 요소로부터 박탈된 오래된 토지귀족의 몰락.

90) 1285년부터 1290년까지 프리오리의 사무실이었던 것 같은 토레 델라 카스티아. 베키오궁은 1299년에 유일한 건축물이었다.

91) 1289년 6월 11일. 전투는 알레초의 기벨린파에 대항해서 벌어졌다.

12.[93]

외부의 전쟁과 내부의 평화가 피렌체의 기벨린파와 구엘프파를 거의 소멸시켰다.[94] 단지 모든 도시에 자연적으로 존재하는 귀족(potenti)과 민(popolo) 사이의 증오(umori)만 여전히 자극됐다. 민은 법에 따라서 살기를 원하고, 귀족은 법으로 명령을 내리기 원하기 때문에 양자가 서로 이해하는 것은 불가능하다. 기벨린파가 민을 두렵게 만들 때에는 이 증오가 발견되지 않았으나 기벨린파가 제압되자마자 그 힘이 드러났다. 매일 민 몇명이 다쳤으나, 모든 귀족이 친척과 친구와 함께 프리오리와 포폴로의 대장의 힘에 대항하여 자신들을 방어했기 때문에 법이나 행정관도 복수를 해주기에는 충분하지 않았다. 그래서 길드의 대표들이 이런 문제를 해결하려고 모든 시뇨리아(Signoria)가 임기를 시작할 때 포폴로 출신의 정의의 곤팔로니에레(gonfaloniere di giustizia)[95]를 임명하여 그에게 20개의 깃발 아래 등록된 1천 명의 군인을 이끌도록 했다. 곤팔로니에레는 시뇨리아나 대장의 요청이 있을 때는 언제든지 정의의 편을 들기 위해 자신의 기(gonfalone)와 군인을 준비하고 있어야 했다. 첫 번째로 선출된 곤팔로니에레는 우발도 루폴리(Ubaldo Ruffoli)[96]였다. 그는 갈레티(Galletti)[97] 가문의 한 사람이 프랑스에서 포폴로 한 명을 죽였을 때 자신의 기를 꺼내 그 가문을 박살냈다. 귀족들 사이에 만연한 심각한 증오 때문에

92) 성벽의 마지막 구역은 1284년에 시작됐다.

93) **귀족과 포폴로 사이의 갈등 1290~1295.**

94) 2권 12~15장에서 피렌체 내부의 전쟁에 대해서 새롭게 서술된다.

95) 곤팔로니에레 제도를 1293년(정의의 법령이 제정된 해, 그것에 대해서는 2권 13장을 보라)에 승인한 전통적 타협의 큰 부분.

96) 마키아벨리의 명백한 실수. 루폴리는 1293년에 곤팔로니에레였다.

97) 원전은 포르타 산타 마리아의 갈리(Galli) 가문을 말하고 있다.

길드가 이런 명령을 내리기는 쉬웠다. 귀족들은 그 명령의 실행의 심각성을 알게 될 때까지 자신들에게 불리하게 만들어진 그 조항에 어떠한 신경도 쓰지 않았으며, 처음에는 대단한 공포를 느꼈지만 곧 습관적인 오만으로 되돌아갔다. 그들 중 일부는 항상 시뇨리여서 곤팔로니에레가 자신의 의무를 다할 수 없도록 방해할 수단이 있었던 것이다. 더욱이 고발자는 어떤 공격을 받았을 때 항상 증인이 필요했는데, 기꺼이 귀족에 대항하여 증언해 줄 사람을 발견할 수 없었다. 재판관들의 판결 지연과 판결을 집행하는 것의 어려움으로 피렌체는 잠시 후 동일한 무질서로 돌아갔고, 포폴로는 귀족들로부터 동일한 고통을 받았다.

13.[98]

포폴로가 어떤 길을 가야할지 모를 때 매우 고귀한 혈통이지만 도시의 자유를 사랑한 자노 델라 벨라(Giano della Bella)[99]가 길드의 대표들에게 도시를 개혁하라고 용기를 불어넣었다. 그의 충고를 따라 곤팔로니에레가 프리오리와 함께 거주하고 자신에게 복종하는 4천 명의 군인을 이끌도록 하는 명령이 내려졌다. 모든 귀족은 시뇨리와 함께 앉는[100] 권한을 다시 박탈당했다. 종범들도 주범과 동일한 처벌을 받도록 강제하고, 판결을 내리기에 충분한 공공 보고서를 만들었다. 정의의 법령(gli Ordinamenti della giustizia)이라고 불린 이 법들에 의해 포폴로는 큰 명성을 얻었고, 자노 델라 벨라는 많은 미움을 받았다. 귀

98) **자노 델라 벨라가 정의를 강요하려고 시도하다 1293~1295.**

99) 1289년에 프리오리였던 귀족.

100) 시뇨리아(프리오리와 곤팔로니에레)의 위원으로 선출되는.

족들은 그를 자신의 권력을 파괴한 사람으로서 매우 나쁘게 생각했고, 포폴로 중 부자들은 그의 권위가 너무 커보여서 그를 부러워했기 때문이다. 이러한 감정은 기회가 생기자마자 드러났다. 그때 운명적으로 포폴로 중 한 사람이 많은 귀족들이 가담한 다툼에서 죽임을 당하는 일이 벌어졌고, 그 귀족들 중 코르소 도나티[101]가 있었다. 그는 다른 사람들보다 더 대담했고 그에게 비난이 쏟아지자 포폴로의 대장이 그를 체포됐다. 그리고 코르소 잘못이 없었거나 아니면 대장이 그를 정죄하기를 두려워했거나, 어찌됐든 코르소는 무죄방면 됐다. 이 석방은 포폴로를 매우 격분하게 했고 그들은 무기를 들고 자노 델라 벨라의 집으로 달려가 그가 만든 법이 지켜지도록 해달라고 간청했다. 코르소가 처벌받기를 바랐던 자노는, 많은 사람들이 그가 했어야만 했다고 생각한대로 그들로 하여금 무기를 내려놓게 하지 않고, 시뇨리에게 가서 그 사건에 대한 불만을 제기하고 일의 해결을 요청하라고 포폴로를 부추겼다. 그러자 포폴로는 분노에 가득 차서, 자신들이 대장에게 모욕을 당하고 자노에게는 버림을 받았다고 생각하고, 시뇨리가 아니라 대장의 궁으로 가서 점령하고 약탈했다.[102] 이 행동이 모든 시민의 심기를 상하게 만들었다. 자노의 몰락을 바랐던 사람들은 그에게 모든 비난을 쏟아부으면서 그를 고발했다. 당시 시뇨리[103] 중 몇 명이 그의 적이었고 그들이 자노를 포폴로를 선동한 사람으로 대장에게 고발했다. 그의 사건이 논의되는 중에 포폴로가 무장하고 그의 집으로 모두 달려가서 그를 시뇨리와 적으로부터 방어해주었다. 자노는 이러한 포폴로의 호의를 시험하거나 자신의 생명을 행정관들에게 맡기고 싶지 않았다. 후자의 악의와 전자의 불안정함을

---

101) 1250경~1308. 13세기 피렌체의 가장 저명한 구엘프 가문 중 하나의 일원. 캄팔티노(1289)에서 피렌체 군대의 지휘관 중 하나였다.

102) 1295년 1월.

103) 즉 1295년 3~4월 두달 동안 프리오리였다.

두려워했기 때문이다. 그는 적들에게 자신에게 해를 가할 기회를, 친구들에게는 조국에 해를 끼칠 기회를 주지 않기 위해 떠나기로 결심했다. 그는 그를 향한 부러움과 자신에게 갖는 시민들의 두려움으로부터 자유로워지고, 귀족 아래에서의 노예 상태로부터 해방시키기 위해 자신이 위험을 무릅쓰며 노고를 아끼지 않았던 그 도시를 떠나기로 한 것이다. 그는 자발적인 망명[104]을 선택했다.

14.[105]

그가 떠난 후 귀족들은 자신들의 위엄을 되찾을 수 있다는 희망으로 들고 일어났다. 귀족들은 그 병폐가 자신들의 분열로부터 일어났다고 판단하고 단합해서 그들 중 두 사람을 자신들에게 우호적이라고 판단한 시뇨리아로 보내, 불리하게 만들어진 가혹한 법을 어느 정도 완화시켜 달라고 간청했다. 그 요구가 드러나자마자 시뇨리아가 이를 허용할 것을 두려워한[106] 포폴로의 마음이 매우 동요했다. 귀족의 욕망과 포폴로의 의심은 충돌했다. 귀족은 3명의 대장－포레세 아디마리, 바니 데 모치, 제리 스피니－의 지휘 아래 3개의 장소－산 조반니, 신시장(Mercato Nuovo), 모치 광장－에 진을 쳤다. 당시 산 브로콜로 근처에 살았던 포폴로는 시뇨리 궁전의 깃발 아래 매우 많은 수가 모였다. 포폴로는 시뇨리아를 의심했기 때문에 6명의 시민을 시뇨리아와 함께 참여하도록 파견했다. 이쪽과 저쪽이 전투를 준비하고 있을 때 귀족뿐 아니라 포폴로 몇 사람이 평판 좋은 종교 지도자 몇 사

104) 자노 델라 벨라는 3월 5일에 피렌체를 떠났다. 그가 떠난 후 궐석재판으로 유죄선고를 받고 추방당했다.

105) **귀족의 반란, 타협 1295.**

106) 귀족은 죄인의 배우자에게 벌금을 부과하는 조항의 폐지를 두려워했다.

람과 함께 양측을 화해시키려고 중간 입장에 섰다. 그들은 귀족들에게 그들의 자만과 나쁜 통치가 명예를 빼앗기고 그들에게 불리한 법이 만들어지게 한 원인이며, 자신들의 분열과 악행으로 인해 손쉽게 빼앗겼던 것을 이제 무력으로 되찾고자 무기를 드는 행위는 조국을 파멸시키고 자신들의 상태를 한층 악화시키기를 도모하는 일에 다름 아니라고 상기시켰다. 또한 포폴로가 수, 재산, 증오에 있어 훨씬 크고, 귀족의 우월해 보이는 고귀한 혈통이 함께 싸워주는 것은 아니며, 혈통은 차가운 쇠와 관련해서는 그렇게 많은 사람들을 대항하여 보호해주기에는 부족한 공허한 이름에 불과할 뿐이라고도 말했다. 포폴로에게는 그들 편을 들면서 희망할 선이 없는 사람에게는 두려워할 악도 없는 것이며, 궁극적인 승리(l'ultima vittoria)를 언제나 원하는 것은 신중하지 못하고, 사람들을 절망적으로 만드는 결코 현명하지 못한 길이라고 상기시켰다. 전쟁에서 도시를 명예롭게 만든 것은 귀족이었으며, 강한 증오심을 가지고 그들을 핍박한다면 선하지도 정의롭지도 않은 것임을 명심해야 한다고 말했다. 또 귀족은 최고 행정권을 누리지 못하는 것은 쉽게 참을 수 있지만, 누구든지 법에 의해 자신들을 조국으로부터 쫓아낼 힘을 갖는 것은 결코 참을 수 없으며, 법을 완화시키고 그 이익으로 무기를 내려놓게 하는 것이 좋으며, 다수가 소수에게 지는 일은 많이 있으므로 수를 믿고 전투에서 운을 시험하려 해서는 안된다고 말했다. 포폴로 안에서 다양한 의견이 있었다. 많은 사람들이 어차피 언젠가 올 일이니까 전투를 하려 했고, 적이 더 강해질 때까지 기다리는 것보다 지금 전투하는 것이 더 나아보였다. 법이 완화되면 귀족이 만족할 것이라고 믿는다면 법을 완화하는 것이 좋을 것이나, 귀족의 자만은 너무 강하여 강제되지 않으면 결코 그것을 내려놓지 않는다. 더 지혜롭고 더 차분한 많은 사람들에게는 법을 완화시키는 것은 별 의미가 없고 전투하는 것이 의미가 큰 것처럼 보였다. 이들의 의견이 우세해졌고, 포폴로는 귀족을 고발하는 데 있어 증인이 필요하도록 조처를 취했다.

15.[107)]

무기를 내려놓았을 때 양쪽은 의심에 가득차서 각자 탑과 무기로 강화했다. 포폴로는 시뇨리들이 귀족에게 우호적이라는 사실에 마음이 동요하여 시뇨리의 수를 축소하는 방향으로 정부를 재정비했다. 포폴로의 수장으로는 만치니, 마갈로티, 알토비티, 페루치, 체레타니 가문이 남아있었다.[108)] 국가가 안정을 찾자 1298년 사람들은 시뇨리의 더 큰 위엄과 안전을 위해 우베르티 가문의 집이 있던 자리를 치우고 광장을 만들었으며, 새로운 궁전의 기초[109)]를 마련했다. 동시에 공공 감옥[110)]을 짓기 시작했다. 이 건물들은 몇 년 후 완성됐다. 우리 도시가 사람, 부, 명성으로 가득 찼던 이 시기보다 더 강대하고 번성했던 때는 없다. 군사에 능통한 시민이 3만 명이었고, 주위 농촌에는 7만 명에 이르렀다. 토스카나의 모든 지역에서 일부는 신하로 또 일부는 친구로 복종했다. 귀족과 포폴로 사이에 어느 정도 분노와 의심이 있었지만 그럼에도 그것이 나쁜 결과를 낳지는 않았고, 모두가 평화롭게 단합해서 살았다. 이 평화가 내부의 새로운 불화에 의해서 방

107) **1298년경 피렌체의 번영.**

108) 헌법의 개혁에 대해서 말하는 것이 아니다. 마키아벨리가 불가피하게 지난 시뇨리아에서 배가 된 프리오리의 숫자가 7명으로 다시 돌아온 사실을 암시하는 것도 아니다. 사실 예외적이고 단지 단기적인 성격의 조치를 다루고 있다.

109) 시뇨리아 궁이 1299년 2월에 시작됐다. 마키아벨리는 그 날짜를 피렌체식에 따라 기록한다.

110) (후대에 얻게 된) 이름의 기원에 대해서 2권 22장 참조.

해받지 않았더라면 외부의 적을 두려워할 필요가 없었을 것이다. 도시가 그런 위치에 있어서 황제나 망명자를 두려워하지 않았기 때문이다. 그리고 그 힘으로 이탈리아의 모든 국가에 대항할 수 있었을 것이다. 그러나 외부로부터는 정복할 수 없었던 악(male)이 내부에서 일어났다.

16.[111)]

피렌체에 부, 귀족성(nobilità), 사람에 있어서 매우 강력했던 두 가문, 체르키와 도나티가 있었다. 두 가문은 피렌체와 농촌에서 가까운 이웃[112)]이었기에 둘 사이에 분쟁이 좀 있었으나, 무력 충돌할 정도로 심각하지는 않았다. 만약 악한 감정(umori)이 새로운 원인들에 의해서 증폭되지 않았더라면 별 효력이 없었을 것이다. 피스토이아의 최고 가문들 중에 칸첼리에리(Cancellieri)가[113)] 있었다. 모두 그 집안의 사람들인 굴리엘모의 아들 로레(Lore)와 베르타카의 아들 제리(Geri)가 카드놀이를 하다가 욕을 주고받았고, 제리가 로레에게 경미한 부상을 입었다. 그 사건은 굴리엘모의 심기를 불편하게 만들었지만 그는 관대하게 그 소동을 무마하기로 마음먹었다. 그러나 아들에게 부상자의 아버지 집에 가서 용서를 빌라고 명령을 내림으로써 오히려 일을 키워버렸다. 로레는 아버지의 말에 순종했지만 이 인간적인 행동은 베르타카의 잔혹한 마음을 하나도 바꾸지 못했다. 베르타카는 하인들로

111) **체르키와 도나티 가문, 피스토이아의 흑당과 백당 1300.**

112) 체르키와 도나티 가문은 포르타 산 피에로의 6구역에 거주했다. 두 가문의 근접성은 단테의 『신곡』, 「천국편」 64－6행에 기록되어 있다.

113) 이미 1200년대 전반에 무엇보다도 은행업 덕분에 피스토이아에서 가장 강력해졌다.

하여금 로레를 붙들게 하고서는, 더 모욕적이게도, 여물통 위에 그의 손을 올려놓고 잘라버렸다. 그리고는 "네 아비에게 가서 상처는 쇠로 낫게 하는 것이지 말로 하는 것이 아니라고 전하거라."라고 말했다. 이 잔인한 행동은 굴리엘모의 마음을 상하게 했고 그는 자신의 수하들을 무장시켜서 복수하도록 했다. 베르타카 또한 방어하기 위해 무장했고, 그렇게 가문뿐 아니라 피스토이아 도시 전체가 분열됐다. 칸첼리에리 가문은 칸첼리에레(Cancelliere)로부터 유래했고, 그는 두 명의 아내를 두고 있었다. 한 명은 비앙카(Bianca)였는데 그녀의 후손들 중 한 당파가 "백당"(bianca)이라고 이름을 지었고, 다른 쪽 당파는 반대의 이름을 갖기 위해서 "흑당"(nera)이라고 이름 지었다. 시간이 가면서 두 당파 사이에 많은 갈등이 있었고, 많은 사람들이 죽고 많은 재산이 파괴되었다. 그들은 연합하지 못했고, 악에 지쳤으며, 분쟁을 끝내기 위해 혹은 상대 쪽의 분열을 통해 분쟁을 키우려는 욕심으로 피렌체로 왔다. 흑당은 도나티 가문과 연결되어 그 가문의 수장인 코르소의 지지를 받았다. 그래서 백당은 도나티 가문에 대항하여 버텨낼 강한 지지를 얻기 위해 모든 면에서 코르소에 결코 뒤지지 않는 체르키 가문의 베리에게 호소했다.

17.[114)]

피스토이아에서 온 이 사태(umore)가 체르키 가문과 도나티 가문 사이의 오랜 적대감을 키웠다. 프리오리와 다른 훌륭한 시민들은 언제든지 두 집안 사이에 무력 충돌이 생길 것이며, 그 다음에는 도시 전체가 분열될 것임을 의심하지 않는다는 것이 이미 너무 명백해졌

---

114) **피렌체의 백당과 흑당, 교황이 개입하다 1300.**

다. 시민들은 교황[115]에게 그의 권위로 자신들은 할 수 없는 갈등(umori)을 해결해달라고 간청했고, 교황은 베리를 불러 도나티 가문과 화해하라고 압박했다. 베리는 놀라움을 표시하면서 자신은 그들에게 어떤 증오심도 없고, 평화는 전쟁을 상정하는데 양측 사이에 전쟁이 없었기 때문에 왜 평화가 필요한지 모르겠다고 말했다. 베리가 어떤 결론도 없이 로마에서 돌아왔기 때문에 갈등(umori)이 커졌고 어떤 작은 사건이라도 일어나기라도 하면 그 갈등이, 이전에 그랬듯이, 흘러넘칠 수 있었다. 때는 오월[116]이었고, 피렌체 전체에 축제가 있었던 공휴일 어느 날이었다. 도나티 가문의 몇몇 젊은이들이 친구들과 함께 말을 타고 가다가 산타 트리니타 근처에서 춤을 추고 있는 여자들을 보기 위해서 멈춰 섰는데, 그때 많은 귀족을 대동한 체르키 가문의 몇몇 젊은이들이 합세했다. 그들은 앞에 있는 도나티 가문 사람들을 알아차리지 못했고, 그들 또한 구경을 하고 싶어서, 도나티 사람들 사이로 말을 몰고 가서 그들을 밀쳐버렸다. 그때 공격을 받았다고 생각한 도나티 사람들이 무기를 꺼냈고, 이에 체르키 가문 사람들도 용기있게 응대했다. 그들은 서로 많은 상처를 주고받은 후에 헤어졌다. 이 분쟁(disordine)은 귀족뿐 아니라 포폴로를 포함하여 도시 전체가 분열되고 당파들이 백당과 흑당의 이름을 갖게 된 많은 해악의 서막이었다. 백당의 우두머리들은 체르키 가문 출신이었고, 그들을 지지하는 가문에는 아디마리, 아바티, 토싱기 가문의 일부, 바르디, 로시, 프레스코발디니, 카발칸티, 말레스피니, 보스티키, 잔도나티, 베키에티, 아리구치 가문이 있었다. 이 가문들에 피렌체에 있었던 기벨린파와 더불어 많은 포폴로 가문들이 가담했다. 그렇게 많은 수가 그들을

115) 보니파시오 8세(1294년부터 1303년까지 교황이었던 베네데토 카에타니)는 피렌체 내부의 변화에 중요한 역할을 했다.

116) 1300년 5월 1일.

따랐기에 도시 정부의 거의 전부를 차지하고 있었다. 또 한편, 도나티 가문은 흑당의 우두머리였다. 위에서 언급한 가문들 중 백당에 가담하지 않은 일부가 이들과 함께 했고, 또한 파치, 비스도미니, 마니에리, 바넷시, 토르나퀸치, 스피니, 부온델몬티, 잔필리아치, 브루넬레스키 가문이 있었다. 이 갈등(umore)은 도시를 감염시켰을 뿐 아니라 농촌까지 분열시켰다. 그래서 당파의 수장들과 구엘프파에 속하고 공화국을 사랑하는 사람은 누구나 이 새로운 분열이 도시를 파멸시킴으로써 기벨린파의 부활을 가져오지 않을까 매우 걱정했다. 그들은 교황 보니파시오에게 사람을 보내 항상 교회의 방패였던 도시가 파멸하거나 기벨린파의 도시가 되기를 원하는게 아니라면 해결책을 달라고 부탁했다. 그래서 교황은 포르투갈 주교인 마테오 다콰스파르타(Matteo d'Acquasparta)[117]를 피렌체에 특사로 보냈다. 그는 자신들이 더 강하다고 생각하고 특사를 별로 두려워하지 않았던 백당을 상대하는 데 어려움을 겪자 화가 나서 피렌체를 떠나[118] 파문을 내렸다. 그래서 피렌체는 그가 오기 전보다 더 큰 혼란 속에 빠져들었다.

18.[119]

그래서 모든 사람의 정신이 격심하게 동요했고, 체르키 가문과 도나티 가문의 많은 사람들이 참석한 장례식에서[120] 서로 욕을 주고받고 무력 충돌하는 일이 벌어졌다. 그러나 그 순간에는 소동 말고는

---

117) 1240경~1302. 저명한 신학자이자 법률가로서 1287년에 수도회의 총감독, 1288년에 주교가 됐다.

118) 마테오 다콰스파르타는 1300년 여름 중에 피렌체를 떠났다.

119) **싸움의 진전, 양쪽 모두 추방당하다 1300.**

120) 이 에피소드는 사실 1297년으로 거슬러 올라간다.

다른 일이 더 일어나지는 않았다. 모두가 집으로 돌아간 후 체르키 가문은 도나티 가문을 공격하기로 결심하고, 많은 사람들을 데리고 그들을 찾으러 갔다. 그러나 코르소 때문에 그들은 많은 부상자를 낳은 채 물러났다. 이제 도시 전체가 무장을 했고, 시뇨리와 법은 귀족의 분노에 압도당했으며, 가장 현명한 사람들과 최고의 시민들은 불안으로 가득 찼다. 도나티 가문과 그들의 당파는 덜 강했기 때문에 더 두려움을 가졌다. 그래서 대비를 위해 코르소는 다른 흑당의 지도자들(capi)과 당파의 대장들(capitani)을 만났고, 그들은 교황에게 왕실의 피를 물려받은 누군가를 피렌체로 보내 개혁 해달라고 간청했다. 이 방법으로 백당을 이길 수 있다고 생각 했던 것이다. 회합과 그 결의가 프리오리에게 알려지고, 반대 당파는 이들을 자유로운 삶에 대한 반역자라고 고발했다. 두 당파가 무장하고 있을 때 당시에 두 당파 중 하나에 속했던 단테[121]의 충고와 신중함으로 시뇨리가 용기를 내서 포폴로를 무장시켰고 농촌에서 많은 사람들을 불러모았다. 그때 그들은 당파의 수장들에게 무기를 내려놓도록 강요했고, 다수의 흑당 세력들과 함께 코르소 도나티를 추방했다. 이 판결이 중립적이라는 것을 보여주기 위해 백당의 일부도 추방했으나, 그들은 그럴듯한 이유로 포장하고서 잠시 후에 돌아왔다.

19.[122]

코르소와 그의 수하들은 교황이 자신들의 당파에 우호적이라고 생각하고 로마로 갔다. 교황 면전에서 그들이 이미 교황에게 쓴 편지

121) 이 시인은 1300년 6월부터 8월까지 프리오리였다.
122) **피렌체에 온 발루아의 샤를, 흑당이 돌아와서 권력을 차지하다 1301.**

내용을 가지고 설득했다. 교황청에는 프랑스 왕의 동생인 발루아의 샤를이 있었는데, 나폴리 왕이 시칠리아 원정에 참여하기 위해 이탈리아로 소집되어 머무르고 있었던 것이다. 피렌체 망명객들이 특히 촉구해서 교황은 시칠리아로 항해할 적당한 때가 올 때까지 그를 피렌체로 보내는 것이 좋겠다고 판단했다. 그래서 샤를[123]이 피렌체로 오게 되었다. 그때 통치하고 있던 백당은 그를 의심했지만, 구엘프파의 수장이자 교황이 보낸 그가 오는 것[124]을 감히 막을 수는 없었다. 그러나 샤를을 친구로 만들기 위해 그에게 자신의 의지에 따라 도시를 정리할 수 있는 권한을 부여했다. 이 권한을 가지고 샤를은 자신의 모든 친구와 지지자들[125]을 무장시켰고, 이 조치가 자유를 빼앗기는 것을 원하지 않는 포폴로의 불신을 자극했다. 이에 모든 포폴로가 만약 샤를이 움직이기라도 하면 (전투를) 준비하기 위해서 무장을 하고 집에 머물렀다. 체르키 가문과 백당의 수장들은 일정 기간 공화국의 지도자로서 오만하게 행동했기 때문에 모든 사람에게 미움을 받았다. 이 사실이 코르소와 다른 흑당 망명자들이 피렌체에 올 수 있도록 고무시켰다.[126] 특히 그들은 샤를과 그 당파의 대장들이 자신들을 좋아한다는 것을 알고 있었다. 도시가 샤를을 두려워하여 무장하고 있을 때, 코르소는 자신을 추종하는 망명자들과 다른 많은 사람들과 함께 누구의 방해도 받지 않고 피렌체에 입성했다. 나가서 그에게 맞서야 한다는 요구를 받은 베리 데 체르키는 마음이 내키지 않아, 피렌체의 포폴로의 뜻에 반하여 오는 그를 포폴로가 벌하기를 바란다고 말했다. 그러나 반대의 일이 벌어졌다. 포폴로가 그를 받아들이고 벌하지 않았던 것이다. 베리는 목숨을 구하고 싶으면 도망가야 한다는

---

123) 1270~1325. '미남왕' 필립 4세의 형.

124) 1301년 11월.

125) 그의 직접적인 지지자인 구엘프 흑당.

126) 발루아의 샤를이 도시를 침략한지 며칠 후인 11월 5일.

것을 알았다. 코르소가 핀티 성문을 열라고 협박하며 강제로 들어와서 베리의 집 근처의 장소인 산 피에로 마조레 교회(San Piero Maggiore)에 군대를 주둔시켰기 때문이다. 코르소가 그곳에 모였던 사람들 중 새로운 것을 원하는 많은 지지자와 사람들을 모아두고 처음으로 단행한 일은 공적인 이유로든 사적인 이유로든 감옥에 갇힌 모든 사람들을 풀어준 것이다. 그는 시뇨리에게 사인(私人)으로 집에 돌아가도록 강요하고 포폴로와 흑당에 속한 새로운 사람들을 선출했다. 그리고 5일 동안 백당의 지도자들을 약탈했다. 체르키 가문과 그 파벌의 다른 수장들(principi)은 샤를이 자신들에게 반대하고 포폴로의 다수가 적대적인 것을 발견하고 도시를 떠나 요새로 물러났다. 비록 전에는 교황의 충고를 결코 따를 마음이 없었지만, 이제 샤를이 피렌체를 단합시키는 것이 아니라 분열시키려고 왔다는 사실을 교황에게 보여주면서 그의 도움에 의지해야만 했다. 이에 교황은 다시 한번 특사 마테오 다콰스파르타를 보내어, 체르키 가문과 도나티 가문 사이에 평화를 중재하고 결혼 약속과 새로운 결혼식으로 그 평화를 강화했다. 특사는 백당도 공직에 참여하기를 원했지만, 정부(stato)를 장악한 흑당이 이를 허용하지 않았다. 그래서 그는 이전보다 더 만족하지도 덜 화나지도 않은 채 떠났고, 자신의 말을 듣지 않았다는 이유로 도시를 파문했던 결정을 철회하지 않았다.[127)]

127) 1302년 2월.

20.[128)]

피렌체에는 여전히 두 개의 당파가 있었고, 각 당파는 불만족스러워했다. 흑당은 상대 당파가 가까이 있는 것을 보고, 그들이 잃어버린 권위를 되찾아서 자신들을 파멸시킬까 두려웠다. 백당은 자신들이 권위와 명예가 충분치 않다고 생각했다. 이런 분노와 의심에 새로운 갈등이 더해졌다. 니콜라 데 체르키가 많은 친구를 대동하고 자신의 영지로 가는 길이었는데 아프리코(Affrico) 강 위의 다리에 다다랐을 때 코르소 도나티의 아들 시모네의 공격을 받았다. 그 싸움은 심각해서 양측에게 통탄스러운 결말을 가져왔다. 니콜라는 죽고 시모네는 심각한 부상을 당해 다음날 저녁에 죽었던 것이다. 이 사건은 도시 전체를 다시 한번 뒤집어 놓았다. 흑당이 더 비난을 받아야 했지만, 그들은 통치를 하는 사람들의 비호를 받았다. 그리고 판결이 내려지기 전[129)]에 백당이 샤를의 백작 중 하나인 피에로 페란테와 공모하여 정부에 다시 복귀하기 위한 협상을 진행했던 사실이 발각됐다. 이 일은 체르키 가문이 그에게 쓴 편지를 통해서 밝혀졌는데, 그럼에도 편지가 니콜라의 죽음으로 얻게 된 오명을 감추기 위해 도나티 가문이 조작한 것이라는 소문이 돌았다. 그리하여 모든 체르키 가문과 백당에 속한 그 가문의 추종자들이 추방당했는데, 그중에 시인 단테가 있었다. 그들의 재산은 몰수되고 집은 파괴되었다. 그들의 편에 섰던 많은 기벨린파 사람들과 함께 그들은 많은 장소로 흩어졌고 새로운 시도로 새로운 운(fortuna)을 찾아 나섰다. 자신이 하러 온 일을 완수한 샤를은 시칠리아에서의 군사작전을 수행하기 위해 피렌체를 떠나[130)] 교황

---

128) **단테를 포함한 백당이 추방당하다 1303.**

129) 1302년 3월.

에게로 돌아갔다. 시칠리아에서 그는 피렌체에서보다 더 현명하지도 낫지도 않아서, 자신의 많은 군인을 잃고 굴욕을 당한 채 프랑스로 돌아갔다.

21.[131)]

샤를이 떠난 후 피렌체에서의 일상은 매우 평화롭게 돌아갔다. 코르소만이 분주했는데, 그는 스스로 자격이 있다고 믿은 도시에서 지위(grado)를 얻지 못했다고 여기고 있었기 때문이다. 피렌체는 정말 포폴로 정부(il governo popolare)였기 때문에, 그는 공화국이 자신보다 열등한 많은 사람들에 의해 운영된다고 생각했다. 따라서 그는 이에 혐오감을 느끼고 자신의 명예롭지 못한 의도를 명예로운 명분으로 명예롭게 보이기로 마음먹고, 공금을 운영하던 많은 시민들을 비난했다. 그는 공금을 사적인 안락함을 위해서 사용한 그들을 찾아내 처벌하는 것이 좋겠다고 말했다. 그의 이 의견은 그와 동일한 욕망을 가진 많은 사람들의 지지를 받았고, 여기에 코르소가 조국에 대한 사랑으로 움직였다고 믿은 많은 사람들의 무지가 더해졌다. 한편 비난을 받은 시민들은 포폴로의 지지를 받았기 때문에 스스로를 방어했다. 이 분쟁이 심각해서 시민적인 방법(modi civili)[132)]이 다한 후, 그들 사이에 무력 충돌이 일어났다. 한쪽에는 코르소와 피렌체의 주교 로티에리가 많은 귀족 및 일부 포폴로와 함께 있었고, 또 한쪽에는 시뇨리와 함께 포폴로의 다수가 있었다. 도시의 많은 곳에서 싸움이 벌어

130) 발루아의 샤를은 피렌체를 4월 초에 떠났다.

131) **갈등의 진전, 니콜라오 다 프라토가 평화를 중재하는 데 실패하다, 1304년의 대화재.**

132) '법'(legali). 『로마사 논고』 1권 8장 참조.

졌다. 매우 큰 위험에 처했다고 생각한 시뇨리가 루께제(Lucchese) 가문에게 도움을 요청하자, 갑자기 피렌체에 루카의 모든 포폴로가 나타났다. 그들의 권위로 일이 잠시 진정되고 소란이 중단됐다. 포폴로는 소동의 원인 제공자를 처벌하지 않고 그들의 정부(stato)와 자유를 지켰다. 교황[133]은 피렌체의 소란을 전해 듣고 그것을 멈추기 위해서 니콜라오 다 프라토를 특사로 보냈다. 그는 지위, 학식, 품행에서 대단한 명성을 가진 사람이었고 빠르게 대단한 신뢰를 얻어서 자신의 생각대로 정부를 세울 수 있는 권한을 부여받았다. 그는 기벨린파 출신이기 때문에 망명자들을 소환할 마음을 먹었지만, 먼저 포폴로를 자기편으로 끌어오기를 원했고, 이를 위해 포폴로의 오래된 부대를 정비했다.[134] 이 조처는 포폴로의 권력을 대단히 강화시키고 귀족의 권력은 축소시켰다. 그 특사는 이렇게 대중의 지지를 확보한 것으로 보이자 망명자들을 귀환시키려는 계획을 세웠다. 그는 다양한 방식으로 노력했지만 어느 누구도 귀환시키지 못했을 뿐 아니라, 결국 통치하고 있는 사람들에게 큰 의심을 받게 돼서 떠나야만 했다. 그는 분개에 가득 차서 피렌체를 파문하여 완전한 혼란 상태에 남겨두고 교황에게로 돌아갔다.[135] 도시에는 포폴로와 귀족, 기벨린파와 구엘프파, 백당과 흑당 사이에 적대감이 있어서, 도시는 하나가 아니라 많은 갈등(umori)으로 동요됐다. 그래서 모든 도시가 무장을 하고 싸움으로 가득 찼으며, 많은 사람들 역시 망명자가 돌아오기를 바랐지만 특사의 출발을 의심스러워 했다. 먼저 그 소란을 자극한 사람들 중에는 메디치 가문과 주니(Giugni) 가문이 있었는데, 그들은 망명자들을 대표하는 그 특사에게 우호적인 태도를 보였다. 피렌체의 여러 곳에 싸움

133) 교황은 보니파시오 8세의 후계자인 베네데토 11세(1303년 11월에 죽었다).

134) "첫번째 포폴로 정권"(Primo Popolo)의 개혁으로 도입된 'gonfaloni'(무장한 시민들의 부대)를 부활시켰다(2권 5장 참조).

135) 1304년 6월.

이 만연하는 동안 이런 악(mali)에 더해 아바티 가문의 집들 중 오르토 산 미켈레에서 화재가 발생했다. 화재는 카폰사키 가문의 집들까지 옮겨붙었다가, 그 집들뿐 아니라 마키, 아미에리, 토스키, 치프리아니, 람베르티, 카발칸티 가문의 집들과 신시장 전체를 태워 버렸다. 화재는 거기서부터 포르타 산타 마리아까지 옮겨붙었다가 전체를 태워버렸다. 베키오 다리부터 원을 그리며 게라르디니, 풀치, 아미데이, 루카르데시 가문의 집들뿐 아니라 매우 많은 다른 가문들의 집들이 전소되었고, 파괴된 가옥의 숫자가 1천 7백 채 혹은 그 이상에 이르렀다. 그 불은 전투가 한창일 때 우연히 시작됐다는 것이 많은 사람들의 의견이었다. 그러나 어떤 사람들은 그 불을 산 피에로 스케라조의 프리오르(prior)이자 악에 대한 열망으로 가득 찬 방탕한 사람 네리 아바티가 놓았다고 주장했다. 포폴로가 싸움에 개입된 것을 본 그가 그들이 개입되어 있는 동안에는 사람들이 해결할 수 없는 사악한 일을 해도 좋을 것이라고 생각했고, 일을 보다 쉽게 저지를 수 있도록 동료의 집에 불을 놓아서 성공한 것 같다는 것이었다. 피렌체가 불과 검으로 동요된 것은 1304년 7월이었다.[136] 오직 코르소 도나티만이 모든 소동 중에 무장을 하지 않았는데, 그렇게 하면 그들이 싸움에 지쳐 타협할 때 보다 쉽게 양측의 중재자가 될 수 있으리라 판단했기 때문이다. 그러나 그들은 단합을 원해서라기보다는 신물이 나서 무기를 내려놓았다. 결국 망명자들은 돌아오지 못했고, 그들을 지지하던 당파는 계속 더 약해졌다.

136) 연대기에 따르면 6월 10일이었다.

22.[137)]

특사는 로마[138)]로 돌아간 후 피렌체에서 진행되고 있는 새로운 추문들을 듣고서, 피렌체를 통합시키려면 피렌체 귀족들[139)] 중 12명을 소환해야 한다고 교황을 설득했다. 불화의 격정이 사그라들면서 완전히 꺼뜨릴 방법을 쉽게 고안하게 됐던 것이다. 교황이 이 조언을 받아들였고 코르소 도나티를 포함하여 소환된 시민들은 이에 복종했다. 이 사람들이 피렌체를 떠난 후, 특사는 피렌체에 지도자들이 없으므로 지금이 돌아올 적기라고 망명자들에게 알렸다. 망명자들은 힘을 모아서 함께 피렌체로 돌아왔다. 그들은 아직 완공되지 않은 벽을 통해 도시로 진입하여 산 조반니 광장까지 진격했다.[140)] 이전에 망명자들이 비무장 상태로 조국으로 돌아오고자 기도할 때는 그들의 귀환을 위해 싸웠던 사람들이, 이후에 망명자들이 무장하고 도시를 무력으로 차지할 준비를 한 것을 보고 그들에 대항하여 무기를 든 것은 주목할 만한 일이었다(그들은 사적 친분보다 공익을 더 중하게 여겼던 것이다). 그들은 망명자들을 그들이 온 곳으로 돌아가도록 만들기 위해 모든 포폴로(tutto il popolo)와 협력했다. 망명자들의 작전 실패는, 병력의 일부를 라스트라(Lastra)에 남겨두었던 것과 기병 3백 명을 이끌고 피스토이아에서 오는 톨로세토 우베르티(Tolosetto Uberti)를 기다리지 못했기 때문이다. 그들은 힘보다 속도가 승리를 가져올 것으로 생각했다. 정말 그런 거사에서는 일이 지연되면 기회를 빼앗기고 속도가 힘을 제압하는 일도 있긴 하다. 한편, 반군이 떠나자 피렌체는 예전의 분열로 되돌아

137) **기벨린파의 돌아오려는 시도가 실패하다, 코르소 도나티 1304~1307.**
138) 사실은 교황 베네데토 11세가 있던 페루자.
139) 지배하는 파벌의 주요 대변자들.
140) 전진해서 도착했다(1304년 7월 20일).

갔다. 카발칸티(Cavalcanti) 가문에게서 권위를 빼앗기 위해 포폴로는 오래전부터 그 가문의 소유였던 발 디 그리에베(Val di Grieve)의 요새 레 스틴케(le Stinche)를 강제로 탈취했다. 그 안에 있다가 붙잡힌 사람들이 새로 건설된 감옥에 처음으로 갇혔기 때문에 그 감옥은 그들이 있던 요새의 이름을 따서 여전히 레 스틴케로 불리고 있다. 공화국의 귀족이 다시 인민의 군대(compagnie del popolo)를 부활시켰고 그들에게 이전에 길드 회원들이 모일 때 사용했던 깃발을 줬다. 그들은 그 우두머리들을 군대의 곤팔로니에리(gonfalonieri di compagnie)와 시뇨리의 콜레기(Collegi de' Signori)[141]라고 불렀고, 이 사람들에게 폭동이 생기면 무력으로, 평화 시에는 조언으로 도와주기를 기대했다. 그들은 오래 직책을 맡아온 두 명의 오래된 통치자(rettori antichi)[142]에게 한 명의 집행관을 배정하여 곤팔로니에레와 함께 귀족의 교만에 대항할 수 있게 했다. 그 사이에 교황이 죽고 코르소와 다른 시민들이 로마에서 돌아왔다. 코르소의 불안한 정신에 의해 도시가 다시 혼란에 빠지지 않았다면 모든 일은 평온하게 흘러갔을 것이다. 그는 명성을 얻기 위해 항상 유력자들과 다른 의견을 취했으며, 자신의 권위가 포폴로에게 더 환영받게 하기 위하여 포폴로의 마음이 어느 쪽으로 쏠리든 항상 추종했다. 그는 모든 분쟁과 혁신의 선두에 섰고, 어떤 비상한 것을 얻고자 하는 모든 사람들의 피난처였다. 결과적으로 많은 유력한 시민들이 그를 미워했고 이 미움이 커지는 것을 목도하면서 흑당은 공공연하게 분열됐다. 코르소는 자신의 사적인 영향력과 권위를 사용

---

141) 시뇨리아의 콜레기(Collegi della Signoria)와는 다른 것이다. 사실 하나가 아니라 시뇨리아를 위해 자문하는 기능을 가진 두 개의 콜레기 조직에 대한 것이다. 두 조직은 사실 16명의 군대(compagnia)의 곤팔로니에리를 나타내는 것이고, 다른 콜레기는 정반대로 12명의 선인(Buoniuomini)으로 구성된다.

142) 포데스타와 포폴로의 대장.

했고, 그의 적들은 국가의 힘과 권위를 사용했다. 그러나 그가 가진 권위가 워낙 커서 모든 사람이 그를 두려워했다. 그럼에도 이런 식으로 쉽게 꺼질 수 있는 대중의 인기를 빼앗기 위해 그가 참주정을 세우려고 한다는 소문이 퍼졌다. 그의 삶의 방식이 모든 시민의 경계를 넘어섰기에 포폴로에게 이를 설득시키기는 쉬웠다. 이 소문은 그가 기벨린 당의 우두머리이자 백당이면서 토스카나의 대단한 유력자인 우구치오네 델라 파지우올라(Uguccione della Faggiuola)[143]의 딸을 아내로 맞이한 후 더욱 커졌다.

23.[144]

이 결혼이 알려지자마자 그의 적들을 격동시켰고 적들은 무기를 들었다. 포폴로 역시 같은 이유로 그를 방어해주지 않았고, 포폴로의 더 많은 수가 그의 적에게 동조했다. 로소 델라 토사(Rosso della Tosa), 파지노 데 파치(Pzzino de'Pazzi), 게리 스피니(Geri Spini), 베르토 브루넬레스키(Berto Brunellischi)가 적의 지도자들이었다. 이들은 추종자들과 포폴로의 다수와 함께 시뇨레 궁의 발치에 무장하여 집결했다.[145] 지도자들은 코르소는 우구치오네의 도움으로 스스로 참주가 되려고 하는 자라고 하면서 포폴로[146]의 대장인 피에로 브랑카(Piero Branca)[147]에

143) 1250경~1319. 기벨린 가문으로서 1308년에 아레초의 지배자(signore)가 됐다. 이어서 피사(1313년 10월)와 루카(1314년 6월)의 통치자가 됐다. 1315년에 나폴리의 안조이니(Agioini)의 지원을 받는 토스카나의 구엘프 도시 연합군에게 몬테카티니에서 기억할 만한 패배를 안겼다.

144) **마지막 전투와 코르소 도나티의 죽음 1308.**

145) 1308년 10월 6일.

146) 여기서는 '소 포폴로'(popolo minuto)를 의미한다.

147) 하지만 구비오의 피에로 브랑카는 포폴로의 대장이 아니라 포데스타였다.

게 돌격 명령을 내렸다. 코르소는 소환되어 역도(逆徒)로 판결 났다. 고발과 판결 사이에 두 시간도 걸리지 않았다. 판결이 전달된 후 시뇨리들은 포폴로의 무리와 함께 깃발 아래 모여서 코르소를 찾으러 갔다. 코르소는 자신의 부하들에게 버림받은 것을 알고서도 판결에도, 시뇨리의 권위에도, 수많은 적들에도 두려움에 떨지 않았다. 그는 사람을 보내 도움을 청한 우구치오네가 올 때까지 방어할 수 있으리라는 희망으로 집안에서 수비를 강화했다. 그의 집과 주변의 거리를 봉쇄하고 같은 당파 사람들을 배치하여 방어하자 포폴로는 수가 많음에도 불구하고 그를 이길 수 없었다. 전투는 격화됐고 사방에 사상자들이 발생했다. 포폴로는 공개된 통로를 막는 것으로는 코르소를 이길 수 없다는 것을 알고 그 옆에 있는 집들을 접수하고 통로를 만들어 예기치 않은 길로 그의 집에 들어갔다. 자신이 적에게 포위됐고 더 이상 우구치오네의 도움을 믿을 수 없다고 판단한 코르소는 승리를 간절히 원했기 때문에 안전을 확보할 다른 해결책을 찾아보았다. 그의 가장 강력하고 신뢰할 수 있는 많은 친구들 중에서도 최고인 게라르도 보르도니가 그와 함께 적에게 돌진했고, 적들은 그들이 헤쳐 나갈 수 있는 길을 열어줬다. 그들은 포르타 알라 크로체(Porta alla Croce)를 통해 도시를 빠져나왔다. 그럼에도 그들은 많은 군인들에게 쫓기었고 게라르도는 아프리코(Affrico)강에서 보카치오 카비치우리(Boccaccio Cavicciuli)에게 살해당했다. 코르소 역시 로베짜노(Rovezzano)에서 시뇨리아의 병력인 몇몇 카탈리아 기병에게 따라잡혔다. 그러나 피렌체로 오는 중에 승리한 적의 얼굴을 보고 고문당하는 것을 피하기 위해 스스로 말에서 떨어졌다. 그가 땅바닥에 있을 때 그를 끌고 가던 병사 중 하나가 칼로 그의 목을 베었다. 그의 시신을 산 살비(San Salvi) 수도사들이 수습해서 어떤 예우도 없이 매장했다. 조국과 흑당으로 하여금 많은 선과 악을 목격하게 했던 코르소의 결말이 그러했다. 만약 그가 좀 더 조용한(quieto) 성격이었다면 그에 대한 기억은 더 좋았을 것이다. 그러나 그는 우리 도시의 가장 드문 시민 중 하나로 꼽힐 자격이 있다. 그의 불안(inquietudine)이 조국과 당이 그에게 진 빚을 잊게 만들었고, 결국 그의 죽음을 야기하여 조국과 당에 많은 해를 입힌 것은 사실이다. 우구치오네는 사위를 구하러 오다가 레몰리(Remoli)에 이르렀을 때 코르소가 포폴로에게 공격받았다는 소식을 들었다. 사위에게 해줄 수 있는 것이 없고, 또 돕지도 못하는 데 자신이 해를 입을 필요도 없다는 생각이 들어 발길을 되돌렸다.

24.[148)]

1308년에 있었던 코르소의 죽음으로 소란은 멈추고 삶이 평온해졌지만, 하인리히(Arrigo) 황제[149)]가 조국으로 돌려보내겠다고 약속했던 피렌체 반역자들을 데리고 이탈리아로 오고 있다는 사실이 알려지기 전 까지만 그랬다. 정부의 지도자들은 반역자의 수를 줄이면 처리해야 할 적의 수도 줄을 것이라고 생각하고, 법에 이름이 언급돼서 귀환이 금지된 사람들을 제외한 모든 반역자를 소환하기로 결정했다. 결국 기벨린파의 다수와 단테 알리기에리, 베리 데 체르키와 자노 델라 벨라의 아들들이 포함된 백당의 일부는 돌아오지 못했다. 이외에도 이들은 나폴리 왕 로베르토[150)]에게 도움을 청하기 위해 사람을 보

148) **코르소의 죽음 후의 고요. 황제 하인리히 7세의 피렌체 공격이 실패하다 1308~1313.**

149) 또는 Enrico. 룩셈부르크의 하인리히 7세는 1308년에 게르마니아의 왕으로 선출돼서 이미 다음 해에 1310년으로 예고된 이탈리아 원정을 위한 훈련을 준비하기 시작했다. 그의 작전에 대해서는 1권 26장 참조.

150) 로베르토 당조(Robert d'Angio, 1276~1343, 재위 1309~1343). 앙주 카페 가문 출신의 나폴리 왕국의 왕으로서 별명은 현명왕(il saggio)이다.

냈다. 그리고 나폴리로부터 우정을 얻을 수 없었기에 그들은 왕이 자신들을 신민으로 대하며 방어할 수 있도록 5년간 그에게 도시를 줘버렸다. 황제는 피사로부터 로마까지 늪을 가로질러 갔고, 거기에서 1312년[151]에 대관식을 했다. 그 이후 그는 피렌체를 진압하기로 결심하고 로마에서 페루자와 아레초를 거쳐 피렌체로 갔다. 그는 피렌체로부터 1마일 떨어진 산 살비(San Salvi) 수도원에 군대를 주둔시키고, 50일 동안 머물렀지만 아무 소득이 없었다. 그는 피렌체의 상황을 뒤흔들 수 있다는 희망을 상실하고 피사로 돌아가서,[152] 시칠리아 왕 프리드리히와 함께 나폴리 왕국에 대한 군사작전을 시도하기로 합의했다. 그가 승리를 확신할 때 로베르토 왕은 파멸을 두려워하고 있었지만, 황제는 자신의 군대를 이끌고 전진하다가 부온콘벤토(Buonconvento)에 도착하자마자 죽었다.[153]

25.[154]

잠시 후 우구치오네 델라 파지우올라가 피사, 그 다음에는 루카의 패자가 되었는데,[155] 기벨린파가 그를 거기에 앉힌 것이었다.[156] 이 도시들의 지원에 힘입은 그는 이웃들에게 매우 심각한 피해를 입혔

151) 7월 29일. 하인리히는 5월에 로마에 도착했으나, 도시를 갈기갈기 찢어놓은 시민들의 불화가 대관식을 방해했다.

152) 1312년 10월.

153) 1313년 8월 26일. 부온콘벤토는 시에나의 지역이다.

154) **피렌체인들이 몬테카티니에서 우구치오네에게 패배하다, 피렌체의 란도 디 구비오 1314~1316.**

155) 1313년.

156) 1314년 6월. 이어서 다른 기벨린 가문이 조직한 음모가 발생했고, 우구치오네는 루카 안에 있었으며, 그 와중에 도시의 거리에서 구엘프파와 기벨린파가 전투를 벌였다.

다. 이 상황에서 벗어나기 위해 피렌체인들은 로베르토 왕에게 그의 동생인 피에로[157]로 하여금 자신들의 군대를 지휘해 주기를 요청했다. 우구치오네는 자신의 권력을 계속 강화했다. 그는 발다르노와 발 디 니에볼레(Val di Nievole)에 있는 많은 요새를 무력과 속임수로 점령했다. 그러나 그가 몬테카티니를 포위하려고 갔을 때 피렌체인들은 불길이 피렌체 전체를 태우기를 바라는 게 아니라면 몬테카티니를 도와야 한다고 판단했다. 대군을 모은 다음 그들은 발 디 니에볼레로 가서 우구치오네와 전투를 했고, 치열한 전투 끝에 패배했다.[158] 거기에서 로베르토 왕의 동생 피에로가 전사했는데 그의 시체가 끝내 발견되지 않았다. 그리고 2천 명이 넘는 군인들이 죽었다. 우구치오네 쪽에도 행복한 승리가 아니었는데, 많은 군대 지휘관들을 포함하여 그의 아들이 거기서 죽었기 때문이다. 이 패배 후 피렌체인들은 주위의 도시들을 강화했고, 로베르토 왕은 노벨로(Novello) 공작[159]이라 불리는 단드리아(d'Andria) 공작을 군대 장군으로 보냈다. 모든 국가가 성가시게 굴고 모든 사건들로 분열되는 피렌체인들은, 우구치오네에 대항하여 전쟁을 벌이고 있었음에도, 이 행동 또는 저 행동으로 스스로를 왕의 친구와 적 사이에서 분열시켰다. 적의 지휘관들은 시모네 델라 토사와 마갈로티 가문, 정부에서 다른 사람들보다 우월한 몇몇 포폴로들이었다. 이들은 프랑스에 그리고 후에 독일에 군대를 요청했는데, 왕의 대리인인 단드리아 공작을 내쫓기 위한 것이었다. 그러나 행운은 그들 편이 아니어서 어느 나라도 그들을 돕지 않았다. 그러나 그들은 자신들의 임무를 포기하지 않았고, 숭배할 대상을 찾았지만

157) '폭풍'(Tempesta)이라고 불린 에볼리 백작은 로베르토 왕의 형제들 중 가장 어렸다.

158) 1315년 8월 29일.

159) 베르트랑 드 보(또는 베르트랑도 델 발조)는 프로방스 지방의 귀족 가문에 속했다. 로베르토 왕의 여동생 베아트리체와 결혼했다.

프랑스나 독일에서 구할 수 없자 구비오 가문에서 한 사람을 구했다. 먼저 노벨로 공작을 쫓아낸 후 란도 다 구비오(Lando da Gubbio)[160]를 행정관, 실제로는 치안대장(bargello)으로 삼아 그에게 시민들에 대한 전권을 부여했다. 그는 많은 수행원들을 데리고 도시를 휘젓고 다니며 자신을 뽑아준 사람들의 의지에 따라 이 사람 저 사람의 목숨을 빼앗는 탐욕스럽고 잔인한 건달이었다. 그의 오만이 너무 커져서 피렌체 도장이 박힌 가짜 돈을 찍어내는데도 누구 하나 감히 대적하지 못했다. 피렌체의 불화가 그를 그토록 위세등등하게 만들었던 것이다! 과거 분열의 기억도, 우구치오네에 대한 두려움도, 왕의 권위도 견고하게 만들지 못하는 참으로 위대하고도 비참한 도시 피렌체는 밖으로 우구치오네에게, 안으로 란도 다 구비오에게 약탈당하는 비참한 상황에 처하고 말았다. 왕의 친구이자 란도에 반대했던 사람들과 그(왕)의 추종자들에는 귀족 가문들과 대 포폴로들(popolani grandi), 그리고 모든 구엘프파가 있었다. 나라가 적의 수중에 있었기에 그들은 큰 위험을 무릅쓰고 스스로를 드러낼 수는 없었다. 그러나 수치스러운 폭정으로부터 벗어나기로 결심한 그들은 로베르토 왕에게 비밀리에 편지를 보내 귀도 다 바티폴레(Guido da Battifolle) 공작을 왕의 피렌체 대리인으로 임명해달라고 요청했다. 왕이 즉각 명령을 내리자 상대편은 비록 시뇨리가 왕에게 반대를 표시하긴 했지만, 공작의 훌륭한 성품을 고려하여 감히 공작에게 저항하지 못했다. 하지만 시뇨리와 (군대의) 곤팔로니에레가 란도와 그의 당을 편들었기 때문에 공작은 실질적 권위를 가지지 못했다. 피렌체가 이런 고난을 겪고 있는 동안 독일의 알베르토 왕의 딸[161]이 자신이 남편감으로 점찍은 로베르토의

160) 구비오의 란도 데 베키. 1316년 4월에 피렌체에 도착했다. 바르젤로는 국가의 안전과 경찰의 업무를 담당한 공식 직책이었다.

161) 오스트리아의 알베르토 1세의 딸 카테리나.

아들 카를로를 만나러 왔다. 이 여성은 왕의 친구들에게 매우 극진한 예우를 받았고, 그들은 그녀에게 도시의 상태와 란도와 그의 당파들의 폭정을 하소연했다. 그녀는 피렌체를 떠나기 전, 왕의 지원을 받아 시민들과 함께 단결하여 많은 피를 흘린 끝에 란도의 권위를 박탈하여 아고비오(Agobio)에게 되돌려보냈으며, 막대한 전리품을 챙겼다. 정부를 개혁하도록 왕의 지배권이 3년 연장되었고, 란도의 당에서 7명의 시뇨리가 이미 선출되었기 때문에 왕의 쪽에서 6명을 선출했다. 13명의 시뇨리와 몇 명의 행정관이 선출되었는데, 이후 전례에 따라 7명으로 축소됐다.

26.[162]

이 시기 피사와 루카[163]에 대한 우구치오네의 통치권이 박탈당했고, 루카의 시민 카스트루초 카스트라카니가 통치자[164]가 되었다. 그는 젊고 대담하고 포악했으며 작전에서 운이 좋았기 때문에 매우 짧은 기간에 토스카나 기벨린파의 수장[165]이 되었다. 이로 인해 피렌체인들은 내분이 잠잠해진 후 카스트루초의 군대는 커지지 않을 것으로 오랫동안 생각했고, 그들의 바람과 달리 군대가 커지자 스스로 방어하기 위해서 어떻게 해야 할지 생각했다. 시뇨리가 더 나은 조언을 받아서 숙고하고 더 큰 권위를 가지고 집행하도록 하기 위해 그들은 12명의 시민을 정해 "선인(Buoni uomini)"이라 불렀고, 이제 이들의 조언과 동의 없이는 시뇨리가 어떤 중요한 일도 처리할 수 없도록 했

---

162) **프라토가 카스트루초 카스트라카니에게서 구출되다 1316~1323.**
163) 두 도시는 1316년 4월에 우구치오네의 시뇨리아에 반란을 일으켰다.
164) 카스트라카니는 1316년 6월 12일에 도시의 대장 겸 수호자로 선출됐다.
165) 이미 1318년에 피스토이아의 기벨린 망명자들이 그를 자신들의 수장으로 선출했다.

다.[166] 그때 로베르토 왕의 지배가 끝나고[167] 도시는 스스로 통치하게 돼서 전통적인 통치자(rettori)와 행정관을 두는 것으로 제도를 정비했다. 그리고 카스트루초에 대한 큰 두려움이 단결을 유지시켰다. 카스트루초는 루니지아나(Lunigiana)의 시뇨리에 대항하여 많은 해를 가한 다음 프라토를 공격했다.[168] 이에 피렌체인들은 그 도시를 지원하기로 결의하고, 상점을 닫고, 떼를 지어(popularmente) 프라토로 갔다. 2만 명의 보병과 1천5백 명의 기병이 그곳에 집결했다. 시뇨리는 카스트루초로부터 군대를 빼앗아 자기들 편으로 편입시키기 위해 칙령을 내려 프라토를 도우러 오는 구엘프 반역자는 누구든지 군사작전이 끝난 후 조국으로 돌아오도록 해주겠다고 알렸다. 4천 명 이상의 반역자들이 그곳에 모여들었다. 이렇게 큰 군대가 매우 빠른 속도로 프라토로 진격하자 카스트루초는 매우 놀라 전투에서 행운을 시험할 생각조차 않고 루카로 후퇴했다. 이 사태가 피렌체 진영의 귀족과 포폴로 사이에 분쟁을 일으켰다. 포폴로는 카스트루초를 추격해 싸워서 그를 제거하기를 원했고, 귀족은 프라토의 자유를 위해 피렌체를 위험에 처하게 한 것으로 충분하다며 돌아가기를 원했다. 필연(necessità)의 강요를 받을 때는 좋았으나, 이제 그 필연이 사라지고 얻을 것은 적고 잃을 것은 많아졌기 때문에 행운의 여신을 유혹할 적기는 아니었다. 어느 쪽도 양보하지 않자 시뇨리에게 판단이 맡겨졌는데, 그 안에서도 포폴로와 귀족 사이에 동일한 분쟁이 일어났다. 도시에 이 소식이 전해지자 많은 포폴로가 광장에 모여서 귀족에게 위협적인 말을 쏟아냈고, 귀족은 두려워 굴복했다. 뒤늦게 그리고 많은 사람들이 마지못해 결정을 내리는 동안 적은 루카로 안전하게 후퇴할 시간을 벌었다.

---

166) 1321년 여름.
167) 1321년(2권 25장 참조).
168) 1323년 7월 1일.

27.[169)]

이 무질서로 인해 포폴로가 귀족에 매우 분개하자 시뇨리들은 자신들의 명령으로 맹세한 신의와 망명자들에 대한 격려를 존중하지 않으려고 했다. 망명자들은 이것을 예감하고 선수를 치기로 했다. 그들은 피렌체에 가장 먼저 들어가기 위해 군대보다 앞서가,[170)] 도시의 성문에 모습을 드러냈다. 이 행동은 예측됐던 것이라 성공하지 못했고, 이들은 피렌체에 남아있던 사람들에 의해 격퇴당했다. 무력으로 얻지 못했던 것을 협상으로 얻을 수 있을까 하여 그들은 8명의 특사를 시뇨리들에게 보내, 맹세했던 신의와 그것 때문에 겪었던 위험을 상기시키면서 자신들에게 약속된 보상을 기대했다. 특히 시뇨리가 그들에게 의무 지운 것을 하겠다고 약속했기 때문에 귀족들은 이 의무에 부채가 있다고 느꼈음에도 불구하고, 또 망명자들의 이익을 위해서 매우 많은 것을 실행했음에도 불구하고, 카스트루초에 대한 원정의 실패로 대중들의 분노가 너무 거대해서 그것을 얻지 못했다. 결과는 도시에 대한 비난과 불명예였다. 많은 귀족들이 이것에 분개해서 자신들이 요구했다가 거절당한 것을 힘으로 얻으려고 노력했다. 그들은 무장을 한 채 도시로 진입하려는 망명자들과 협정을 맺었고, 안에서는 망명자들에 대응하려고 무기를 든 상태였다. 실행일 전에 일이 발각되었다. 망명자들은 도시가 무장되어 있고 잘 조직되어 있어, 외부 사람들을 저지하고 내부 사람들을 두렵게 하고 있는 상황임을 알게 되자, 누구도 감히 먼저 무기를 들지 못했다. 어떤 이익도 얻지 못하

169) **도시가 망명자들에 대한 약속을 어기다 1323.**

170) '군대의 전위를 차지했고'. 이 에피소드는 1323년 7월 14일로 거슬러 올라간다.

고 모두가 그 작전을 포기했다. 그들이 떠난 후 그들을 오게 만든 자들로 지목돼서 비난받는 사람들을 처벌하려는 움직임이 있었다. 그러나 모든 사람이 누가 범인인지 알았음에도 고발하는 것은 고사하고 아무도 감히 그 이름조차 거론할 수 없었다. 그럼에도 진실을 알기 위해서 위원회의 누구나 서면으로 범인을 기록하도록 했고, 이름이 적힌 사람은 대장(capitano)에게 비밀리 출두해야 했다. 결과적으로 아메리고 도나티, 테기아이오 프레스코발디, 로테링고 게라르디니가 기소됐다. 그들은 관대한 재판관을 만난 덕분에 지은 죄보다 적게 단지 벌금형[171]을 선고받았다.

28.[172]

반역자들이 문에 도착하여 발생했던 피렌체의 소란으로 인민의 군대(Compagnie del popolo)에게 지도자 한 명으로는 충분치 않음이 드러났다. 그래서 그들은 각 부대에 세 명 또는 네 명의 지도자를 두고자 했고, 펜노니에리(Pennonieri)라고 불리는 사람 두 명 또는 세 명이 각 곤팔로니에레를 수행하며,[173] 전체 무리가 모일 필요가 없을 때는 한 명의 지도자 아래 일부가 고용될 수 있게 했다. 모든 공화국에서 예측하지 못한 사건 후에는 항상 어떤 오래된 법이 폐지되고 어떤 법은 개정된다. 시뇨리아가 때때로 일찍 구성되었음에도 당시[174] 시뇨리와 콜레기가 너무 큰 권력을 가지고 있었기에 차후 40개월 간 자리를 유지할 수 있는 시뇨리를 만들 권한을 스스로에게 부여했다. 그들은 이

171) 그들 각자 2천 피오리나의 벌금을 내야만 했다.
172) **피렌체에서 관리 선출 방법 1323.**
173) 이 개혁은 1323년 여름에 이루어졌다.
174) 여기에서 그들의 해법은 1323년 10월에 채택됐다.

름을 주머니(borsa)에 넣고 두 달마다 이름을 뽑았다. 그럼에도 40개월이 채 되기 전에, 많은 시민들이 그들의 이름이 주머니에 들어 있을지 의심하여, 새로운 이름들을 주머니에 넣어야 했다. 이때부터 도시 안과 밖에서 행정관이 될 만한 후보의 이름을 미리 모아두는 관습[175]이 생겨났다. 그전에는 위원회가 임기가 끝날 때 후임자를 선출했다. 이 선출을 이후 스퀴티니(squittini)라고 불렀다. 스퀴티니가 3년 또는 기껏해야 5년마다 열려서 도시에 소란이 적었고, 관리를 선출할 때 경쟁자가 너무 많아서 생겨날 문제들의 원인이 제거됐다. 피렌체인은 이 문제를 해결할 다른 방법을 알지 못해 이 방법을 선택했고, 사소한 편리함의 밑바닥에 숨어있는 해악을 알아차리지 못했다.

29.[176]

때는 1325년이었고, 피스토이아를 점령한 카스트루초[177]가 너무 강력해져서 그의 세력을 두려워 한 피렌체인들은 그가 피스토이아에 대한 완전한 지배권을 얻기 전에 그를 공격하여 피스토이아가 그에게 복종하는 것을 막기로 결정했다. 그들은 시민과 동맹으로부터 2만 명의 보병과 3천 명의 기병을 모집했고, 병력은 알토파스치오를 점령하고 카스트루초가 피스토이아에 지원을 보내지 못하도록 막기 위해 알토파스치오에 진을 쳤다. 피렌체인들은 알토파스치오[178]를 점령하는데 성공하고 이후 교외 지역을 초토화하면서 루카로 갔다. 그러나 지

175) 시스템, 메커니즘.

176) **카스트루초가 말토파스키오에서 피렌체를 패배시키다 1325.**

177) 카스트루초는 1325년 5월에 피스토이아에 들어갔다.

178) 알토파스치오는 8월 25일에 점령됐고, 카스트라카니는 그곳을 방어하기 위한 군대를 파견하지 못했다.

휘관이 신중함이 부족하고 충성심이 약해서 별다른 진전이 이루어지지 않았다. 지휘관은 라몬도 디 카르도나[179]였다. 이 사람은 이전에 피렌체인들이 자신들의 자유에 대해서 얼마나 헤펐는지, 이번에는 왕에게 다음에는 교황 특사에게 그 다음에는 더 지위가 낮은 자에게 자유를 양보했던 사실을 목도했고, 그들을 어떤 어쩔 수 없는 상황으로 몰고가면 그들이 자신을 군주로 만드는 일이 쉽사리 일어날 것이라 생각했다. 그는 군대에서 받은 것과 동일한 권한을 도시에서 갖게 해달라고 요청하고, 그런 권한이 없으면 지휘관으로서 받아야 할 필요한 복종을 얻을 수 없다고 자주 지적했다. 피렌체인들이 이러한 요구에 부응하지 않자 그는 시간을 계속 지연시켰고, 카스트루초는 시간을 벌게 되었다. 비스콘티 가문과 롬바르디아의 다른 참주들[180]이 약속한대로 카스트루초를 도우러 오고 있었기 때문이다. 라몬도가 전과 마찬가지로 여전히 군대에서 강했지만, 그를 향한 사람들의 불신으로 그는 어떻게 이길지 알 수 없었고, 후에는 자신의 신중하지 못함으로 인해 스스로를 구할 수 없었다. 그의 군대가 천천히 진군하고 있을 때 알토파스치오 근처에서 카스트루초에게 공격을 받았고 격렬한 전투 끝에 패배[181]하고 말았다. 그 전투에서 많은 시민들이 사로잡히거나 살해당했으며, 라몬도도 같은 운명이었다. 그는 행운으로부터 받은 작은 믿음과 나쁜 조언 때문에 피렌체인들로부터 합당한 벌을 받았다. 카스트루초가 승리한 후 노획물, 포로, 파괴, 방화에 이르기까지 피렌체인들에게 가한 해악은 입에 담기 힘들 정도였다. 그는 수개월 동안 말을 타고 자신이 원하는 곳은 어디나 휘젓고 다녔으며, 그를 저지하는 사람은 아무도 없었다. 피렌체인들은 그

179) 카탈루냐 사람으로 나폴리 왕의 군인.

180) 남부 이탈리아의 기벨린 통치자들.

181) 9월 23일.

런 대패 후 어떻게 하면 도시를 구할 수 있을지만 생각하고 있었던 것이다.

30.[182]

그러나 피렌체인들이 많은 돈을 제공하고, 군인을 고용하고, 동맹에게 도움을 주지 못할 정도로 겁먹은 것은 아니었다. 그렇지만 매우 강력한 적을 막기에는 충분치 않았다. 그래서 그들은 칼라브리아 공작이자 로베르토 왕의 아들인 카를로[183]가 자신들을 방어해주기를 바라면서 그[184]를 자신들의 지배자로 선택할 수밖에 없었다. 그는 피렌체를 지배하는 데 익숙했고 그들에게서 동맹보다는 복종을 원했다. 시칠리아에서 전쟁 중이어서 피렌체로 지배권을 차지하러 올 수 없었던 카를로는 프랑스 출신의 아테네 공작 발테르(Walter)[185]를 보냈는데, 그는 군주의 대리인으로 도시를 장악했고 자신의 뜻대로 관리에게 명령을 내렸다. 발테르는 자신의 본심을 숨기고 상반된 태도로 매우 겸손하게 행동하여 모든 사람이 그를 좋아했다. 시칠리아에서 전쟁이 정리되자 카를로는 1천 명의 기병을 대동하고 1326년 7월 피렌체에 왔다. 그가 도착하자 카스트루초가 맘대로 피렌체 영토를 약탈하는 것이 중단됐다. 그러나 그[186]는 밖에서 얻은 명성을 안에서 잃

182) **칼라브리아 공작 카를로가 피렌체의 지배자가 되다, 카스트루초가 피스토이아를 차지하다 1326.**

183) 나폴리 앙주의 왕좌에 오른 카를로는 1325년 12월에 피렌체의 통치자 겸 수호자로 선출됐다.

184) 즉 나폴리 왕, 앙주 가문.

185) 샴페인(Champagne) 출신의 봉건 가계인 브리앙 가문의 콰티에리(Gualtieri) 6세.

186) 앙주의 카를로.

었다. 적에게도 당하지 않은 손실을 친구의 손에서 견뎌야만 했는데, 시뇨리가 공작의 동의 없이는 아무것도 하지 않았던 것이다. 일 년 동안 카를로는 20만 플로린 이상은 가질 수 없다는 약속에도 불구하고, 40만 플로린을 도시로부터 짜냈다. 그와 그의 아버지가 매일 도시에 지운 부담이 그러했으며, 이러한 피해에 새로운 의심과 새로운 적이 더해졌다. 롬바르디아에 있는 기벨린파에서 카를로가 토스카나로 온 것에 의심을 품게 되었고, 갈레아초 비스콘티와 롬바르디아의 다른 참주들[187]이 교황의 뜻에 반하여 황제로 선출된 바바리아의 루드비히[188]를 이탈리아로 오게 하기 위해 금전과 약속을 동원했다. 루드비히는 롬바르디아로 왔다가 토스카나로 갔고, 거기에서 카스트루초의 도움으로 피사의 지배자가 됐다. 피사에서 금고를 채운 그는 로마로 갔다. 이로 인해 카를로는 왕국의 안전을 염려하여 피렌체를 떠났고, 필리포 다 사지네토(Filippo da Saggineto)를 대리인으로 남겼다. 황제가 떠난 후 카스트루초는 스스로 피사의 지배자가 되었고, 피렌체인들은 협상으로 카스트루초에게 피스토이아를 빼앗았다. 카스트루초는 피스토이아에 가서 진을 치고[189] 대단한 능력과 끈기로 머물렀다. 피렌체인들은 여러 번 피스토이아를 구하려고 처음에는 그의 군대를, 다음에는 교외를 공격했지만, 결코 그의 군사작전을 힘으로든 노력으로든 저지할 수 없었다. 피스토아인들을 처벌하고 피렌체인들을 이기겠다는 그의 열망이 너무 강했다! 결국 피스토이아인들은 그를 지배자로 받아들일 수밖에 없었다. 이 일이 그에게 많은 영광을 가져다주었지만 많은 어려움도 얻게 되어, 그는 루카로 돌아오자마자 죽었

---

187) 남부 이탈리아의 통치자들. 갈레아초 비스콘티는 1322년부터 밀라노의 통치자였다(1277~1328).

188) 바바리아의 공작이자 황제인 루드비히 4세(1287~1347). 1327년에 이탈리아로 내려왔다(1권 28장).

189) 카스트라카니는 1328년 5월에 피스토이아를 포위했다.

다. 행운이 어떤 선이나 악을 대동하지 않고 오는 경우는 거의 없기에, 칼라브리아의 공작이자 피렌체의 지배자인 카를로 또한 나폴리에서 죽었다.[190] 잠시 후 피렌체인들은 모든 예상을 뛰어넘어 누군가의 지배와 누군가에 대한 두려움으로부터 벗어났다. 해방된 그들은 도시를 개혁하고 과거 평의회의 모든 제도를 폐지하고, 두 개의 평의회를 만들었다. 하나는 3백 명의 포폴로 시민으로 구성됐고, 다른 하나는 2백 5십 명의 귀족과 포폴로로 구성됐다. 전자는 포폴로 평의회(Consiglio di Popolo), 후자는 코무네 평의회(Consiglio di comune)라 불렸다.

31.[191]

황제는 로마에 도착하여 대립교황[192]을 세우고 교회에 적대적인 많은 조치를 취했다. 그가 시도한 많은 일들이 별 효과가 없었고, 그는 불명예를 안고 떠나 피사로 돌아왔다. 그곳에서 8백 명의 독일 기병이 화가 났거나 또는 급료를 받지 못하여 그에게 반기를 들었고, 체룰리오(Ceruglio) 위에 있는 몬테카를로에 집결했다.[193] 이들은 황제가 피사에서 롬바르디아로 간 후 루카를 점령하고 황제가 그곳에 (대리인으로) 남겨둔 프란체스코 카스트루카니[194]를 쫓아냈다. 그들은 전

190) 1328년 9월 3일. 카스트라카니는 1년 전에 '바바리아인' 황제 루드비히의 대리인으로 지명됐었다.

191) **피렌체인들은 루카 구매하기를 거부하다, 피렌체가 1328년부터 1340년까지 조용했다, 1333년의 홍수.**

192) 니콜라오 5세는 교황 요한 22세를 폐위하라는 요구를 한 후 그의 적이 됐다. 바바리아의 루드비히는 1328년 1월에 로마에 도착해서 포폴로의 승인을 받아서 도시의 원로원 의원 겸 황제가 됐다.

193) 1328년 10월. 몬테카를로는 루카의 동쪽 수 킬로미터 떨어져 있다.

194) 카스트루초의 사촌.

리품으로 이익을 얻을 생각에 그 도시를 피렌체인들에게 8만 플로린에 넘기겠다고 제안했다. 시모네 델라 토사의 조언에 따라 피렌체는 이 제안을 거부했다. 만약 피렌체인들이 그 결정을 유지했더라면 우리 도시에 매우 유익했을 것이다. 그러나 잠시 후 그들이 마음을 바꾸면서 피해가 매우 커졌다. 그렇게 적은 값에 루카를 평화롭게 차지할 수 있을 때 그들은 루카를 원하지 않았고, 나중에 원하게 됐을 때는 훨씬 비싼 값을 치르려 했어도 얻지 못했다. 그것이 피렌체가 큰 피해를 입고 여러 번 정부가 바뀐 원인이었다. 피렌체인들이 거부한 루카를 제노바 사람 게라르디노 스피놀리가 3만 플로린에 샀다. 사람들은 그들이 얻을 수 있는 것을 갖기보다 얻을 수 없는 것을 탐내기에, 게라르디노 스피놀리가 루카를 그것도 그렇게 낮은 가격에 산 것이 알려지자마자 피렌체 사람들은 루카를 갖고 싶은 극도의 욕망에 불타올라서, 루카를 사지 말자고 했던 사람과 스스로를 비난했다. 그들은 사지 않기로 선택했던 루카를 강제로 얻고자 군인들을 보내어 루카인들을 약탈하고 짓밟으려고 했다. 그 사이 황제는 이탈리아를 떠났고,[195] 대립교황은 피사인들이 맺은 협정에 따라 프랑스의 감옥으로 보내졌다. 1328년 카스트루초의 죽음 이후 피렌체인들은 1340년까지 도시 내부에서 조용했고, 오직 국외의 일에만 신경을 썼다. 그들은 롬바르디아에서는 보헤미아의 요하네스 왕[196]이 오는 것 때문에, 토스카나에서는 루카 때문에 많은 전쟁을 벌였다. 그들은 또한 당시에 매우 유명한 화가인 조토(Giotto)의 조언으로 산타 레파라타(Santa Reparata) 탑을 건설하며 새로운 건물로 도시를 장식했다. 1333년 홍수가 발생하여 피렌체의 어느 지역에서는 아르노강의 물이 24 피트 이

195) 바바리아의 루드비히는 나폴리 왕국을 공격하려는 계획이 실패한 후인 1329년 12월에 이탈리아를 떠났다.

196) 룩셈부르크의 독일 가계(황제 하인리히 7세의 딸).

상으로 범람하여 다리 일부와 많은 건물들이 파괴됐고, 피렌체인들은 매우 큰 비용과 공을 들여 파괴된 것들을 복구했다.

32.[197]

그러나 1340년에 새로운 변화의 원인들이 나타났다. 당시에 귀족(potenti) 시민들은 그들의 권력을 유지하고 확대하기 위해 두 가지 방법을 사용하고 있었다. 첫째, 그들은 관직을 뽑는 주머니의 결과가 항상 자신들이나 친구들에게 가도록 통제했다. 둘째, 통치자(rettori)를 선출하는 데 있어 책임자가 되는[198] 것이었다. 후에 재판이 있을 경우 우호적인 결과를 얻기 위해서였다. 이 두 번째 방법이 그들에게 특히 중요했는데, 보통 통치자 두 명으로 충분하지 않은 경우가 많아, 세번째[199] 통치자를 세웠다. 그들은 임시방편으로 수비대장의 직책에 야코포 가브리엘리 디 구비오(Iacopo Gabriegli di Gubbio)[200]를 고용하고 그에게 시민들에 대한 전권을 부여했다. 이 사람은 권력자의 이익을 위해 매일 모든 종류의 죄악을 저질렀으며, 해를 입은 사람들 중에는 피에로 데 바르디(Piero de'Bardi)와 바르도 프레스코발디(Bardo Frescobaldi)가 있었다. 그들은 귀족이고 본성이 교만하여, 소수의 유력자들을 위해 외국인이 그토록 그릇되게 대우받는 것을 견딜 수가 없었다. 그들은 복수하기 위해 그와 권력을 잡은 사람들에 대

197) **바르디와 프레스코발디 가문의 반란 1340~1341.**

198) 즉 포데스타, 포폴로의 대장, 정의의 집행관 등, '통치자를 선출하는 것을 통제하는.'

199) 사실 네 번째. 아마도 마키아벨리는 위 각주의 포데스타와 포폴로의 대장의 지시를 받는 정의의 집행관은 고려하지 않는 것 같다.

200) 자코포 가브리엘리는 1331년에 피렌체의 포데스타였다.

한 음모를 꾸몄다. 이 음모에 많은 귀족 가문들과 권력을 잡은 사람들의 폭정을 증오하는 몇몇 사람들이 가담했다. 계획[201]은 각자가 자신의 집에 무장한 사람을 많이 모아두고 있다가, 모든 사람이 교회에서 망자를 위한 기도를 하는 만성절(萬聖節) 다음날 아침에 무기를 들고 수비대장과 공직에 있는 사람들 중 지도급들을 죽이고, 그 이후 새로운 시뇨리와 새로운 헌법으로 정부를 개혁하는 것이었다. 그러나 위험한 계획은 더 많이 생각할수록 실행 가능성이 낮아지고, 실행 전에 시간이 필요한 음모는 항상 발각되기 마련이다.[202] 음모자들 중 안드레아 데 바르디가 있었는데, 그는 그 일을 숙고하다가 복수에 대한 희망보다 처벌에 대한 두려움이 더 강해졌다. 그는 전모를 그의 처남인 자코포 알베르티에게 누설했고, 자코포는 프리오리에게 알렸으며, 프리오리는 정부를 담당한 사람들에게 알렸다. 만성절이 다가와서 시급해졌기 때문에 많은 시민들이 궁에서 모임을 열었다. (행사를) 연기하는 것은 위험하다고 판단하고 시뇨리가 종을 쳐서 포폴로에게 무장할 것을 요청했다. 탈토 발로리가 곤팔로니에레였고 프란체스코 살비아티가 시뇨리 중 하나였는데, 바르디 가문의 친척인 이 두 사람은 종을 울리는 것에 반대하며 모든 사소한 일로 포폴로를 무장시키는 것은 현명하지 못하다고 주장했다. 어떤 굴레로도 제어되지 않는 다중에게 권위가 주어지면 결코 어떠한 선도 낳지 못하며, 갈등[203]을 일으키기는 것은 쉽지만 그것을 제어하는 것은 어렵다는 것이다. 그들은 소문만 듣고 봉기를 일으킴으로써 피렌체를 파멸시키는 것보다 먼저 일의 진실을 알아내어 법에 따라 처벌하는[204] 것이 나은 계획이라고 주장했다. 이 말을 어느 쪽에서도

---

201) 시도는 1340년 11월 2일에 수행되어야 했다.

202) '생각과 실행 사이에 많은 시간이 지나도록 허용하면'. 마키아벨리가 자주 사용한 모티브다(『로마사 논고』 3권 6장 참조).

203) 광장의 봉기.

듣지 않았고, 모욕적인 행동과 거친 말이 오가는 가운데, 시뇨리는 종을 울릴 수밖에 없었다. 종이 울렸을 때 모든 인민은 무장을 하고 광장으로 달려나왔다. 한편 바르디 가문과 프레스코발디 가문은 음모가 발각된 것을 알고 영광스럽게 승리하거나 부끄럼 없이 죽기 위해서 무기를 들었고, 자신들의 집이 있는 강 이남의 도시 지역을 방어하기를 바라면서 다리에 자리 잡았다. 그들은 교외에 사는 귀족들과 친구들의 귀족들로부터 도움을 기대하고 다리를 강화했다. 이 계획은 무기를 들고 시뇨리를 도운 도시의 그 지역에 사는 포폴로에 의해 좌절됐다. 자신들이 포위된 것을 알고 두 가문은 다리를 버리고 다른 곳보다 방비가 강한 바르디 가문이 살고있는 거리로 후퇴했고, 이를 용감하게 방어했다. 이 모든 음모가 자신을 향한 것임을 알고 죽음이 두려웠던 야코포 디 구비오는 시뇨리 궁 근처에서 자신의 군인들 사이에 둘러싸여 너무 당황하고 겁에 질려 있었다. 그러나 덜 비난받을 만한 다른 지도자들은 더 큰 용기를 가졌는데, 특히 포데스타인 마페오 다 카라디(Maffeo da Carradi)는 싸움이 진행되는 곳에 나타나서 아무것도 두려워하지 않고 루바콘테(Rubaconte) 다리를 건너 바르디 가문의 칼 사이에 들어가 그들과 이야기를 하고 싶다는 표시를 했다. 그 사람의 지위와 성품, 그의 다른 위대한 자질에 대한 존경심으로 그들은 즉시 무기를 내려놓고 그의 말을 경청했다.[205] 겸손하고 절제된 말로 그는 그들의 음모를 비난하고 이 대중 봉기에 굴복하지 않으면 그들이 처할 위험을 지적했다. 그리고 그들의 말을 듣고 자비롭게 판단하겠다는 희망을 주면서 그들의 합당한 불평을 분명히 호의적으로 고려하도록 자신이 할 수 있는 일을 하겠다고 약속했다. 그는 시뇨리에게 돌아가서 시민들의 피로 승리하려고 하지

204) 『로마사 논고』 1권 57장 참조.

205) 『로마사 논고』 1권 54장에 관련된 상황이 기록되어 있다.

도 말고, 듣지도 않고 판결을 내리려고 하지도 말라고 설득했다. 그가 그 일을 잘 해내어, 시뇨리의 결의로 바르디와 프레스코발디 가문은 그들의 친구들과 함께 방해를 받지 않고 도시를 떠나 시골에 있는 요새로 물러났다. 그들이 물러나고 포폴로가 무기를 내려놓자 시뇨리는 무기를 들었던 바르디와 프레스코발디 가문 사람들에 대해서만 법적인 조치를 진행했다. 그들의 권력을 박탈하고 바르디 가문으로부터 망고네와 베르니아의 성을 사고, 어떤 시민도 피렌체로부터 20마일 안에 있는 성을 소유하지 못하도록 법으로 금지했다. 이 일이 있고 몇 달 후 스티아타 프레스코발디는 참수되고 가문의 다른 많은 사람들이 반역자로 선포되었다. 지배 세력에게는 바르디와 프레스코발디 가문을 이기고 길들이는 것으로 충분하지 않았다. 그러나 사람들이 항상 그러하듯이, 더 많은 권위를 가질수록 더 나쁘게 사용하고 더 교만해진다. 그들은 전에는 피렌체를 괴롭게 만든 수비대장을 세웠고 지금은 인근 지역에 수비대장을 하나 더 세워서 그에게 매우 강한 권한을 주었다. 그래서 그들이 의심하는 사람은 피렌체나 그 외곽에서 살 수 없었다. 이 정도면 도시를 통치하는 사람들이 모든 귀족들을 분노케 하고 복수를 위해 도시와 자신들을 팔 준비가 되도록 만든 것이다. 귀족들은 기회를 기다렸고 좋은 기회가 왔을 때 그들은 최대한 활용했다.

33.[206]

토스카나와 롬바르디아에서의 많은 어려움의 결과,[207] 루카는 베로

206) **루카가 피사인들에게 패배하다, 아테네 공작 1341~1342.**

207) 2권 31장에 기록된 보헤미아의 요하네스의 남부 이탈리아 도착(1330~1333)

나의 군주인 마스티노 델라 스칼라[208]의 지배 아래 놓이게 됐다. 이 사람은 루카를 피렌체인들에게 넘겨준다고 약속했지만[209] 지키지 않았다. 자신이 파르마의 군주이기 때문에 루카를 지킬 수 있다고 생각하고 자신이 한 맹세는 전혀 신경 쓰지 않았다. 그래서 피렌체인들은 그에게 복수하기 위해서 베네치아인들과 협력하여 전쟁을 벌였다. 마스티노는 전 영토를 잃을 지경에까지[210] 이르렀지만, 피렌체인들은 약간의 심리적 만족 이상의 다른 어떠한 이득도 얻지 못했다. 자신보다 더 약한 나라와 동맹을 맺을 때 모든 경우에 그렇듯이, 베네치아인들이 트레비조와 비첸차를 얻자마자 피렌체인들을 전혀 고려하지 않고 조약[211]을 맺어버렸던 것이다. 그러나 얼마 지나지 않아 밀라노의 지배자인 비스콘티 가문이 마스티노로부터 파르마를 빼앗자,[212] 마스티노는 더 이상 루카를 지키지 못할 것으로 판단하고 팔기로 결심했다. 피렌체인들과 피사인들이 경쟁했다. 거래가 끝나갈 때 피사인들은 더 부유한 피렌체가 루카를 얻을 것을 알았다. 그래서 그들은 무력에 의지하기로 하고 비스콘티 가문의 도움을 받아 루카를 포위 공격 하러 갔다. 피렌체인들은 그것 때문에 구매를 철회하려 하지는 않았고, 마스티노와 계약을 마무리 짓고 일부는 돈으로 또 일부는 인

을 결정하는 복잡한 변화를 암시한다.

208) 게라르디노 스피놀라(2권 31장 참조)는 도시를 보헤미아의 요하네스에게 팔았다.

209) 보헤미아의 요하네스에 대항하기 위해서 1332년에 피렌체, 나폴리, 에스테 가문(Estesi), 스칼라 가문(베로나), 비스콘티 사이에 체결된 카스텔발도 동맹의 협약에 따라서.

210) 스칼라 가문의 큰 힘이 1337년 베네치아, 비스콘티, 피렌체, 에스테, 곤자가의 동맹이 형성되도록 했다. 이어진 전쟁이 스칼라 가문의 힘의 쇠퇴를 남겼다.

211) 1339년에 베네치아는 마스티노와 평화협정을 맺었다.

212) 1341년. 그럼에도 도시는 비스콘티가 아니라 아초 다 코레조(Azzo da Correggio)의 손에 있었다.

질로 값을 치렀다. 그리고 인질들은 나도 루첼라이, 조반니 디 베르나르디노 데 메디치, 로쏘 디 리카르도 데 리치이며, 그들을 강제로 루카로 보내어 마스티노의 군인들에게 넘겨주었다. 피사인들은 그럼에도 그들의 작전을 계속하여 모든 노력으로 루카를 힘으로 얻고자 애썼고, 피렌체인들은 포위 공격으로부터 루카를 지키려고 노력했다. 오랜 전쟁 끝에 피렌체인들은 돈은 잃고 수치는 얻고 쫓겨났다. 피사가 루카의 주인이 됐다.[213] 이 도시의 상실로 이런 일이 있을 때 항상 그러하듯이, 피렌체 포폴로들은 지도자들에게 분노했고 거리와 모든 장소와 광장에서 지도자들의 탐욕과 근시안적인 정책을 공개적으로 성토했다. 이 전쟁이 시작될 때 20명의 시민들이 전쟁을 관리하도록 지명됐고, 이들은 말라테스타 다 리미니(Malatesta da Rimini)[214]를 원정 장군으로 선택했다. 그가 일을 수행하는데 용기와 현명함이 부족했기에 그들은 나폴리의 왕 로베르토에게 사람을 보내 도움을 요청했고, 왕은 아테네의 발터 공작[215]을 보냈다. 하늘이 미래의 악을 준비하기로 마음먹었기에 그는 루카에서의 작전이 완전히 실패한 정확히 그 시간에 피렌체에 도착했다. 그 20명은 포폴로의 분노를 알고, 새 장군을 선출하여 포폴로에게 새로운 희망을 불어넣고 자신들을 향한 비난의 원인을 제어하거나 제거하고자 했다. 그리고 포폴로가 여전히 공경할 대상을 가지며 더 큰 권위를 가지고 자신들이 보호받기 위하여 그들은 아테네 공작을 처음에는 보호자로, 다음에는 군대의 장군으로 임명했다.[216] 귀족들은 앞서 말한 이유들로 끊임없는 불만

---

213) 1342년 7월.

214) 리미니의 통치자 말라테스타 3세는 1342년 3월에 피렌체 군대의 총사령관으로 지명됐다. 그러나 6월에 이미 작전에서 사임해야만 했다.

215) 사실 괄티에리 디 브리앙은 토스카나에 스스로 왔다. 이미 1342년 5월에 리미니의 말라테스타의 명령으로 피렌체 진영에 참여했었으나, 루카의 작전이 이미 최악으로 바뀌기 시작할 때 도착했다.

216) 1342년 6월에 브리앙은 포폴로의 보호자 겸 수비대의 대장으로 지명됐다.

속에 지냈고, 그들 중 다수는 발터가 이전에 칼라브리아의 공작 카를로[217]라는 이름으로 피렌체를 통치했었다는 사실을 알고서, 도시의 파멸을 향하여 자신들 내부에서 타고 있는 분노의 불길을 끌 수 있는 때가 왔다고 생각했다. 한쪽의 능력과 다른 한쪽의 교만을 알고 있던 그들은 자신들을 괴롭히는 포폴로를 제압할 방법은 포폴로를 제어하고 귀족을 대우하도록, 군주의 지배 아래 스스로 들어가는 것 말고 다른 방법은 없다고 판단했다. 여기에 그들의 노력으로 발터가 군주가 되면 그들의 봉사가 어떤 보상을 가져다줄 것이라는 희망이 더해졌다. 그들은 여러 번 그를 비밀리 만나, 모든 것에 대하여 통제권을 완전히 장악하라고 설득하고 그들이 할 수 있는 최대한의 도움을 그에게 주었다. 그들의 영향력과 격려에 페루치, 아치아이우올리, 안테레시, 부오나코르시 같은 몇몇 포폴로 가문의 영향력과 격려가 가세했다. 자신들의 재산으로 갚을 수 없는 빚을 지고 있던 이들은 다른 사람들의 희생으로 빚을 탕감하고자 했고, 조국을 노예 삼아 자신들은 채권자 상태로부터 해방되길 원했다. 이 모든 설득은 공작의 야망에 불을 붙여 권력에 대한 열망을 더욱 키웠다. 자신에게 엄격하고 정의롭다는 명성을 얻고, 평민(plebe) 사이에서 자신의 인기를 높이기 위하여 그는 루카에 대한 전쟁을 지시한 사람들을 고발하고, 조반니 데 메디치, 나도 루첼라이, 구엘리엘모 알토비티를 죽였으며, 많은 사람들에게 벌금을 부과하거나 추방했다.

조금 후 일년 동안 군대의 총대장으로 지명된다.

217) 1325년(2권 30장을 보라).

34.[218)]

이 처형으로 중산층 시민들(mediocri cittadini)[219)]이 매우 경악했고, 오직 귀족과 평민들만 만족했다. 평민은 악을 즐기는 성향이고,[220)] 귀족은 포폴로로부터 받은 많은 고통을 복수하고 싶어했기 때문이다. 아테네 공작이 거리를 지날 때 군중은 큰 목소리로 그의 정직한 정신을 칭송하고 그에게 시민들의 속임수를 찾아내 처벌해달라고 공개적으로 간청했다. 20인의 권위는 줄어들고[221)] 공작의 명성은 높아졌으며 그에 대한 두려움은 더욱 커졌다. 그래서 모든 사람이 그가 자신의 친구라는 것을 보여주기 위해서 공작의 기를 자신의 집에 그려놓았다. 공작은 직함 말고는 군주가 되는데 부족한 것이 없었다. 그는 어떤 것도 안전하게 시도할 수 있다고 생각하여 시뇨리에게 도시의 선을 위해 자신에게 제한 없는 권위가 부여되어야 한다고 알렸다. 그는 모든 도시가 동의하고 있음으로 그들 또한 동의하기를 바랐다. 모든 시뇨리는 훨씬 이전부터 조국의 몰락을 예견했음에도 그의 요구에 놀랐다. 그들은 위험해질 것을 알았음에도 조국이 실패하지 않도록 용감하게 거절했다. 공작은 신앙심과 겸손의 모습을 더 드러내기 위해 프라 미노리 디 산타 크로체(Fra Minori di Santa Croce)를 거처로 선택하여 지내고 있었다. 자신의 악한 계획을 실행에 옮기려는 열망으로 그는 다음날 아침 모든 인민이 산타 크로체 광장에 자신의 앞으로

218) **공작이 참주정으로 향하다, 일부 시뇨리가 공작을 설득하다 1342.**

219) 대 부르주아(grande borghesia) 또는 대 포폴로(popolo grasso). 귀족과 소 포폴로 사이 중간에 위치한다. 평민은 이후 본문에서 거론된다.

220) 소 포폴로(popolo minuto)의 불안정성에 대한 부정적인 평가는 더 아래쪽 아테네 공작에 대한 프리오리의 연설에서 반복된다.

221) 매년 세금의 기한이 1342년 7월에 정해졌다. 당연히 루카의 군대를 지휘하는 직책에 20명이 임명됐고, 마키아벨리는 2권 33장에서 그에 대해 말했다.

모여야 한다고 공식적으로 선포했다. 이 선포로 시뇨리는 이전에 그의 말에 두려워했던 것보다 더 두려워졌고, 그들이 보기에 조국과 자유를 사랑하는 시민들과 의논했다. 그들은 공작의 힘을 알고 그들의 힘이 충분하지 않음도 알고 있어서 그에게 간청하여 계획을 포기하거나 통치를 덜 가혹하게 하는 것 외에 다른 해결책을 생각할 수 없었다. 시뇨리의 일부가 그를 찾아갔고 그들 중 한 명이 이렇게 말했다. "전하, 우리는 처음에는 전하의 요구와 그 다음 인민에게 모이라고 내리신 명령에 움직여 당신께 왔습니다. 전하께서 우리가 당신께 법으로 부여하지 않은 것을 불법적으로 얻으려는 것이 분명해 보이기 때문입니다. 우리는 당신의 계획을 무력으로 반대하려는 게 아니라 당신이 스스로 짊어진 무게가 얼마나 무거운 것인지, 당신이 내리고 있는 결정이 얼마나 위험한 것인지 보여주려는 것입니다. 당신이 항상 우리의 조언을 기억하고 당신에게 다르게 조언하는 사람들은 당신의 이익이 아니라 자신들의 분노를 배출하기 위함임을 상기시켜 드리기 위함입니다. 전하께서는 항상 자유롭게 살아온 도시를 노예로 만들려고 하십니다. 우리가 한때 나폴리 왕가에게 부여한 통치권은 주인으로서가 아니라 동맹으로서 드린 것입니다. 당신께서 우리 같은 도시에서 자유라는 단순한 이름이 어떤 폭력도 굴복시키지 못하고, 어떤 시간도 훼손하지 못하고, 어떤 이익도 상쇄시킬 수 없었던 미덕[222]임을 생각해 보셨습니까? 전하, 이런 도시를 노예로 삼으려면 얼마나 큰 힘이 필요한지 생각해 보십시오. 당신께서 항상 유지할 수 있는 외국의 힘으로는 충분하지 않고, 내부에 있는 사람들은 신뢰할 만하지 않습니다. 지금 당신을 지지하고 당신에게 이런 결정을 하도록 부추기는 사람들은 먼저 당신의 권위를 이용하여 자신들의 적을

222) '자유로운 삶에 익숙한' 도시를 복속시킬 때 직면하는 어려움에 대해서는 『군주론』 5장 참조.

물리친 다음에는 당신을 파괴하고 자신들이 스스로 지배자가 되는 길을 찾으려고 할 것이기 때문입니다. 당신께서 지금 신뢰하는 평민은 아주 사소한 사건에 의해서도 당신에게서 돌아설 사람들입니다.[223] 그래서 당신은 짧은 시간 안에 이 도시 전체가 적대적으로 변하는 것을 보고 두려워 하게 되며, 이것은 도시와 당신 모두를 파멸시킬 것입니다. 이 악에 대항하여 방어할 길을 당신은 찾을 수 없습니다. 적이 거의 없어 사형이나 망명으로 적을 쉽게 제거할 수 있는 지배자들만이 권력을 안전하게 지킬 수 있기 때문입니다. 증오가 보편적인 곳에서는 어떤 안전도 찾을 수 없습니다.[224] 당신은 악이 어디로부터 올 것인지 모르고, 모든 사람을 불신하는 사람은 누구로부터도 자신을 안전하게 지킬 수 없기 때문입니다. 당신께서 그렇게 하려고 시도하면 당신은 더 위험해질 것입니다. 남아있는 사람들이 증오로 더 불타올라 복수를 준비할 것이기 때문입니다. 자유를 향한 우리의 열망을 식히기에 시간이 충분치 않은 것은 매우 확실한 사실입니다. 자유를 결코 누리지 못했지만, 조상들에 의해 남겨진 기억을 통해서만 자유를 사랑한 사람들에 의해 종종 자유가 도시에 회복된다는 것을 우리는 알고 있기 때문입니다. 그래서 일단 자유가 회복되면 그들은 최고의 완고함으로 어떤 위험에도 그것을 놓지 않습니다. 비록 조상이 그것을 그들에게 기억으로 남겨주지 않는다 해도 공공건물, 공직자들의 사무실, 자유로운 조직의 깃발이 모두 기억하고 있습니다. 이것들은 시민들이 최고의 열망을 가지고 알고 기억해야 하는 것들입니다. 당신의 행동 중 자유의 기쁨을 능가하고 사람들이 현재에 대한 모든 열망을 잊고 예전으로 돌아가게 할 수 있는 것은 무엇일까요? 설사

223) '여론이 바뀔 것입니다'. 이 모티브에 대해서는 『로마사 논고』 1권 58장 참조.
224) 『군주론』 9장과 『로마사 논고』 1권 16장, 『군주론』 19장과 『로마사 논고』 3권 6장 참조.

당신께서 이 나라에 모든 토스카나를 더한다고 해도, 매열 우리의 적을 무찌르고 도시로 개선한다고 해도, 헛된 일일 것입니다. 그 모든 영광이 우리 도시의 것이 아니라 당신의 것이 될 것이고, 시민들은 신민이 아니라 피렌체인들에게 더 무거운 굴종의 짐을 더 하는데 협력할 동료 노예를 얻게 될 것이기 때문입니다. 비록 당신의 행동이 거룩하고 당신의 방식이 자비로우며 당신의 판단이 정의롭다 해도 그것들은 당신께서 사랑받기에 충분치 않은 것들입니다. 만약 그것들이 충분하다고 생각하신다면 당신은 스스로를 속이고 있습니다. 구속받지 않고 사는데 익숙한 사람에게는 모든 쇠사슬이 무겁고 모든 줄이 그를 구속하는 결박이기 때문입니다. 게다가 폭력적인 정부에서 좋은 군주가 수장인 경우는 없습니다. 군주는 정부를 닮아 성장하거나 정부에 의해 파멸되기 때문입니다. 그래서 당신은 이 도시를 최고의 폭력(성벽, 근위대, 외부의 동맹들도 많은 경우 충분하지 않은 것)으로 유지해야만 하고,[225] 그렇지 않으면 우리가 당신께 부여한 권위에 만족해야 한다는 것을 믿어야 합니다. 우리는 마지막 방법을 택하시기를, 이것만이 기꺼이 받아들여져서 오래 지속되는 지배 방식임을 상기시켜 드립니다. 작은 야망에 눈이 멀어 더 이상 멈출 수도 더 높이 올라갈 수도 없는 지경에 스스로 이르는 결정으로 결국 추락하고 말아서, 자신과 우리에게 최악의 해를 끼치지 않도록 주의하셔야 합니다."

225) 인민의 동의에 기초하지 못한 군주정의 적절치 못함에 대한 보다 일반적인 논의(그것에 대해서는 『군주론』 9장과 19장, 『로마사 논고』 1권 16장), 요새의 무용성에 대한 특별한 주제는 『군주론』 20장과 『로마사 논고』 2권 24장에서 다뤄진다.

35.[226)]

이 말은 공작의 완고한 마음을 조금도 움직이지 못했다. 그는 오직 분열된 도시만 노예가 되고 단결된 도시는 자유롭기 때문에 자신의 의도는 도시로부터 자유를 빼앗는 것이 아니라 회복시키는 것이라고 말했다. 그리고 만약 피렌체가 그의 정부 아래에서 파벌, 야망, 증오가 없어진다면 자신이 피렌체의 자유를 빼앗는 것이 아니라 회복시키는 것이며, 자신의 야망이 아니라 많은 시민들의 기도가 그로 하여금 이 의무를 수행하도록 이끌었고, 그에게 말한 시뇨리는 다른 사람들을 만족시켰던 것으로 만족하는 편이 좋을 것이라고 말했다. 그는 이 일로 맞이할지 모를 위험에 대해서는 고려하지 않았는데, 악에 대한 두려움으로 옳은 것을 포기하는 것은 비겁한 사람의 일이고, 결과가 불확실하다고 영광스러운 과업을 수행하지 않는 것은 겁쟁이의 일이기 때문이라는 것이다. 그는 그들이 자신을 너무 적게 신뢰하고 또 지나치게 두려워했다는 것을 곧 깨닫게 만들 수 있을 것이라고 믿었다. 이에 시뇨리는 남은 다른 길이 없다는 것을 알고 다음날 아침 광장[227)]에 인민을 모아서, 인민의 권위에 의해 이전에 칼라브리아의 공작 카를로에게 제시했던 것과 같은 조건으로 공작에게 1년의 통치권을 주는 데 동의했다.[228)] 공작이 조반니 델라 토사와 그의 모든 수행원, 많은 다른 시민들을 대동하고 광장으로 온 것은 1342년 9월 8일이었다. 그는 피렌체 사람들이 시뇨리 궁 앞의 계단을 부르는 이름인

---

226) **아테네 공작이 최고 권력을 차지하다 1342.**

227) 즉 프리오리 사무실 앞의 시뇨리아 광장. 그 장소는 정확하게 산타 크로체 광장 반대편이다. 거기에서 아테네 공작이 자신이 원할 때 인민을 소집했다(2권 34장).

228) 1326년(2권 30장).

링기에라(ringhiera)에 시뇨리아와 함께 올랐다. 그곳에서 시뇨리아와 맺은 협정을 인민에게 낭독했다. 낭독하는 중에 1년 동안 그가 통치권을 유지한다는 부분에서 인민들 사이에 "종신직으로!"라는 외침이 있었다. 시뇨리 중 한 명인 프란체스코 루스티켈리가 소란을 잠재우기 위해 링기에라에 오르자 그의 말은 외침으로 묻혀버렸다. 그래서 그는 인민의 동의를 받아 1년이 아니라 종신직으로 지배자로 선택되었고, 그의 이름을 외치는 군중에 의해 들어올려져 광장 전체를 돌았다. 시뇨리가 없을 때 궁의 근위대를 책임지는 사람은 문을 닫고 궁 안에 머무르는 것이 관례였으며, 그 당시 리니에리 디 조토(Rinieri di Giotto)가 그 직을 맡고 있었다. 그는 공작의 친구에게 뇌물을 받고 어떤 무력도 사용하기 전에 공작을 궁 안으로 들였다. 겁을 먹고 창피를 당한 시뇨리는 집으로 돌아갔고, 궁은 공작의 수행원들에 의해 약탈당했다. 인민의 기는 찢기고, 그의 깃발이 궁 위에 걸렸다. 이 일은 선한 사람들에게는 믿기 힘든 슬픔과 고통이 됐으며, 무지나 악의로 그것에 동의한 사람들에게는 큰 기쁨이 되었다.

36.[229]

공작은 통치권을 획득하자 자유의 수호자처럼 행동하는 데 익숙한 자들의 권위를 박탈하기 위해서 시뇨리가 궁에서 회의를 개최하지 못하도록 금지하고, 그들에게 사택을 배정했다. 그는 포폴로 군대의 곤팔로니에레로부터 깃발을 빼앗았고, 귀족에 대항하여 만들어진 정의의 법령을 폐지했으며,[230] 감옥에서 죄수들을 풀어주었고, 바르디 가

229) **공작의 나쁜 정부, 공작에 대한 음모 1343.**

230) 1293년부터 귀족 가문의 정치 접근을 제한한 정의의 법령이 폐지됨.

문과 프레스코발디 가문을 망명에서 돌아오게 했다.[231] 그는 모든 사람이 무기를 소지하는 것을 금지시켰고, 피렌체 내부에 있는 사람들로부터 자신을 더 잘 방어하기 위해 피렌체 외부에 있는 사람들을 친구로 삼았다. 그는 아레초인들과 피렌체의 다른 모든 복속국들에게 큰 은혜를 베풀었다. 그는 피사인들과 전쟁을 하기 위해서 군주가 됐는데도 그들과 협정을 맺었다.[232] 그는 루카와의 전쟁을 위해 공화국에 돈을 빌려준 상인들의 청구서를 압수했다. 그는 오래된 세금을 올리고 새로운 세금을 만들었으며, 시뇨리의 모든 권위를 박탈했다. 그는 자신의 대리인인 페루자[233]의 발리오네(Baglione)와 아씨시의 굴리엘로,[234] 그리고 체레티에리 비스도미니(Cerrettieri Bisdomini)[235]에게 조언을 구했다. 그가 시민들에게 부과한 세금은 무거웠고 그의 판단은 불의했다. 그가 처음에 가장(假裝)한 엄격함과 친절은 교만과 잔인함으로 변해서 많은 귀족 시민들이나 포폴로 출신 귀족들(popolani nobili)[236]이 이상한 방식으로 벌금을 부과받거나 사형이나 고문을 당했다. 그리고 도시 안에서의 통치와 외부의 통치가 일치하도록 농촌 지역에 6명의 대리인을 세웠는데, 그들은 농부들을 때리고 약탈했다. 귀족들이 그에게 이익을 주었고 그는 귀족들을 귀향할 수 있게 해주었지만, 귀족에게서 보통 발견되는 고귀한(generosi) 정신이 그에게 복종하는 것에 만족할 것이라 믿을 수 없었던 그는 귀족을 계속 불신했다.[237]

---

231) 그들의 망명에 대해서는 2권 32장을 보라.

232) 평화협정은 1342년 10월에 체결됐다.

233) 발리오네의 페루자의 중요한 가문에 대해. 발리오네 가문은 포데스타의 임무를 맡았다.

234) 아씨시. 아씨시의 굴리엘모는 공작 대리인의 공식 역할을 다시 맡았다.

235) 피렌체 가문인 비스도미니(분명히 2권 4장 구엘프 가문들 사이에 기록되어 있다).

236) 상층 부르주아, 대(大) 포폴로의 구성원들.

237) 군주가 귀족의 충성을 얻는 것의 어려움에 대해서 『군주론』 9장과 19장 참조. 귀족 계급의 없앨 수 없는 특성인 야망에 대해서는 『로마사 논고』 1권

그는 대신에 평민의 호의와 외국 군대로 참주정을 유지할 수 있을 것으로 생각하고 평민에게 이익을 주었다. 그래서 포폴로가 축제를 기념하는 때인 5월이 오자 그는 평민과 소 포폴로의 무리를 더 많이 만들어 그들을 화려한 직책으로 명예롭게 하고 깃발과 돈을 주었다. 그래서 그들 중 일부가 축제를 즐기면서 도시를 돌아다녔고, 다른 일부는 기념하는 사람들을 대단히 화려하게 영접했다. 그가 새롭게 통치권을 얻었다는 소문이 퍼지자 많은 프랑스 사람들이 그를 방문하러 왔고, 그는 신뢰하는 친구들에게 하는 것처럼 그들 모두에게 높은 지위를 주어 짧은 시간 안에 피렌체가 프랑스 사람들뿐만 아니라 그들의 관습과 의복에까지 종속되었다. 남녀 모두가 질서 있는 삶에 대한 어떤 고려나 어떤 수치심도 없이 그들을 모방했기 때문이다. 무엇보다도 눈살을 찌푸리게 만든 것은 그와 그의 추종자들이 여성들에게 행사한 가혹한 폭력이었다.

그리하여 시민들은 나라의 위엄이 무너지고 관습이 파괴되고 법이 취소되고 모든 명예로운 삶이 부패하고 시민의 모든 겸양이 사라지는 것을 보고 분노에 가득찼다. 왕의 어떤 화려함을 보는데 익숙하지 않은 사람들은 무장한 보병과 기병 종자들에 둘러싸여 있는 통치자를 마주칠 때마다 고통을 느끼지 않을 수 없었다. 그들은 자신들의 수치를 더 분명히 느낄수록 극도로 증오하는 그에게 더욱 존경을 표할 수밖에 없는 처지였다. 그들은 잦은 처형과 끊임없는 세금으로 도시를 가난하게 만들고 집어삼키는 것을 보자 고통에 두려움이 더해졌다. 그들의 분노와 공포를 공작은 알고 있었고 두려워했다. 그럼에도 그는 모든 사람에게 시민들이 자신을 사랑한다고 믿는다는 것을 보여주고자 결심했다. 그래서 마테오 디 모로초가 공작의 호의를 얻기 위해 혹은 자신의 위험으로부터 벗어나기 위해 공작에게 메디치 가문이 몇

37장과 40장을 보라.

몇 다른 가문들과 함께 공작에 대한 음모를 꾸미고 있다고 누설했을 때, 공작은 그 일을 조사하지 않았을 뿐만 아니라 누설자에게 비참한 죽음을 내렸다. 그러한 결정으로 그는 자신의 안전에 대해서 경고하려는 사람들의 마음(animo)을 제지하여 그의 파멸을 추구하는 사람들을 고무케 했다. 그는 또한 시민들에게 부과된 세금 책정을 비난했다는 이유로 베토네 치니(Bettone Cini)의 혀를 매우 잔인하게 잘랐고, 그는 결국 죽고 말았다. 모든 일을 자유로이 행하고 말하는데 익숙했던 도시가 손이 묶이고 입이 막히는 것을 견딜 수 없었기에, 이 사건은 시민들의 분노와 공작에 대한 증오를 배가시켰다. 이 분노와 증오는 매우 커져서 자신들의 자유를 지킬 방법을 몰랐지만 노예상태를 견딜 수 없는 피렌체인들뿐 아니라 가장 굴종적인 사람들까지도 자유를 되찾고자 하는 마음으로 불타오르게 만들었다. 모든 계층의 많은 시민들이 자신들의 목숨을 잃든지 자유를 다시 얻든지 할 각오를 했다. 세 종류의 시민들로부터 세 개의 당파가 생겼고, 귀족, 포폴로, 길드 구성원들(artefici)로부터 세 개의 음모가 만들어졌다. 그들은 보편적 원인들과는 별개로 다른 마음으로 움직였는데, 귀족들은 나라를 되찾을 수 있을 것 같지 않았고, 포폴로는 나라를 잃은 것 같았고, 길드원들은 자신들의 벌이가 줄어드는 것 같았기 때문이다.

피렌체의 주교 아뇰로 아카이아이우올리(Agnolo Accaiaiuoli)[238]는 일찍이 설교에서 공작의 행동을 칭송하여 포폴로의 호의를 많이 얻을 수 있게 해주었다. 그러나 공작이 권력을 갖고난 후 그의 참주적인 방식을 깨닫게 됐을 때, 주교는 공작이 자신의 도시를 속였다는 것을 알게 됐고, 자신이 저지른 실수를 만회하기 위해 상처를 준 손이 치료하는 것밖에 다른 방법이 없다고 믿었다. 그리하여 그는 첫 번째의

238) 1298~1357. 피렌체 출신의 도미니크 수사로서 몇 달 전에 피렌체의 대주교에 임명됐다(1342년 6월).

가장 강력한 음모의 우두머리가 되었다. 바르디, 로시, 프레스코발디, 스칼리, 알토비티, 마갈로티, 스트로치, 만치니 가문이 가담했다. 두 번째 음모에 가담한 한 가문의 우두머리는 만노와 코르소 도나티였으며, 파치, 카비치울리, 체르키, 알비치 가문이 이들과 함께 했다. 세 번째 음모에 나선 가문들의 우두머리는 안토니오 아디마리였고, 메디치, 보르도니, 루첼라이, 알도브란디니 가문이 그와 함께 했다. 처음에 그들은 공작이 성 요한(San Giovanni) 기념일에 경마 경기[239]를 구경하러 가는 알비치 가문의 저택에서 그를 죽이려고 생각했는데, 그가 가지 않아서 성공하지 못했다. 그들은 그가 도시에서 산책을 할 때 공격할 계획을 세웠지만, 그는 경호와 무장이 잘되어 있고 항상 경로를 바꾸었기 때문에 매복할 수 있는 어떤 확실한 장소도 확보하지 못해 이 방법이 힘들다고 판단했다. 그들은 그를 회의장에서 죽일 것을 논의했으나, 그가 죽더라도 자신들이 그의 군대의 재량에 맡겨진다는 것을 알았다. 이 일이 논의되고 있을 때 음모자 중 안토니오 아디마리가 군인을 얻기 위해서 자신의 시에나 친구들 몇몇에게 음모를 누설하면서 그들에게 음모자들 중 일부를 밝히고 도시 전체가 자유를 찾으려고 한다고 말했다. 그 시에나인들 중 한 명이 그 일을 프란체스코 브루넬레스키(Francesco Brunelleschi)에게 말하고서 그것을 누설하지 말라고 했는데, 그 또한 음모자들 중 하나라고 믿었기 때문이다. 프란체스코 브루넬레스키는 두려웠거나 혹은 다른 사람들을 증오했기 때문인지, 모든 것을 공작에게 알렸다. 이에 파골로 델 마체카(Pagolo del Mazzeca)와 시모네 다 몬테라폴리(Simone da Monterapoli)가 체포됐다.[240] 그들은 음모자들의 질과 양을 알려 공작을 경악하게 만들었다. 공작은 그들을 체포하기보다는 소환하는 것이 낫다는 조언을

239) 성 요한의 날(6월 24일)에 팔리오(Palio) 경주를 한다.
240) 1343년 7월 18일.

받았다. 만약 도망치면 그들의 망명으로 인해 소란 없이 음모자들로부터 안전을 도모할 수 있기 때문이다. 공작은 안토니오 아디마리를 소환했는데, 그는 자신의 동료들을 믿고 즉시 출두하여 감옥에 갇혔다. 공작은 프란체스코 브루넬레스키와 우구치오네 부온델몬티에게서 무장을 한 채 말을 타고 도시를 돌아다니며 체포한 사람들을 사형에 처하라는 조언을 받았다.241) 그러나 그는 적의 수는 많은 데 비해 자신의 군대는 너무 작기 때문에 그렇게 하는 것은 좋지 않다고 생각했다. 그는 다른 계획을 선택했는데, 만약 그 방법으로 성공하면 적에 대해서는 스스로를 안전하게 만들고 자신의 군대에 대해서는 도움이 될 것이라고 생각했다. 공작은 시민들을 모두 불러서 현재의 문제들에 대한 조언을 듣는 습관이 있었다. 그래서 그는 군인을 얻고자 도시 밖으로 사람을 보낸 후, 시민 3백 명의 목록을 작성하여 그들과 의논하고 싶다는 명목으로 관리들로 하여금 소환하도록 했다. 그들이 모이면 사형이나 투옥으로 그들을 제거하려는 의도였다. 안토니오 아디마리의 체포 소식과 비밀리에 진행되지 않은 군인 소집은 시민들을 놀라게 했으며, 특히 음모에 가담한 사람들에게 그러했다. 가장 용감한 사람들은 따르기를 거부했다. 모두가 그 목록을 읽고 서로 누가 음모자인지 알게 됐으며 도살장에 끌려가는 가축들처럼 죽는 것이 아니라 손에 무기를 들고 남자답게 죽겠다는 용기를 얻었다. 짧은 시간에 음모자들 세 무리가 모두 서로에게 드러났고, 그들은 다음날인 1343년 7월 26일 옛 시장(Mercato Vecchio)에서 봉기해서 스스로 무장하고 포폴로에게 자유를 지키자고 외치기로 결정했다.

241) 주어가 아테네 공작.

37.[242)]

다음날[243)] 정오가 됐다는 소리에 사전 계획에 따라 음모자들이 무기를 들었고 자유(libertà)라는 외침을 듣자마자 모든 인민이 무장을 했다. 모든 음모자들은 비밀리 준비한 인민의 인장이 그려진 깃발 아래 모여서 자신의 구역에서 싸울 준비를 했다. 부온델몬티 가문과 카발칸티 가문의 일부, 그리고 공작을 통치자로 만드는 데 참여한 네 개의 포폴로 가문들[244)]을 제외하고, 귀족과 포폴로 가문 모두에서 수장들이 모여 서로를 방어할 것과 공작을 죽일 것을 맹세했다. 음모에 가담하지 않은 사람들은 백정들과 다른 비천한 평민들과 함께 공작을 지원하기 위해 무장을 하고 광장에 모였다. 봉기가 일어나자 공작은 궁을 무장시켰고, 다양한 장소에 숙박하고 있던 그의 추종자들은 말에 올라타 광장으로 갔다. 오는 도중에 그들은 많은 곳에서 공격을 받고 죽었다. 그러나 약 3백 명의 기병이 광장에 도착했다. 공작은 밖으로 나가 적과 싸워야 할지 아니면 안에 남아 궁을 지켜야 할지 확신이 서지 않았다. 다른 한편 그가 가장 상처를 많이 입혔던 메디치, 카비치울리, 루첼라이, 그 외의 다른 가문들은 만약 공작이 밖으로 나오면 그에 대항해서 무기를 든 많은 사람들이 그를 호위하지 않을까 걱정했다. 그래서 그들은 공작이 밖으로 나와 자신의 군대를 불릴 기회를 주지 않기 위해서 연합하여 광장을 공격했다. 그들이 다가오자 공개적으로 공작을 지지했던 포폴로 가문들은 자신들이 대담한 공격을 받는 것을 보고 의견을 바꾸었다. 공작의 운도 바뀌어서, 궁으로

242) **공작이 도시에서 쫓겨나다 1343.**
243) 즉 1343년 7월 26일. '정오의 소리'는 오후 3시와 일치한다.
244) 2권 33장에 기록된 네 가문. 페루치, 안텔레시, 아치아이우올리, 부오나코르시.

들어간 우구치오네 부온델몬티와 자신의 종자들 일부와 함께 신시장(Mercato Nuovo)으로 물러난 잔노초 카발칸티를 제외한 모두가 동료 시민들의 편을 들었다. 잔노초 카발칸티는 벤치에 올라가서 무장한 채 광장으로 가는 인민에게 공작의 편을 들어달라고 간청했다. 그는 그들을 겁먹게 하려고 공작의 군대의 크기를 과장하고 만약 통치자를 향하여 고집스럽게 공격을 계속하면 모두 죽임을 당할 것이라고 위협했다. 자신을 따르는 사람이나 자신의 교만을 벌하는 사람이 하나도 없음을 발견하고, 그는 또 헛되이 애썼다는 것을 깨달았다. 그는 더 이상 행운을 시험하지 않고 자신의 집으로 물러났다. 그 와중에 인민과 공작의 군인들 사이에 벌어진 광장에서의 전투는 격심했다. 궁에서 도왔지만 군인들은 진압당했고 일부는 적에게 항복하고 일부는 말을 버리고 궁 안으로 달아났다. 광장에서 전투가 계속되고 있을 때 코르소와 아메리고 도나티는 포폴로 일부와 함께 스틴케(Stinche)를 부수고 들어가서 포데스타와 위원회 회의실의 문서들을 불태우고 통치자들(rettori)의 집을 약탈하고 공작의 관리들을 잡히는대로 죽였다. 공작은 자신이 광장을 잃고 도시 전체가 적대적인 상황에서 어떠한 도움도 받을 희망도 없다고 판단하고서 다양한 친절한 행동으로 인민의 환심을 사고자 시도했다. 죄수들을 자신 앞에 오게 하여 사랑스럽고 우아한 말로 풀어주었고, 안토니오 아디마리에게는 그를 싫어했음에도 기사 작위를 내렸다.[245] 그는 자신의 인장을 궁[246]에서 제거하고 인민의 것을 그곳에 놓게 했다. 이 일들은 강요된 것이고 품위 없이 행한 것이며 때에 맞지 않고 너무 늦은 것이어서, 그에게 거의 도움이 되지 않았다. 그는 환난 중에 궁이 포위된 상태에 있었고 너무 많은 것을 원하다가 가진 모든 것을 잃었다는 것을 깨달았다. 그는 며

245) 폭동 이튿날(7월 27일).

246) 당연히 시뇨리아 궁.

칠 안에 굶어 죽거나 또는 칼에 죽을지 모른다는 두려움에 빠져들었다. 시민들은 산타 레파라타로 가서 정부를 구성하기 위해 14명의 시민에게 권위를 부여했는데, 7명은 귀족, 7명은 포폴로였다. 그들은 주교와 함께 피렌체 정부를 재조직하기 위한 전권을 부여받았다. 그들은 또한 포데스타로 선택된 사람이 도착하기 전까지 포데스타의 권위를 대행할 6명을 뽑았다. 많은 사람들이 인민을 돕기 위해 피렌체로 왔는데, 그중에 6명의 대사와 함께 몇몇 시에나인들은 모국에서 존경을 많이 받는 사람들이었다. 이들은 공작과 인민 사이에 협정을 맺도록 노력했으나 인민은 체레티에리 비스도미니, 그리고 아씨시의 굴리엘모와 그의 아들을 자신들에게 넘겨주지 않으면 어떠한 협상도 하지 않겠다고 논의를 거부했다. 공작은 이를 허용하고 싶지 않았으나 안에 같이 갇힌 사람들의 협박에 굴복했다. 의심할 여지 없이 자유를 수호할 때보다 회복할 때[247] 증오는 더 맹렬하고 상처가 더 심해지는 것은 명백하다. 굴리엘모와 그의 아들이 수천 명의 적들 사이에 놓였다. 그의 아들은 아직 18살이 안됐음에도 그의 나이도 미모도 결백도 그를 군중의 분노로부터 구해주지 못했다. 그들이 살아 있었을 때에는 손댈 수 없었지만, 죽고나자 상처를 냈고, 칼로 조각내는 데 만족하지 못한 사람들은 손과 이빨로 갈기갈기 찢어버렸다. 처음에는 그들의 신음소리를 듣고, 그들의 상처를 보고, 그들의 찢어진 몸을 만졌지만, 모든 감각을 복수로 만족시키기 위해 여전히 그것들을 맛보기를 원했다. 바깥에 있는 모든 부분이 만족하니 안에 있는 부분들도 만족했다. 이 미친 분노가 굴리엘모와 그의 아들에게 가했던 잔혹성의 정도만큼 체레티에리에게는 유익했다. 군중은 이 두 사람에게 행한 잔인함에 지쳐서 그를 기억하지 못했기 때문이다. 더 이상의 요구가 없자 그는 궁에 남았고, 후에 밤이 되자 그의 몇몇 친척과 친구가

247) 유사한 견해는 『로마사 논고』 1권 28장.

그를 안전하게 밖으로 데리고 나왔다. 군중의 분노는 이 두 사람의 피로 분출됐고, 협상이 이루어졌다. 공작은 자신의 사람들과 재산을 가지고 안전하게 떠나는 것은 허용되었지만, 피렌체에 대하여 가진 모든 권리는 포기하고, 통치권 바깥인 카센티노(Casentino)에서 그 포기를 추인해야만 했다. 이 협정 후 8월 6일 그는 많은 시민들을 대동하고 피렌체를 떠나서 카센티노에 도착하자, 마지못해 권리 포기를 승인했다. 시모네 백작이 피렌체로 그를 다시 데려가겠다고 협박하지 않았다면 그는 자신의 맹세를 지키지 않았을 것이다. 이 공작은 그의 행동이 보여주듯이, 탐욕스럽고 잔인했으며, 청중 가운데 있으면 접근하기 어렵고, 대답할 때는 거만했다. 그는 사람들의 선의가 아니라 예속을 원했다. 그래서 그는 사랑받기보다는 두려움을 불러일으키는 것을 원했다.[248] 그의 외모는 그의 태도 못지않게 혐오스러웠는데, 키가 작고 검은 피부였으며, 가늘고 긴 수염은 드문드문 났다. 그는 모든 면에서 미움받을만 했다. 10개월간의 그의 사악한 행동은 다른 사람들의 사악한 조언이 그에게 가져다준 통치권을 빼앗아갔다.

38.[249]

도시에서 일어난 이 예측하지 못한 사건들은 피렌체인들에게 종속된 모든 도시들에게 자유를 되찾으려는 희망을 고무시켰다. 아레초, 카스틸리오네, 피스토이아, 볼테라, 콜레, 산 지미냐노가 반란을 일으켰고, 피렌체는 단번에 자신의 폭정과 지배를 빼앗겨버렸다. 피렌체는 자신의 자유를 회복하는 과정에서 종속 도시들에게 그들의 자유를

---

248) 『군주론』 17장에서 마키아벨리가 직면한 중대한 딜레마다.
249) **토스카나의 여러 도시들의 반란 1343.**

회복할 방법을 가르쳤던 것이다. 공작의 추방과 피렌체의 지배 상실 직후 14명의 시민과 추기경은 종속 도시들을 전쟁으로 적으로 삼기보다 그들을 회유하고, 그들에게 피렌체인들이 자신들의 자유만큼 종속 도시의 자유도 기뻐한다는 것을 보여주는 것이 낫다고 생각했다. 그래서 그들은 아레초에 대사를 보내 그 도시에 행사했던 지배를 철회하고 그들과 협정을 맺었다.[250] 그들을 더 이상 종속도시로 삼을 수 없었으므로 친구로서 이익을 얻고자 했던 것이다. 피렌체인들을 친구로 유지할 수 있는 다른 도시들과도 가능한 한 협정을 맺었다. 그 도시들은 자유를 얻었기에 피렌체인들의 자유를 도울 수 있었다. 이 과정은 현명하게 취해졌기에 매우 훌륭한 결과를 낳았다. 아레초는 몇 년 지나지 않아 피렌체인의 지배로 돌아왔고, 다른 도시들은 몇 달 안에 이전의 복종으로 환원됐다. 무엇을 얻으려고 할 때, 많은 경우 온갖 힘과 완고함으로 추구하기보다 그것들을 피할 때 오히려 더 빨리 더 적은 위험과 비용으로 얻게 된다.

39.[251]

외부의 일들이 해결되자 그들은 내부의 일에 관심을 기울였다. 귀족과 평민 사이의 많은 토론 끝에 귀족이 시뇨리아의 3분의 1과 다른 관직의 절반을 차지하는 것으로 결론이 났다. 도시는 우리가 위[252]에서 본 것처럼 6개로 나뉘고, 어떤 사건으로 잠시 12명이나 13명이 선출되는 경우를 제외하고 각각 1명씩 6명의 시뇨리를 선출했는데,[253]

250) 아레초에 대사를 보낸 것은 1343년 8월이었다.
251) **피렌체의 새 정부, 부자와 포폴로 사이의 싸움 1343.**
252) 2권 11장.
253) 2권 11장 참조.

잠시 후에 6명으로 돌아왔다. 6개 자리가 불평등하게 분배됐던 만큼 이제 귀족에게 일부를 주기 위하여 시뇨리의 숫자를 늘리는 개혁을 하게 되었다. 그들은 도시를 4개 구역으로 나누고 각 구역에서 3명의 시뇨리를 선출하도록 했다. 정의의 곤팔로니에레와 포폴로의 곤팔로니에레를 제외하고 12명의 선인(Buoni uomini) 대신에 각 계급[254]에 4명씩 8명의 위원의 자리가 만들어졌다. 정부가 이런식으로 구성됐기 때문에, 귀족이 시민의 삶이 요구하는 자제력을 가지고 사는데 만족했더라면 도시는 안정됐을 것이다. 그러나 귀족들의 행동은 정반대였다. 그들은 사적으로는 동료를 원하지 않았고, 공직에서는 주인이 되고 싶었다. 그들의 오만과 교만의 사례들이 매일 나왔다. 이러한 행태는 포폴로들 사이에서 불만을 고조시켜서, 그들은 한 명의 참주가 제거되자 천 명의 참주가 탄생했다고 한탄했다. 한편으로 오만의 사례들이 많아지고 한편으로 분노가 커져서, 포폴로의 지도자들은 주교에게 귀족의 부도덕[255]을 불평하고 포폴로의 좋은 동료가 아님[256]을 보여주었다. 그들은 귀족이 다른 관직에 참여하는 데 만족하고 시뇨리의 관직은 포폴로에게만 주도록 주교를 설득했다. 주교는 천성이 착했지만 그를 처음에는 이쪽 편으로 다음에는 저쪽 편으로 휘두르기가 쉬웠다. 주교는 그의 동료의 강권으로 처음에는 아테네 공작을 선호했고, 다음에는 다른 시민들의 조언으로 그에게 반대하는 음모를 꾸몄다. 그는 국가의 개혁에 있어서는 귀족을 선호했는데, 지금은 이 포폴로 시민들이 제시한 이유들에 마음이 움직여 포폴로를 편드는 것이 옳게 보였다. 그리고 다른 사람에게서 자신에게서만큼의 유연함을 발견할 수 있을 것이라고 상상하면서 이 일을 동의를 거쳐 해결할 수

254) 즉 귀족과 포폴로.

255) 대조를 위해서 『군주론』 9장과 『로마사 논고』 1권 4장과 40장의 포폴로의 '고귀한 목적'(onesto fine) 참조.

256) 귀족과 포폴로가 의견을 같이하는 것의 불가능성.

있을 것으로 추측했다. 그는 아직 권한[257]이 만료되지 않은 14인을 소집하여 자신이 아는 최선의 말로 시뇨리아의 지위를 포폴로에게 양보할 것을 권고했다. 그는 이렇게 하면 도시가 진정되겠지만 반대의 경우라면 그들에게 몰락과 실패를 대가로 치르게 할 것임을 장담했다. 이 말이 귀족의 마음을 강하게 격동시켰다. 리돌포 디 바르디는 쓴소리로 그를 꾸짖으며 신의가 없는 사람이라고 불렀고, 아테네 공작과 친구가 된 것은 경박한 짓이고 그를 내쫓은 것은 배신이었다고 비난했다. 바르디는 주교에게 자신들은 위험을 무릅쓰고 얻은 명예를 위험을 무릅쓰고 기꺼이 방어하고 있다고 말했다. 그리고 주교에게 화가 난 그는 다른 사람들과 떠나면서 자신의 동료들과 모든 귀족 가문에게 그 이야기를 전했다. 포폴로도 또한 다른 사람들에게 그들의 계획을 말했고, 귀족들은 자신들의 시뇨리를 지키기 위해 원조를 모았다. 포폴로는 귀족이 정비를 할 때까지 기다리면 안될 것 같아 궁으로 달려가 무장을 하고 귀족들이 관직을 포기해야 한다고 외쳤다. 소란과 소동이 컸다. 귀족들은 전체 포폴로가 무장한 것을 보고 감히 무기를 들 생각을 못하고 모두가 자신의 집안에 머물렀기 때문에 시뇨리는 자신들이 버림받았다는 것을 알게 됐다. 그래서 포폴로 시뇨리는 처음에는 포폴로에게 그들의 동료들이 온건하고 좋은 사람들이라고 설득하여 진정시키려고 했으나, 별 소용이 없자 차선책으로 그들을 힘들지만 안전하게 집으로 돌려보냈다. 귀족이 궁을 떠난 후 4명의 귀족 위원의 직책이 박탈됐고, 그 대신 12명의 포폴로 위원이 선출됐다. 남은 8명의 시뇨리는 한 명의 정의의 곤팔로니에레와 16명의 포폴로 곤팔로니에레를 선출했다. 그들은 포폴로의 의지대로 정부를 두기 위해 위원회를 개혁했다.

---

257) 그들의 임무는 1343년 9월말에 만기가 됐다.

40.[258]

이런 일들이 계속되고 있을 때 도시가 크게 궁핍하여 귀족과 소 포폴로(il popolo minuto)들의 불만이 커졌는데, 후자는 배고픔 때문이고 전자는 품위를 상실했기 때문이다. 이러한 상황은 안드레아 스트로치에게 도시의 자유를 탈취할 수도 있다는 영감을 주었다. 그는 다른 사람들보다 밀을 싸게 팔아서 많은 사람들을 그의 집으로 모았다. 어느 날 아침 그는 대범하게도 말에 올라탔고, 모인 사람들 중 몇몇이 그의 뒤를 따르며 포폴로에게 무장하라고 외쳤다. 잠깐 사이에 그는 4천 명이 넘는 사람들을 모아 시뇨리 광장으로 행진하며 궁을 열라고 요구했다. 그러나 시뇨리는 위협과 무기로 그들을 광장에서 몰아냈고, 선포를 내려 그들을 겁먹게 만들어서 조금씩 집으로 돌려보냈다. 자신이 혼자임을 발견한 안드레아는 관리들의 손에서 어렵게 탈출하여 달아났다.[259] 이 예측하지 못한 사건은 다른 무모한 일반적인 일들처럼 마무리됐지만, 하층 평민(plebe minuta)이 포폴로와 의견이 다른 것을 보고 귀족들이 포폴로에게 강제력을 사용할 수도 있을 것이라는 희망을 갖도록 만들었다. 이 기회를 잃지 않고 무력으로 부당하게 빼앗긴 것을 무력으로 되찾기 위해 그들은 할 수 있는 모든 방법으로 스스로 무장하기로 결심했다. 그들은 승리를 매우 자신하며 롬바르디아 같은 먼 지역에 있는 친구들에게까지 사람을 보내 도움을 요청했다. 포폴로 또한 시뇨리와 함께 무장을 하고 페루자인들과 시에나인들에게 도움을 요청하며 대비했다. 양쪽으로부터 지원군이 도

---

258) **안드레아 스트로치의 반란, 귀족과 포폴로가 내전을 준비하다 1343.**

259) 스트로치 가문은 궐석재판에서 유죄판결을 받았다. 그 에피소드는 1343년 9월 23일로 거슬러 올라간다.

착했고, 도시 전체가 무장했다. 귀족은 아르노강 이쪽의 세 장소, 즉 산 조반니 근처 카비치울리 가문의 집, 산 피에로 마조레에 있는 파치 가문과 도나티 가문의 집, 신시장(Mercato Nuovo)에 있는 카발칸티 가문의 집에 자리를 잡았다. 아르노강의 다른 쪽에 있는 사람들은 다리와 자신들의 집이 있는 거리에서 방비를 강화했다. 네를리 가문은 카라이아에 있는 다리에서, 프레스코발디 가문과 만넬리 가문은 산타 트리니타에서, 로시 가문과 바르디 가문은 베키오 다리와 루바콘데 다리에서 방어하고 있었다. 포폴로 쪽은 정의의 깃발과 포폴로 군대의 깃발 아래 모이고 있었다.

41.[260)]

이런 상황에서 포폴로는 교전을 지체하지 않기로 결정했다. 처음 움직인 쪽은 메디치 가문과 론디넬리 가문이었으며, 그들은 산 조반니 광장 쪽에 있는 카비치울리 가문의 집을 공격해서 그들의 집으로 들어가는 통로를 확보했다. 여기에서 교전이 치열했고, 탑에서 던지는 돌에 맞고 밑에서 쏘는 석궁에 상처를 입었다. 전투는 세 시간 동안 지속됐고 포폴로는 승기를 잡아가고 있었다. 카비치울리 가문은 자신들이 다중에 의해서 압도되고 도움을 받을 수 없는 것을 보고 두려움에 휩싸여서 포폴로의 포데스타에게 항복했고, 포데스타는 그들의 집과 재산을 지켜주었다. 포데스타는 그들의 무기만 빼앗고 해산시켜 그들의 친척이자 친구였던 포폴로쪽 사람들의 집으로 비무장 상태로 가도록 명령했다. 첫 번째 공격의 성공에 이어, 도나티 가문과 파치 가문은 쉽게 진압됐는데, 이들은 더 약한 가문이었던 것이다. 아

260) **부자가 패배하다** 1343.

르노강 쪽에는 카발칸티 가문이 있었는데, 그들은 군사와 위치 양쪽에서 유리했다. 그럼에도 모든 곤팔로니에레가 그들에게 반대하고 다른 가문들이 단 세 명의 곤팔로니에레에 의해 진압된 상황을 보자 별로 방어하지 않고 항복해버렸다. 이미 도시의 세 부분이 포폴로의 손에 떨어졌고, 하나만 귀족의 관할 하에 있었다. 이 구역은 방어하는 사람들의 힘과 아르노강에 의해서 요새화되어 있어서 획득하기 가장 어려웠다. 그래서 그렇게 방어되고 있는 다리를 먼저 장악해야 했다. 베키오 다리가 가장 먼저 공격받았는데, 탑이 무장됐고 거리는 바리케이드로 막혔으며, 바리케이드는 매우 포악한 군인들이 지키고 있어서 방어가 철저했다. 포폴로는 심각한 손실을 입고 격퇴당했다. 여기에서 애써도 소용없다는 결론을 내리고 그들은 로바콘테 다리를 건너려고 애썼고, 거기에서도 동일한 어려움을 발견했다. 그 두 다리에 4명의 곤팔로니에레가 지키도록 하고 다른 곤팔로니에레들이 카라이아에 있는 다리를 공격했다. 네를리 가문이 용감하게 방어했지만, 그들은 포폴로의 분노를 견뎌낼 수 없었다. 방어할 탑이 없어 다리는 약했고 카포니 가문과 다른 포폴로 가문과 그들의 이웃이 공격해 왔던 것이다. 그렇게 모든 방향에서 공격을 당하자 그들은 바리케이드를 버리고 포폴로에게 항복했다. 포폴로는 로시 가문과 프레스코발디 가문을 이겼는데, 아르노강의 다른 쪽에 있는 모든 포폴로가 승자 쪽에 합류했기 때문이다. 바르디 가문이 유일하게 남았는데, 다른 가문의 몰락이나 그들에게 대항하는 포폴로의 단결, 도움을 받을 희망이 거의 없는 상황도 그들을 두렵게 만들지 못했다. 그들은 자신의 집이 불타고 약탈당하더라도 적의 의지에 굴복하기보다 싸워서 죽기를 선택했다. 그들은 그렇게 스스로를 방어했고, 포폴로는 여러 번 베키오 다리나 루바콘데 다리 쪽에서 그들을 정복하려고 노력했으나 실패했으며, 항상 많은 사상자를 내고 격퇴당했다. 교전이 있기 전에 길이 건설되어 로마나 길(via Romana)로부터 피티 가문의 집을 통과하여 산 조르조 언덕의 성벽에 닿을 수 있었는데, 포폴로가 이 길로 6명의 곤팔로니에레를 보내어 바르디 가문의 집을 후방에서 공격하도록 명령을 내렸다. 이 공격으로 바라디 가문은 사기를 잃었고 포폴로가 전투에서 승리할 수 있었다. 거리에서 바리케이드를 지키고 있던 사람들은 자신들의 집이 공격당하고 있다는 말을 듣자마자 교전을 멈추고 집을 보호하러 달려갔다. 이로 인해 베키오 다리의 바리케이드를 장악할 수 있었고, 바르디 가문은 사방으로 달아났다. 콰라테시 가문, 판차네시 가문, 모치 가문이 이들을 받아주었다. 그 와중에 포폴로와 그들 중 가장 비천한 사람들은 약탈에 목말라서 매우 격렬하게 그들의 모든 집을 약탈하고 궁과 탑을 부수고 불태웠다. 피렌체라는 이름의 가장 잔인한 적조차 그런 파괴를 수치스러워했을 것이다.

42.[261]

귀족이 패배하자 포폴로[262]는 국가를 재조직했다. 포폴로가 세 부류(sorte)－상(potente), 중(medioce), 하(basso)－로 구성되어 있으므로, 시뇨리는 상이 2명, 중이 3명, 하가 3명을 두도록 했고, 정의의 곤팔로니에레는 먼저 상에서, 그다음 중에서 뽑도록 했다.[263] 이 외에도 귀족에 대항하는 모든 정의의 법령이 회복됐다. 귀족을 더 약화 시키고자 그들 중 다수를 포폴로와 다중 사이로 흩어버렸다. 귀족의 몰락이 너무 심하고 그들의 당이 너무 큰 피해를 입어서 다시는 포폴로에

261) **피렌체 귀족이 몰락하다, 페스트 1343~1353.**

262) 포폴로는 3개의 범주로 구성된다.

263) 귀족을 정치 참여로부터 새롭게 배제한 개혁은 마키아벨리의 원전에 따르면 1343년 10월에 기원한다.

대항하여 감히 무기를 들지 못했으며, 참으로 계속해서 더 공손하고 비참해졌다. 피렌체는 이제 군대뿐 아니라 모든 관대함(generosità)을 박탈당했다. 이 몰락 후 도시는 1353년까지 고요함을 유지했고, 그 기간 동안 조반니 보카치오가 매우 유창하게 기록한 기억할만한 흑사병[264]이 발생했으며, 그 흑사병으로 피렌체에서 9만 6천 명 이상의 사람이 목숨을 잃었다. 피렌체인들은 또한 당시 밀라노 군주였던 주교[265]의 야심에 의해 비스콘티 가문과 처음으로 전쟁을 치렀다. 이 전쟁이 끝나자마자 도시 안에서 당파들이 시작되었고, 귀족은 파괴되었지만 그럼에도 행운의 여신은 새로운 갈등을 만들어낼 새로운 분열을 되살릴 방법이 부족하지 않았다.

---

264) 『데카메론』의 서문에 기록된 1348년의 흑사병.

265) 밀라노의 대주교이자 1349년부터 도시의 지배자였던 조반니 비스콘티(1290 1354). 전쟁(1351~1353)은 볼로냐 점령(1350) 후에 비스콘티의 확장 시도에 따른 것을 암시한다.

제 3 권

제 3 권[1)]

1.[2)]

민과 귀족 사이에 존재하는 심각하고 자연스러운 적대감(nimicizie)[3)]은 귀족의 지배하려는 열망과 민의 복종하지 않으려는 열망에 의해 발생하는데, 도시 안에 발생하는 모든 악의 근원이다. 이러한 상반되는 성향(umori)[4)]으로부터 공화국들을 뒤흔드는 모든 것들이 자양분을 얻기 때문이다. 이것이 로마를 분열시켰고, 만약 큰 것에 작은 것을 견줄 수 있다면, 비록 로마와 피렌체에서의 효과는 달랐지만, 피렌체를 분열시켜왔다. 로마 초기[5)]에 평민과 귀족 사이의 적대감은 논쟁으

---

1) **1353년부터 1414년까지의 피렌체.**

2) **로마와 피렌체에서 귀족과 민의 증오.**

3) 3권의 첫 번째 장은 『로마사 논고』에서 발전시킨 정치적 싸움과 사회의 동학에 대한 마키아벨리의 복잡한 숙고를 전제하고 있다. 시작은 계속 유지되고, 앞에 있는 두 개의 형용사와 함께 3권의 핵심 용어다. 증오(nimicizie), 피렌체의 정치적·사회적 분열은 시민들의 역사와 정치제도의 결과에 결정적인 요인이었다.

4) 사회적 집단의 내부에서 움직이는 '성향과 힘의' 분량(quanto)을 지칭하는 용어다. 한 계급의 요구와 자신들의 목적의 합. '성향의 상이성'은 사회적 '증오'를 불가피하게 낳는다. 로마의 귀족과 평민 사이의 '분열'과 도시를 결정지은 헌정적 결과를 알기 위해서는 『로마사 논고』 1권 3~6장을 숙고하지 않을 수 없다.

로 해결됐지만, 피렌체에서는 전투로 해결되었다.[6] 로마에서 평민과 귀족 사이의 증오는 법의 제정으로 귀결됐지만, 피렌체에서는 많은 시민들의 망명과 죽음으로 끝이났다. 평민과 귀족 사이의 적대감이 언제나 로마에서는 군사적 역량(virtù)을 강화시켰지만, 피렌체에서는 완전히 그것을 말살시켜 버렸다.[7] 평민과 귀족 사이의 증오가 로마에서는 도시의 시민들 사이의 평등을 매우 큰 불평등으로 바꾸었지만, 피렌체에서는 불평등에서 놀라운 평등으로 옮겼다.[8] 이런 상이한 결과는 로마와 피렌체의 민이 가지고 있는 상이한 목적(diversi fini)에서 비롯됐을 것이다. 로마의 민은 귀족과 함께 최고의 명예를 누리고자 했던 반면, 피렌체의 민은 귀족의 참여 없이 정부를 독점하고자 했다. 로마에서 민의 욕망은 더 합리적이고 귀족에 대한 공격도 더 참을 만하여 귀족은 쉽게 굴복하고 군사력을 사용하지 않았다. 그래서 약간의 의견의 불일치 후에 그들은 민이 만족하고 귀족은 품위를 유지할 수 있는 법을 함께 제정했다. 반면, 피렌체에서 민의 욕망은 모욕적이고 부당하여 귀족은 자신들의 방어를 위해 더 큰 군사력을 갖추었다. 이로 인해 시민들의 희생과 망명이 발생했고, 이후 제정되는 법[9]은

5) 공화정 초기(기원전 5~3세기)를 말한다. 정확하게는, 그라쿠스 형제 시기에 발생한 분열의 파괴적 결과에 대해서 말하는 『로마사 논고』 1권 37장을 지칭한다. 이 사건은 순전히 경제적 의미를 지닌다.

6) 근본적인 분열. 성향(umori)의 분열과 모든 국가의 불가피한 요인. 로마의 장점은 사회적 적대가 파괴적 결과를 낳지 않도록 제도화해서 그것을 법적인 갈등으로 유도하는 것, 말하자면, 정치와 말의 갈등으로 중재하는 것에 있다. 그럼으로써 상대방의 말살로 이어지는 경향이 있는 공공연하고 폭력적인 투쟁으로 폭발하는 것을 방지했다.

7) 오래된 귀족의 말살과 그들의 귀족적·군사적 용맹에 대해서는 2권 42장 참조.

8) 피렌체 정치 전통의 주요 개념. 평등은 시민들 사이의 직접적인 정치적 의존관계를 수반하는 "강한" 사회적 위계가 없는 것을 의미한다. 평등의 부족은 성에서 명령을 내리고 자신들에게 복종하는 신민을 거느린 토지귀족(gentili uomini)의 존재를 특징으로 한다. 「피렌체 정체개혁론」과 『로마사 논고』 1권 55장 참조.

9)『로마사 논고』 1권 49장 참조.

공익이 아니라 승리한 쪽에 유리하게 만들어지게 된 것이다. 로마는 법 제정 이후에도 민의 승리로 역량이 더욱 강해졌는데,[10] 민이 귀족과 함께 행정관, 군대, 통치(imperii)의 업무에 참여하면서 귀족들과 동일한 역량으로 가득차게 되었고, 도시는 역량이 성장하자 세력(potenza)도 커졌기 때문이다. 그러나 피렌체에서는 민이 승리하자 귀족의 행정권을 박탈당했고, 귀족이 권한을 되찾으려면 행동, 정신, 삶의 방식에 있어 민과 실제로 유사할 뿐 아니라 유사한 것이 드러나 보여야 했다. 이로부터 귀족은 민처럼 보이기 위해 군대의 기(insegne)와 가문의 이름을 바꿔야 했다. 귀족에게 있던 군사적 능력과 정신의 관대함이 사라졌고, 이런 것들이 원래 없었던 민에게서는 나타날 리 없었다. 따라서 피렌체는 더 비참해지고 비굴해졌다. 그리하여 로마는 미덕(virtù)이 교만으로 변하여 도시가 큰 고난에 처해서 군주 없이는 스스로를 유지할 수 없는 위대함의 극치에 도달했지만, 피렌체는 영리한 입법자에 의해 어떤 형태의 정부로도 쉽게 바뀔 수 있는 상태에 이르게 되었다. 이러한 일들은 피렌체의 탄생, 피렌체 분열의 원인, 피렌체 자유의 시작, 귀족과 민의 당파가 아테네 공작의 독재를 끝낸 방법, 귀족의 몰락을 보여준 2권을 읽으면 분명하게 알 수 있다. 이제 포폴로와 평민(plebe)[11] 사이의 적대감과 그것이 발생시킨 다양한 사건들에 대하여 이야기할 차례다.

---

10) 더 전투적이고, 군사적 용맹으로 충만한.
11) 임금을 받는 소(minuto) 포폴로.

2.[12)]

귀족의 권력이 약화되고 밀라노 주교와의 전쟁[13)]이 끝난 이후, 피렌체에는 소란(scandolo)의 원인이 남아있지 않은 것처럼 보였다. 그러나 우리 도시의 불운과 나쁜 제도는 알비치 가문과 리치 가문 사이에 증오를 일으켰고, 처음에 부온델몬티 가문과 우베르티 가문, 이후 도나티 가문과 체르키 가문 사이의 적대감이 그러했던 것처럼 피렌체를 분열시켰다. 그 당시 프랑스에 있던 교황들과 독일에 있던 황제들은 이탈리아에서 그들의 명성을 유지하기 위하여 다양한 국가의 많은 군인들을 여러 차례에 걸쳐 파견했고, 그리하여 영국, 독일, 브르타뉴의 용병들이 이탈리아에 있었다. 전쟁이 끝나고 이 군인들이 봉급을 받지 못하자 용병대(ventura)를 구성하여 이 군주, 저 군주에게 돈을 청구했다. 1353년 이 용병대들 중 하나가 프로방스 태생인 몬레알레(Monreale)[14)]의 지휘 아래 토스카나로 들어왔다. 그의 출현으로 그 지역의 모든 도시가 두려워했고, 피렌체인들은 공금으로 군인들을 모집했을 뿐 아니라, 많은 시민들, 특히 알비치 가문과 리치 가문 사람들은 안전을 위해 스스로 무장했다. 이 가문들은 서로에 대한 증오가 가득했기 때문에 공화국 내의 권력(principio)을 잡기 위해서 어떻게 하면 상대방을 억압할 수 있을까 고민하고 있었다. 그러나 아직 무력 충돌은 일어나지 않았고, 단지 재판정과 의회에서만 대립했다. 온 도시가 무장했을 때 구시장(Mercato Vecchio)에서 우연히 싸움이 일어났고, 이런 일이 발생할 때 의례 그렇듯이 많은 사람들이 모여들었다.

---

12) **몬레알레의 용병이 토스카나에 들어오다, 리치와 알비치 가문의 싸움, 1353.**
13) 1353년에 끝난 조반니 비스콘티에 대항한 전쟁에 관해서는 2권 42장을 보라.
14) [역자주] 모리알레 달바르노(Moriale d'Albarno). 병원기사단 소속이어서 '수도사 모리알레'라 불리기도 했다.

이 싸움에 대한 소문이 퍼졌을 때, 리치 가문에게는 알비치 가문이 공격하려 한다는 보고가, 알비치 가문에는 리치 가문 사람들이 그들을 찾으러 온다는 보고가 들어갔다. 이에 온 도시가 혼란에 빠졌지만 행정관들은 가까스로 두 가문을 제어하여, 어느 쪽의 잘못이 아니라 우연에 의해서 소란스럽게 된 그 갈등이 큰 싸움으로 번지지는 않았다. 사소한 사건이었지만, 두 가문의 적개심(animi)이 다시 불타올랐고, 각자 이전보다 더 열심히 당파(partigiani)를 모으려 애썼다. 그러나 귀족의 몰락으로 시민들은 이미 상당한 평등을 확보하고 있어서 행정관들은 이전보다 더 존경을 받았기에 두 가문은 사적 폭력 없이 일상적인 방법으로 주도권을 잡고자 했다.

3.[15]

우리는 앞[16]에서 샤를 1세의 승리 후 어떻게 구엘프파의 행정관직이 만들어지고, 기벨린파에게 행사할 수 있는 큰 권위를 부여받았는지를 보았다. 시간이 지나면서 여러 가지 사건들이 발생하고 새로운 분열이 생기자 이 권위는 망각됐고, 이제 기벨린파의 많은 자손들이 최고 행정권을 행사하게 되었다. 이에 리치 가문의 우두머리인 우구치오네(Uguccione)는 기벨린파에 대항하여 법을 복원하고자 했는데, 일반적으로 알려진대로, 기벨린파 중에 오래전 아레초(Arezzo)에서 생겨나서 피렌체로 온 알비치 가문이 있었다. 우구치오네는 이 법을 되살려 알비치 가문의 행정관직을 박탈함으로써, 기벨린파의 어떤 자손이든지 행정관직을 맡으면 처벌을 받도록 할 심산이었다. 우구치오네의

15) **구엘프파와 기벨린파, 견책 1357~1366.**
16) 『피렌체사』 2권 10, 11장.

이런 계획은 알비치 가문의 피에로 디 필리포(Piero di Filippo)에게 알려졌고, 피에로는 만약에 자신이 그 계획을 반대하면 스스로 기벨린파임을 선언하는 꼴이 되기에 그 계획에 찬성하기로 마음먹었다. 이 법은 이런 사람들의 야망에 의해 회복되었고, 알비치 가문의 피에로에게 명성을 가져다주었으며, 많은 악의 시작이 되었다. 오래전 과거로 소급하는 법만큼 공화국에 더 해로운 법은 없기 때문이다.[17] 피에로가 그 법을 찬성함으로써, 그를 방해하기 위해 그의 적들이 발견해낸 것이 결국 그의 힘을 키우게 됐다. 그는 자신을 새로운 질서(ordine)의 우두머리로 자리매김하며, 새로운 구엘프 파벌의 총애를 받아 그 누구보다도 대단한 권위를 획득하게 되었던 것이다. 어떤 행정관도 누가 기벨린파에 속하는지 조사하지 않았기에 —이것이 바로 그 법이 별로 가치가 없는 이유다— 누가 기벨린파인지를 선언하고, 또 선언된 당사자들에게 어떤 행정관직도 맡지 못하도록 견책하고, 견책을 따르지 않을 경우 처벌을 내릴 수 있는 권한을 구엘프파의 지도자들에게 부여한 사람이 피에로였다. 이후 피렌체에서 행정관직을 수행할 권리를 박탈당한 모든 사람들을 "견책당한 자들"(ammuniti)[18]이라고 불렀다. 구엘프파의 지도자들은 시간이 지나면서 점점 대담해져서 여기에 해당되는 사람들만이 아니라, 탐욕이나 야심에 이끌려 내키는 대로 아무에게나 견책을 내렸다. 법이 통과된 1357년부터 1366년까지 2백 명이 넘는 시민들이 견책을 당했다. 결과적으로, 견책당하기를 두려워한 모든 사람이 법을 존중했기에, 구엘프파의 지도자들과 파벌은 강해졌다. 특히 피에로 델리 알비치, 라포 다 카스틸리온키오(Lapo da Castiglionchio), 카를로 스트로치(Carlo Strozzi)[19] 같은 최고 지도자들은

17) 『로마사논고』 1권 37장 참조.

18) 이 용어는 공직으로부터 배제되는 모든 형태로 확장됐고, 또한 자주 도시(comune)의 채무자가 되는 경우에도 사용됐다.

19) 여러번 대사를 지냈고, 1360, 1364, 1367, 그리고 1371년에 프리오레(priore)

더욱 그랬다. 이런 오만한 행동 방식이 많은 사람들을 불쾌하게 만들었는데, 그중에서도 리치 가문이 가장 불만이었다. 공화국이 파괴되고, 자신들의 계획과는 정반대로, 그들의 적인 알비치 가문을 매우 강력하게 만든 무질서의 원인이 바로 자신들에게 있음을 알았기 때문이다.

4.[20]

리치 가문의 우구치오네가 시뇨리 중 한 명이 되었을 때, 그는 자신과 동료들이 초래한 악을 끝내고 싶었다. 그리하여 6명인 구엘프파의 지도자를, 소길드 출신 2명을 포함하여 3명 더 늘리도록 하는 새로운 법을 제정했다. 그는 또한 기벨린파로 선언된 사람들을 조사하기 위해 위임된 24명의 구엘프파 시민들에 의해 확증을 받아야 한다는 규정을 추가하고 싶어했다. 이 법은 한동안 구엘프파 지도자들의 권한을 상당 정도 약화시켰고, 견책이 많이 사라졌으며, 견책을 받더라도 그 수가 적었다. 그럼에도 알피치 가문과 리치 가문의 파벌은 경계를 늦추지 않았으며, 서로에 대한 미움으로 상대의 법, 임무, 결정에 반대했다. 두 파벌은 1366년부터 1371년까지 큰 불안 속에서 지내다가 구엘프파가 다시 힘을 얻었다. 부온델몬티 가문에는 벤키(Benchi)라는 이름의 기사가 있었는데, 그는 피사와의 전쟁에서 공을 세워 포폴라노(popolano)가 되었고, 이로 인해 시뇨리가 될 수 있는 자격을 얻었다. 그가 이 자리를 차지하기 위해서 기다리고 있을 때, 포

였다. 치옴피의 난 때 폭도로 불렸고, 1383년에 이몰라에서 망명객으로 죽었다.

20) **리치와 알비치 가문 사이의 싸움의 진전 1366~1371.**

폴라노이자 귀족(grande)인 사람은 시뇨리 직을 맡을 수 없도록 하는 법이 제정되었다.[21] 이에 단단히 화가 난 벤키는 알비치 가문의 피에로와 함께 사람들을 모아서 견책을 통해 소 포폴로(i minori popolani)를 공격하고, 정부를 독차지하기로 결의했다. 벤키가 구귀족(la antica nobilità) 사이에서 얻은 호의와 피에로가 대 포폴로(popolani potenti)[22]의 유력자들에게서 얻은 호의 덕분에 구엘프파가 세력을 되찾았고, 구엘프파 내의 새로운 개혁으로 지도자들과 24명의 시민들을 뜻대로 움직일 수 있게 되었다. 그리하여 전보다 더 대담하게 견책을 남발하게 되었고, 구엘프파의 우두머리인 알비치 가문의 세력이 점점 강해졌다. 한편, 리치 가문과 그 우호세력들은 할 수 있는 한 알비치 가문의 계획을 방해했고, 그리하여 모든 사람은 자신에게 파멸이 닥칠지 모른다는 극도의 불안 속에서 살았다.

5.[23]

이 일이 있은 후, 조국에 대한 사랑에 마음이 움직인 많은 시민들이 산 피에로 스케라조(San Piero Scherragio)에서 회합하여 시민들 사이의 무질서에 대해 토론한 뒤, 그중 권위를 가진 한 명이 시뇨리아로 가서 다음과 같은 요지로 말했다. "위대하신 의원님들, 우리 중 많은 사람들이 공적인 목적을 가지고서 사적으로 모이기를 두려워하고 있습니다. 우리가 건방지다고 여겨지거나 야심을 갖고 있다는 혐의를

21) [역자주] 여기에서 포폴라노는 고정된 신분이 아니라 정치적 결단이나 사람들의 인정에 의해서 획득할 수도 있는 유동적인 성격이라는 것을 알 수 있다. 벤키는 원래는 귀족이었으나 정치적으로 포폴로의 편에 섬.

22) 대길드의 부유한 부르주아로서, il popolo grasso와 같은 의미.

23) **피렌체에서 파벌과 공공선의 무시에 대한 연설 1372.**

받을까 생각되기 때문입니다. 그러나 많은 시민들이 매일 어떤 공적인 이익이 아니라 자신들의 야망을 위해 개랑(logge)이나 집에서 함께 만나는 것을 주의 깊게 생각할 때, 공화국은 이런 사람들의 모임을 두려워하지 않듯이, 공적 이익을 위해 만나는 사람들에 대해서도 두려워 할 필요가 없습니다. 그리고 다른 사람들이 우리에 대해 어떤 판단을 하는지 우리는 신경 쓰지 않습니다. 그들 역시 우리가 그들에 대해 어떻게 판단하는지 생각하지 않기 때문입니다. 위대하신 의원님들, 우리의 조국을 향한 사랑이 우리로 하여금 모이도록 만들었고, 지금 당신들께 와서 우리 공화국에 이미 만연해 있고 더욱 커져가는 악에 대해 논의하고, 이 악을 제거하는데 있어 여러분을 기꺼이 지지하도록 만들고 있습니다. 그 과업이 어려워 보일지 모르나, 여러분이 사적인 고려를 제쳐두고 공적인 힘을 가지고서 권위를 사용한다면 성공할 것입니다. 존경하는 의원님들, 모든 이탈리아 도시들의 공통된 부패가 피렌체를 오염시켰고, 또 여전히 오염시키고 있습니다. 이 지역이 신성로마제국의 세력으로부터 해방된 이래 도시들은 자신들을 교정할 강력한 억제책을 가지고 있지 못하여, 자유가 아니라 파벌을 기반으로 국가와 정부를 운영했기 때문입니다. 이로부터 도시 안에 나타나는 모든 악과 무질서가 발생했습니다. 먼저, 조국이나 개인들에 대항하여 어떤 악을 함께 저지른 사람들을 제외하고는, 시민들 사이에 단결도 우애도 없습니다. 모든 사람에게서 종교와 신에 대한 두려움이 사라졌기 때문에 맹세나 신의도 이익이 될 때까지만 지켜집니다. 그래서 사람들은 지키기 위해서가 아니라 더욱 손쉽게 남을 속일 수단으로 맹세를 하거나 신의를 말합니다. 속임수가 더 쉽고 더 확실하게 성공할수록 속임수는 더 큰 영광과 칭송을 얻게 됩니다. 이런 이유로 악한 사람은 유능하다고 칭송받고, 착한 사람은 어리석다고 멸시받습니다. 그리고 진정으로 이탈리아의 도시들에는 부패된 것과 다른 사람들을 부패시킬 수 있는 것들이 함께 모여 있습니다. 젊은이들은 게으르고, 노인들은 음란하며, 나이를 불문하고 남녀 모두 더러운 관습으로 가득 차 있습니다. 그래서 좋은 법률도 오용되기 때문에 결코 해결책이 되지 못합니다. 이로부터 우리 시민들에게서 보이는 탐욕과 진정한 영광이 아닌, 미움, 증오, 불화, 파벌이 의존하는 경멸스러운 명예를 향한 욕구가 자라납니다. 그리하여 선한 사람에게는 고통과 망명과 죽음, 악인에게는 추앙과 칭송이 발생합니다. 선인은 다른 사람들의 순수성을 믿기에 악인과는 달리 자신들을 특별히 보호하고 명예롭게 해줄 사람들을 찾지 않으며, 결국 보호도 명예도 얻을 수 없기 때문입니다. 당파에 대한 애착과 세력도 여기에서 나옵니다. 악인은 탐욕과 야망으로, 선인은 어쩔 수 없이 당파에 참여하기 때문입니다. 가장 고약한 점은 당파를 조장하는 사람들과 우두머리들이 자신의 의도와 목적을 고귀한 말로 그럴듯하게 보이게 만드는 것을 목격하는 일입니다. 그들은 모두 자유의 적임에도 항상 귀족이나 민의 상태(stato)를 보호한다는 명목을 내세웁니다. 그들이 승리를 통해 얻고 싶어 하는 보상은 도시를 자유롭게 만들었다는 영광이 아니라, 경쟁자들을 정복하고 도시의 통치권(principato)을 탈취했다는 만족감입니다. 이러한 지경에 이르면, 그들이 감히 시도하지 못할 부정하고 잔인하거나 비열한 행동은 아무 것도 없습니다. 이제 제도와 법은 공적 이익이 아니라 사적 이익을 위해 제정되고, 전쟁과 조약과 동맹은 공동체의 영광이 아니라 소수의 이익을 위해 결정됩니다. 다른 도시들이 이러한 무질서로 가득 찼다면, 우리 도시는 다른 어떤 도시보다도 더 큰 무질서로 오염되었습니다. 법, 규약, 도시의 질서는 자유로운 삶(vivere libero)이 아니라 우세해진 당파의 야심에 따라 제정되어왔고, 또 여전히 그러하기 때문입니다. 이로부터 하나의 당파가 쫓겨나고 하나의 분열이 제거되면, 또 다른 파벌이 등장하는 일이 반복됩니다. 법보다는 파벌로써 유지하기를 선호하는 도시에서는 하나의 파벌이 반대 세력 없이 남게 되면, 처음에 도시의 안전을 위해 제정했던 사적인 방식으로는 스스로를 방어할 수 없기에 도시는 필연적으로 내부로부터 분열되기 때문입니다. 이것이 사실임은 우리 도시의 고대와 현재의 분열이 증명하고 있습니다. 기벨린파가 타도당했을 때 모든 사람이 구엘프파가 행복하게 존중을 받으며 오랫동안 존속할 것으로 믿었습니다. 그러나 잠시 후 구엘프파는 백당과 흑당으로 나뉘었습니다. 백당이 패배한 후에도 도시에 당파가 사라지지 않았습니다. 어떤 때는 망명자들을 지지하기 위해, 어떤 때는 민과 귀족 사이의 적대감으로, 우리는 항상 싸웠습니다. 그리고 우리가 합의를 거쳐 스스로 유지할 수 없거나 그렇게 하고 싶지 않은 것들을 다른 사람들에게 줘서, 어떤 때는 로베르토 왕에게, 어떤 때는 그의 동생에게, 어떤 때는 그의 아들에게, 마지막에는 아테네 공작에게 자유를 넘겨 버렸습니다. 그럼에도 우리는 어떤 정부 아래에서도 안식을 얻지 못했습니다. 우리가 자유롭게 사는 것에도 동의하지 않았고, 노예가 되는 것에도 만족하지 않았기 때문입니다. 심지어 로베르토 왕에게 복종하며 살 때조차 우리 제도의 분열적 성향으로 인해 우리는 주저 없이 그를 구비오 출신의 악당[24]으로 대체하기도 했습니다. 아테네 공작은 피렌체의 명예를 위해 언급하지 않을수록 좋습니다. 냉혹하고 전제적인 그의 기질에서 우리는 어떻게 살아야 할지를 배우고 더 현명해져야 했습니다. 하지만 우리는 그가 추방당하자마자 무기를 들고 어느 때보다도 더 큰 원한과 분노를 품고 서로 계속 싸웠습니다. 결국 우리의 구 귀족이 정복당하고 포폴로의 재량 아래 놓이게 되었습니다. 오만과 참을 수 없는 야망으로 불화와 당파를 일으켰던 사람들을 제어할 수 있게 된 후, 많은 사람들이 이제 어떤 소란(scandolo)이나 당파의

24) 『피렌체사』 2권 25장 참조. 란도 다 구비오(Lando da Gubbio)를 지칭.

불씨도 피렌체에서 다시 발생하지 않으리라 믿었습니다. 그러나 사람들의 의견이 얼마나 잘못되었고, 그들의 판단이 얼마나 틀렸는지 목도하고 있습니다. 귀족의 오만과 야망은 사라진 것이 아니라 포폴로가 계승했으며, 포폴로는 야망을 가진 사람들의 습관을 가지고서 공화국의 최고 자리를 차지하려고 애쓰고 있습니다. 불화(discordie) 외에 도시를 장악할 다른 수단은 없기에 그들은 다시 도시를 분열시켰습니다. 그들은 공화국에서 사라졌었고, 다시는 존재하지 않은 것이 나았을 구엘프와 기벨린의 이름을 부활시켰습니다. 그리고 하늘은 인간사에서 영원하고 안전한 것은 아무 것도 없도록 하기 위해 모든 공화국에 파멸을 위한 치명적인 가문들이 태어나도록 정했습니다. 피렌체에는 이런 가문들이 다른 어떤 공화국보다 많아서, 하나가 아니라 많은 가문들이 도시를 어지럽히고 고통스럽게 했습니다. 처음에 부온델몬티 가문과 우베르티 가문이, 그 후에는 도나티 가문과 체르키 가문이, 이제는, 얼마나 수치스럽고 우스운 일인가! 리치 가문과 알비치 가문이 도시를 어지럽히고 분열시키고 있습니다. 우리가 우리의 부패한 습관들과 고질적인 분열을 당신들께 상기시키는 것은 여러분을 겁주기 위해서가 아니라 그 원인을 기억하도록 하고, 당신들께서 그것들을 기억하는 만큼 우리도 기억하고 있음을 보여주고, 또 오랜 분열의 역사로 인해 여러분이 그것들을 진압하는 데 있어 절망해서는 안된다고 말씀드리기 위해서입니다. 오래된 가문들의 권세가 막강했고, 그들이 군주들로부터 얻은 호의가 대단했기 때문에 도시의 공적 제도와 방식으로는 그들을 제어하기에 부족했기 때문입니다. 그러나 이제 황제는 이곳에서 힘이 없고, 교황은 경외의 대상이 아니며, 모든 이탈리아와 피렌체는 매우 평등해졌기에 도시를 스스로 통치하는 것은 우리에게 별로 어렵지 않습니다. 만약에 의원님들께서 그렇게 할 마음의 준비만 해주시면, 우리 공화국은 단합을 유지할 수 있을 뿐 아니라,

반대의 선례들에도 불구하고, 좋은 관습과 공적인 방식으로 스스로를 개혁할 수 있을 것입니다. 어떤 사적인 열정이 아니라 우리 조국에 대한 애정으로 그렇게 해주시기를 간청합니다. 도시의 부패가 심하지만 이제 우리를 오염시키는 악, 소모적인 분노, 우리를 죽이는 독을 제거하고, 과거의 무질서를 인간의 본성이 아닌 시대 상황에 따른 결과로 돌리시면, 이제 시대가 변했으니 더 나은 제도를 통해 도시의 더 나은 운을 기대할 수 있을 것입니다. 우리 도시가 리치 가문과 알비치 가문의 야심을 제어하고, 파벌을 조장하는 제도를 폐지하고, 진실로 자유로운 시민의 삶(vivere libero e civile)에 부합하는 제도를 채택한다면, 불운을 신중하게 극복할 수 있습니다. 여러분께서 법의 도움으로 지금 행동하기로 결단해 주시기 바랍니다. 다른 사람들이 불가피하게 무력을 사용하여 행동하기 전에 말입니다."

6.[25)]

시뇨리들은 이미 자신들이 알고 있는 것들에, 그리고 이 사람들의 권위와 강권에 감동하여 56명의 시민에게 공화국의 안전을 돌볼 수 있는 권한을 주었다. 대부분의 사람들에게 좋은 제도를 새로 찾기보다는 이미 있는 것을 보존하려는 경향이 있음은 부인할 수 없는 진실이다. 이 시민들은 미래의 파벌의 원인을 제거하기보다는 현재의 파벌을 제거하는데 더 골몰했다. 그리하여 어느 것도 해내지 못했다. 다른 것보다 세력이 강한 파벌을 제거하는 동안 새로운 파벌의 원인은 손대지 못한채 남겨지면, 결국 이것이 공화국에 더 해롭기 때문이다. 그들은 모든 행정관직에서 구엘프파 사람들은 놔두고 3년 동안 알비

25) **성공하지 못한 개혁 시도 1372.**

치 가문 3명, 리치 가문 3명을 배제했는데, 이중에 알비치 가문의 피에로와 리치 가문의 우구치오네가 포함되었다. 그들은 행정관이 자리를 지키고 있을 때를 제외하고는 어떤 시민이든지 궁[26]에 들어오는 것을 금지했다. 공격을 받거나 재산 소유를 금지 당한 사람은 누구나 피해를 준 사람을 한 번에 의회에 고소할 수 있도록 했고, 귀족이 피고인으로 선언되면 그를 구금했다. 이 법은 리치 가문 파벌을 낙담시켰고, 알비치 가문의 용기를 고무시켰다. 둘 다 동일하게 유죄를 선고받았음에도, 피에로에게 시뇨리 궁은 닫혔지만 그가 상당한 권위를 행사했던 구엘프 궁은 열려있어서, 리치 가문은 더 많은 피해를 당했기 때문이다. 처음에 그와 그를 따르는 사람들은 견책(ammunire)하는 일에 열성적이었는데, 이런 식으로 거부당하게 된 이후 그들은 더욱 열성적으로 됐다. 이 악한 의지 위에 새로운 원인들이 더해졌다.

7.[27]

교황이 그레고리오 11세[28]였는데, 그는 선임자들이 그러했던 것처럼 아비뇽에서 대리인(legati)을 통해서 이탈리아를 다스렸으며, 그들은 탐욕과 자만심이 가득하여 많은 도시를 괴롭혔다. 당시 볼로냐에 있던 대리인 중 하나[29]는 피렌체에 발생한 기근[30]을 틈타 스스로 토스카나의 지배자가 되고자 했다. 그는 피렌체인들에게 곡물 공급을 보

26) 시뇨리가 있는 궁전.

27) **교황 그레고리오 11세와의 전쟁 1375.**

28) 1370년부터 1378년까지 교황.

29) 산탄젤로(Sant'Angelo)의 추기경 귀욤 놀레(Guillaume Nollet).

30) 1374년의 부족한 수확량이 나와서 곡물의 부족이 이미 연초에 감지됐지만 새로 수확하기에는 남은 달이 부족했던 해.

류했을 뿐 아니라, 미래의 추수에 대한 희망마저 빼앗기 위해 이듬해 봄이 되자 대군을 이끌고 공격해 들어왔다. 피렌체가 굶주리고 비무장인 것을 보고, 쉽게 이길 수 있으리라 생각했던 것이다. 만약 그와 함께 공격했던 군대가 불충하고 부패하지 않았더라면 아마 성공했을 것이다. 다른 해결책이 없었던 피렌체인들이 군인들에게 13만 플로린을 주고 작전을 포기하도록 만들었기 때문이다. 우리 마음대로 전쟁을 시작할 수 있지만, 우리 마음대로 전쟁을 끝낼 수는 없다. 대리인의 야망으로 시작된 이 전쟁은 피렌체인들의 분노로 계속됐다. 피렌체는 베르나보(Bernabo) 및 교회에 적대적인 모든 도시와 동맹을 맺고, 항소 없이 행동할 수 있을 뿐더러 보고 없이 돈을 쓸 수 있는 권위를 가지는 8명의 시민을 세웠다. 교황에 대항하여 시작된 이 전쟁은 리치파를 추종한 사람들이 우구치오네의 죽음 이후에도 다시 일어설 수 있도록 해주었다. 알비치 가문과 상반되게 그들은 항상 베르나보를 좋아하고 교회를 싫어했으며, 8명의 시민이 모두 구엘프파의 적이었기에 더욱 그러했다. 이 일로 피에로 델리 알비치, 라포 다 카스틸리온키오, 카를로 스트로치, 그리고 나머지 사람들이 그들의 적을 제압하기 위해 서로 더 가까워졌고, 8명[31]이 전쟁을 수행하는 동안 자문을 담당했다. 전쟁은 3년 동안 지속됐고 교황의 죽음으로 끝이 났다. 8인이 대단한 역량으로 공동체 전체가 만족할 정도로 일을 처리했기 때문에 그 공직이 매년 연장되었다. 그들은 파문(censure)[32]을 거의 신경 쓰지 않고서 교회의 재산을 탈취하고, 성직자들에게 자신들의 직위를 기리도록 강제했는데도 성인으로 불렸다. 그 시대 시민들은 자신들의 영혼보다 조국을 더 소중하게 여겼다. 그들은 전에는

31) [역자주] 8인 전쟁위원회.

32) 도시가 성무정지(scomuniche)의 피해를 당했다(1378년 10월 우르바노 6세 때 겨우 취소가 됐다).

교회의 친구로서 교회를 방어했지만, 이제는 적으로서 교회를 괴롭게 할 수 있음을 보여주었다. 로마냐, 마르케(Marche)[33], 페루자 모두 반란을 일으키도록 만들었기 때문이다.

8.[34]

교황에 대항하여 엄청난 전쟁을 수행하고 있었음에도 피렌체인들은 구엘프당의 지휘관이나 그들의 분파로부터 자신들을 방어하지 못했다. 구엘프파가 8인에게 품고 있는 시기심이 강렬하여 그들은 너무 대담해졌고, 다른 귀족 시민들(nobili cittadini)[35]뿐 아니라 8인 중 일부에게 해를 가하는 것을 서슴치 않았기 때문이다. 구엘프파의 지휘관들은 엄청나게 교만해져서 시뇨리보다 더 두려운 존재가 됐고, 사람들은 시뇨리보다 그들을 더 존중했다. 구엘프파의 궁도 시뇨리 궁보다 더 중요해져서 피렌체에 오는 모든 사절은 메시지를 가지고 구엘프 궁으로 갔다. 그래서 그레고리오 교황이 죽고 도시는 외세와의 전쟁에서 해방됐지만 구엘프파가 참기 힘들 정도로 대담했을 뿐 아니라 그들을 잠재울 수 있는 길이 없었기에 도시 내부는 대단히 혼란스러웠다. 어느 쪽의 권력이 우위에 있는지 결정하기 위해서 결국 피렌체인들은 무기에 호소하게 될 것임이 분명해졌다. 구엘프파 쪽에는 모든 오래된 귀족과 포폴로 중에서 가장 강력한 사람들이 다수 있었으며, 우리가 보았듯이, 라포, 피에로, 카를로가 지도자였다. 반대편에는

33) [역자주] 이탈리아 중부의 주.

34) **구엘프파가 정부를 탈취할 계획을 세우다 1378.**

35) 일반적인 의미로 '유력자로 보이는 사람들'(potenti, in vista). 3권 9장에서 '포폴로 귀족 가문'(nobilissima famiglia popolana), '귀족 포폴로'(nobili popolani) 처럼.

포폴로 중 약한 사람들 모두가 있었고, 그들의 지도자는 8인 전쟁위원회(Otto della guerra), 조르조 스칼리, 토마소 스트로치였으며, 리치, 알베르티, 메디치 가문이 이편에 가담했다. 다중의 나머지는 거의 항상 그러하듯이 불만을 가진 쪽에 동조했다. 구엘프파의 우두머리들은 적들의 힘이 강력하다고 보았고, 적대적인 시뇨리들이 자신들을 진압하고자 한다면 언제든지 가능할 것 같았다. 그러한 상황에 대비하고 자신들의 상태뿐 아니라 도시의 상황을 검토하기 위해 그들은 회합했다. 그들이 남발한 수많은 견책으로 온 도시가 그들의 적이 된 것처럼 보였다. 이 당파[36]는 더 나은 대책을 강구하지 못하고 적들로부터 모든 관직을 빼앗고 도시를 탈취하고 시뇨리궁을 강제로 차지하여, 결국 도시 전체를 집어삼켰다. 이는 모든 적을 도시에서 추방함으로써만 안전을 확보했던 과거 구엘프파의 방식을 모방한 것이다. 모든 구엘프파가 이 조치에 동의했지만, 그 실행 시기에는 의견을 달리했다.

9.[37]

1378년 4월, 라포는 정부를 차지하는 것을 늦출 수 없다고 생각하고, 시간 그 자체보다 시간에 해로운 것은 없다고 주장했다. 자신들의 당파에 적대적인 것으로 알려진 살베스트로 데 메디치가 다음 시뇨리아에서 곤팔로니에레가 될 가능성이 높기 때문에 더욱 그렇다는 것이다. 다른 한편, 피에로 델리 알비치는 늦추는 게 옳다고 주장했는데, 그들에게 군대가 필요한데 주의를 끌지 않고 모으기는 불가능하며,

36) [영역주] 구엘프의 새 파벌. 『피렌체사』 3권 3장.

37) **구엘프파의 음모, 살베스트로 데 메디치가 곤팔로니에레가 되다 1378.**

발각되면 분명한 위험에 처할 것이기 때문이라는 것이다. 그는 성 요한 축일 다음날(6월 24일)까지 기다려야 한다고 판단했다. 도시의 주요 휴일이어서 많은 군중이 모이면 그들 사이로 자신들이 원하는 만큼 많은 사람을 숨길 수 있기 때문이다. 그리고 살베스트로부터 두려워하는 것을 해결하기 위해서 그가 견책을 받게 할 수도 있고, 만약 그것이 소용 없다면 그의 구역의 선거구(Collegio)에 속한 사람[38]을 견책할 수 있을 것이다. 주머니가 비어 있어 대체자를 뽑는다면 그들은 피에로 자신 또는 그의 친척 중 몇 명을 뽑을 기회를 쉽게 만들 수 있으며, 그렇게 되면 살베스트로가 곤팔로니에레 자리에 앉을 가능성을 빼앗을 수 있다. 라포는 늦추는 것이 해롭고, 어떤 일도 전적으로 유리하기만 한 시간은 결코 편리하지 않으며, 모든 면에서 유리해지기를 기다리는 사람은 전혀 시도를 못해보거나 시도하더라도 해만 되는 경우가 더 많다고 판단했다. 그들은 선거구의 한 사람을 질책했으나, 살베스트로의 길을 방해하지는 못했다. 8인 전쟁위원회에 의해 기획이 드러나자 그들은 대체자가 뽑히지 못하도록 조치를 했던 것이다. 결국 알라만노 데 메디치(Alamanno de'Medici)의 아들 살베스트로가 곤팔로니에레로 선출됐다. 매우 고귀한 포폴로의 집안에서 태어난 이 사람은 포폴로가 강력한 소수로부터 탄압받는 것을 참을 수 없었고, 이 오만을 어떻게 끝낼지 고민했다. 자신이 포폴로와 많은 고귀한 포폴로 동료의 지지를 받는다는 사실을 알고서, 모든 도움을 제공하겠다고 약속한 베네데토 알베르티, 토마소 스트로치, 조르조 스칼리에게 자신의 계획을 공유했다. 그들은 구엘프당의 지휘관들의 권위를 약화시키고 견책받은 사람들에게 원래의 품위를 회복할 수 있는 여지를 두기 위해 귀족에 대항하여 정의의 법령(gli ordini della giustizia)을

38) (16명의 곤팔로니에레와 12명의 선인으로 구성된) 시뇨리아 콜레기의 위원. 콜레기의 위원들은 구역(quartiere)마다 선출된다.

되살리는 법을 비밀리에 작성해두고, 그 법이 제안되자마자 거의 동시에 제정되게 하고자 했다. 이 법은 먼저 콜레기에서, 그다음 평의회(Consiglio)에서 논의되어야 했기에 두 기관의 위원장(proposto, 자리를 유지하는 동안에는 도시에서 거의 군주의 지위를 누림)[39]인 그는 같은 날 아침 콜레기와 평의회를 소집했다. 그는 먼저 평의회와 별도로 콜레기에 법안을 제출했는데, 그 법은 새로운 것이어서 소수의 격렬한 반대에 부딪쳐 통과되지 못했다. 결과적으로 살베스트로는 그 법이 제정되게 할 첫 번째 방법이 실패한 것을 보고 급한 용무를 위해 자리를 뜨는 것처럼 가장하고서 누구도 알아차리지 못하게 평의회로 갔다. 거기에서 누구나 자신을 보고 들을 수 있는 높은 곳으로 올라가서, 자신은 이미 있는 통상적인 재판관들처럼 사적인 일을 위해 재판관이 된 것이 아니라 국가를 감독하고 강자들의 오만을 교정하며 공화국을 파괴하는 데 사용된 법들을 완화시키기 위해서 곤팔로니에레가 되었다고 믿는다고 말했다. 그는 이 일을 모두 곰곰이 생각하고 문제를 해결하기 위해 할 수 있는 모든 일을 했으나, 자신의 정당한 노력에 반대하는 일부 사람들의 악의로 인해 그는 어떠한 선도 행할 힘을 잃었고, 그 일을 숙고하고는 것뿐 아니라 경청하는 일조차 금지당했다고 말했다. 그리하여 자신이 공화국이나 보편적 선에 관하여 어떤 식으로도 더이상 쓸모 있는 존재가 아니기에, 자신은 자격이 없고 다른 사람도 그렇다고 믿는 이 관직을 무슨 이유로 유지해야 하는지 알지 못하겠다고 말했다. 따라서 그는 그보다 역량이 낫거나 운이 더 좋은 다른 사람이 그 자리에 앉을 수 있도록 집으로 돌아가고자 한다고 했다. 이런 말을 하고 그는 평의회를 떠나 집으로 갔다.

---

39) 시뇨리아의 위원(곤팔로니에레나 프리오리의 위원)이 되면 그 사람은 일정을 정하고 콜레기와 위원회에서 법안을 제출하는 역할을 할 의무가 있다. 그 역할은 시뇨리아의 모든 위원에게 차례로 부여된다. 메디치 가문은 6월 18일에 위원장(proposto)이 됐다.

10.[40]

그의 계획을 알고 있는 의회 사람들과 혁신을 원하는 다른 사람들이 소요를 일으키자 시뇨리와 콜레기가 달려가서 자신들의 곤팔로니에레가 떠나는 것을 막았다. 그들의 호소와 권위로 그를 만류하여 평의회로 다시 데려오자 의회는 완전히 혼란에 빠졌다. 많은 귀족 시민들이 매우 모욕적인 말로 위협을 받았다. 이들 중에서 카를로 스트로치는 그를 죽이고 싶어하는 한 길드인에게 가슴이 붙잡혔는데 옆에 서있던 구경꾼들에 의해 간신히 구출됐다. 더 큰 소란을 일으키고 도시를 무장상태에 놓이게 한 사람인 베네데토 델리 알베르티는, 궁전의 창문에서 가장 높은 목소리로 포폴로에게 무장하라고 소리쳤다가 광장이 재빨리 무장한 사람들로 가득 차는 일도 있었다. 그리하여 위협과 협박을 받게 된 콜레기는 이전에 요청받았을 때에는 하지 않았던 일을 이제는 하게 됐다. 동시에 구엘프파의 지휘관들은 시뇨리의 제도로부터 어떻게 스스로를 방어할지 조언을 듣기 위해서 궁[41]에 많은 시민들을 소집했다. 소요의 소문이 들리고 평의회의 결정을 이해하게 되자 모든 사람이 자신의 집에 몸을 숨겼다. 누구도 자기 편리한대로 중지시킬 수 있거나 자기 방식대로 규제할 수 있을 것이라는 믿음을 가지고서 도시에 변화를 가져와서는 안 된다. 그 법을 통과시켜 도시에 평화를 가져오는 것이 살베스트로의 의도였으나, 사태는 다른 방향으로 흘러갔다. 풀려난 증오(umori)[42]가 모든 사람을 사로잡아서 상점은 문을 닫았고, 시민들은 집에서 무장

---

40) **포폴로가 무기를 들다, 구엘프파가 도망가다 1378.**

41) 구엘프파의 궁.

42) 이미 도를 넘은 정열.

했으며, 많은 사람들은 수도원과 교회에 재산을 숨겼다. 누구나 어떤 악이 임박해 있다는 두려움을 느끼는 것 같았다. 길드 조직들이 만나 각 길드에서 위원(sindaco)을 한 명씩 임명했고, 프리오리는 콜레기와 이 위원들을 소집했으며, 그들은 온종일 어떻게 하면 도시를 안정시키고 모든 사람이 만족할 수 있는지 토론했다. 그러나 의견이 다양하여 합의에 이르지 못했고, 다음날 길드들은 자신들의 깃발을 가져왔다. 시뇨리는 이 일에 대하여 듣고서 일어날 일을 두려워하며 평의회에게 해결책을 내놓으라고 촉구했다. 평의회가 모이자마자 소란의 소식이 들렸고, 즉시 길드의 기가 광장에 모였으며, 무장한 많은 군인들이 그 뒤로 늘어섰다. 그때 길드와 포폴로를 만족에 대한 희망으로 달래고 그들이 폭력을 행사할 기회를 없애기 위해 평의회는 피렌체에서 발리아(balía)라 불리는 비상대권(generale potesta)[43]을 선포하여 시뇨리, 콜레기, 8인 전쟁위원회, 구엘프당의 지휘관들, 길드 위원들이 공동체의 이익을 위해 도시의 정부를 개혁할 수 있게 했다. 이일이 진행되고 있을 때, 길드와 소 길드의 몇몇 곤팔로니에레들이 구엘프파에게서 받은 최근의 상처에 복수하려는 사람들의 선동에 넘어가, 무리에서 떨어져 나와 라포 다 카스틸리온키오의 집을 약탈하고 불태웠다. 그는 시뇨리가 구엘프파의 제도에 반대하고, 포폴로가 무장했으며, 숨거나 도망가는 것 외에는 해결책이 없다는 것을 알고서, 먼저 산타 크로체에 숨었다가 그다음 수도사 옷을 입고 카센티노로 도주했다. 망명 중 그는 성 요한의 날까지 정부를 장악하려는 시도를 연기하자고 주장했던 피에로 델리 알비치와 그에게 동의했던 자신에게 여러 번 통탄했다는 이야기가 들려왔다. 그러나 피에로와 카를로 스트로치는 소란이 시작되자마자 몸을 숨겼는데, 소동이 그치면 많은 친척과 친구들이 있는 피렌체에 안전하게 남아

---

43) 전적인 권력(또는 피렌체의 조건에 따르면, 바로 다음에 기록된 '발리아').

있을 수 있다고 생각했다. 라포의 집이 불탔을 때 —악은 시작이 어렵지 커지는 건 순식간이기에— 일반적 증오와 개인적 원한으로 다른 많은 집들이 약탈당하고 불태워졌다. 폭도들은 다른 사람의 재산을 훔치려는 갈망이 자신보다 더 큰 사람들을 합류시키기 위해 감옥을 부수어 열고, 많은 시민들이 재산을 숨겨둔 아뇰리(Agnoli)의 수도원과 산토 스피리토(Santo Spirito)의 수녀원을 약탈했다. 군중의 분노를 무슨 수를 써서라도 저지하고자 무장한 군인들과 함께 말을 타고 온 시뇨리 한 명에 대한 그들의 경외와 존경이 막아주지 않았더라면, 공공재산이 이 약탈자들의 손을 벗어날 수 없었을 것이다. 포폴로의 분노는 시뇨리의 권위에 의해, 그리고 해가 지면서 다소 누그러졌고, 다음 날 발리아가 3년 동안 어떤 관직도 맡을 수 없다는 조건으로 견책받은 사람들에게 은전을 베풀었다. 그들은 구엘프파에 의해서 만들어진 시민들에게 편향된 법들을 폐지하고 라포 데 카스틸리온키오와 그의 동료들, 널리 대중의 미움을 받는 다른 많은 사람들을 반역자로 선언했다. 이 결정 후 새로운 시뇨리가 선포됐고, 곤팔로니에레는 루이지 귀차르디니(Luigi Guicciardini)[44]였다. 그들은 모든 사람들에게 평화주의자이자 도시의 평온을 좋아하는 사람들로 보였기에 그 이름들이 발표될 때 소란을 멈출 수 있다는 희망이 생겼다.

44) 1346~1403. 유명한 프란체스코(Francesco)의 직계 조상. 곤팔로니에레로 선출된 것이 그가 맡은 정부의 주요 역할 중 두드러진 것이다.

11.[45)]

그럼에도 상점들은 열지 않았고, 시민들은 무기를 내려놓지 않았으며, 도시 전체에 중무장한 경비대가 있었다. 이에 시뇨리는 평소처럼 위엄을 가지고 궁전 밖에서가 아니라 어떠한 의례도 없이 내부에서 관직을 인수받았다. 시뇨리는 관직을 시작할 때 도시의 평화보다 유익한 것은 없다고 판단했다. 그래서 그들은 무기를 내려놓고 상점을 열었다. 도움을 위해 교외로부터 불러들였던 많은 시민들은 피렌체에서 내보내고, 도시의 많은 장소에서 낮 동안 감시를 명령했다. 그리하여 견책받은 자들이 잠잠해졌다면 도시는 조용해졌을 것이다. 그러나 그들은 자신들의 명예를 되찾는데 3년의 시간을 보낼 수가 없어서 길드가 그들의 불만을 가지고 다시 회합하여 시뇨리에게 도시의 이익과 평화를 위해 언제든지 시뇨리, 콜레기, 구엘프당의 지휘관, 길드의 집정관(consolo) 중 하나가 된 어떤 시민이든지 기벨린파라고 하여 견책받지는 않도록 조치해주길 요구했다. 더 나아가, 새로운 뽑기(imborsazioni)가 구엘프 당에서 열렸고, 오래된 주머니는 태워졌다. 시뇨리 뿐 아니라 모든 위원들이 이 요구를 즉각 수용하여 양보하는 모습을 보여서 시작된 소란이 그칠 것처럼 보였다. 그러나 인간은 자신의 것을 되찾는 데 결코 만족하지 않고 복수를 위해 다른 사람의 것을 차지하기 원하기에, 무질서에 희망을 건 사람들은 길드인들에게 적의 많은 수가 추방되고 파괴되지 않으면 그들에게 결코 안전이 확보되지 않을 것이라고 설득했다. 이 일들을 걱정한 한 시뇨레가 길드의 관리들과 그들의 위원들을 시뇨리 앞으로 불러들였고, 곤팔로니에

45) **구엘프파가 권력을 잃다, 루이지 귀차르디니가 분열을 반대하는 연설을 하다** 1378.

레인 루이지 귀차르디니는 그들에게 다음과 같이 말했다. “만약 이 시뇨리와 내가 오래도록 바깥의 전쟁이 끝나면 내부의 전쟁이 시작되어 온 이 도시의 운명을 알지 못했다면, 우리는 계속되는 소란에 더 놀랐을 것이고 그것들에 더 불만스러웠을 것이오. 그러나 익숙한 일은 덜 성가시게 하기 때문에, 특히 우리는 우리의 어떤 잘못도 없이 시작된 최근의 소란을 인내심을 가지고 참아왔소. 그리고 당신들에게 무거웠던 많은 어려움들에 대한 요구가 수용되었기에 과거의 예를 따라 그 소란들이 곧 끝나리라 희망했소. 그러나 우리는 여러분이 잠잠하지 않고 오히려 동료 시민들에게 새로운 상처를 주고 싶어하고, 다수를 새로운 추방으로 벌하려고 하는 것을 보면서 당신들의 불명예와 함께 우리들의 불만이 커지고 있소. 정말로 우리가 관직을 맡는 동안 당신들에게 반대하거나 굴복하여 우리 도시가 멸망할 것이라고 예견했다면 우리는 도주나 망명으로 이 명예로운 자리를 피했어야 했을 것이오. 그러나 우리는 일말의 겸손함과 조국에 대한 사랑을 가지고 있는 사람들과 어울릴 것이라 기대했고, 당신의 야망을 우리의 겸손함으로 반드시 극복할 수 있다고 믿었기에 이 관직을 기꺼이 맡은 것이오. 그러나 이제 우리는 경험을 통해, 우리가 더 양보하고 당신들을 더 따를수록 여러분은 더 교만해지고 더욱 불명예스러운 일을 요구한다는 것을 알게 되었소. 우리가 이렇게 말하는 것은 여러분을 화나게 하려는 것이 아니라 당신들이 반성하도록 이끌고자 함이오. 우리는 다른 사람들이 당신들을 기쁘게 하는 것을 말하도록 하고, 우리는 당신들에게 유익하다고 생각되는 것을 말하려고 하오. 맹세코 우리에게 말해주시오. 당신들이 우리에게 명예롭게 요구할 수 있는 것이 무엇이오? 당신들이 구엘프당의 지휘관들로부터 권위를 빼앗아야 한다고 요구하여 그렇게 했소. 당신들이 그들의 주머니를 태우고 새롭게 지도부를 구성하라고 요구하여 따랐소. 당신들은 견책받은 사람들을 공직에 회복시켜야 한다고 요구하여, 그렇게 동의했소. 당신들의 요구에 우리는 집을 태우고 교회를 약탈한 사람들을 용서했소. 당신들을 만족시키기 위해 우리는 많은 명예롭고 힘있는 시민들을 추방했소. 당신들을 위하여 귀족들이 새로운 법에 의해 제지받고 있소. 여러분의 이러한 요구들은 무슨 목적을 가지고 있고, 우리의 관대함을 언제까지 악용할 작정이오? 우리가 패배했을 때보다 승리했을 때 더한 인내를 가지고 감내하는 것을 여러분은 보지 못하시오? 당신들의 분열이 도시를 어디로 데려가겠소? 나라가 분열되었을 때 루카의 비천한 시민 카스트루초[46]가 당신들을 패배시켰고, 당신들이 고용한 군인 아테네 공작이 당신들을 굴복시켰던 것을 잊었소? 그러나 나라가 단합되었을 때 밀라노의 주교와 교황[47]이 우리를 이기지 못하고 수년 동안 전쟁을 했지만 수치만 당했소. 어찌하여 당신들은 전쟁의 때에 그렇게 많은 적들이 자유롭게 두었던 이 도시를 평화의 때에 당신들의 불화로 노예로 만들려고 하는 것이오? 노예로 전락하는 것 말고 당신들의 분열로부터 우리가 무엇을 얻을 수 있으며, 우리의 소유에서 빼앗았거나 빼앗을 것으로 우리의 가난 외에 다른 무엇이 있을 수 있소? 그것은 우리의 노력과 결합하여 도시 전체에 영양을 공급할 원천인데, 원천을 빼앗긴 도시는 영양이 공급되지 않소. 우리에게서 그것을 강탈한 사람들은 사악하게 얻은 재산을 어떻게 지켜야 할지 알지 못하고, 결과적으로 기아와 불행이 도시를 기다리고 있을 것이오. 나와 이 시뇨리는 당신들에게 명령하며, 만약 우리의 명예가 아직 있다면 당신들이 마침내 마음을 정리하고 우리가 채택한 조치들에 만족해

---

46) 루카 사람인 카스트루초 카스트라카니. 『피렌체사』에서 그에 대한 이야기는 2권 26－30장에 서술되어 있다.

47) 밀라노 사람인 조반니 비스콘티(Giovanni Visconti) 주교에 대항한 전쟁은 2권 42장에 약간 나온다. 교황에 대한 언급은 1375～1378년의 전쟁과 관련됐다.

주기를 간청하오. 당신들이 뭔가 새로운 것을 바란다면 소요와 무력으로서가 아니라 합법적으로 요청하도록 하시오. 만약 당신들의 바람이 명예로운 것이라면 그것은 항상 승인될 것이며, 당신들의 상처와 손해를 대가로 사악한 자들에게 조국을 파괴할 기회를 결코 주지 않을 것이기 때문이오." 이 말은 진실하여 시민들의 마음을 크게 움직였다. 그들은 그 곤팔로니에레에게 훌륭한 시뇨리의 의무를, 도시 전체에게는 훌륭한 시민의 의무를 다한 것에 대해 감사를 표했고, 명령을 받는다면 어떤 일이든 기꺼이 복종하겠다고 약속했다. 그들에게 약속을 지킬 기회를 주기 위하여 시뇨리는 두 명의 시민에게 더 중요한 관직을 주어, 길드의 위원들과 함께 도시의 평온을 위해 필요한 개혁을 고민하고 시뇨리에게 보고하도록 했다.

12.[48)]

이 일들이 그렇게 진행되는 동안 다른 혼란이 일어나 첫 번째 소란보다 공화국을 더 곤란에 빠뜨렸다. 지난번에 발생했던 것보다 더 많은 방화와 약탈이 도시의 가장 가난한 평민들(infima plebe)에 의해 저질러졌다. 그들 중 가장 대담하게 행동한 사람들은 분열의 주요 이유가 잠잠해지고 해결되면 자신들이 저지른 범죄로 처벌받을까 두려워했고, 항상 그러하듯이, 그들에게 악을 저지르도록 부추긴 사람들에 의해 버림받을까 걱정이 됐다. 여기에 부유한 시민들과 길드의 지도자들(principi)[49)]에 대한 하층민들의 불만이 더해졌는데, 그들이 자신들

48) **피렌체의 노동자 문제 1378.**
49) 사업하는 높은 중산계급으로서 길드 내의 일을 결정할 수 있는 모든 권리를 가지고 있다.

의 노동에 대하여 정당하다고 여기는 임금을 받지 못했기 때문이다. 카를 1세 시기에 도시가 길드로 나뉘고, 각 길드에 한 명의 지도자와 지배구조(governo)가 주어졌고, 각 길드의 구성원들은 도시의 일에 있어 지도자의 판단을 받아야 했다. 우리가 전에 보았듯이, 이 길드들은 처음에는 12개였는데, 시간이 지나면서 많이 늘어나서 21개가 되었다. 길드의 힘이 막강해져 수년 안에 도시 전체를 장악했다. 길드 중 일부는 더 존중을 받고, 또 일부는 그렇지 못하여 대길드와 소길드로 구분됐다. 대길드가 7개, 소길드가 14개였다. 이 구별과 위에서 보았던 다른 이유들로부터 구엘프당의 지휘관들의 교만이 생겨났다. 오랜 기간 구엘프파였던 가문들의 시민들이 항상 지휘관직이 자신들의 통제 하에 행사되도록 했는데, 이들이 대길드의 포폴로를 편애하고 소길드의 포폴로와 그 지지자들은 박해했기 때문이다. 우리가 보았던 많은 반란은 여기에서 비롯된 것이었다. 더욱이 길드 조직을 구성할 때 소 포폴로와 가장 열악한 평민들이 관련된 많은 직업[50]의 종사자들이 자신들의 길드 조직을 가지지 못하고, 직업의 특성에 따라 다양한 길드에 종속됐다. 그들은 자신들의 노동에 만족하지 못하거나 주인들에게서 탄압받을 때, 그들을 소속시킨 길드의 관리 외에는 어디에도 구제를 요청할 곳이 없었으나, 그들로부터 정당한 지원을 제공받지 못한다고 생각했다. 모든 길드 중 딸린 식구들이 가장 많았고 또 여전히 가장 많은 길드가 양모(lana) 길드였다. 양모 길드는 매우 강력하고 그 권위가 모든 길드 중 으뜸이었기에 그 사업으로 평민과 소 포폴로의 대다수에게 오랫동안 일자리를 제공해왔다.

---

50) 육체 노동하는 직종.

13.[51)]

양모 길드와 다른 길드에 속한 평민들은 위의 이유들로 매우 분개했을 뿐 아니라 자신들이 저지른 방화와 약탈의 결과를 두려워하여, 밤바다 여러 차례 모여 발생한 일들에 대해 논의하고 자신들이 처한 위험을 서로 상기했다. 그중 가장 대담하고 경험이 많은 한 사람이 다른 사람들을 격려하고자 다음과 같은 취지로 말했다. "만약 지금 우리가 무기를 들어야 하는지, 시민들의 집을 약탈하고 태워야 하는지, 교회를 약탈해야 하는지를 결정할 수 있다면, 저는 그것을 심사숙고해야 할 일로 생각하고 있습니다. 저는 아마도 위험한 이득보다 고요한 가난이 더 낫다는 견해입니다. 그러나 무기는 이미 들었고 많은 악이 행해졌기에, 우리는 어떻게 그것을 내려놓을지 어떻게 우리가 저지른 악으로부터 스스로를 보호할 것인지를 고민해야 합니다. 저는 누구도 우리에게 가르쳐주지 않을 때, 필연(necessità)만은 우리를 가르쳐 준다고 분명히 믿습니다. 여러분은 우리에 대한 유감과 증오로 가득 찬 이 도시를 보고 있습니다. 시민들은 서로 만나는데 시뇨리아는 항상 관리들하고만 밀착해 있습니다. 여러분은 우리를 향한 덫이 고안되고 있고 우리의 목숨을 노리는 새로운 군대가 준비되고 있다는데 동의할 것입니다. 우리는 이 논의에서 두 가지 목표를 염두에 두고 일을 결정해야 합니다. 하나는 우리가 과거에 저지른 일에 대해서 벌을 받지 않는 것이고, 다른 하나는 과거보다 더 많은 자유와 만족을 가지고 사는 것입니다. 따라서 제게는 우리가 과거 잘못을 용서받기를 기대한다면 새로운 잘못을 저지르고, 우리의 범죄를 배가하고, 방화와 약탈을 확대하고, 가능한 많은 사람을 우리 일의 동반자로 참

51) **하층민의 잘못에 대한 연설 1378.**

여시키도록 노력해야 할 것으로 보입니다. 많은 사람이 범죄를 저지르면 누구도 처벌받지 않으며, 작은 잘못은 벌을 받고 크고 심각한 잘못은 상을 얻습니다. 많은 사람이 겪는 고통에 대해 복수하려는 사람이 거의 없는 것은, 많은 사람이 받는 상처는 개인이 받는 상처보다 더 인내심을 가지고 견디기 때문입니다. 그래서 범죄를 배가하면 우리가 더 쉽게 용서를 얻을 수 있을 것이며, 우리의 자유를 위해 필요한 것들을 얻을 수 있는 길을 열어줄 것입니다. 우리는 확실한 성공을 거둘 것 같습니다. 우리를 방해하는 사람들은 분열되어 있고 부유하기에, 그들의 분열은 우리에게 승리를 가져다 줄 것이고 그들의 부가 우리 것이 될 때까지 우리를 지켜줄 것이기 때문입니다. 우리를 부끄럽게 만드는 그들의 오래된 혈통에 겁먹지 마십시오. 모든 사람은 동일하게 시작했고 동일하게 오래됐습니다. 본래 모든 인간은 한 가지 방법으로 만들어졌습니다. 모든 사람을 발가벗겨보세요. 우리 모두 똑같다는 것을 알게 될 것입니다. 우리를 그들의 옷으로 입히고 그들을 우리의 옷으로 입혀보세요. 의심할 것 없이 우리는 고귀하게 보이고 그들은 비천하게 보일 것입니다. 가난과 부가 불평등의 유일한 원인이기 때문입니다. 저는 양심을 이유로 여러분 중 다수가 이미 저지른 일을 후회하고 더 이상 행동하기를 삼가고자 한다는 말을 듣게 되어 매우 유감입니다. 만약 그것이 사실이라면 여러분은 분명히 제가 믿는 그런 사람들이 아닐 것입니다.[52] 양심도 오명도 여러분을 겁먹게 해서는 안 됩니다. 정복하는 사람들은 어떤 방식으로 정복하든 결코 그것 때문에 불명예에 이르지 않습니다.[53] 우리는 절대 양심

52) (도덕적인 주저함을 초월하는 것과의 관계에 대해서) 『만드라골라(Mandragola)』 3막 4장 참조.

53) 『군주론』 18장과 『카스트루초 카스트라카니의 생애(Vita di Castruccio)』, 146의 구절("그는 승리의 방식이 아니라 승리 자체가 당신에게 영광을 가져다 준다고 말했다") 참조.

을 고려하지 않아야 합니다. 사람들은 우리가 그러하듯이 배고픔과 감옥에 대한 두려움이 긴급한 곳에서는 지옥에 대한 두려움이 설 자리가 없고 있어서도 안 되기 때문입니다. 사람들이 어떻게 움직이는지 관찰해보면, 여러분은 큰 부와 큰 권력을 얻은 사람들은 모두 그것들을 속임수나 폭력[54]으로 얻었고, 후에 그것들의 추악함을 숨기기 위해 자신들이 속임수와 폭력으로 낚아챈 것들에 거짓된 이름을 붙여 명예롭게 만든다는 사실을 알게 될 것입니다. 그러나 태만함으로든 우둔함으로든 이런 길로 가기를 피하는 사람들은 항상 노예와 빈곤 상태에 질식할 지경입니다. 충성스러운 하인은 항상 하인이고 좋은 사람은 항상 가난하기 때문입니다. 불충하고 대담한 사람이 아니고서 노예상태에서 빠져나올 수 없고, 탐욕하고 사기치는 사람이 아니고서는 가난에서 빠져나올 수 없습니다. 신과 자연은 모든 인간의 재산(fortuna)을 그의 손이 닿는 데에 두었지만, 이것은 노동보다 약탈에, 좋은 기술보다 나쁜 기술에 더 열려있습니다. 이것으로부터 인간은 서로 잡아먹는 일이 생기고, 가장 약한 사람들이 항상 최악의 상황에 이릅니다. 그래서 우리는 기회가 있을 때마다 폭력을 사용해야 합니다. 시민들이 분열되어 있고 시뇨리아는 주저하며 관리들이 겁먹은 이때보다 더 큰 기회를 행운이 우리에게 줄 리 없습니다. 그들이 단합하고 용기를 다지기 전에 그들을 쉽게 제압할 수 있을 것입니다. 결과적으로 우리는 완전히 도시의 지배자가 되거나 도시의 대부분을 차지하여, 우리의 지난 잘못이 용서될 뿐만 아니라 새로운 가해로 도시를 위협할 수 있는 힘을 갖게 될 것입니다. 저는 이 계획이 대담하고 위험하다는 것을 인정합니다. 그러나 불가피한 상황에서 무모함은 현명함으로 판단되며,[55] 큰일 앞에 용기 있는 사람은 결코 위험을 고

---

54) 마키아벨리의 이분법. 『로마사 논고』 2권 23장과 『군주론』 7, 8, 18장 참조.
55) 『로마사 논고』 3권 44장 참조.

려하지 않습니다. 위험으로 시작한 과업은 보상으로 끝나고, 위험 없이는 누구도 위험에서 벗어나지 못합니다. 그래서 저는 우리에게 감옥, 고문, 죽음이 준비된 것을 볼 때, 우리가 우리 자신을 안전하게 만들고자 노력하기보다 어떠한 행동도 하지 않는 것을 더 두려워해야 한다고 믿습니다. 전자는 악이 분명하지만 후자는 의심스럽기 때문입니다. 여러분이 상급자의 탐욕과 관리들의 불의에 대해 한탄하는 것을 얼마나 자주 듣고 있습니까! 지금이야말로 바로 당신을 그들로부터 해방시키고 그들보다 우위에 서서, 여러분이 그들에 대하여 했던 것보다 더한 것으로 그들이 여러분에 대하여 불평하고 두려워하도록 만들 때입니다. 기회의 여인(occasione)[56]이 우리에게 가져다준 기회(opportunità)가 달아나고 있습니다. 기회가 도망가면 그녀를 다시 붙잡으려고 해도 소용없습니다.[57] 여러분은 우리의 적들이 준비하고 있는 것을 보고 있습니다. 그들의 계획을 능가합시다. 우리 중 누구라도 먼저 무기를 드는 사람은 의심할 것 없이 적을 쓰러뜨리고 자신을 높이는 승리자가 될 것입니다. 그래서 우리 중 다수는 명예를 얻고 모두에게 안전을 가져다줄 것입니다." 이러한 설득이 그들의 마음을 크게 불타오르게 해서, 이미 악을 향해 마음이 뜨거웠던 그들은 생각이 같은 더 많은 동료를 끌어들이자마자 무기를 들기로 결심했고, 그들 중 누구라도 관리들에 의해 제압을 당하면 서로를 지켜주기로 맹세했다.

---

56) [역자주] occasione는 마키아벨리 당대 이탈리아에서 앞머리는 길고 뒷머리는 없는 여인으로 의인화되었다. 이는 기회는 적시에 포착해야지 지나가고 나면 아무리 잡으려고 애를 써도 소용없다는 의미를 담고 있다.

57) 격언의 모티브와 관련해서 「기회에 대하여(Dell'occasione)」, 7, 14−15행 참조. 이 *occasione* 용어의 의인화는 행운(의 여신) 및 유사한 개념들의 도상화의 전통적 모티브다.

14.[58]

이 사람들이 공화국을 장악하려고 준비하고 있을 때 그들의 계획을 시뇨리가 알게 되었다. 시뇨리는 시모네 달라 피아자(Simone dalla Piazza)라는 사람을 붙잡았고,[59] 그로부터 전체 음모와 다음날 음모자들에 의해 소요가 일어나기로 되어 있다는 사실을 알게 되었다. 이에 그들은 길드의 위원들과 협력하며 도시의 단합을 위해 고민하던 콜레기와 다른 시민들을 소집했다. 그들이 모두 모이기도 전에 저녁이 됐다. 이 사람들은 시뇨리에게 충고하여 길드의 집정관들(consoli)을 오도록 했고, 이 지도자들은 모두 피렌체의 모든 군인과 포폴로의 곤팔로니에레에게 무장한 동료들과 함께 아침에 광장에 집결하라고 명령을 내려야 한다고 권고했다. 시모네가 고문을 받고 시민들이 모이고 있을 때, 니콜로 다 산 프리아노라는 남자가 궁전의 시계를 점검하고 있었다. 돌아가는 상황을 알게 된 그는 집으로 돌아가서 들은 바를 전하며 이웃 전체를 깨웠다. 즉시 천 명이 넘는 무장한 사람들이 산토 스피리토 광장에 모였다. 이 소문이 다른 공모자들에게 전해졌고, 그들이 선택한 장소인 산 피에로 마조레(San Piero Maggiore)와 산 로렌초(San Lorenzo)는 무장한 사람들로 가득 찼다. 7월 21일[60] 날이 이미 밝았을 때 광장에는 80명이 안 되는 무장한 군인이 시뇨리를 도울 준비를 하고 있었지만, 곤팔로니에레는 도시 전체가 무장하고 있다는 소식을 듣고 또 자신들의 집이 무방비 상태가 될까 염려하여 어느 누구도 나타나지 않았다. 광장에 도착한 평민들 중 첫 번째 무리는 산

---

58) **치옴피 난이 성공하다 1378.**

59) 시모네는 1378년 7월 19일에 체포됐다.

60) 실제로는 7월 20일이다.

피에로 마조레에 집결한 사람들이었다. 그들이 도착했을 때 무장한 군인들은 움직이지 않았다. 후에 나머지 무리(moltitudine)가 왔다. 저항이 없자 그들은 시뇨리아에게 수감자들을 내놓으라고 무섭게 소리쳤고, 위협을 해도 넘겨주지 않자 무력으로 그들을 석방시키기 위해 루이지 귀차르디니의 저택을 불태웠다. 그때 시뇨리는 사태가 더 악화될까 두려워서 수감자들을 풀어줬다. 군중은 수감자들을 돌려받자 관리(esecutore)[61]로부터 정의의 법령의 기를 빼앗고, 그 기 아래에서 공적이거나 사적인 이유로 적대감을 불러일으킨 사람들에게 폭력을 행사하며 많은 시민들의 집을 불태웠다. 많은 시민이 자신의 사적인 상처를 복수하기 위해 적의 집으로 군중을 이끌었는데, 군중 한 가운데서 "누구 누구네 집으로!"라고 한 번 외치거나 기를 손에 든 사람이 거기로 가는 것으로 충분했다. 양모 길드의 모든 기록 또한 불태워졌다. 폭도들은 많은 나쁜 짓을 하고 난 후 몇몇 칭찬받을 일도 보태기 위해서 살베스트로 데 메디치[62]와 다른 많은 시민들에게 기사 작위를 수여했는데, 그 수가 64명에 이르렀다. 그들 중에는 베네데토와 안토니오 델리 알베르티, 토마소 스트로치, 그 외에 그들이 신뢰하는 비슷한 사람들이 있었다. 그러나 많은 사람들은 작위를 강제로 받았다. 이 일에 있어 무엇보다 충격적인 점은, 자신의 집이 불태워지는 것을 목격한 많은 사람들이 같은날 직후에 그들의 집을 불태운 동일한 폭도들로부터 기사 작위를 받은 것이다(이익과 피해가 그렇게 붙어 있었다). 정의의 곤팔로니에레인 루이지 귀차르디니에게 일어났던 일도 바로 이런 것이었다. 이런 혼란 중에 시뇨리는 자신들이 군인들과 길드의 지도자들, 곤팔로니에레들에 의해 버림받았다는 사실을 알게 됐는데,

---

61) '정의의 법령'의 집행을 책임 맡은 관리.

62) 살베스트로 데 메디치는 고문을 받은 시모네에 의해 음모의 주동자 중 한 명으로 지목되었다.

어느 누구도 명령 받은대로 그들을 구하러 오지 않자 낙담했던 것이다. 길드의 16개 깃발 중 금사자 기와 다람쥐 기만 조벤코 델라 스투파(Giovenco della Stufa)와 조반니 캄비(Giovanni Cambi)의 지휘 아래 나타났다. 그러나 그들은 광장에 잠시 머물다가 다른 어느 누구도 뒤따라오지 않는 것을 보고 곧 떠났다. 다른 한편 시민들이 이 제어되지 않는 폭도(moltitudine)의 분노를 보고 궁이 버려진 것을 알았을 때, 일부는 집에 머물렀고 일부는 무장한 폭도들을 따라갔다. 그들 가운데 있는 것이 자신의 집과 친구들의 집을 지키는데 더 나았기 때문이다. 폭도들의 힘은 점점 강해졌고 시뇨리의 힘은 점점 약해졌다. 이 폭동은 하루종일 계속 됐고, 밤이 되자 그들은 산 베르나바 교회 뒤에 있는 스테파노의 궁 앞에 모여들었다. 그들의 숫자는 6천 명이 넘었다. 이들은 날이 밝기 전에 길드를 위협하여 그들의 기를 보내도록 강요했다. 아침이 오자 폭도들은 정의의 법령의 기와 길드의 기를 앞세우고 포데스타 궁으로 진군했다. 포데스타가 항복하기를 거부하자 폭도들은 궁을 공격하여 차지했다.

15.[63]

시뇨리는 폭도들을 힘으로 제어할 수단이 없다고 판단해서 협상을 시도하기로 결정하고, 콜레기에 속한 4인을 소환하여 포데스타 궁으로 보내 폭도의 목적이 무엇인지 알아내도록 했다. 그들은 평민(plebe)의 지도자들이 길드의 위원들 및 몇몇 시민들과 함께 시뇨리에게 내놓을 요구조건들을 결정했음을 알게 됐다. 4인은 평민이 뽑은 4명과 함께 시뇨리아로 돌아왔고 요구조건은 다음과 같다. '양모 길드는 더

63) **시뇨리가 치옴피들에게 궁을 넘기다 1378.**

이상 외국인 재판관을 두지 않는다. 3개의 새 길드를 만드는데, 하나는 소모(梳毛)작업자(cardatori)와 염색업자들을 위해, 두 번째는 이발사, 더블릿(몸에 꽉 끼는 남성 상의) 제작자, 재단사, 그 외의 유사한 기술직에, 세 번째는 소 포폴로(popolo minuto)[64]를 위해 만든다. 이 세 개의 길드로부터 항상 두 명의 시뇨리를, 14개의 소길드로부터 세 명의 시뇨리를 두도록 한다. 이 길드에 속한 사람은 누구나 50 두캇 미만의 빚은 2년 안에 갚지 않아도 된다. 공공부채(Monte)는 이자를 지불하지 않고 원금만 상환한다. 추방된 자와 유죄선고 받은 자를 모두 사면한다. 견책 받은 모든 사람은 원래 지위를 회복시킨다.'[65] 여기에 그들은 자신들의 지지자들의 이익을 위해서 많은 다른 것들을 요구했다. 한편, 그들은 적의 다수를 추방하고 징계할 것을 주장했다. 이 요구들이 불명예스럽고 공화국에 어려운 일이었지만, 악화되는 것이 두려웠던 시뇨리, 콜레기, 포폴로 평의회에서 이를 즉시 승인했다. 그러나 승인 절차를 완전히 마치려면 코무네(commune) 평의회에 의해 통과되어야 했다. 하루에 두 평의회가 함께 모일 수 없어서 다음날까지 연기하기로 동의했다. 그럼에도 길드와 평민은 잠시 만족스러워하는 것처럼 보였고, 그들은 법이 승인되면 모든 무질서가 잠잠해질 것이라 약속했다. 아침[66]이 되자 코무네 평의회에서 논의가 계속됐다. 군중은 참지 못하고 불안해 하여 항상 가지고 다니는 깃발 아래 광장으로 모여 크고 위협적인 목소리로 외쳤고, 평의회와 시뇨리 모두 두려워했다. 이에 시뇨리 중 한 명인 구에리안테 마리뇰리(Guerriante Marignolli)는 다른 어떤 감정보다도 두려움에 사로잡혀 아래층 문을 방어한다는 핑계를 대고 아래층으로 내려가서 집으로 도망쳤다. 그는 바깥으로

64) 비숙련공들과 자격 없는 노동자들의 집합.
65) 말하자면, 그들이 공직에 들어가는 권리를 다시 인정받았다.
66) 폭동이 발생한 지 3일째 되는 6월 22일.

나가자 자신을 제대로 숨기지 못하고 군중에게 발각됐다. 군중은 그를 보고서 모든 시뇨리가 궁을 버리지 않을 경우 그들의 자식들을 죽이고 집을 불태울 것이라고 외쳤지만, 그에게 해를 가하지는 않았다. 그 와중에 법은 통과됐고 시뇨리는 회의실에 갇혔다. 의원들은 아래층으로 내려갔지만, 군중의 큰 불명예와 그것을 제어하고 잠재웠어야 할 사람들의 큰 악의 또는 공포를 보고 도시의 안전에 절망해서, 바깥으로 나가지 않고 개랑과 궁정 주변에 머물렀다. 시뇨리 또한 자신의 편 중 하나에게 버림을 받았고, 그들을 위해 무장을 하거나 조언이라도 해주는 단 한 명의 시민의 도움도 받지 못했음을 알고, 황망해 하며 도시의 안전을 걱정했다. 그때 토마소 스트로치와 베네데토 알베르티는 시뇨리에게 군중의 압력에 굴복하고 사인(私人)으로서 집으로 돌아가라고 강력하게 권고했다. 자신들이 할 수 있거나 해야만 하는 일에 확신을 갖지 못했고, 궁의 주인으로 남기를 바라는 스스로의 야망에 움직였거나 혹은 아마 자신들의 조언이 정말 현명한 것이라 생각했기 때문이다. 폭동의 지도자였던 사람들이 한 이 조언에 시뇨리 중 2명인 알라만노 아차이우올리(Alamanno Acciaiuoli)와 니콜로 델 베네(Niccolo del Bene)가 격노했다. 다른 시뇨리들은 굴복했지만, 이 둘은 약간의 기력이 돌아오자 만약 다른 시뇨리들이 떠나기 원한다면 자신들이 그 선택에 대해서는 아무것도 할 수 없지만, 죽지 않기 위해 만료되기 전에 권한을 내려놓지는 않겠다고 말했다. 이 논쟁이 시뇨리의 두려움과 포폴로의 분노를 배가시켰다. 그 와중에 곤팔로니에레는 위험보다는 수치를 가지고 자신의 임기를 마치기로 작정하고, 토마소 스트로치에게 자신을 궁에서 데리고 나가 집으로 보내달라고 도움을 요청했다. 다른 시뇨리들도 비슷한 방식으로 하나둘 궁을 떠났다. 그때 알라만노와 니콜로도 자신들이 홀로 남겨졌다는 것을 알고 용감한 사람이기보다 현명한 사람으로 여겨지도록 하기 위해 마침내 떠나버렸다. 궁은 평민과 아직 관직을 내려놓지 않은 8인 전쟁위원회의 손에 남겨졌다.

16.[67]

평민이 궁에 들어갔을 때 양모 손질하는 사람 미켈레 디 란도(Michele di Lando)가 정의의 곤팔로니에레의 기를 들고 있었다.[68] 이 사람은 맨발에다 옷을 거의 입지 않았는데, 뒤에 모든 군중을 데리고 계단을 올라가 시뇨리의 접견실에 이르자 멈추어서 군중을 향해 돌아선 다음 다음과 같이 말했다. "보시오. 이 궁은 여러분의 것이고 이 도시는 여러분의 손에 있습니다. 지금 여러분은 무엇을 해야 한다고 생각하시나요?" 그들은 모두 그가 곤팔로니에레와 시뇨리가 되어 자신들과 도시를 그가 원하는대로 지배해야 한다고 대답했다. 미켈레는 행운보다는 자연에 더 의존하는 현명하고 신중한 사람이었기에 통치권을 받아들여 도시를 안정시키고 폭동을 멈추기로 결심했다. 그는 사람들(popolo)을 바쁘게 만들고 자신이 일을 처리할 시간을 벌기 위해 라포 다 카스틸리온키오에 의해 치안대장(Bargello)으로 지명됐던 누토(Nuto)라는 사람을 찾아내라고 명령했다. 그의 주위에 있는 다수의 사람이 그를 찾으러 나갔다. 그리고서 그는 자신이 호의(grazia)로 받은 통치권을 정의롭게 시작하기 위해서는 어느 누구도 어떤 것도 불태우거나 훔치지 못한다고 공식적으로 선포했다. 그리고 모든 사람을 두렵게 하기 위해서 광장에 교수대를 설치했다. 그는 도시에서 개혁을 시작하기 위해 길드 위원들을 해산시켰다가 새로 구성했다. 그

67) **양모 손질하는 사람 미켈레 디 란도가 도시의 주인이 되다 1378.**
68) 1343년경에 발생했다.

는 시뇨리와 콜레기의 지위를 박탈했고, 관직을 뽑는 주머니도 불태웠다. 그때 누토가 군중에 의해 광장으로 잡혀와서 교수대에 한 발이 매달렸는데, 주위에 있는 모든 사람이 그의 몸을 난도질해 금새 발만 남게 되었다. 한편, 8인 전쟁위원회는 시뇨리가 떠났기 때문에 자신들이 도시의 지배자가 됐다고 믿고서 이미 새 시뇨리를 지명해 두었다. 이것을 예상한 미켈레는 그들의 조언 없이도 피렌체를 다스릴 수 있음을 모든 사람에게 보여주기 위해 그들에게 즉시 궁을 떠나라는 명령을 내렸다. 그는 길드의 위원들을 소집하여 시뇨리아를 선출하도록 하고, 시뇨리 자리는 각각 평민에 4명, 대길드에 2명, 소길드에 2명을 할당했다. 이외에도 그는 관직에 자격이 있는 사람들의 새로운 목록을 만들고, 국가를 3개의 부분으로 나누었는데, 첫번째는 새로운 길드, 두 번째는 소길드, 세 번째는 대길드가 속하도록 조치했다. 그는 살베스트로 데 메디치에게 베키오 다리 위의 상점의 이권을 주었고, 스스로에게는 엠폴리(Empoli) 직을 마련해 두었다. 그는 평민에게 우호적인 다른 많은 시민들에게 많은 혜택을 베풀었는데, 그들의 행동에 보상을 주기 위해서라기보다는 자신을 질투로부터 방어하기[69] 위해서였다.

17.[70]

평민[71]은 미켈레가 정부를 구성하는데 있어서 대 포폴로에게 너무 편향적이고, 정부에서 자신들을 유지하고 방어하는 데 필요한 충분한

69) 정당한 개혁파에 대항하는 악의라는 주제에 대해서는 자노 델라 벨라의 모범적인 이야기 참조(2권 13장을 보라).

70) **미켈레 정부에 대항한 치옴피의 난 1378.**

71) 평민(plebe)의 구성원들, 치옴피(ciompi).

몫을 얻지 못했다고 생각했다. 그래서 그들은 통상의 뻔뻔함에 자극을 받아 깃발 아래 다시 무기를 들고 소동을 일으키며 광장으로 전진하여, 시뇨리에게 연단으로 내려와 평민의 안전과 이익에 관한 일을 더 제정하라고 요구했다.[72] 미켈레는 그들의 교만을 보고서, 그들이 더 교만해지지 않도록 하기 위해, 그들이 요구하는 것에는 전혀 관심을 보이지 않은 채 그들이 요구하는 방식을 꾸짖은 후에 무기를 내려놓으라고 강권했다. 시뇨리아가 명예롭게 허락할 수 없는 것을 그들이 힘으로 얻을 수는 없다는 것이다. 이에 군중은 궁[73]에 크게 분노하여 산타 마리아 노벨라로 갔다. 거기서 그들은 자신들 중에서 8명의 지도자를 선출해서 수행원을 붙이고, 명성과 존경을 주는 다른 법을 만들었다. 그래서 도시는 두 개의 정부에서 두 명의 다른 지도자가 통치하게 됐다.[74] 이 군중의 지도자들은 길드의 회원들 중에서 뽑힌 8명[75]이 궁에서 시뇨리와 항상 함께 거주하고 시뇨리아가 결정한 모든 것은 그들의 승인을 받아야 한다고 결의했다. 그들은 이전의 법령이 살베스트로 데 메디치와 미켈레 디 란도에게 준 모든 권한을 박탈하고 자신의 무리의 다수에게 관직과 보조금을 분배하여 품위 있게 지위를 유지하고자 했다. 이 조치들을 처리한 후 최종적으로 확정하기 위해 그들은 자신들 중 2명을 시뇨리아로 보내 위원들의 승인을 요구했고, 만약 동의하지 않으면 새 법을 강제로 시행하겠다는 의사를 비쳤다. 이 두 사람은 대단히 대담하고 교만하게 시뇨리에게 자신들이 맡은 메시지를 전달하고, 곤팔로니에레에게는 자신들이 그에게 관직을 주고 명예를 주었더니 매우 배은망덕하고 존중 없이 행동했다

72) 시뇨리에게 궁의 계단을 내려오라고 부탁했다. 새로운 폭동은 1378년 8월 27일에 발생했다.

73) 정부(governo).

74) 두 개의 다른 정부에서 계속해서 두 개의 권력 중심을 갖다.

75) 소 포폴로의 세 개의 새로운 길드의 회원으로 뽑힌.

고 꾸짖었다. 그들이 연설을 끝내고 위협을 가하자, 그런 교만을 참지 못한 미켈레는 자신의 비천한 태생이 아니라 자신이 가지고 있는 관직을 기억하고서 그들의 기이한 교만을 흔치 않은 방식으로 제어하기로 결심했다. 그는 먼저 자신이 차고 있던 검을 뽑아 그들에게 심각한 부상을 입히고 그들을 결박해서 감옥에 가두라고 명령했다. 이 일이 알려지자 모든 군중의 분노에 불이 붙었고, 그들은 무장하지 않으면 얻지 못할 것도 무장하면 얻을 수 있다고 믿고서 분노에 차 무기를 들고 소란스럽게 시뇨리를 향해 폭력을 사용했다. 한편 미켈레는 진행되고 있는 일을 예견하고 사전에 행동하기로 결심했다. 그는 전임자들처럼 벽 뒤에서 적을 기다리다가 불명예스럽게 궁에서 쫓겨나 스스로에게 수치를 더하는 것보다는 공격하는 것이 더 명예롭다고 생각했다. 그래서 이미 그들의 실수를 알아차리기 시작한 많은 시민들을 모은 다음, 말을 타고 많은 무장한 사람들을 이끌고 산타 델라 마리아로 싸우러 갔다. 우리가 위에서 보았듯이 평민도 거의 같은 결정을 내리고 미켈레가 출발한 때와 거의 같은 시간에 광장을 향해 움직이기 시작했다. 우연히도 그들은 다른 거리를 택하여 도중에 만나지 않았다. 미켈레는 돌아오다가 적들이 광장을 차지하고 궁을 공격하고 있는 것을 발견하고 전투를 벌여 패배시키고, 그들 중 일부를 도시에서 쫓아냈으며 나머지는 무기를 내려놓고 도망치도록 만들었다. 그가 전투에서 승리하자 폭동은 오직 곤팔로니에레의 능력으로 잠잠해졌다. 그는 용기, 사려분별, 선의가 당시의 모든 시민을 능가했으며, 조국에 이익을 가져다준 소수의 인물 중 하나에 손꼽힐 자격이 있다. 만약 그의 정신이 악하거나 야심이 넘쳤다면 공화국은 자유를 완전히 잃고 아테네 공작의 폭정보다 더 심각한 폭정에 빠졌을 것이다. 하지만, 미켈레의 선함이 공공선에 어긋나는 생각을 결코 그의 마음에 들여놓을 수 없도록 만들었다. 그는 사려깊게 일을 처리해서 같은 편의 많은 사람들이 그에게 복종할 수밖에 없었고, 다른 편의 사람들은 무력으로 굴복시켰다. 그의 행동은 평민을 한순간에 겁먹게 만들었고 기존의 길드원들[76]로 하여금 귀족의 교만을 이겨낸 그들이 평민의 악취를 견뎠다는 것이 얼마나 수치스러운 일이었는지, 자신들의 실수를 깨닫도록 만들었다.

18.[77]

미켈레가 평민에게 승리했을 때 새 시뇨리아가 이미 뽑혀 있었다. 시뇨리아 안에 매우 사악하고 악명이 높은 두 명이 있었는데, 이들은 사람들 사이에서 회자되는 그런 오명으로부터 벗어나고자 하는 욕망이 매우 컸다. 9월 첫째 날 새 시뇨리가 공직에 취임했을 때 광장은 무장한 사람들로 가득찼다. 전임 시뇨리가 궁 밖으로 나가자마자 무장한 사람들이 어떤 시뇨리도 소포폴로에서는 뽑히는 것을 원하지 않는다고 소란스럽게 외쳤다. 시뇨리아는 그들을 만족시키기 위해 그 두 사람, 일 트리아(Il Tria)와 바로키오(Baroccio)의 직을 박탈했고, 그 자리를 조르조 스칼리(Giorgio Scali)와 프란체스코 디 미켈레(Francesco di Michele)로 채웠다. 그들 또한 소포폴로로 구성된 길드를 폐지하고, 미켈레 디 란도와 로렌초 디 푸치오, 그 외에 몇몇 평판 좋은 사람들을 제외하고 나머지 구성원들의 공직을 박탈했다. 그들은 공직을 두 부분으로 나누어, 하나는 대길드, 하나는 소길드에 배정했다. 그러나 시뇨리는 항상 소길드에 5명, 대길드에 4명을 배정하고, 곤팔로니에레는 한번은 소길드에서, 다음번은 대길드에서 선택하도록 하는 포고

---

76) 21개의 전통 길드(대길드와 소길드)의 회원들.

77) **정부의 포폴로적 성향, 포폴로당과 평민당 1378.**

령을 내렸다. 그렇게 정리된 이 정부는 도시를 잠시동안 잠잠케 했다. 정부는 소평민(plebe minuta)의 손에서 놓여났지만, 소길드 구성원들은 포폴로 출신 귀족[78]보다 더 강한 상태로 계속 남았다. 포폴로 출신 귀족은 소길드 구성원들에게 어쩔 수 없이 양보했는데, 이는 그들을 만족시킴으로써 소포폴로(popolo minuto)에게서 소길드의 지지를 가져오기 위해서였다. 이런 정부 조직은 구엘프당 이름 아래서 매우 많은 시민들에게 큰 폭력으로 해를 입혔던 모든 사람이 몸을 계속 낮추기를 바라는 사람들의 지지를 받았다. 이런 형태의 정부 지지자에는 조르조 스칼리, 베네데토 알베르티, 살베스트로 데 메디치, 토마소 스트로치가 있었고, 그들은 도시에 계속 거의 지도자로 남았다. 이 과정은 그렇게 유지 관리되어 리치 가문과 알비치 가문의 야망에 의해 시작됐던 분열을 이제는 귀족이 된 포폴로(nobili popolani)와 소길드 사람들 사이로 고정시켰다. 이 분열은 다양한 시기에 가장 심각한 효과를 낳았고, 또 자주 언급될 것이기에, 우리는 전자를 포폴로당(parti popolare), 후자를 평민당(parti plebea)[79]이라 부를 것이다. 이 정부는 3년간 지속됐는데, 권력을 잡은 사람들이 도시 안팎으로 불만있는 많은 사람들을 끝없이 의심하면서 수많은 망명과 죽음이 발생했다. 도시 내부의 불순분자들은 매일 새로운 일(cose nuove)[80]을 시도하거나 그런 혐의를 받았다. 도시 외부의 사람들은 어떠한 종류의 억압도 받지 않고 이 군주, 저 군주, 혹은 다른 공화국들의 도움을 받아 도시에 다양한 분열의 씨를 뿌렸다.

---

78) 상층 시민(borghesia)이나 대 포폴로(popolo grasso).

79) 용어의 명시적인 변화. 앞의 장의 용어 'plebe'는 노동자 계층인 '소 포폴로'(popolo minuto)를 가리킨다. 앞으로 이 용어는 피렌체의 소·중 시민(borghesia) 계급을 가리킬 것이다.

80) 정권의 전복(라틴어 res novae 참조).

19.[81]

이 시기에 볼로냐에는 두라초의 카를로 휘하에서 장군을 지낸 잔노초 다 살레르노(Giannozzo da Salerno)[82]가 있었다. 나폴리 왕가의 후손인 카를로는 조반나 여왕의 적인 교황 우르바노가 자신에게 베푼 은혜에 보답하고자 그녀에 대항하여 왕국 안으로 원정을 하려는 목적으로 자신의 장군을 볼로냐에 두었다.[83] 볼로냐에는 많은 피렌체 망명자들이 있었는데, 그들은 자주 그 장군 및 카를로와 긴밀한 관계를 유지하고 있었다. 피렌체의 지배자들은 항상 극심한 두려움 속에 있었고, 자신들이 의심하고 있는 그 시민들에게 제기되는 중상모략을 쉽게 믿었다. 마음이 이러한 불확실한 것들로 혼란스러웠던 관리들은 잔노초 다 살레르노가 망명자들과 함께 피렌체에 나타날 것이며,[84] 성벽 안에 있는 많은 사람들이 무기를 들어 도시를 그에게 넘길 것이라는 소식을 들었다. 이 이야기에 많은 사람들이 기소당했다. 이 계획의 주동자로 지목된 자들은 피에로 델리 알비치와 카를로 스트로치, 이들 뒤로 치프리아노 만조니, 자코포 사케티, 도나토 바르바도로, 필리포 스트로치, 조반니 안셀미였다.[85] 도망간 사람들은 카를로 스트로치를 제외하고 모두 체포됐다. 죄수들을 도우려고 감히 무기를 드

81) **구엘프 망명자들이 두라초의 카를로와 음모를 꾸미다, 피에로 델리 알비치와 다른 사람들이 처형당하다, 존 호크우드 경 1378~1380.**

82) 두라초의 카를로의 집사인 구이디 디 살레르노(Guidi di Salerno)로 간주된다(그에 대해서는 1권 33장 참조). 볼로냐는 교황 우르바노 6세와 함께 교회당에 있었고, 조반나 1세에 대항해서 나폴리를 달라는 카를로의 요구를 들어줬다.

83) 여기서 암시된 나폴리 왕의 이야기(1381~1382)에 대해서는 1권 33장 참조.

84) 만약 피렌체 성문에 무장한 채 온다면 함께 도시를 떠날 것이다.

85) 그 사건은 1379년 12월로 거슬러 올라간다. 그 시기에 스트로치 가문은 공직에서 배제된 상태였다. 고소를 당한 후 두라초의 카를로와 함께 도망가서 페라라에 숨었다(1383년에 이몰라에서 죽었다).

는 사람이 하나도 없었고, 시뇨리는 많은 무장한 군인들을 소유한 토마소 스트로치와 베네데토 알베르티를 도시의 수호자로 임명했다. 체포된 시민들은 조사를 받았고, 기소 및 대질 끝에 어떠한 잘못도 그들에게서 찾아내지 못했다. 이에 지휘관이 그들에게 유죄선고를 내리지 않으려고 했지만, 그들의 적이 포폴로를 격동시켜 엄청난 분노로 그들에게 반대하도록 만들었고, 결국 강제로[86] 사형선고를 받게 됐다. 피에로 델리 알비치는 자신의 가문의 위대함이나 오래된 명성이 어떤 도움도 되지 못했다. 그는 오랫동안 모든 다른 시민들보다 더한 존중과 두려움의 대상이었다. 한때 그가 많은 시민들에게 연회를 베풀고 있을 때 누군가가 -위대함 속에서 그를 더 겸손하게 만들려는 친구이든 또는 행운의 변덕으로 그를 위협하려는 적이든지- 그에게 사탕절임으로 가득찬 은컵을 보냈는데, 그 안에 못 한 개가 숨겨져 있었다. 발견된 그 못을 본 모든 손님이 그것을 그가 행운의 바퀴를 고정시켜야 한다는 경고로[87] 해석했다. 행운이 그를 정상으로 데려왔는데, 만약 바퀴가 계속 돈다면 그를 바닥으로 데려갈 수밖에 없다는 것이다. 이 해석은 먼저 그의 몰락, 그다음 그의 죽음으로 확증됐다.[88] 그의 처형 후 패자와 승자가 모두 두려움에 빠져 도시는 매우 혼란스러웠다. 그러나 지배자들의 두려움이 더 해로운 결과를 낳았다. 이들은 아주 작은 사건으로도 동료 시민들을 정죄하거나 징계하고 추방함으로써 당파[89]에 더 많은 해를 끼쳤기 때문이다. 여기에 정

86) '강제로'(per forza)는 '포폴로의 욕망으로'의 의미다.

87) '바퀴의 움직임을 멈추기 위해서 [못을 사용하는] 분별을 가지게 된'. 당연히 행운을 바퀴로 표현하는 전통적 묘사를 암시한다. 그 움직임은 사람의 성공과 실패가 계속 바뀌는 것을 가리킨다.

88) 치옴피의 난 중에 알비치 가문은 피렌체로부터 추방된 상태였다. 추방돼서 베네치아에서 1년 동안 감금되어 있었다. 피에로의 체포와 참수(1379년 12월 23일) 뒤 얼마 후에 조국으로 돌아왔다.

89) 즉, 구엘프 당의 대장에게 호의적인 사람들.

부(stato)를 강화하기 위한[90] 많은 새로운 법과 새로운 질서가 더해졌다. 이 모든 사태는 지배 당파로부터 의심을 사기만 해도 사람들이 해를 당하는 데까지 나갔다. 두려움에 빠진 파당은 시뇨리와 함께 정부에서 불신하는 모든 사람을 도시에서 숙청하기 위해 46명의 위원회를 구성했다. 이 위원회는 39명의 시민[91]을 견책하고 많은 포폴로를 귀족으로, 많은 귀족을 포폴로로 분류했다.[92] 이들은 외부의 군대에 맞서기 위해 존 호크우드 경을 고용했다.[93] 그는 영국 사람으로 군대 내에서 명성이 매우 높았고 오랫동안 교황과 이탈리아의 다른 사람들을 섬겼다. 위원회는 두라초의 카를로가 나폴리 왕국으로 원정을 가기 위해 많은 병력을 모으고 있다는 사실을 알게되자 도시 외부로부터의 적대 행위에 대한 두려움을 갖게 됐다. 보고에 따르면 많은 피렌체 망명자들이 그와 동행했다. 그들은 이 위험에 대응하기 위하여 예비된 군대 외에 많은 돈을 준비해 두고서, 카를로가 아레초에 도착할 때 그가 피렌체인들로부터 4만 두캇을 받고 자신들을 괴롭히지 않을 것을 약속[94]하도록 만들고자 했다. 그는 원정을 통해 나폴리 왕국을 쉽게 정복하고 조반나 여왕을 헝가리에 포로로 보냈다.[95] 이 승리로 피렌체 정부를 조정하는 사람들의 공포는 배가됐다. 그들이 가진

---

90) '정권과 권력을 잡은 사람들을 강화하기 위한'. '정부'(stato)는 '그들의 당파'(fazione loro)와 유사한 용어이고, 당연히 소 길드 지지자들을 가리킨다.

91) 3년 동안 공직에서 배제된 사람들. 이 계산은 1380년 1월부터 2월 사이를 선택한 것이다.

92) 많은 사람들이 공직에서 배제되고 많은 시민들이 정치적 행동을 하는데 다시 허락을 받았다.

93) 존 호크우드는 잔노초 다 살레르노가 자신의 군대와 망명한 피렌체인들로 구성된 군대를 시험하기 위해서 이미 피렌체 영토에 들어와 있는 동안인 1380년 3월에 고용됐다.

94) 1380년 10월에 체결된 협정.

95) 사실 조반나는 포로로 잡혀있던 루카의 성에서 1382년 3월에 교수형에 처해졌다.

돈이 왕의 마음에 엄청난 불의로 탄압받았던 구엘프파와 그의 가문이 맺은 오랜 우정보다 더 효과가 있을지 확신할 수 없었던 것이다.

20.[96)]

공포가 커질수록 고통도 커졌고, 고통은 다시 공포를 키웠다. 시민들은 매우 불행한 삶을 살았다. 이 불행에 조르조 스칼리와 토마소 스트로치의 교만이 더해졌는데, 이 두 사람이 평민당의 지원을 받아 자신을 탄압할 것이라는 두려움을 갖지 않는 사람이 없었으며, 이들의 권력은 관리들의 권력을 능가했다. 선한 사람들뿐 아니라 선동하는 사람들 조차 이 정부를 참주적이고 폭력적이라고 보았다. 그러나 조르조의 교만도 언젠가[97)]는 끝나기 마련이기에 그의 심복 중 하나가 조반니 디 캄비오를 정부를 전복하려는 비밀 계획을 세우고 있다고 고발했다.[98)] 그는 포폴로의 대장에 의해 죄가 없는 것으로 드러났다.[99)] 재판관은 피고소인이 유죄로 드러났을 경우 받았을 형벌을 고소인에게 내리려고 했다. 조르조는 어떤 요청이나 영향력으로도 그를 구할 수 없게 되자,[100)] 그와 토마소 스트로치는 무장한 군중을 몰고와 그를 강제로 석방시켰다. 그리고 대장의 궁을 약탈하고 그에게 살고 싶으면 도망치라고 강요했다. 이 사건은 도시 전체가 조르조에 대

96) **평민당의 조르조 스칼리가 처형당하다 1382.**

97) '마침내 좋은 기회에'. 이 구절은 스칼리와 스트로치의 몰락을 결정하는 사건 같은 이어지는 사례(조반니 디 캄비오의 부정한 처벌)를 예고하고 있다.

98) 1382년 1월로 거슬러 올라가는 에피소드.

99) '정의의 대장의'. 3권 19장에서 예고된 제도의 합법성과 정권의 권력 남용 사이의 갈등이 피에로 델리 알비치의 처벌과 관련하여 다시 제기됐다.

100) 그때 조르조 스칼리의 '가족'(familiare), 당인(partigiano), 위성(satellite)이라 칭하는 고발자를 구하는 데 성공하지 못한.

하여 격분하도록 만들었고, 그의 적들은 이제 조르조를 제거하고,[101] 그에게서뿐만 아니라 3년 동안 오만함으로 도시를 굴종시켰던 평민으로부터도 도시를 구출할 수 있을 것이라 생각했다. 여기에 그 대장이 좋은 기회를 제공했다. 그는 혼란이 끝났을 때 시뇨리에게 가서 자신은 정의를 방해하는 게 아니라 오직 정의를 위하여 무기를 들었던 좋은 사람들에게 봉사하려는 생각으로 시뇨리가 선출해 준 공직을 기꺼이 맡게 됐다고 말했던 것이다. 그러나 도시의 통치자들과 생활방식을 보고 경험했던 그는, 유용함과 명예를 위해 자발적으로 받아들였던 위엄을, 위험과 손해를 피하기 위해 자발적으로 그들에게 넘기려고 했다. 시뇨리는 그에게 과거의 피해와 미래의 안전에 대한 보상을 약속하며 위로와 용기를 주었다. 이때 그들 중 일부는 공공선을 사랑하고 정부에 덜 두려움의 대상이 되는 소수의 사람들[102]과 논의를 했다. 그들은 전체 포폴로가 조르조의 교만으로 소외당했기에, 도시를 조르조와 평민당의 권력으로부터 빼낼 절호의 기회라고 결론을 내렸다. 그들은 이 기회를 피해를 입은 사람들의 마음이 가라앉기 전에 이용하기로 했는데, 포폴로 전체의 호의는 아주 사소한 사고로 잃기도 하고 얻기도 한다는 것을 알았기 때문이다. 그들은 그 일을 완수하려면 베네데토 알베르티의 승인이 필요하며, 그렇지 않으면 그 과업이 위험하다고 생각해서 그를 끌어들여야 한다고 판단했다. 베네데토는 매우 부유하고 인정있고 근엄하며 도시의 자유를 사랑하는 사람으로 참주적인 조치에 강하게 반대했다. 시뇨리는 쉽게 그를 설득하여 조르조의 몰락을 승인하도록 할 수 있었다. 베네데토는 이전에 귀

101) '스칼리의 권력의 분쇄를 시도하려는 적당한 때를 생각하는'. spegnere는 마키아벨리의 어휘와 공통의 관계에 있으면서, '상쇄하다, 전멸시키다', 그러나 (이 경우에) '살해하다'의 의미를 가지고 있다.

102) 당연히 소길드나 (3권 18장 4절의 정확한 용어에 따르면) 평민 정권에 반대하는 시뇨리아의 소수파로 대접받는.

족이 된 포폴로와 구엘프파의 적이며, 구엘프파의 교만과 참주적인 방식으로 인해 평민당의 친구가 됐다. 그러나 평민당의 지도자들이 다른 시민들과 같아진 것을 보고 그는 그들과 거리를 두었는데, 정의의 대장에 대한 조르조의 폭력 훨씬 이전부터 그러했다. 많은 시민들이 입은 해는 전적으로 그의 승인 없이 이루어진 것이었다. 그가 이전에 평민당의 편을 들도록 만든 원인과 그때 그가 평민당을 떠나게 만든[103] 원인이 같았다. 시뇨리가 베네데토와 길드의 지도자들을 그들의 의견에 동조하도록 만들고 군인들을 제공하자,[104] 토마소는 도망쳤고[105] 조르조는 체포됐다. 다음날 조르조는 참수되었는데,[106] 그의 당은 너무 낙담하여 어느 누구도 움직이지 않았다. 반대로 모두가 경쟁적으로 그의 몰락을 가져오려고 했다. 조금 전까지 자신을 숭배하던 사람들 앞에서 죽게 되었을 때, 그는 자신의 나쁜 운명과 자신에게 부당하게 해를 입히고 어떠한 신의나 감사도 없는 무리(moltitudine)를 돕고 명예를 주도록 강요한 시민들의 사악함을 한탄했다. 무장한 사람들 중에서 베네데토 알베르티를 알아보고 조르조는 그에게 말했다. "베네데토, 당신도 내가 당신의 상황에 있었다면 결코 허락하지 않았을 그런 가해를 하기로 동의한 것이오? 나는 당신에게 오늘이 나의 불행의 끝이자 당신의 불행의 시작이라고 경고하겠소."[107] 그때 그는 모든 말, 모든 행동, 모든 의심이 영향을 미치고, 그릇된 길로 이끄는 사람들을 너무 많이 신뢰한 것을 자책했

103) 그들에게서 시작된 논의에 대해서 알베르티는 동일한 개념으로 표현했다(3권 23장 참조).

104) '군대를 제공한 후에'. 이 '군대'(armi)는 '군인들'(uomini d'arme, soldati)의 의미다. 호크우드의 군대가 도시에 오게 만들다.

105) 아들 우베르토(Uberto)와 함께 도망갔다가 만토바에 체포돼서 거기에서 몇 년 후에 죽었다.

106) 스칼리는 1382년 1월 17일에 참수되었다.

107) 베네데토 알베르티의 임박한 정치적 재난에 대한 엄숙한 선포(3권 23장 참조).

다.[108] 그는 이런 한탄을 하며 무장한 채 자신의 죽음으로 행복해할 자신들의 적들 가운데서 죽음을 맞이했다. 그가 처형된 후 그의 가장 가까운 많은 친구들도 처형돼서 사람들(popolo)이 그들의 시체를 끌고 다녔다.

21.[109]

이 시민의 죽음은 도시 전체를 흔들었는데, 많은 사람들이 무기를 들어 시뇨리아와 포폴로의 대장을 도왔던 것은 다른 많은 사람들 혹은 그들 자신의 야망이나 공포로 인한 것이었다. 도시가 다양한 당파적 견해(umori)로 가득 차고 모든 사람이 다른 목적을 가지고 그것들을 이루기 전에는 무기를 내려놓지 않으려 했다. 그란디(grandi)라고 불리는 오래된 귀족들(antichi nobili)은 공직을 빼앗긴 것[110]을 견딜 수 없었기에 모든 열정을 다해 되찾고자 애썼다. 이를 위해 그들은 당의 지휘관들에게 돌려준 권위를 회복하고자 했다. 귀족이 된 포폴로와 대길드는 정부(stato)를 소길드 및 소포폴로와 공유하는 형태[111]를 불쾌해 했다. 한편 소길드는 자신들의 품위(dignità)[112]를 훼손하지 않고 확대하기를 원했다. 소포폴로는 자신들의 길드에서 선택된 콜레기를 잃을까 걱정했다.[113] 1년 내내 이러한 간극이 피렌체에서 빈번한 폭

108) 민(그리고 특히 피렌체의 민)의 호의의 불안정성은 다른 곳에도 암시되어 있다. 『군주론』 9장 참조. 거기에 정확하게 조르조 스칼리의 사례 역시 나온다.

109) **평민당에 대한 반동 1381.**

110) '공직에 오르는 것에서 제외당함'.

111) '권력을 공유하는 것'.

112) 특권(prestigio), 정치적 사다리.

113) 다시 말하면, 치옴피의 난 다음날 설립된 세 개 중에 여전히 남아있는 14개의 소길드에 더해진 두 개의 길드가 사라질 것을 두려워하다(털깎는 사람들

동으로 이어졌다. 처음에는 귀족이 무기를 들었고, 다음에는 대길드가, 그 다음에는 소길드가 소포폴로와 함께 무장했다. 그리고 많은 경우 갑자기 도시의 다른 지역에서 모두가 무장했다. 이로부터 그들 사이에서 그리고 궁을 지키는 군인들과 많은 전투가 벌어졌다. 이는 시뇨리가 이때는 항복하고 저때는 싸우면서 가능한 그 많은 문제를 해결하려고 노력했기 때문이다. 결국 도시를 개혁하기 위해 두 번의 의회(parlamenti)와 많은 발리아가 세워지고, 많은 고통, 투쟁, 매우 심각한 위험이 닥친 후에 정부가 들어섰다.114) 이에 살베스트로 데 메디치가 곤팔로니에레일 때 추방된 모든 사람이 돌아왔다.115) 정부는 1378년의 발리아116) 아래서 줬던 모든 사람들의 특권과 우대를 박탈했고, 관직은 구엘프 당에게 회복되었다. 두 개의 새 길드가 해산되고 이들의 조직과 지도자들은 해고되었으며, 회원들은 예전 길드에 다시 배정되었다. 소길드는 정의의 곤팔로니에레 직을 박탈당했고, 관직에 대한 그들의 몫은 절반에서 3분의 1로 축소되었으며, 모든 고위 관직을 빼앗겼다. 그래서 포폴로당과 구엘프당은 정부를 되찾았고, 평민당은 변화가 일어났던 1378년부터 1381년까지 지배자였다가 새로운 질서가 확립되면서 정부를 잃고 말았다.117)

의 길드의 폐지에 대해서는 3권 18장을 보라).

114) (포폴로의 환호를 받는) 의회(parlamenti)와 (큰 권력을 갖춘 위원회)인 발리아와 함께 새 정부에 활력을 준 개혁은 1382년 1월에서 3월 사이에 성취됐다.

115) 원칙은 살베스트로 데 메디치(그에 대해서는 3권 9장을 보라)가 곤팔로니에레였던 1378년 6월 이후 모든 사례에 적용됐다.

116) 마키아벨리는 1378년 6월 22일에 설립된 발리아를 암시하고 있다(3권 9장 참조).

117) 즉 염색공과 소모작업자, 그리고 재단사와 더블릿 제작자 두 개의 길드가 폐지됐다.

22.[118]

이 정부는 처음에는[119] 피렌체 시민들에게 평민의 정부보다 덜 불의하지도,[120] 덜 가혹하지도 않았다. 귀족이 된 많은 포폴로와 평민당의 수호자로 알려진 많은 사람들이 수많은 평민 지도자들과 함께 추방되었기 때문이다. 그들 중에[121] 미켈레 디 란도도 있었다. 군중들이 제어받지 않고 무법하게[122] 도시를 파괴할 때 그의 권위가 할 수 있었던 많은 좋은 일들로도 도시를 당파들의 분노로부터 구하지 못했다. 정말로 조국은 그의 위대한 봉사를 감사해 하지 않았다. 군주들과 공화국은 이러한 잘못을 매우 자주 저지르곤 한다. 그 결과 이런 경험에 낙담한 사람들이 군주나 공화국의 배은망덕을 경험하기 전에 지도자들을 공격한다.[123] 이러한 추방과 처형[124]은 언제나 그렇듯이 베네데토 알베르티에게도 여전히 불쾌한 것이었고, 그는 공적으로나 사적으로 그것들을 비난했다. 정부의 지도자들은 그를 평민의 주요 친구 중 하나라고 여기고 두려워했는데, 그가 조르조 스칼리의 사형을 승인한 것이 조르조의 행동에 반대 해서가 아니라 정부의 유일

---

118) **미켈레 디 란도에 대한 배은망덕, 베네데토 알베르티, 이탈리아 앙주의 루이 1382~1384.**

119) '그들의 권력의 기초가 약함이 투영됐다'. 새 정권의 강화에 '일격을 가할' 기회에 대해서는 『로마사 논고』 1권 45장 참조.

120) 불법(illegalità)에 굴복할 준비가 된.

121) 타격을 입은 토마소 스트로치(폭도들과 함께 유죄를 선고받았으나 이미 도시를 떠나 안전한 상태에 있었고)와 살베스트로 데 메디치(구금 상태에 있었음) 사이에 있는.

122) '법에 대한 존중 없이 무질서한 방식으로'.

123) 이 주제에 대해서는 『로마사 논고』 1권 29장과 「배은망덕에 관하여(Dell'ingratitudine)」 참조.

124) 그러나 원전은 사형선고에 대해서는 말하지 않는다.

한 지배자로 남기 위해서였다고 의심하고 있었기 때문이다. 그의 말과 태도는 그들의 의심을 증폭시켰고, 이제는 통치하는 당 전체가 그를 멸망시키기 위한 기회를 잡기 위해서 그를 계속 주시했다. 국내 상황이 이러하자, 도시 외부의 일은 별로 중요하지 않았고 무슨 일이 일어나든 해가 되기보다는 공포스러웠다. 그 당시 앙주의 루이가 나폴리 왕국을 조반나 여왕에게 돌려주기 위해 이탈리아로 와서 두라초의 카를로를 쫓아냈다. 카를로가 방문하자 피렌체인들은 매우 불안해했는데, 그가 오래된 친구들에게 늘 하듯이 도움을 청했고, 루이는 새로운 친분을 구하는 사람이 늘 하듯이 그들에게 중립을 지키라고 요청했기 때문이다. 피렌체인들은 루이의 말을 듣는 것처럼 보이면서 카를로를 돕기 위해 존 호크우드 경에 대한 급여 지급을 중단했지만,[125] 그로 하여금 카를로의 친구인 교황 우르바노를 섬기도록 했다. 이 속임수를 쉽게 알아차린 루이는 자신이 피렌체인들에게 형편없는 대접을 받았다고 생각했다. 카를로와 루이 사이의 전쟁이 아풀리아(Apulia)에서 벌어지고 있을 때 새로운 군인들이 루이를 돕기 위해서 프랑스에서 왔다. 군인들이 토스카나에 도착했을 때 아레초의 망명자들의 인도를 받아서 아레초로 들어갔고, 카를로를 위해 통치하고 있던 당은 추방됐다. 그러나 그들이 아레초 정부를 교체했듯이 피렌체 정부를 교체하려고 계획을 세웠을 때 루이가 죽었다. 아풀리아와 토스카나에서의 일이 행운과의 관계를 변화시켰다. 카를로는 거의 잃을 뻔한 왕국의 안전한 소유자가 됐고, 피렌체를 방어할 수 있을지 의심했던 피렌체인들은 루이를 위해서 지키고 있던 군인들에게서 아레초를 매입하였기 때문이다. 그때 아풀리아를 확실하게 확보한 카를로는 상속을 받은 헝가리 왕국을 차지하러 갔고, 그의 아내를 우리가 앞에서 본대로 아직 어린 아이들인 라디슬라우와 조반나와 함께 아풀리아

125) 호크우드는 1382년 10월에 해고됐다.

에 남겨두었다. 카를로는 헝가리를 얻었으나 얼마 있지 않아 그곳에서 살해당했다.

23.[126)]

아레초를 얻고 나서 피렌체는 진정한 승리를 거둔 어떤 도시라도 그러했을 법한 장엄한 환희[127)]에 빠져 있었다. 공적·사적 장엄함을 축하연에서 볼 수 있었는데, 많은 가문들이 주최하는 사적 축하연들이 공적 축하연에 필적[128)]했기 때문이다. 화려함과 장엄함에서 다른 모든 가문을 능가하는 가문이 알베르티 가문이었다. 알베르티 가문이 준비한 장식과 화려한 마상시합(le armeggerie)[129)]은 사적인 가문의 것이라기보다는 군주에게나 어울릴법한 것이었다. 이 일들이 알베르티 가문에 대한 질투를 크게 키웠다. 이 질투에 정부가 베네데토에게 품은 의심이 합쳐져서 그의 몰락을 야기했는데,[130)] 권력을 가진 자들이 그에 대한 불안함을 지울 수 없었기 때문이다. 그들은 당의 도움으로 언제든지 그가 다시 명성을 얻고 그들을 도시에서 쫓아낼지 모른다고 생각했다. 그들이 이런 초조함 속에 있을 때, 베네데토는 군대의 곤팔로니에레로 있었는데, 그의 사위인 필리포 마갈로티(Filippo Magalotti)가 정의의 곤팔로니에레로 선출되는 일이 벌어졌다.[131)] 이 일은 정부 지

126) **베네데토 알베르티가 추방당하다, 베네데토가 도시에 대한 사랑을 연설하다 1387.**

127) '공식 축제'(1386년 2월).

128) 즉 사적으로 후원한 축하연이 공적으로 후원한 것보다 더 호화스러웠다.

129) '군대의 공연'. spettacoli e tornei

130) "군주 같은" 축하연의 화려함이 일으킨 '질투'와 베네데토 알베르티의 추방 사이의 연결은 모두 마키아벨리적이다.

131) 1387년 4월. 마갈로티 가문은 3월부터 6월까지 두 달 동안 임무를 맡았다.

도자들의 공포를 배가시켰다. 베네데토의 권력이 너무 커져 정부가 극도로 위험해질 것이라고 생각했기 때문이다. 그들은 소동 없이 위험을 해소하기 위해 그의 친척이자 적인 베세 마갈로티(Bese Magalotti)를 부추겨 필리포가 아직 그 자리를 맡는 데 필요한 나이에 이르지 못했으므로 그 자리를 차지할 수도 없고 차지해서도 안된다고 시뇨리에게 전하라고 했다. 시뇨리가 이 문제를 조사했고, 그들 중 일부는 적대감으로, 일부는 갈등을 피하기 위해 필리포가 그 자리에 앉을 자격이 없다는 판단을 내렸다. 대신에 평민당에 전적으로 반대하고 베네데토에게 매우 적대적인 바르도 만치니(Bardo Mancini)가 뽑혔다. 그는 그 자리에 임명되자 정부를 인수하고 재조직하는 발리아를 열어 베네데토 알베르티를 추방했으며, 안토니오를 제외하고 가문의 나머지 사람들을 견책했다.[132] 망명을 떠나기 전에 베네데토는 모든 친척을 모은 뒤 그들이 슬퍼하면서 눈물을 흘리는 것을 보고 다음과 같이 말했다. "아버지여, 장로들이여! 여러분들은 행운이 나를 망가뜨리고 여러분을 위협한 것을 보고 계십니다. 저는 이것이 이상하지 않으며, 여러분도 기이하게 여겨서는 안 됩니다. 많은 악인들 사이에서 선하려고 애쓰고,[133] 다수가 끌어내리려는 것을 지키려고 노력하는 사람들에게 항상 일어나는 일입니다. 조국에 대한 사랑으로 저는 살베스트로 데 메디치를 지지하고, 조르조 스칼리와 헤어졌습니다. 같은 동기로 저는 지금 통치하고 있는 사람들의 방식을 증오하게 되었습니다. 그들은 자신들을 어느 누구도 벌하지 못하고 어느 누구도 비난할 수 없게 만들려고 합니다. 저뿐 아니라 그들의 참주적이고 사악한 방식을 알고 있는 모든 사람에 대하여 그들이 느끼는 두려움으로부터

132) 알베르티 가문 사람들은 공직을 맡을 수 없다고 공표됐다. 날짜는 1387년 3월 7일로 잡혔다.

133) 『군주론』 15장("모든 경우에 있어서 선한 것만 추구하려는 사람은 선하지 않은 많은 사람들 사이에서 파멸할 수밖에 없다") 참조.

저는 저의 추방으로 기꺼이 그들을 해방시키고자 합니다. 저를 탄압함으로써 그들은 다른 사람들을 위협했습니다. 저는 저 자신에 대해서는 슬프지 않습니다. 조국이 자유로울 때 저에게 준 영예를 조국이 노예일 때 빼앗아 갈 수 없기 때문입니다. 저의 과거 삶에 대한 기억은 추방의 고통이 가져다 줄 불행보다 제게 항상 더 큰 행복을 줄 것입니다. 저는 우리 도시가 소수의 손에 남겨져 그들의 교만과 탐욕의 희생양이 되어야 한다는 사실이 정말로 비통합니다. 오늘 제게는 끝나고 여러분에게는 시작되는 악이, 저를 괴롭혔던 것보다 더 큰 고통으로 여러분을 괴롭히지 않을까 두렵고 슬픕니다. 저는 여러분께 모든 불행에 맞서 정신을 붙잡고 어떤 역경이 닥치더라도 —많은 역경이 여러분에게 닥칠 것입니다— 그것이 결백하고 아무 잘못이 없는 여러분에게 일어난 것을 누구라도 알 수 있도록 행동하시기를 권합니다." 피렌체에서 선의로 얻었던 명성을 외국에서 훼손당하지 않도록 그는 성묘교회로 갔다. 그리고 돌아오는 길에 로도스에서 죽었다. 그의 뼈는 피렌체로 옮겨져서 그가 살았을 때 그를 모든 종류의 비방과 중상으로 괴롭혔던 사람들에 의해 최고의 존중을 받으면서 묻혔다.[134)]

24.[135)]

도시의 소란 중에 고통을 겪은 사람들은 알베르티 가문만이 아니었고, 많은 다른 시민들이 함께 견책을 받고 추방당했다. 망명자 중에는 피에로 베니니, 마테오 알데로티, 조반니와 프란체스코 델 베네, 조반

---

134) 산타 크로체(Santa Croce). 알베르티는 1388년 1월 3일에 죽었다.
135) **추가적인 반 평민 조치 1387.**

니 벤치, 안드레아 아디마리, 그 외에 매우 많은 소길드 사람들이 있었다. 견책[136]을 받은 사람들 중에는 코비니 가문, 베니니 가문, 리누치 가문, 포르미코니 가문, 코르비치 가문, 마넬리 가문, 알데로티 가문이 있었다. 일정 기간[137] 발리아를 세우는 것이 관습이었는데, 선택된 시민들이 자신들이 해야만 하는 일을 하고 나면 정해진 기간이 만료되지 않았았더라도 품위를 지키기 위해 사임했다. 이 발리아에서 활동하던 사람들 역시 자신들이 국가에서 요구하는 의무를 다한 것으로 보고 관습에 따라서 사임하고자 했다. 이러한 사실을 알고서 많은 사람들이 무장하고 궁으로 달려가서 사임하기 전에 많은 다른 사람들도 추방하고 견책하라고 요구했다. 이 요구가 시뇨리를 매우 분노케 했지만, 시뇨리는 군사력을 강화할 때까지 좋은 말로 그들을 붙잡아 두었다. 시뇨리의 그런 대처로 인해 분노로 무기를 들었던 불만자들은 두려움으로 무기를 내려놓았다. 그럼에도 한편으로는 격분한 당파심(umori)을 만족시키고 평민 출신의 길드인들(artefici plebei)[138]로부터 권위를 더 박탈하기 위해 그들이 전에는 관직의 3분의 1을 차지했으나 이후 4분의 1만 차지하도록 조치했다. 그리고 정부에 더 충성스러운 두 사람이 항상 시뇨리에 포함되도록 하기 위해, 정의의 곤팔로니에레와 4명의 다른 시민들에게 선택된 이름들이 포함된 주머니(borsa)[139]를 관리할 권위를 주어서, 매 시뇨리아마다 그렇게 두 사람이 뽑히도록 했다.

136) 인기가 있다고 열거된 가문들이 공직을 수행할 권리에서 동일하게 배제됐다.
137) 발리아의 위임은 1387년 3월 7일에 만기가 된다.
138) 소길드(Arti minori)의 길드원들.
139) '정권의 더 안전한 유지를 위해서'. 정권에 충성스런 사람들의 이름이 포함된 주머니. 시뇨리를 선출할 때마다 8명의 프리오리 중 두 사람이 뽑힌다.

25.[140)]

1381년에 조직된 정부가 6년 동안 지속됐고, 도시 내부는 1393년까지 매우 조용했다. 그 시기 미덕의 백작(conte di Virtù)[141)]이라 불리는 조반 갈레아초 비스콘티는 자신의 삼촌인 베르나보를 가두고 롬바르디아 전체의 지배자[142)]가 됐다. 그는 속임수로 밀라노의 공작이 되자,[143)] 무력으로 이탈리아의 왕이 될 수 있을 것이라는 믿음에 1390년 피렌체인들과 큰 전쟁을 벌였다.[144)] 전쟁이 지속되는 동안 변화가 많아서 공작은 만약 그가 죽지 않았더라면 전쟁에서 졌을 피렌체인들보다 더 많이 전쟁에서 패배했을 수도 있을 치명적인 위험에 맞닥뜨렸다. 그러나 피렌체의 방어는 패기가 있었고 공화국으로서는 존경할 만한 저항이었으며, 그 결말은 전쟁 중에 공포스러웠던 것보다 훨씬 덜 비참했다. 공작이 볼로냐, 피사, 페루자, 시에나를 차지하고 피렌체에서 이탈리아 왕으로서 대관식을 위한 왕관을 준비하고 있을 때 죽었기 때문이다.[145)] 죽음은 그로 하여금 과거의 승리를 누리도록 허락하지 않았고, 피렌체인들의 현재의 패배감을 누그러뜨렸다. 공작과의 이 전쟁이 계속되고 있을 때 마소 델리 알비치(Maso degli Albizzi)

---

140) **조반 갈레아초 비스콘티와의 전쟁, 베리 데 메디치의 온화하고 야심 없는 행동 1387~1393.**

141) 아내인 이사벨라 디 발루아(Isabella di Valois)의 지참금으로 갖게됐다.

142) 베르나보는 갈레아초와 함께 비스콘티 영토를 분할하고 있었다. 그러나 베르나보는 1385년에 지안 갈레아초에게 붙잡혀 옥에 갇혔다. 같은 해 12월에 (아마 독살로) 죽었다. 1권 33장 참조.

143) 밀라노의 신사(signore)이지 공작은 아니다. 잔 갈레아초는 삼촌인 베르나보로부터 '속임수' 계획으로 받은지 10년 후인 1395년에 공작 지위를 얻었다.

144) 전쟁은 1392년부터 1397년까지 오랜 휴전으로 중단되었다.

145) 1402년 9월 3일. 잔 갈레아초는 피렌체가 포위되고 누구도 구해 줄 수 없을 때 갑자기 죽었다.

가[146] 정의의 곤팔로니에레가 됐다. 피에로의 죽음으로 그는 알베르티 가문의 적이 되었고, 당파 갈등은 항상 계속되어 마소는 베네데토가 망명 중에 죽었음에도 자신의 임기가 끝나기 전에 그 가문의 나머지 사람들에게 복수하기로 결심했다. 그때 어떤 사람이 망명자들과 모종의 거래를 한 혐의로 조사를 받고 알베르토와 안드레아 델리 알베르티[147]를 공범으로 지목한 일이 있었는데, 마소는 이 일을 기회로 삼았다. 그들은 즉시 체포됐고 그러자 도시 전체가 분노했다. 이에 시뇨리는 군대를 준비하여 인민에게 의회(parlamento)로 모이도록 하고 발리아를 위한 사람들을 선택했다. 이로 인해 많은 시민들을 추방하고 공직을 위한 새로운 주머니를 만들었다. 추방되는 사람들 중에 알베르티 가문 거의 전체가 포함됐고 많은 길드 노동자들 또한 견책을 받고 처형됐다.[148] 매우 많은 억압을 겪은 후 길드와 소포폴로는 자신들의 명예와 생명이 위태로워진 것을 보고 무장하고 일어섰다.[149] 그들 중 일부가 광장으로 왔고, 다른 일부[150]가 살베스트로의 죽음 이후 가문의 수장이 된 베리 데 메디치의 저택으로 갔다. 광장으로 온 사람들의 의심을 달래기 위해 시뇨리아는 다른 사람들보다 평민에게 더 받아들여질 만한 포폴로 사람인 리날도 잔필리아치(Rinaldo Gianfigliazzi)와 도나토 아차이우올리(Donato Acciaiuoli)를 그들의 지도자로 지명했다. 이들의 손에 구엘프당과 포폴로의 기(insegne)가 들어왔

---

146) 1343~1417. 1393년 9월에 정의의 곤팔로니에레가 됐다. 1379년에 사형선고를 받은 피에로가 그의 삼촌이다.

147) 그 사건은 10월 중순으로 거슬러 올라간다.

148) 사형선고를 받은 사람들은 10월 24일 폭동 후에 한 명씩 처형됐다. 그들에 대해서 마키아벨리는 바로 아래에서 이야기하고 있다.

149) 1393년 10월 24일.

150) 광장으로 모인 사람들은 대길드 지지자들이고 과두정을 선호했다. 다른 쪽—비에리 데 메디치의 집으로 단체로 갔던—은 정반대로 소길드의 지지자들이었다.

다. 베리의 집으로 달려간 사람들은 그에게 정부를 인수하여 모든 선량한 사람들과 공공선을 파괴하는 시민들의 폭정으로부터 해방시켜 달라고 애원했다. 그 당시에 대한 어떤 기록이라도 남긴 사람은 모두가, 만약 베리가 정직하기보다 야심이 있었다면 어떤 방해도 받지 않고 도시의 군주가 됐을 것이라는데 의견을 같이 한다.151) 이유가 있든 없든 길드와 그들의 친구들에게 행해진 심각한 피해는 복수를 향한 그들의 마음에 불을 질렀고, 이들의 욕망은 그들을 인도할 지도자 외에 다른 것으로는 충족되지 않았기 때문이다. 베리에게는 그가 할 수 있는 것을 상기시켜주는 사람이 없지 않았다. 오랫동안 베리에게 특별한 적의를 품고 있었던 안토니오 데 메디치가 그에게 공화국의 지배권을 차지하라고 강권했다. 이에 베리는 다음과 같이 대답했다. "당신이 나의 적이었을 때 당신의 위협은 나에게 전혀 공포를 주지 못했소. 지금 당신이 나의 친구가 되었다고 당신의 충고가 나를 잘못되게 하지는 않을 것이라 생각하오." 베리는 군중을 향해 몸을 돌리고, 그들이 그의 충고를 받아들일 경우에만 그들의 보호자가 될 것이라고 하면서 큰 용기를 가지라고 권고했다. 그는 군중들 사이에 섞여 광장으로 가 거기에서 궁으로 올라갔다. 모여 있는 시뇨리에게 피렌체의 포폴로가 자신을 사랑하는 방식으로 산 것에는 결코 후회가 없지만, 자신의 과거 삶에 대해 결코 온당하지 않은 평가를 받는 것은 매우 후회스럽다고 말했다. 그는 결코 스스로를 야망의 본보기로 만든 적이 없었기에, 자신이 어떻게 불안한 사람으로서 소란을 지지하고 야망가로서 국가를 탈취하려는 것으로 여겨지는지 이해할 수 없었다. 그래서 그는 시뇨리에게 다중의 무지를 자신의 잘못으로 치부하지 말기를 간청했다. 자신이 관련된 것은 가능한 한 빠르게 그들의 권력에 맡겨 왔기 때문이라는 것이다. 그는 그들에게 행운을 겸손하

---

151) 『피렌체사』에서 원전의 대조 작업을 경고하는 드문 사례.

게 사용하고 모든 것을 원하다가 도시를 망하게 하지 말고, 도시의 안전과 함께 절반의 승리(mezzana vittoria)에 만족하라고 촉구했다. 시뇨리는 베리를 칭송하고 그와 다른 시민들의 충고를 반드시 실행하겠다고 말하면서, 그에게 무기를 내려놓으라고 격려했다. 이후 베리는 광장으로 돌아가서 추종자들을 리날도와 도나토의 추종자들과 합류케 했다. 그때 그는 모두에게 시뇨리가 그들에게 최선의 좋은 의도를 가지고 있는 것을 발견했고, 많은 것에 대해 이야기 했지만 시간이 부족하고 몇몇 관리들이 자리에 없었기 때문에 해결하지는 못했다고 말했다. 그는 그들에게 교만보다 예의가, 위협보다 간청이 시뇨리를 더 움직일 것이고, 포폴로가 만약 그 시뇨리에게 통치받기로 한다면 지위와 안전이 충분히 보장될 것이라고 확신시키면서, 그들에게 무기를 내려놓고 시뇨리에 복종하라고 간청했다. 이에 그의 맹세 아래 모든 사람이 자기 집으로 돌아갔다.

26.[152]

군중이 무기를 내려놓은 후 시뇨리[153]는 먼저 광장을 강화했다. 그리고 정부가 신뢰하는 2천 명의 시민들을 등록시켜 동일한 수의 중대로 나눴고, 요청할 때는 언제든지 시뇨리아를 구할 준비를 하도록 명령했으며, 등록되지 않은 사람은 무기를 소유하지 못하도록 금지했다. 이런 준비를 마치고, 그들은 소동이 벌어졌을 때 다른 사람들보다 더 격렬하게 활동했던 길드인들을 추방하고 처형했다. 그리고 정의의

152) **시뇨리의 반역, 시뇨리가 도나토 디 자코포 아차이우올리의 저항을 잠재우다 1395.**

153) 시뇨리아가 아니라 3권 25장에서 말한 사람들의 발리아.

곤팔로니에레에게 더 큰 품위와 명성을 부여하기 위하여 그 직위를 맡으려면 45세가 되어야 한다는 규정을 포고령으로 내렸다. 정부를 강화하기 위해 그들은 많은 규정을 만들었고, 그 규정들은 저격하는 대상이 된 사람들에게 견디기 어려운 것이었다. 또한 그들의 당파에 속한 선한 시민들에게도 증오스러운 것이었는데, 이는 심각한 폭력으로 스스로를 지켜야 하는 정부는 좋은 정부도, 안전한 정부도 아니라고 판단했기 때문이다. 도시에 남은 알베르티 가문과, 시뇨리가 포폴로를 속였다고 느끼는 메디치 가문, 그외에 많은 다른 가문들도 너무 심한 폭력이 불만스러웠다. 정부에 저항한 첫 번째 사람은 도나토 디 자코포 아차이우올리[154]였다. 도나토는 도시에서 중요한 사람이고 곤팔로니에레 시절에 한 일 덕분에 공화국의 지도자였던 마소 델리 알베르티에 대등하기보다는 우월했다. 그럼에도 도나토는 너무 많은 불만자들에 둘러싸여 행복하게 살 수 없었고, 대부분의 사람들이 그러하듯이 공공의 고통을 사적 이익을 도모할 기회로 취할 수도 없었다. 그는 추방당한 사람들에게 도시를 돌려주거나 최소한 견책받은 사람이 공직에 복귀할 수 있는지를 시험해보기로 결심했다. 그는 포폴로를 잠잠하게 만들고 당파들의 싸움을 멈추게 하는 데는 다른 어떤 방법이 없다고 지적하면서, 이 사람 저 사람의 귀에 자신의 의견을 계속 들려주었다. 그는 자신의 욕망을 실현시키기 위해서는 시뇨리에 들어가는 것 외에는 다른 방법이 없다고 생각했다. 인간사에서 지연됨은 걱정을 불러오고 성급함은 위험을 가져오는데, 그는 걱정을 피하고 위험을 시도해보기로 결심했다. 시뇨리 중에 그의 친척 미켈레 아차이우올리와 친구인 니콜로 리코베리(Niccolo Ricoveri)[155]가 있었다.

154) 당시 피렌체의 저명인사 중 한 명이었다. 또한 그의 국제적 명성으로 가문이 번성을 누렸다(나폴리 궁정과 교황청 근처에서 작위를 받았다).

155) 1396년 1월부터 2월까지 두 달 동안 정의의 곤팔로니에레였다. 사실 아차이우올리가 니콜로 리코베리의 아들인 안젤로(Angelo)와 시도한 것이었다.

도나토는 기회가 왔다고 믿고 그들에게 시민들의 회복을 담은 법안을 위원들에게 제기하라고 요청했다. 이 두 사람은 그에게 설득 당해서 자신들의 동료들과 그 문제를 논의했고, 동료들은 새로운 것은 언제나 이익은 불확실하고 위험은 확실하기에 어떤 것도 시도하지 않겠다고 대답했다. 도나토는 먼저 모든 방법을 시도했으나 소용이 없자 분노했고, 그들에게 도시가 준비된 계획에 따라 조직되는 것을 허용하지 않으므로 무력으로 조직될 것임을 알고 있으라고 말했다. 이 말이 너무 위협적이어서 그 일이 정부의 지도자들에게 알려지자 도나토는 소환됐다. 소환된 그가 메시지를 전달하도록 보낸 사람이 증인이 되어 유죄를 선고받았다. 그는 바르레타(Barletta)로 추방됐다.[156] 알라만노와 안토니오 데 메디치 또한 알라만노의 후손인 가문의 모든 사람, 그리고 평민 취급을 받았던 많은 귀족이 아닌 길드인과 함께 추방됐다. 이 사건들은 마소가 정부를 재조직하고 2년 후에 발생했다.[157]

27.[158]

도시가 그렇게 성벽 안에는 많은 불만자들, 성벽 밖에는 많은 망명자들로 채워졌을 때, 볼로냐 망명객들 중에 피키오 카비치울리, 토마소 데 리치, 안토니오 데 메디치, 베네데토 델리 스피니, 안토니오 지롤라미, 크리스토파노 디 카를로네, 그리고 비천한 출신의 두 명이 있었다. 이들은 모두 젊고, 열정적이었으며, 고국으로 돌아가기 위해 어떤 운(fortuna)이라도 시험해 볼 의향이 있었다. 견책[159]을 받은 후 피

156) 20년 동안.

157) 아차이우올리의 실패한 시도는 1396년 1월에 재시도됐다.

158) **망명자들이 혁명을 시도하다 1397.**

159) '선출자 명단에서 배제된'. 두 사람은 감금된 피키오(Picchio)의 형제였다.

렌체에서 살고 있던 피지엘로(Piggiello)와 바로초 카비치울리(Baroccio Cavicciuli)는 비밀리에 망명자들에게, 만약 그들이 도시로 은밀히 들어온다면 자신들이 집을 내주어서 그들이 그곳에서 집 밖으로 나가 마소 델리 알비치를 죽이고 인민에게 무장하라고 외칠 수 있도록 하겠다고 전했다. 인민은 불만이 많아 쉽게 동요했는데, 특히 리치, 아디마리, 메디치, 만넬리, 그 외에 많은 다른 가문이 합류하여 그들을 해방시키는 자들을 따를 것이기 때문이었다. 그들은 이런 희망으로 1397년 8월 4일 피렌체로 왔고, 사전에 준비된 곳으로 비밀리 들어가 마소가 죽으면 폭동을 일으키기로 하고 그를 감시할 누군가를 보냈다. 마소는 자신의 집에서 나가서 산 피에로 마조레 근처의 약방에 들렀다. 그를 감시하던 사람은 공모자들에게 정보를 전하러 달려갔다. 그들은 무장을 하고 알려준 장소로 갔지만, 그 사이에 그는 약방을 떠났다. 첫 번째 계획이 성공하지 못한 것에 실망하지 않고 그들은 구시장(Mercato Vecchio)으로 향하여 그곳에서 반대파 사람 한 명을 죽였다. 그들은 "인민, 무기, 자유", 그리고 "폭군에게 죽음을"이라고 외치며 소동을 일으켰고, 신시장으로 가 칼리마라(Calimara)[160] 끝에서 다른 사람[161]을 죽였다. 그들은 같은 말을 외치며 길을 계속 갔지만 어느 누구도 무장을 하지 않자, 니기토사(Nighittosa)[162]의 개랑(loggia)으로 물러났다. 그곳에서 그들을 돕기 위해서라기보다는 구경하기 위해 뛰어나온 많은 군중이 둘러싸고 있는 가운데, 그들은 높은 곳에 올라가 큰 목소리로 군중에게 무기를 들고 그토록 증오하는 노예상태에서 벗어나라고 촉구했다. 그들은 반역할 준비가 된 도시의 거주자들에게 그들이 당할 피해로 인해 후회를 하기 전에 도시의 자유를 위

160) (현재의 공화국 광장 지역에 있는) 구시장과 (현재의 신시장 광장에 있는) 신시장을 연결하는 길.

161) 확실히 비콜로 디 도메니코 디 베르토(Biccolo di Domenico di Berto).

162) 또는 아디마리(Adimari)의 뜰.

해 노력하라고 고무시켰다. 그리고 복수할 기회를 달라고 신에게 기도하는 시민들이 많이 있다는 사실을 알게 됐다고 주장했다. 그들은 자신들을 움직이는 지도자를 갖게 되면 언제든지 복수하려고 했고, 이제 기회가 와서 그들을 움직일 지도자들을 갖게 됐으나, 아연실색한[163] 그들은 서로 쳐다보면서 자신들을 해방시켜 줄 지도자들이 죽고 노예상태가 악화될 때까지 기다리고 말았다고 했다. 연설자들은, 아주 작은 상처에도 무기를 들던 사람들이 그토록 심한 고통에도 움직이지 않고, 그렇게 많은 시민이 추방되고 견책받는 상황을 참기만 하는 데 놀랐으며, 이제 추방됐던 사람들에게 도시를, 견책받은 사람들에게 정부를 회복시킬지 말지는 그들의 선택에 달렸다고 말했다. 이 말들은 진실이었으나 군중들은 두려움으로, 혹은 앞서 두 사람을 살해한 것에 대한 적대감으로 조금도 마음이 움직이지 않았다. 반역을 시작한 사람들은 그들의 말이나 행동이 어느 누구도 움직일 힘을 갖지 못한 것을 확인하고서, 모든 면에서 노예가 되기를 원하는 인민을 해방시키려는 일이 얼마나 위험한 일인지를 너무 늦게 깨달았다.[164] 그래서 자신들의 거사가 실패한 것에 낙담하여 산타 레파라타(Santa Reparata) 교회로 물러났다. 거기에서 그들은 목숨을 구하기 위해서가 아니라 죽음을 조금 미루기 위해 문을 닫아걸었다. 시뇨리는 첫 번째 외침에 놀라서 무장을 하고 궁을 걸어잠갔으나, 사태의 결과와 반역을 시작한 사람의 신원과 그들이 갇힌 곳을 알게 됐을 때는, 대장[165]에게 많은 군인을 데리고 폭도들을 체포하라고 명령을 내렸다. 별 어려움 없이 교회 문은 강제로 열렸고 방어하던 사람들 중 일부는 죽임을 당하고 일부는 포로가 됐다. 포로들이 조사받았지만, 다

163) '경악하여 움직이지 못하는'. 『군주론』 7장 참조("이 잔인한 광경은 한편으로는 민을 만족시켰지만 또 한편으로는 경악하게 만들었다").

164) 『로마사 논고』 1권 17장의 유사한 주장을 상기시킨다.

165) [영역주] 정의의 대장(capitano del giustizia).

른 죄수들과 함께 처형당한 바로키오와 피지엘로 카비치울리 외에는 유죄선고를 받지 않았다.[166]

28.[167]

이 사건 후 더 중요한 다른 일이 일어났다. 우리가 위[168]에서 보았듯이, 도시는 그때 밀라노 공작과 전쟁 중에 있었다. 그는 공개된 병력은 도시를 이기기 충분하지 않다고 판단하고 전략을 비밀스러운 병력을 준비하는 것으로 전환해서 롬바르디아에 가득 찬 피렌체 망명자들을 이용하기로 했다. 그리하여 도시 안에 있는 많은 사람들이 알아챈 음모를 꾸몄다. 그 계획은 어느 날 무기를 들 수 있는 능숙한 수많은 망명자들이 피렌체 근처의 장소를 떠나서 아르노 강을 통해 도시에 들어가 도시 내부에 있는 사람들에게도 알려 그들과 함께 정부 지도자들의 집으로 달려가 이들을 죽이고 바라던대로 공화국을 재조직하는 것이었다. 도시 내부의 음모자들 중에 리치 가문의 사람 사미니아토(Saminiato)가 있었다. 음모는 흔히 소수로는 성공하기에 충분치 않고 다수로는 누설의 위험이 있으니,[169] 사미니아토는 부지불식 간에 동참자를 구하다가 고발자를 찾은 것이다. 그는 살베스트로 카비치울리에게 그 일을 말했는데, 그의 친척과 그가 당한 고통으로 신뢰할 만한 인물이라고 생각했던 것이다. 카비치울리는 미래의 희망보다

166) 사형선고는 8월 7일과 11일에 실행됐다.

167) **밀라노 공작이 지원한 피렌체에 대한 음모 1400.**

168) 3권 25장. 언급되는 사람들의 세 번째 음모는 1400년 11월로 거슬러 올라간다. 그래서 결국 피렌체와 잔 갈레아초 비스콘티 사이의 오랜 전쟁과 일치한다.

169) 이 주제는 『로마사 논고』 3권 6장(음모에 관하여)과 비교된다.

지금의 두려움이 더 무거워, 전체 계획을 즉시 시뇨리에게 털어놓았다. 사미니아토가 체포되자 그들은 그에게 음모의 전체 조직을 밝히라고 강요했다. 그러나 가담자들 중 토마소 다비치(Tommaso Davizi)[170] 외에는 누구도 붙잡히지 않았다. 그는 피렌체에서 무슨 일이 벌어졌는지 모른채 볼로냐에서 오다가 피렌체에 도착하기도 전에 붙잡혔다. 다른 사람들은 사미니아토의 체포 후 무서워서 달아났다. 사미니아토와 토마소가 자신들의 죄에 따라 벌을 받은 후[171] 발리아가 많은 시민들에게 주어졌고, 그들은 자신들의 권위로 죄를 지은 사람들을 찾아내서 정부의 안전을 도모하려고 했다. 그들은 리치 가문에서 6명, 알베르티 가문에서 6명, 메디치 가문에서 2명, 스칼리 가문에서 3명, 스트로치 가문에서 2명, 빈도 알토비티,[172] 베르나르도 아디마리, 이외에 많은 비천한 사람들(ignobili)을 반역자로 선포했다. 그들은 또한 알베르티, 리치, 메디치 가문에서 소수를 제외한 전체에게 10년 동안의 견책을 내렸다. 알베르티 가문 중에서 안토니오는 조용하고 평화적인 사람으로 간주되어 견책을 받지 않았다. 음모가 진행되고 있어 의혹들이 해결되기 전에 한 수도사가 체포되는 일이 있었는데, 이 수도사는 여러 차례 볼로냐와 피렌체 사이를 오가는 것이 목격됐다. 그는 안토니오에게 여러 번 편지를 가져다주었다고 자백했다. 그래서 안토니오는 즉시 체포됐고, 처음에는 모든 것을 부인했으나 수도사에 의해 유죄로 판명되어,[173] 벌금형을 선고받고 도시로부터 3백 마일 떨어진 곳으로 추방됐다. 그리고 알베르티 가문이 정부에 새로운 위험을 매일 초래하지 않도록 15세 이상 된 가문의 모든 사람은 추방됐다.

---

170) 사실 프란체스코 디 토마소 다비치.

171) 둘 다 참수되었다(11월 19일과 22일에).

172) 스톤도 디 빈도 알토비티(Stondo di Bindo Altoviti).

173) 안토니오 알베르티의 판결은 1401년 1월 14일에 선고되었다.

29.[174)]

이 일들이 1400년에 일어났다. 2년 후 밀라노의 조반 갈레아초 공작이 죽었다. 그의 죽음은 위에서 우리가 보았던 12년 간 지속된 전쟁을 끝냈다. 내부의 적과 외부의 적으로부터 해방된 정부는 이제 더 큰 권위를 갖게 되었고, 피사로 원정을 가서 도시는 영광스러운 승리를 거두었다. 그래서 1400년부터 1433년까지 도시의 삶이 평온했다. 1412년에 알베르티 가문이 망명을 끝내자 알베르티 가문에 대항하여 세워진 새로운 발리아가 새로운 법으로 정부를 강화했다. 알베르티 가문을 세금으로 괴롭혔던 일을 제외하면 말이다. 그 당시 피렌체인들은 나폴리의 왕 라디슬라우와도 전쟁 중이었고, 1414년 왕이 죽으면서 전쟁이 끝났다. 이 전쟁 중에 왕은 자신이 더 약하다는 것을 인정하고 피렌체인들에게 자신의 영토인 코르토나(Cortona)를 하사했다. 그러나 잠시 후 그는 힘을 회복하고 피렌체에 대항하여 처음보다 더 심각한 전쟁을 재개했다. 만약 밀라노 공작과의 전쟁이 그러했듯이 왕의 죽음으로 이 전쟁이 끝나지 않았다면 공작의 경우와 마찬가지로 그도 피렌체의 자유를 빼앗았을 것이다. 이 전쟁의 결과는 다른 전쟁보다 피렌체에 불운하지 않았다. 라디슬라우 왕이 로마, 시에나, 마르케, 로마냐를 차지하고 나서 피렌체 말고는 다른 어떤 것도 필요치 않았던 상황이었는데, 롬바르디아로 군대를 진격시키다가 죽고 말았던 것이다. 죽음은 언제나 다른 어떤 친구보다 피렌체인들에게 친절했고, 그들을 구하는 데 그들의 어떤 능력보다도 더 강력한 힘을 발휘했다. 이 왕이 죽은 뒤 도시는 8년 동안 내부와 외부가 고요했다.

---

174) **조반 갈레아초 비스콘티와 나폴리의 라디슬라우의 죽음으로 전쟁에서 해방된 피렌체 1400~1414.**

그 시간이 끝나고 밀라노의 필리포 공작과의 전쟁 도중에 당파들이 되살아났다. 그 당파들은 1381년부터 1434년까지 권력을 잡았던 정부의 몰락과 함께 조용해졌고, 엄청나게 영광스럽게 많은 전쟁을 수행하여 아레초, 피사, 코르토나, 리보르노, 몬테 풀치아노를 피렌체 영토에 포함시켰다. 도시의 단결이 계속 유지되고 오래 묵은 당파 싸움(umori)이 재점화되지 않았다면, 다음 장에서 구체적으로 드러나듯이, 더 큰 일을 할 수 있었을 것이다.

제 4 권

제 4 권[1)]

1.[2)]

도시, 특히 공화국이라는 이름 아래 운영되지만 제도가 잘 정비되지 않은 도시들은 그 정부와 상태(stati)가 자주 자유(libertà)와 예종(servitù)이 아니라 예종과 방종(licenza)[3)] 사이를 오간다. 방종의 실행자인 민(popolani)과 예종의 실행자인 귀족(nobili)은 자유를 오직 명목상으로만 칭송하고, 법에게도 인간에게도 복종하지 않으려 하기 때문이다. 한 도시에 운 좋게도 현명하고 선한 강력한 시민이 나타나서 귀

---

1) **1414년부터 1434년까지 피렌체의 사건들.**

2) **도시들의 자유와 방종.**

3) 마키아벨리 저작의 여러 곳에서 반복되는 용어로서 전문 정치학의 의미를 나타낸다. 『피렌체사』 8권 29장의 '정의'(giustizia)와 대척점에 있는 '방종'(licenza)은 『군주론』 9장에서는 군주정 및 '자유'(libertà)와 상이한 형태로 제시된다(이 두 가지[포폴로와 귀족]의 상이한 욕망으로부터 도시에 세 가지의 효과, 즉 군주정, 공화정, 방종이 나온다). 그러나 이 동일한 페이지는 『로마사논고』 1권 2장(방종과 '인민의' 정부의 나쁜 형태)의 고찰에서 위의 모든 것을 암시하지만, 귀족정과 민주정의 타락한 변이형만을 의미한다(『로마사논고』 1권 2장 -마키아벨리는 군주정과 그것의 타락한 형태인 참주정을 국가의 통치체제 중에서 '공화정의 이름 아래' 있다고 말한다- 에서 예상되는 두 개의 가능성 중에서 분명히 첫 번째는 제외된다). 『로마사논고』 1권 2장에서는 무엇보다도 계속되는 불안정의 운명을 줄이기 위해서 국가에 '좋은 법과 좋은 제도'를 부여할 줄 아는 '현명하고, 선하고, 강한 시민'에 강조점을 둔다.

족과 민으로 하여금 악을 행하지 못하도록 하고 그들의 당파심(umori)을 잠재우고 억제할 수 있는 법을 제정한다면, 그 도시를 자유로운 공화국이라 부를 수 있고, 안정되고 견고한 국가로 인정할 수 있다. 좋은 법과 제도에 기초한 도시는 다른 도시들과 달리 도시의 운영을 위하여 한 사람의 역량(virtù)에 의존할 필요가 없기 때문이다. 좋은 법과 제도를 갖춘 많은 고대의 공화국들은 장수했고, 그런 법과 제도가 부족했던 모든 공화국은 전제 국가에서 방종한 국가로, 또는 그 역으로 자주 바뀌었다. 전제 국가와 방종한 국가는 모두 강력한 적이 있어 전혀 안정적이지 않으며, 또 그럴 수도 없다. 전제 국가는 선한 사람들의 마음에 들지 않고, 방종한 국가는 현명한 사람들을 만족시키지 못하기 때문이다. 또한 전자는 쉽게 악을 저지르고, 후자는 선을 행하기가 매우 어렵다. 전자는 오만한 사람들이, 후자는 바보들이 너무 많은 권한을 갖는다. 양쪽 모두 오직 한 개인의 역량(virtù)과 행운(fortuna)에 의해 유지되어야 하는데, 그 사람은 죽음으로 실패하거나 고난으로 쓸모없어질 수 있다.

2.[4]

그래서 나는 1381년 조르조 스칼리의 죽음으로 시작된 정부는 마소 델리 알비치와 니콜로 다 우차노의 능력으로 유지됐다고 말하겠다. 1414년부터 1422년까지 도시는 조용했는데, 라디슬라우 왕이 죽고 롬바르디아가 많은 부분으로 분열되어 피렌체 안팎으로 두려움을 일으킬 어떤 것도 없었기 때문이다. 니콜로 다 우차노[5]보다는 덜 중

4) **포폴로당의 진압 1414~1422.**

5) Noccolo da Uzzano(1359~1431). 1390년 공화국이 출범할 때 가장 중요한

요하지만 여전히 강력한 인물로는 바르톨로메오 발로리, 네로네 디 니지, 리날도 델리 알비치,[6] 네리 디 지노,[7] 라포 니콜리노가 있었다. 알비치 가문과 리치 가문 사이의 갈등에서 처음 생겨났고, 이후 살베스트로 데 메디치의 엄청난 소란에 의해서 되살아난 당파들은 결코 사라지지 않았다. 전체 인민이 가장 좋아한 당이 3년 동안만 권력을 잡고 1381년에 패배했지만, 당파의 적개심(umori)을 도시의 다수가 공유하고 있었기에 결코 전적으로 제거되지 않았다. 1381년부터 1400년까지 잦은 의회(parlamenti)[8] 교체와 당파 지도자들에 대한 지속적인 탄압이 도시를 거의 무(niente)로 축소시켰다. 당파의 지도자로서 괴롭힘을 받은 주요 가문은 알베르티, 리치, 메디치였고, 이들은 여러 차례 사람들과 재산을 박탈당했다. 만약 그들 중 누군가가 도시에 남았다면 그들의 관직은 빼앗겼을 것이다. 이 탄압은 당을 쇠약하게 만들고 거의 파괴했다. 그럼에도 많은 사람들이 계속 그들이 당한 고통을 기억하고 복수하기를 열망했다. 이 열망은 어디에서도 지지를 찾지 못하고 그들 가슴 속에 숨겨져 있었다. 포폴로 출신의 귀족들(nobili popolani)[9]은 통치를 통해 평화를 가져왔지만, 그들은 정부의 전복을 가져올 두 가지 실수를 저질렀다. 첫 번째는 계속된 지배로 교만해진 것이고, 두 번째는 오랫동안의 지배와 서로에 대한 질투로 그들을 공

자리를 차지했다.

6) Rinaldo delgli Albizzi(1370~1442). 마소(Maso)의 아들이자 크게 성공한 정치적 계승자. 1420년대에 피렌체에서 복무하다가 실질적 통치자인 코지모 데 메디치가 즉위하는 해(1434)에 끝났다.

7) Neri di Gino Capponi(1388~1457). 20년 동안 피렌체의 영향력 있는 사람들 중 하나로서 메디치 정권 동안(1434년 이후) 도시의 중요한 역할을 수행했다. 1433~1434년의 정치적 위기 때 실제로 했던 알려지지 않은 역할에 대해서는 4권 27장 참조.

8) 광장에 모인 시민들 중 특별한 인민의 회합으로서 고위 관리들(magistrati)의 제안을 승인하거나 거부한다. 의회를 통해서 급진적인 제도 개혁안이나 시민들 중 개인 또는 집단을 겨냥한 예외적인 조치 역시 통과시킬 수 있다.

9) 소길드(Arti minori) 정권이 패배한 후 1382년에 권력을 잡은 귀족.

격할지 모를 사람들에 대한 경계와 주의를 소홀히 한 것이다.

3.[10]

피렌체를 지배하던 이 귀족들은 불쾌한 방식으로 모든 사람들(universale)의 증오를 매일 되살려냈다. 두려워하는 대상이 없어 자신의 당을 파괴할 일들[11]에 주목하지 않았으며, 서로에 대한 질투로 위험의 씨앗을 오히려 더욱 키워서 메디치 가문이 권력을 회복하는데 일조했다. 메디치 가문에서 다시 부상한 첫 번째 사람은 조반니 디 비치[12]였다. 그는 막대한 부를 축적했으며, 천성이 정이 많고 자비로워서 지배하던 사람들의 양해를 받아 최고 관직[13]에 올랐다. 이 선택에 다중은 보호자를 얻었다고 믿었고 도시의 다수는 매우 만족했지만, 더 현명한 사람들에게 이것은 불길한 예감의 시작이었다. 그들은 모든 오래된 싸움(umori)이 다시 일어날 것을 예상했다. 니콜로 다 우차노는 다른 시민들에게 그렇게 높은 명성을 가지고 있는 사람을 소중히 여기는 것이 얼마나 위험한 것인지, 무질서는 시작될 때는 대응하기 쉽지만 자라도록 내버려두면 해결하기가 얼마나 어려운 것인지를 경고했다. 그는 조반니에게서 살베스트로[14]를 능가하는 많은 자질

---

10) **니콜로 다 우차노의 경고에도 불구하고 조반니 데 메디치의 부상, 필리포 비스콘티와의 조약 1421.**

11) 정권을 위기에 빠뜨릴 수 있는 행동이나 상황.

12) Giovanni di Bicci. 비치(Bicci)라 불리는 아베라르도 조반니(Averardo Giovanni, 1360~1429)의 아들로서 메디치 가문의 막대한 부를 가져단 준 금융과 산업의 창시자. 사촌인 비에리 데 메디치(Vieri de Medici)에게 로마에 회사를 열도록 지시한 후, 조반니는 1397년에 자신의 은행을 피렌체에 설립했다. 은행가 외에도 계속해서 양모 사업가(피렌체, 로마, 나폴리에서는 직물 사업가)가 되면서 조반니는 수년 내에 피렌체에서 막대한 부를 축적했다.

13) 조반니는 1402년에 프리오레에 지명됐다.

을 발견했다. 니콜로의 동료들은 그의 명성을 질투하고 그를 이길 수 있는 협력자를 가지려고 그에게 주목하지 않았다. 피렌체에서 그런 당파심이 비밀스럽게 다시 끓어오르고 있을 때 조반니 갈레아초의 아들 필리포 비스콘티가 그의 형의 죽음 이후 롬바르디아의 지배자[15]가 됐다. 그는 어떤 과업이라도 도모할 수 있을 것 같았고, 도제(doge)인 토마소 다 캄포 프레고조(Tomasso da Campo Fregoso)[16] 아래 자유롭게 살고 있던 제노바의 새로운 지배자가 되는 것을 매우 갈망했다. 그러나 그는 자신의 욕망을 만족시키기에 충분한 명성을 가지고 있는 것으로 판단되는 피렌체인들과의 새로운 협약(accordo)을 공개적으로 선언하지 않으면 이런 저런 과업이 성공할 수 있을지 확신이 없었다. 이에 그는 피렌체에 사절을 보내 협약을 요청했다. 많은 시민들이 반대하면서 제노바와 오랫동안 유지해온 평화를 지켜야 한다고 조언했다. 그들은 새로운 협약을 맺으면 필리포에게 얼마나 유리하고, 도시에는 얼마나 유익함이 적을지 알았기 때문이다. 그러나 그에게 조건을 강제하여 협약을 맺자고 주장하는 사람들도 있었다. 만약 그가 협정을 위반하면 모든 사람이 그의 사악한 목적을 알아차리게 될 것이고, 피렌체가 더욱 정당하게 그와 전쟁을 할 수 있을 것이기 때문이다. 이 문제가 많이 논의된 후 결국 조약은 체결됐고, 필리포는 마그라(Magra)와 마나로(Manaro) 강 이쪽의 영토 문제에 관여하지 않겠다고 약속했다.

---

14) 개인적 자질과 경제력에 관해서는 조반니 디 비치가 살베스트로 데 메디치보다 훨씬 더 위험한·적이라는 것을 예상할 수 있다.

15) (필리포 마라이 비스콘티는) 형인 조반니 마리아의 죽음 후에 비스콘티 가문의 영토를 통합했다.

16) (1370이후~1435) 1415년 7월에 제노바의 도제(doge)가 됐다. 처음에 프란체시가 지배했고 그 후 몬페라토의 후작이 지배했던 도시는 지난 2년 동안 독립된 통치를 했다.

4.[17]

이 협정을 체결한 후 필리포는 브레샤(Brescia)를, 그리고 조금 후에 제노바를 차지했다.[18] 그 협약을 체결하라고 조언했던 피렌체 사람들의 예상과는 달랐는데, 그들은 브레샤는 베네치아인들이 방어해줄 것이고 제노바는 스스로 지킬 것이라고 믿었었다. 필리포와 제노바의 도제가 맺은 평화협정[19]으로 마그라 이편의 다른 도시들과 함께 사르자나[20]가 공작에게 양도되었으며, 그가 이 영토들을 내어주고자 한다면 제노바에 넘겨야 한다는 조건이 있었다. 결론적으로 필리포가 피렌체와의 협정을 위반했다. 이외에도 그는 볼로냐의 교황 특사와 협정을 체결했다. 이 일들이 우리 시민들의 마음을 불안하게 만들었고 새로운 해악을 두려워한 그들은 어쩔 수 없이 새로운 해결책을 생각하게 되었다. 피렌체의 이 동요를 필리포가 알아차리게 됐다. 그는 자신을 정당화하기 위해서인지, 혹은 피렌체인들의 의향을 확인하기 위해서인지, 아니면 그들을 달래고 잠잠하게 만들기 위해서인지, 사절을 보내 피렌체에서 형성된 의심에 놀라움을 표시하고 그가 한 일 중 의심을 촉발하는 것은 무엇이든지 철회하겠다고 제안했다. 이 전언의 유일한 효과는 도시를 분열시키는 것이었다. 정부에 가장 큰 영향력을 가진 사람들로 구성된 쪽에서는 사람들을 무장시키고 적의 계획을 좌절시키는 것이 현명하며, 준비가 이루어진 후에도 필리포가

17) **필리포가 협약의 제한을 넘어서다, 피렌체가 전쟁을 준비하다 1422.**

18) 브레샤는 1420년 10월에 베네치아가 방어에 개입하지 않고도 점령됐다. 제노바는 1421년 11월에 비스콘티 군대가 차지했다.

19) 토스카나에서 비스콘티의 모든 개입을 배제하는 1420년 2월의 합의(4권 3장 참조).

20) 캄포프레고조(Campofregoso)에서의 도시의 양도는 제노바의 항복 합의에 포함됐다(1421년 11월).

조용히 있는다면 전쟁은 시작되지 않고 평화만 있을 것이라고 판단했다. 그러나 다른 많은 사람들은 통치하는 사람들에 대한 질투이든 전쟁에 대한 두려움이든 친구를 가볍게 의심해서는 안되며, 공작이 한 일들은 그런 의심을 받을 만한 일이 아니라고 주장했다. 그들은 자신들의 적이라면 10인 위원회(i Dieci)를 만들고 군대를 고용하는 것이 전쟁을 의미한다는 것을 잘 알고 있다고 주장했다. 이들은 매우 위대한 군주에 대한 전쟁은 어떠한 이익도 얻을 희망 없이 도시를 분명한 파멸로 이끌 것이며, 로마냐가 중간에 있고 교회와 친하기 때문에 우리는 로마냐를 괴롭힐 수도 없고, 롬바르디아에서 이루어진 어떤 것에도 소유권이 없다고 주장했다. 그러나 결국 전쟁을 준비하기를 바라는 사람들의 권위는 평화를 위해 애쓰기 바라는 사람들의 권위보다 더 강하여, 10인 위원회가 구성되고, 군인들이 고용되고, 새로운 세금이 부과됐다. 세금은 대시민들보다 소시민들에게 더 가혹하게 징수했기에 도시는 한탄으로 가득찼다. 모든 사람이 귀족들(potenti)이 자신들의 욕망을 위해 불필요한 전쟁을 시작하고 포폴로를 지배하기 위해 억압한다고 비난했다.

5.[21]

아직 공작과 공개적으로 결별하지는 않았으나 볼로냐의 성에 머물고 있는 망명자인 안토니오 벤티볼리오를 두려워한 필리포가 볼로냐의 교황 특사의 요청으로 볼로냐로 사람들을 보낸 일로 인해 모든 일이 의심스러워졌다.[22] 그들이 피렌체의 영토에 가까이 옴으로써 피렌

21) **필리포가 포를리를 차지하다, 공격 전쟁과 방어 전쟁에 대한 논쟁 1423.**
22) 안토니오 벤티볼리(1390~1435)는 1416년에 교황 대리인인 볼로냐에 의해 진

체의 의심을 더욱 부추겼다. 그러나 모든 사람을 더욱 경계하게 만들고 전쟁을 선포하도록 한 중요한 원인은 공작이 포를리로 원정을 간 것이었다. 포를리의 군주 조르조 오르델라피(Giorgio Ordelaffi)는 죽어 가고 있었고, 자신의 아들 티발도를 필리포의 보호[23] 아래 두었다. 필리포가 티발도의 어머니에게 의심스럽게 보였고, 그녀는 아들을 자신의 아버지인 이몰라의 군주 루도비코 알리도시(Ludovico Alidosi)[24]에게 보냈다. 하지만 그녀는 포를리의 인민의 압박에 의해 아들의 아버지[조르조 오르델라피]의 유언을 따라 아들을 필리포의 손[25]에 되돌려 놓았다. 이에 필리포는 의심을 덜 받고 자신의 의도를 더 잘 숨기기 위해, 페라라의 후작에게 귀도 토렐로를 그의 부관으로 삼아 군대와 함께 가서 포를리 정부[26]를 차지하라고 명령했다. 그렇게 그 도시는 필리포의 권력 안으로 들어왔다. 이 일이 피렌체에 알려지자 전쟁을 반대하는 의견이 많았다. 조반니 데 메디치는 아무리 공작의 악의가 명백하더라도 그에게 대항하기 위해 군대를 먼저 움직이기보다 그가 공격하기를 기다리는 것이 더 낫다면서 공개적으로 전쟁에 반대했다. 그럼에도 군대가 볼로냐로 오고 있다는 소식이 더해져 전쟁을 하려는 결정이 더 쉬워졌다. 이 경우 전쟁을 준비하는 이탈리아의 군주들이 우리쪽 만큼이나 공작의 편에도 전쟁의 정당성이 있다고 보기

압된 민중 봉기를 조직한 후 볼로냐 성의 영지에 물러나 있을 수밖에 없었고, 1420년 7월에 교황이 볼로냐의 소유를 승인했다.

23) 조르조 오르델라피는 1422년 1월에 죽었다. 그 시대에 아들 테발도는 9년을 통치했다. 어머니 루크레치아는 이몰라의 군주인 루도비코 알리도시의 딸이었다.

24) 1396년부터 이몰라의 군주였던 루도비코 알리도시(1430년 사망)는 아버지인 페르트란도의 외교노선을 따라 반(反) 비스콘티 차원에서 피렌체 및 교황과 충실한 동맹을 맺었다.

25) 1423년 5월 14일에 포르리베시 가문이 알리도시 통치에 반기를 들어서 루크레치아 알리도시가 포르림포폴리(Forlimpopoli)에 망명을 가게 만들었다.

26) 5월 15일에 포르리베시 가문은 당시 필리포 마리아 비스콘티의 군인이었던 비스콘티 용병대장 시코 다 몬타냐나와 귀도 토렐리에게 도시를 맡겼다.

때문이었다. 만약 그가 자신의 야망을 드러냈다면 우리는 도움을 요청할 수 있었겠지만, 그들[이탈리아 군주들]은 먼저 대담하게 도움을 요청할 수 없었다. 그들은 다른 사람들을 방어할 때보다 자신의 것을 지킬 때 매우 다른 용기와 다른 힘을 발휘할 것이다. 이 주장에 대하여 다른 사람들은, 적을 찾으러 가는 것보다 집에서 기다리는 것이 현명하지 못하고, 행운은 방어하는 사람보다는 공격하는 사람에게 더 우호적이며,[27] 적국에서 하는 전쟁은 비용은 더 많이 들지만 피해가 더 적다고 말했다. 이 의견이 너무 우세하여 10인 위원회는 포를리를 공작의 손에서 구출하기 위해 모든 수단을 동원하기로 결정했다.

6.[28]

필리포는 피렌체인들이 자신이 차지하려고 애썼던 것들을 탈취하려고 한다는 소식을 듣고 모든 신중함을 제쳐두고 아뇰로 델라 페르골라를 대군과 함께 이몰라로 보내 그 군주[29]가 자신의 것을 지키는 데 몰두하느라 자신의 손자를 보호할 여유를 갖지 못하도록 했다. 아뇰로가 이몰라 근처에 도착해서 ―피렌체 군대는, 추위가 대단하여 도시 근처의 해자가 얼어서 여전히 모딜리아나(Modigliana)[30]에 있었고― 어느날 밤 갑자기 도시를 차지하고[31] 루도비코를 밀라노에

27) '친구 포르투나'(fortuna amica)의 연결은 4권 27장과 『군주론』 25장 '젊은이의 친구'(amica de'giovani)에서도 볼 수 있다. 포르투나가 공격적인 정치를 선호한다는 모티브는 『군주론』 25장뿐 아니라 「포르투나에 관하여(Della Fortuna)」의 서문 vv.163–6에도 나온다.

28) **필리포와의 전쟁이 시작되다, 자고나라 전투 1424.**

29) 루도비코 알리도시(4권 5장 참조).

30) 포를리로부터 남동쪽 약 25킬로미터 떨어진 아페니노.

31) '불의하게 도시를 차지한'. 1424년 2월 24일 밤에 모든 청년들이 보이지도 않

죄수로 보냈다. 피렌체인들은 이몰라를 잃었고 전쟁이 시작됐다는 것을 알자, 포를리로 군대를 보내 도시를 포위하고 사면에서 압박해 들어갔다. 그리고 공작의 군대가 연합하여 포를리를 구하지 못하도록 그들은 알베리고 백작을 고용했는데, 백작은 매일 전진하여 자신의 도시인 자고나라에서부터 이몰라의 문까지 기습했다. 아뇰로 델라 페르골라는 우리 군대가 차지한 유리한 위치로 인해 포를리를 안전하게 수성할 수 없다고 판단했다. 그는 피렌체인들이 그곳을 끝내 포기하는 일은 없을 것으로 판단하고 자고나라의 점령을 시도하려고 생각했다. 그러나 만약 그들이 그런 시도를 하기로 한다면 포를리를 포기해야 하고, 불리한 조건에서 전투를 강행해야 하는 상황이라고 판단했다. 이에 공작의 군대는 알베리고[32]로 하여금 계약(patti)을 요구하라고 강요했다. 계약은 만약 피렌체인들이 그를 15일내에 구하지 못한다면 도시를 넘겨주겠다는 공작의 약속을 조건으로 했다. 이 무질서가 피렌체 진영과 도시에 알려졌을 때 모든 사람은 적이 그런 승리를 얻지 못하기를 열망했다. 그러나 피렌체인들이 그들에게 더 큰 승리를 안겨주었다. 자고나라를 구하기 위해 포를리를 떠난 군대는 적을 만나자마자 패배했기 때문이다. 이 패배는 적들의 용기가 더 컸기 때문이라기보다는 가혹한 날씨에 기인한 결과였다. 활기를 아껴두었던 적들은 비가 오는 가운데 매우 깊은 진흙 속에서 몇 시간을 행군한 우리 군인들을 쉽게 이겼다.[33] 그러나 이탈리아 전체에 널리 알려진 그렇게 큰 패배에서 로도비코 델리 오비치[34]와 그의 두 명의 부하를

는 이몰라의 성벽을 기어올라 문을 여는데 성공했다.

32) 쿠니오의 백작 가문인 (루고 근처에 있는) 자고나라의 백작 알베리코.

33) 1424년 7월 28일에 벌어진 전투.

34) 루카인으로 피렌체와 계약을 맺은 용병대장 중 한 명이다. 군사작전을 활기차지만 신중하지 않게 했으나, 반대로 용병대장 카를로 말라테스타에 대해서는 단호했다. 비스콘티 군대는 안젤로 델라 페르골라가 지휘했다.

제외하고는 누구도 죽지 않았다. 이 세 사람은 말에서 떨어져 진흙 속에서 질식사했다.[35]

7.[36]

이 패배 소식으로 피렌체 도시 전체는 우울해졌다. 특히 전쟁을 조언했던 귀족 시민들[37]이 적은 강하고 자신들은 무장이 안 되어 있고, 친구도 없고, 포폴로는 적대적이라는 사실을 알고서 더욱 그러했다. 모든 광장에서 포폴로가 과중한 세금과 이유 없이 시작된 전쟁을 모욕적인 말로 불평하고 귀족 시민들을 비난하면서 다음과 같이 말했다. "이제 그들은 적에게 공포를 가져오려고 10인 위원회를 만든 것인가? 그들의 조언이 어떻게 드러났고 어떤 목적으로 움직이고 있는지 보시오. 그들의 목적은 자유를 지키는 것－그것은 그들의 적이오－이 아니고 자신들의 권력을 키우는 것－그것은 신이 정당하게 줄여주셨던 것이오－이오. 그들은 도시를 이번 작전(impresa)만이 아니라 다른 많은 작전들로 불태웠는데, 라디슬라우 왕과의 전쟁[38]도 그런 것이었소. 이제 그들은 누구에게 도움을 청하게 될까요? 브라초를 위해 그들에게 모욕당한 마르티노 교황[39]에게? 그들이 버려서 아라곤 왕의

35) 마키아벨리는 15세기 용병 전쟁의 성격에 대한 논쟁에 있어서 충돌의 중요성을 최소화하고 있다(상세하게 앙기아리 전투의 목적에 대해서 5권 33장).

36) **자고나라에서 패배로 낙담한 피렌체, 리날도 델리 알비치의 용기있는 연설 1524.**

37) 대 상인이자 기업가인 귀족 시민들은 비스콘티의 위험에 기민하게 반응하는 것을 옹호했다. 전쟁파(partito della guerra)의 사회적 성격에 대해서 4권 5장을 보라.

38) 1412년과 1414년 사이에(3권 29장과 4권 2장 참조).

39) 1417년부터 1431년까지 교황이었던 마르티노 5세에 관한 것이다. 일정 기간 동안 피렌체에 살았고, 로마가 나폴리에 의해 점령당했다. 브라초 다 몬토네

품에 억지로 안겨야 했던 조반나 여왕[40]에게로?” 이외에도 분노한 포폴로는 모든 격분을 쏟아냈다. 이에 시뇨리는 부드러운 말로 다중(moltitudine)의 흥분한 감정(umori)을 진정시킬 수 있는 많은 시민들을 집합시켜야 할 것 같았다. 마소의 장남이자, 자신의 역량과 아버지에 대한 기억으로 도시의 최고 지위에 올라가기를 열망하는 리날도 델리 알비치[41]는 어떤 일을 그것의 효과만으로 판단하는 것은 현명하지 못하다고 지적하며 상세하게 말했다. 많은 경우 잘 조언한 일이 좋은 결과로 이어지지 않고 잘못 조언한 일이 좋은 결과를 낳기도 하지만, 악한 조언이 좋은 결과로 인해 칭찬을 받으면 사람들이 잘못하도록 부추기는 것에 다름 아니게 되고, 나쁜 충고가 항상 성공하는 것은 아니기에 공화국에 큰 해가 될 것이라는 것이다. 이와 비슷하게, 불행한 결과를 가져올 현명한 과정을 비난하는 것은 그릇된 일인데, 시민들에게서 도시에 조언하고 자신이 믿는 바를 말할 마음을 빼앗는 일이기 때문이라고 말했다. 그는 어찌하여 그 전쟁을 할 필요가 있었는지, 그리고 만약 전쟁이 로마냐에서 시작됐다면 어떻게 토스카나에서 전쟁을 치러야 하는지를 보여주었다. 신이 우리 군대가 패배하도록 작정했기에 만약 다른 군대가 포기한다면 패배는 더욱 더 심각했을 것이다. 하지만 만약 그들이 행운(fortuna)에 맞서 용감한 모습을 보여주고 가능한 대책을 행한다면, 그들은 패배를 그렇게 절감하지 않을 것이고, 공작은 승리를 그토록 누리지 못할 것이라고 말했다. 그리고 그는 지출 비용과 다가올 세금에 낙담해서는 안 된다고 했다. 방어만

(안드레아 포르테브라치)는 1416년부터 움브리아 전체를 차지하고 1417년 여름에 로마를 공격했다. 피렌체는 1420년 2월에 피렌체에서 비준된 마르티노 5세와 포르테브라치 사이의 협정을 중재했다.

40) 피렌체의 지지를 받지 못한 나폴리의 조반나 2세(1371～1435)는 아라곤의 알폰소 5세와의 동맹을 추구했다.

41) 리날도 델리 알비치가 『피렌체사』에서 처음으로 비중있게 등장하고 있다. 그는 코지모 데 메디치의 주요 경쟁자로 4권에서 중심 역할을 하고 있다.

하려는 국가는 공격하려는 국가보다 훨씬 적게 준비해도 되기에 지출은 줄어들고 세금 역시 앞으로는 과거보다 사정이 나아질 것이기 때문이라는 것이다. 그는 마지막으로 그들에게 어떤 역경에도 용기를 잃지 않고 어떤 군주에 대해서도 항상 성공적으로 이겨냈던 조상들을 닮으라고 촉구했다.

8.[42]

그의 권위에 독려된 시민들은 브라초의 아들 오도(Oddo) 백작[43]을 고용하고 그에게 브라초의 제자이자 브라초의 깃발 아래 싸운 사람들 중에서 누구보다도 명성이 높은 니콜로 피치니노를 총독(governatore)으로 임명했다. 그들은 그에게 다른 용병대장들을 추가로 지원했고, 말을 약탈당했던 군인 몇명에게 다시 말을 돌려 주었다. 그들은 새로운 세금을 징수할 20명의 시민을 세웠는데, 그들은 과거의 패배로 낙담한 지배층 시민들(potenti cittadini)을 보고 용기를 얻어 어떠한 두려움이나 고민 없이 세금을 부과했다. 이 세금은 부유한 시민들을 매우 불편하게 했고, 처음에 이들은 더 명예롭게 보이기 위해 자신들의 부담에 대해서가 아니라 세금 전반이 일반적으로 불공정하다고 비판하며 경감되어야 한다고 조언했다. 이러한 제안은 많은 사람들에게 알려지자 평의회에서 가로막혔다. 평의회는 징수자들에게 공직자에 대항하는 사람은 누구나 죽일 수 있는 권한을 줌으로써 매우 엄하게 세금을 징수하도록 조처하여, 사람들이 세금의 가혹함을 행동으로 느끼

42) **장군으로 고용된 니콜로 피치노, 부자들이 무거운 세금에 반대하다 1424~1426.**

43) 모토네의 (브라초라고 불리는) 안드레아 포르테브라치의 아들.

고 많은 사람들이 혐오하도록 만들었다. 이로부터 시민들이 살해당하거나 부상당하는 슬픈 사건들이 많이 일어났다. 존중받는 데 익숙한 귀족들은 자신들에게 손대는 것을 참을 수 없었고, 나머지는 모두가 동등하게 세금을 납부하기를 바랐기에, 당파들의 유혈극이 벌어졌고 모든 신중한 사람은 곧 있을 해로운 결과들을 두려워했다. 이에 많은 지도자 시민들이 모여 국가를 회복시킬 필요가 있다는 결론을 내렸다. 그들의 신중하지 못함이 사람들로 하여금 공적 행동을 대범하게 비난하도록 만들고, 다중을 이끄는데 익숙한 사람들에게 확신과 용기를 주었기 때문이다. 그리고 이 일들을 여러 차례 논의한 후 단번에 모두가 모이기로 결정했는데, 70명이 넘는 시민이 당시 시뇨리[44]였던 로렌초 리돌피와 프란체스코 잔필리아치의 허락을 받아 산토 스테파노 교회[45]에 모였다. 이 회의에 조반니 데 메디치는 불참했는데, 의심스러운 사람으로 여겨져 초대되지 못했거나, 그들의 의견에 반대했기 때문에 스스로 불참했던 것이다.

9.[46]

리날도 델리 알비치가 모두에게 말했다. 그는 자신들의 부주의로 인해 1381년 선조들에 의해 구출된 도시가 어떻게 평민의 손아귀로 떨어졌는지를 지적하며 현재 도시의 상태를 진단했다. 그는 1378년부

---

44) 리돌포는 정의의 곤팔로니에레였고, 잔필리아치는 프리오리 중 하나였다. 두 사람은 시뇨리아에 1426년 7월~8월 사이에 있었다. 산토 스테파노의 회합은 7월이었다.

45) 베키오 다리 근처에 있는 산토 스테파노 다리의 교회.

46) **리날도 델리 알비치가 다중에 대항한 행동을 조언하다, 니콜로 다 우차노가 조반니 데 메디치의 지지가 필수적이라고 선언하다 1423~1426.**

터 1381년까지 통치했던 정부[47]의 불공정(iniquità)과 참석한 모든 사람 중 이 사람의 아버지와 저 사람의 할아버지가 그 시기에 어떻게 죽임을 당했는지를 회상시켰다. 그리고 다중은 자신들의 이익을 위해 세금을 징수했고, 더 큰 힘이나 더 나은 질서로 인도되지 않는다면 바로 자신들의 자의에 따라 관직을 만들 것이기 때문에 도시가 그때와 같은 위험으로 돌아가고 있으며, 다시 무질서로 떨어지고 있다고 말했다. 만약 이런 일이 일어나면 다중은 현재 통치자들의 자리를 차지할 것이고 42년 동안 도시를 그토록 영광스럽게 통치해온 정부를 좌초시킬 것이며, 피렌체는 이제 다중의 자의적인 의지 아래 운에 의해서 통치되거나 ―그 경우에는 한 당파는 방종 안에서, 다른 당파는 위험 속에서 지낼 것이다― 스스로 군주가 되는 인물의 제국 아래 통치될 것이라고 했다. 그래서 그는 조국과 자신의 명예를 사랑하는 모든 사람은 분발하여 알베르티 가문을 타도함으로써 곤경에 빠져 있던 도시를 구해낸 바르도 만치니[48]의 힘을 기억해야 한다고 말했다. 그리고 현재 다중의 대담함은 그들의 말을 듣는 사람들의 부주의로 인해 생겨난 넓은 주머니(larghi squittini)[49]에서 비롯되었다고 선언했다. 그래서 궁이 비천한 무명의 새로운 인물(uomini nuovi)[50]로 가득찼다고 지적하며, 이 일을 해결할 유일한 한 가지 방법을 제시하겠다고 했다.

47) 치옴피의 난으로 생긴 토마소 스트로치, 조르조 스칼리, 베네데토 알베르티에 의해 떠받쳐지고 있던 소길드 정권(3권 22장 참조).

48) 1387년 봄에 곤팔로니에레가 돼서 알베르티 가문을 오랫동안 공격했던 계략을 조장했다.

49) '넓은' 투표, 즉 공직에 선출될 수 있는 자격이 있는 리스트에 들어가는 것이 소수의 시민 집단에 한정되지 않고 중산계급에도 허용되는 투표. 넓은 정부(governo largo, 또는 좁은 정부[governo stretto])는 정체의 민주적 개방성이 큰지 작은지를 가리키기 위해 흔히 사용되는, 피렌체의 정치사전의 전통적 용어다.

50) 라틴어 homines novi의 투사로, 자신의 가문에서 처음으로 대관 의자의 위엄에 다다른 것을 가리킨다.

그것은 국가를 귀족에게 회복시키고 소길드를 14개에서 7개로 줄여 평민의 권위를 박탈하는 안이었다. 평민[51]이 평의회에서 권위가 약화되면 그 숫자가 줄어들고, 더 큰 권위를 갖게 된 귀족들이 오래된 원한으로 그들을 방해할 것이기 때문이다. 그는 시대에 맞게 어떻게 사람을 쓰는지 아는 것이 지혜로움이라고 강조했다. 선조들은 귀족의 교만을 제거하기 위해서 평민을 활용했지만, 이제는 귀족이 겸손해지고 평민이 교만해졌기[52] 때문에 귀족의 도움으로 평민을 제어하는 것이 낫기 때문이다. 그리고 그들 중 몇 명이 10인 위원회[53]의 위원으로서 비밀리에 도시 안으로 군대를 들여올 수 있기 때문에 이 일을 수행하는 데 있어서 그들은 속임수나 폭력을 쉽게 동원할 수 있다. 리날도는 칭송받았고 모든 사람이 그의 조언을 승인했다. 다른 사람들 중에서 니콜로 다 우차노가 리날도의 말이 모두 사실이고 도시의 공공연한 분열에 이르지 않고 달성할 수만 있다면 좋고 확실한 해결책이라고 말했다. 만약 그들이 조반니 데 메디치를 그들의 편으로 만들 수 없다면 그 분열이 낳을 환경은 어떤 것이든 상상 이상일 것이다. 만약 그가 동의한다면 다중은 자신들의 지도자와 힘을 모두 잃어 어떤 해도 될 수 없다. 그러나 그가 동의하지 않는다면 무기를 사용하지 못하여 그들의 계획을 실행할 수 없을 것이며, 무기가 없다면 그들이 이기지 못하거나 승리하더라도 상황을 누리지 못할 가능성이 있다고 판단했다. 그때 그는 겸손하게 그의 과거 기억[54]과 그들이 이 어려움을 쉽게 해결할 수 있을 때 하지 못한 것을 그들에게 상기시켜

51) (3권 18장에서 시작해서) '평민'(plebe)은 원래 14개의 소길드의 중·하 계급을 가리킨다.

52) 길드 정권(1282년)이 탄생하고 정의의 법령(1293년)이 시행된 때.

53) 10인 위원회의 3명의 위원의 회합으로 전쟁의 감독의 행정 임무를 맡음. 마테오 카스텔라니, 니콜로 다 우차노, 비에리 과다니.

54) 과거의 조언(4권 3장 참조).

주었다. 이제는 그들이 더 큰 위험을 감수하지 않고서는 어떤 것도 시도할 수 없는 상황이라는 것이다. 조반니 데 메디치를 그들의 편으로 만드는 것 말고는 가능한 해결책이 하나도 남지 않았다. 이에 조반니에게로 가서 그들의 의견에 동조하도록 요청해 보는 임무가 리날도에게 주어졌다.

10.[55]

그 기사[56]는 자신이 아는 모든 최선의 논거로 조반니에게 그들과 함께 이 과업을 수행하고, 다중을 지지하여 그들이 대담해지도록 해서 결과적으로 나라와 도시에 파멸을 가져오는 결정을 하지 말라고 설득했다. 이에 대하여 조반니는 도시의 익숙한 질서를 바꾸지 않는 것이 현명하고 선한 시민의 직무이며, 이것들을 변경하는 것만큼 사람들을 분노케 하는 것은 없다고 믿는다고 대답했다. 그런 변화는 많은 사람을 화나게 만들고, 많은 사람이 불만이 있는 곳에서는 누구나 매일 어떤 위험한 일이 발생하지 않을까 두려워하게 된다는 것이다.[57] 그리고 그에게는 그들의 결정이 두 가지의 매우 해로운 결과를 초래하게 될 것으로 보였다. 하나는 명예(공직)를 한 번도 가져보지 못해서 명예를 덜 존중하고, 명예를 가지고 있지 않기에 불평할 이유가 적은 사람들에게 명예를 주는 일이고, 둘째로, 명예를 갖는 데 익숙하고 그것을 빼앗기면 결코 조용히 있지 않을 사람들[58]로부터 명예를 빼앗는 일이라는 것이다. 그래서 한 당파가 입은 고통이 다른 당파가

55) **조반니 데 메디치가 행동을 거부하다 1426.**
56) 리날도 델리 알비치. 기사 작위를 1418년 4월에 시뇨리아로부터 수여 받았다.
57) 『군주론』 9장 참조.
58) 소길드의 회원들.

얻을 이익보다 훨씬 클 것이고, 주동자는 누구나 친구는 거의 없고 적은 거의 다일 것이며, 그를 보호할 친구보다 그를 해할 적이 사나울 것임을 누구나 안다고 그는 말했다. 인간은 천성이 이익에 감사하기보다 피해를 복수하는데 더 준비돼 있기 때문이다. 인간에게 복수는 이익과 쾌락을 가져다주지만 감사는 손해만 가져다주는 것처럼 보인다. 그는 리날도에게 화제를 돌려서 말했다. “당신은 최근에 일어난 일과 이 도시에서 사람들이 어떻게 속임수를 쓰는지 기억한다면 당신은 이 결정을 이렇게 추진할 수 없을 것이오. 그런 조언을 하는 사람은 누구나 당신의 힘을 이용하여 포폴로부터 권위를 얻었낸 후, 그 사태로 인해 당신의 적이 될 포폴로의 도움을 받아 당신에게서 권위를 빼앗을 것이오. 자신을 좋아하지 않는 사람들의 설득[59]으로 조르조 스칼리와 토마소 스트로치의 파멸에 동의하고, 조금 후에 그를 설득했던 바로 그 사람들에 의해 추방당했던,[60] 베네데토 알베르티의 일이 당신에게도 일어날 것이오.” 조반니는 그에게 일을 더 성숙하게 생각하고, 널리 선의를 얻기 위해 소금 가격을 낮추고 세금이 1/2 플로린 이하인 사람은 누구나 자신이 원하는대로 납부하거나 내지 않아도 되도록 허용했으며, 평의회가 모이는 날에는 누구나 채권자로부터 안전하도록 포고를 내렸던 그의 아버지[61]를 본받아야 한다고 간청했다. 마지막으로 조반니는 자신의 입장은 도시를 원래의 질서대로 두는 것이라고 결론 내렸다.

---

59) ‘뒤에서 하는 조언’(3권 23장 참조).

60) 1387년(3권 23장 참조).

61) 마소(Maso).

11.[62]

이 일들이 그렇게 해결되고 밖으로 알려지자 조반니에게는 더 큰 명성을, 다른 시민들에게는 증오를 가져다주었다. 그는 자신을 지지하는 척하며 새로운 일을 계획하는 사람들의 야욕을 꺾고 이 일로부터 거리를 두려고 노력했다. 자신의 모든 연설에서 그는 자신은 파벌을 조장하려는 게 아니라 제거하고자 한다는 것과 자신에게서 무엇을 기대하든 자신은 도시의 단결 외에 구하는 것이 없다는 것을 모든 사람에게 이해시켰다. 그의 당파를 추종한 많은 사람들은 그가 공적으로 더 적극적인 역할을 하고자 했다면 그를 좋아했을 것이기에 이 말이 불만스러웠다. 그런 사람들 중 알라만노 데 메디치가 있었는데, 그는 본성이 포악했고 조반니에게 그의 냉담함과 무심한 행동을 －그는 이것이 그가 적들에게 존중받지 못하는 원인이며, 언젠가 그의 가문과 친구들을 파멸시킬 것이라고 말했다－ 비난하면서 그에게 적을 핍박하고 친구에게 호의를 베풀라고 끊임없이 부추겼다. 그의 아들 코지모 또한 같은 방식으로 그를 부추겼다. 그러나 그에게 제안된, 혹은 예언된 어떠한 것도 조반니로 하여금 자신의 입장을 조금이라도 바꾸게 하지 못했다. 이 모든 것에도 그 당파는 이미 노출됐고 도시는 공공연히 분열됐다. 궁 안에 시뇨리를 수행하는 법원 서기 마르티노[63]와 파골로[64]가 있었다. 파골로는 우차노 당을 좋아했고, 마르티노는

62) **조반니 데 메디치가 도시의 단결을 지지하다, 피렌체가 로마냐에서 도시들을 잃다 1424~1427.**

63) 마르티노 다 파브리아노는 1414년에 개혁의 공증인(notaio)으로 선출됐다. (무엇보다 평의회의 의사록을 작성하고 도시의 법을 보호하는 역할을 맡은) 공화국의 가장 높은 직책 중 하나였다.

64) 파올로 포르티니(Paolo Fortini, 1370~1433)는 1411년부터 공화국의 일등 서기관(cancelliere)이었다.

메디치 당을 좋아했다. 리날도는 조반니가 그들 편에 가담하려는 마음이 없는 것을 보고, 마르티노에게서 그의 직위를 박탈하여 궁이 그의 편에 더 우호적이기를 기대했다. 이 기획을 그의 적이 먼저 예측하여 마르티노가 방어했을 뿐 아니라, 파골로가 해고되면서[65] 자신의 당에 불쾌감과 상처를 남겼다. 이일은 자고나라에서 겪은 패배로 낙담한 도시가 당면한 전쟁만 아니었다면 즉시 해로운 결과를 가져왔을 것이다. 이 일들이 피렌체에서 곤경을 만들어내고 있을 때 아놀로 델라 페르골라는 공작의 군대를 가지고, 카스트로카로(Castrocaro)와 모딜리아나를 제외하고 피렌체인들이 소유하고 있던 로마냐의 모든 마을[66]을 차지했다. 이러한 결과는 그 마을들 자체의 약점[67]으로 인한 것이거나, 아니면 그 지역을 감시하던 사람들의 실수로 인한 것이었다. 이 마을들이 함락당했을 때, 사람들이 적에게조차 용기를 얼마나 높이 평가하고 비겁과 배신을 경멸하는지를 드러내는 사건이 발생했다.

12.[68]

몬테 페트로소 요새[69]의 성주는 비아조 델 멜라노(Biagio del Melano)였다. 적이 주변에 불을 놓은 후 공격했을 때, 그는 요새를 구할 방법을 몰라 아직 불타지 않는 쪽에 옷과 짚을 던졌다. 그리고 적에게 "행운이 나에게 준 것들과 너희들이 나에게서 빼앗을 수 있는 것을 가져

65) 포르티니는 1427년 11월에 임무를 박탈당했다.
66) 도시.
67) 효과적으로 방어할 수 있는 군대의 부재.
68) **비아조 델 멜라노의 영웅주의, 자노비 델 피노의 비겁함 1424~1425.**
69) 토스카나와 로마냐 사이의 산에 있는 사비오 계곡에 있다. 피렌체가 지배하는 작은 성 중 하나였다.

라. 그러나 나의 영광과 명예가 놓여 있는 영혼에 속한 것은 내가 너희들에게 결코 주지 않을 것이고 너희들이 나에게서 빼앗지도 못할 것이다."라며 불 위에 자신의 두 작은 아이들을 던졌다. 적은 서둘러 아이들을 구했고 비아조에게도 스스로를 구하도록 밧줄과 사다리를 가져다 주었으나 그는 받지 않았다. 조국의 적들의 손에 살아나기보다 불속에서 죽는 것이 더 낫다고 여겼기 때문이다. 정말 엄청나게 칭찬받을 만한 고대적인 사례이며, 고대의 행동보다 더욱 드문만큼 더욱 더 경탄할만하다. 적은 그의 아이들에게 화재에서 구할 수 있는 모든 것을 되돌려 주었고, 아이들의 회복을 위해 최선을 다하여 그들의 친척들을 찾아 보냈다. 공화국은 아이들에게 결코 덜 친절하지 않았으며, 그들이 사는 동안 공적 책임으로 지원해주었다. 자노비 델 피노가 포데스타(podesta)로 있는 갈레아타(Galeata)[70]에서는 이와 반대되는 일이 벌어졌다. 그는 어떠한 방어도 하지 않은 채 요새를 적에게 넘겨주었고, 이 외에도 아뇰로[71]에게 로마냐의 산을 떠나 덜 위험하면서도 이익은 더 큰 전쟁을 할 수 있는 토스카나의 언덕으로 오라고 재촉했다. 아뇰로는 이 사람의 비열하고 사악한 정신을 참을 수가 없어서, 그를 그의 신하들의 먹이감으로 주었다. 그들은 그를 조롱한 후에 구엘프파에서 기벨린파로 전향시키고자 한다며, 뱀이 그려진 종이만 먹을 것으로 주었다.[72] 그는 며칠 만에 굶어 죽었다.

70) 로마냐와 피렌체 방면의 포를리의 아펜니노 산맥. 갈레아타의 성은 1425년에 피렌체의 지배의 일부로 들어왔다.

71) 당연히 비스콘티의 군대를 지휘한 페르골라의 안젤로(또는 아뇰로).

72) [영역주] 뱀은 밀라노의 비스콘티 가문의 상징이었다.

13.[73)]

그때 오도(Oddo) 백작이 파엔자의 군주[74)]를 피렌체와 다시 화해시키기 위해서인지, 아니면 적어도 아뇰로 델라 페르골라가 로마냐를 마음놓고 약탈하는 것을 막기 위해서인지 니콜로 피치니노와 함께 발 디 라모나(Val di Lamona)[75)]로 들어왔다. 그러나 골짜기가 매우 험하고 주민들이 호전적이어서 오도 백작은 그곳에서 죽임을 당했고, 니콜로 피치니노는 포로가 되어 파엔자에 있는 감옥으로 보내졌다.[76)] 그러나 행운은 피렌체에게 그들이 승리했다면 아마 얻을 수 없었을 것을 패배함으로써 얻을 수 있게 해주었다. 니콜로가 파엔자의 군주와 그의 어머니에게 매우 공을 들여 파엔자를 피렌체의 친구로 만들었던 것이다. 이 동맹의 협약에 따라 니콜로 피치니노가 풀려났다. 그러나 그는 다른 사람들에게 해줬던 조언을 자신은 수용하지 못했다. 장군으로서 자신의 지위에 대해 도시와 논의하면서 그는 그들이 제시한 조건이 불만스러웠거나 혹은 다른 곳에서 더 나은 조건을 찾을 수 있을 것이라고 생각하고, 거의 불현듯 자신이 숙영하고 있던 아레초를 떠나 롬바르디아로 가서 밀라노 공작과 계약을 체결하고 그를 따랐다.[77)] 피렌체인들은 이 예기치 못한 사건에 놀라고 자신들의 잦은 패배에 낙

---

73) **니콜로 피치노가 피렌체를 버리다, 베네치아와의 동맹, 카르미뉴올라 1425~1426.**

74) 1417년부터 (처음에는 어머니의 섭정 아래서) 1448년까지 파엔자의 군주였던 귀단토니오 만프레디(Guidantonio Manfredi).

75) 발레 델 라모네. 오도 포르테브라치와 니콜로 피치니노는 4권 8장에 기록된 피렌체 군대의 용병대장들이었다.

76) 발 디 라모네에서의 패배와 이어서 지역 주민들의 지지를 받는 비스콘티 군대의 기습은 1425년 2월초의 일이다.

77) 1425년 11월.

담하여 더이상 이 전쟁을 홀로 감당하기 힘들다고 판단하고, 베네치아인들에게 사절을 보내어 그냥 크도록 두면 피렌체인들에게 해로운 만큼 그들에게도 해로울 사람의 위험이 아직 자라기 전인 이때 저항해야 한다고 간청했다. 한때 전쟁에서 매우 뛰어난 군인으로 높게 평가받은 프란체스코 카르미뉴올라[78]도 베네치아인들에게 같은 호소를 했다.[79] 그는 한때 공작에게 급료를 받았으나 나중에 그에게 반역했던 전력이 있어, 베네치아인들은 그와 공작 사이의 증오가 위장된 것일지 모른다는 걱정으로 카르미뉴올라를 신뢰하지 못하고 주저했다. 그들이 망설이는 동안 공작이 카르미뉴올라의 하인을 통해 그를 독살하려는 시도가 있었다. 이 독약은 그를 극한까지 몰고 갔지만 죽일 만큼 강력하지는 않았다. 그의 고통의 원인이 밝혀졌을 때 베네치아인들은 의심을 버리고, 간청하며 기다리고 있던 피렌체인들과 동맹[80]을 맺었다. 양측은 공동 비용으로 전쟁을 수행하고, 롬바르디아에서 획득한 것은 베네치아인들에게, 로마냐와 토스카나에서 얻은 것은 피렌체인들에게 가는 것으로 하고, 카르미뉴올라를 동맹의 최고 사령관으로 삼기로 합의했다. 몇 달 후 그는 공작으로부터 브레샤[81]와 함께 많은 마을을 빼앗았고, 그 결과는 당시 전쟁 방식들을 고려할 때 훌륭한 성취로 여겨졌다.

---

78) 카르마뇰라의 공작인 프란체스코 부조네(1380~1432).

79) 베네치아와의 협상은 1423년부터 처하게 된 외교적 고립을 타파하려는 피렌체의 필요에 의해 오래전에 시작됐다. 이미 1424년 2월에 리날도 델리 알비치가 베네치아에 파견됐으나 소득이 없었다.

80) 베네치아와 체결된 동맹의 소식은 12월 8일에 피렌체에 도착했다. 페라라, 만토바, 사보이아, 아라곤의 알폰소가 동맹에 10년 동안 충실했다.

81) 1426년 3월.

14.[82)]

이 전쟁은 1422년부터 1427년까지 지속되었고, 피렌체 시민들은 그 당시에 부과된 세금에 너무 지쳐 조세 제도를 개정하기로 동의했다.[83)] 세금을 재산에 비례하게 부과하기 위해 재물에도 부과하고, 1백 플로린 가치의 재물을 가진 사람은 1/2 플로린을 내도록 했다. 세금의 분배는 사람이 아니라 법이 하는 것이었고, 부유한 시민들의 부담이 더 컸다. 그래서 부유층은 이 법을 좋아하지 않았다. 오직 조반니 데 메디치만 공개적으로 칭찬했고, 법은 통과됐다. 세금을 정하기 위해 각 시민의 재물을 등록해야 했는데, 피렌체인들은 이를 아카타스타레(accatastare), 세금은 카타스토(catasto)라고 불렀다. 이 방식은 강자들이 약한 사람들을 핍박하거나 과거에 그랬던 것처럼 위협으로 그들이 평의회에서 침묵하게 만들 수 없었기에, 강자(부자)의 독재에 일정 정도 제약이 되었다. 결과적으로 이 세금은 포폴로 전체는 기쁘게 승인했으나 강자들은 매우 마지못해 수용했다. 그러나 사람들은 만족을 모르고 하나를 얻으면 무언가 다른 것을 원한다. 포폴로는 법으로 말미암은 공평한 조세에 만족하지 못하고, 카타스토에 따라 부자들이 얼마나 세금을 적게 냈는지 알아보기 위해 과거 기록을 살펴보자고 요구했다. 그들은 내지 않아도 될 세금을 내기 위해 재물을 처분한 사람들과 비교하여 부자들도 공평하게 납세하도록 만들고자 했던 것이다. 이 요구는 카타스토보다도 훨씬 더 부자들을 경악시켰고, 그들은 스스로를 보호하기 위해 오늘 소유하지만 내일 잃는 동산에도 세

---

82) **부자에게 더 중한 세금을 물다, 조반니 데 메디치가 당파심을 잠재우려고 노력하다 1422~1427.**

83) 이른바 카타스토 법은 1427년 5월 24일에 승인됐다.

금을 부과하고 있다고 세제를 비난하기를 멈추지 않았다. 게다가 카타스토가 찾을 수 없게 돈을 숨긴 사람도 많았다. 이에 더해, 그들은 공화국의 유익을 위해 자신의 일을 제쳐두고 공공의 과업에 복무한 경우 세금 부담이 경감되는 것이 공정하다고 주장하며, 한쪽에서 공적 업무를 하면서 세금도 내는 동안 그들의 노동과 재산의 혜택을 누리기만 하는 쪽이 있다면 비합리적일 것이라고 덧붙였다. 카타스토에 찬성하는 사람들은 만약 동산이 바뀌면 세금 또한 바뀌고, 변화가 잦으면 불편은 해소될 것이라고 대답했다. 돈을 숨긴 사람들과 관련해서는, 수익을 맺지 못하는 돈에 대해 세금을 징수하는 것은 합리적이지 않기 때문에, 이 경우에 대해서는 계산이 불필요하고 돈이 수익으로 이어졌을 때 추적하면 된다고 했다. 공화국은 재산과 충언으로 공화국에 보탬이 되는 일을 큰 희생으로 여기지 않는 호의적인 시민들을 찾을 수 있으니, 그들이 공화국을 위해 일하기 싫다면 애쓰지 않아도 된다고 말했다. 공직에 수반되는 이익과 명예가 아주 크기에 모든 사람은 짐을 나누지 않으려고 하지 않을 것임이 분명하다는 것이다. 그러나 문제는 그들이 말하지 않은 것에 있었다. 이제 비용을 다양한 사람들이 동등하게 부담하게 되어 고통 없이는 전쟁을 할 수 없게 된 것이다. 만약 이 방식을 좀 더 일찍 도입했다면 라디슬라우 왕과 전쟁은 일어나지 않았을 것이고, 필리포 공작과의 이 전쟁도 없었을 것이다. 이 전쟁들은 시민들을 부유하게 만들려고 한 것이지 꼭 필요해서 한 일이 아니었기 때문이다. 이 흥분된 감정(umori)은 조반니 데 메디치에 의해 진정되었는데, 그가 과거의 일을 들추는 것은 좋지 못하고 미래를 준비하는 것이 낫다고 지적한 것이다. 그는 만약 세금이 과거에 부당했으면 그것을 정의롭게 만들기 위한 방법이 발견된 것을 두고 피렌체인들은 신에게 감사해야 하고, 과거의 세금을 조사하고 현재의 세제로 소급하여 평등하게 만들려는 시도 역시 도시를 분열시키는 것이 아니라 통합시키는 데 사용되어야 한다고 지적했다. 절반의 승리(mezzana vittoria)에 만족하는 사람은 항상 그것으로부터 더 좋은 결과를 낼 것이며, 승리 이상을 원하는 사람[84]은 자주 패배하기 때문이다. 그는 이런 말로 흥분(umori)을 잠재우고 평등한 과세에 대한 논쟁을 멈추게 했다.

15.[85]

필리포 공작과의 전쟁이 계속되었다. 교황의 대리인을 통해 페라라에서 휴전 조약이 체결됐지만, 공작이 처음에는 그 조건[86]을 지키지 않았고, 이에 동맹이 무기를 다시 들고 그의 군대와 전투를 벌여 마클로비오(Maclovio)[87]에서 승리했다. 이 패배 후 공작은 조약을 갱신했고, 베네치아인들과 피렌체인들이 동의했다. 피렌체인들은 베네치아인들이 다른 사람들을 강하게 만들기 위해서 막대한 지출을 하는 것처럼 보여 그들을 의심하게 됐고, 베네치아인들은 공작이 패배한 후 카르미뉴올라가 진행 속도를 너무 늦추어 그를 더 이상 신뢰할 수 없게 됐다. 1428년 평화조약이 체결됐고, 그에 따라 피렌체인들은 로마냐에서 잃은 마을들을 다시 차지했고, 브레샤는 베네치아인들에게 남

84) 동일한 모티브는 『로마사 논고』 2권 27장. 14장의 결론은 『피렌체사』에서 조반니 데 메디치라는 인물을 따라다니는 온건한 이미지를 확인해준다(그의 죽음은 4권 16장을 보라).

85) **필리포 공작과의 조약, 세금에 대해 심해진 불평 1428.**

86) 1427년 2월에 비스콘티는 카르마뇰라에서 키아리 성을 베네치아인들에게 맡기는 기회를 틈타 기습공격을 시도했으나 실패했다.

87) 마클로디오. 1427년 10월 22일. 밀라노 군대는 프란체스코 스포르차, 니콜로 피치니노, 그리고 다른 용병대장들의 도움을 받은 카를로 말라테스타가 지휘했다. 베네치아·피렌체 군대는 카르마뇰라가 지휘했다.

았으며, 공작 역시 베르가모와 그 인근 지역을 베네치아에 양도했다. 피렌체인들은 이 전쟁에서 350만 두캇을 지출했고, 그것으로 베네치아의 영토와 힘을 키우고 자신들은 빈곤과 분열을 키웠다. 외부에서 평화가 회복되자마자 내부에서 분쟁이 재개됐다. 귀족 시민들은 카타스토를 견딜 수 없고 그것을 제거할 길이 없다고 판단하자, 그것을 공격할 더 많은 적을 만들어낼 방법을 강구하기 시작했다. 그들은 세금을 부과하는 책임을 맡은 관리들에게 피렌체인들에게 속한 재물이 있는지를 확인하기 위해 피렌체 영토에 있는 포폴로의 재물 또한 등록하도록 강요했다. 이에 모든 시민이 일정 기간 내에 자신들의 소유물의 목록을 제시하도록 요구받았다. 볼테라 시민들이 사람들을 보내 시뇨리아에 항의 의사를 전달하자, 관리들은 분노하여 그들 중 8명을 감옥에 가두었다. 이 행동은 볼테라인들을 매우 화나게 만들었지만, 그들은 감옥에 있는 사람들을 생각해서 폭력을 자제했다.

16.[88]

이때 조반니 데 메디치가 병에 걸렸는데, 죽을 병[89]인 것을 알자 두 아들 코지모와 로렌초[90]를 불러 말했다. "나는 태어날 때 신과 자연이 나에게 부여한 기한의 끝에 달했다고 믿는다. 나는 너희들이 부유하고 건강하며 나의 발자취를 따르면 피렌체에서 모든 사람의 호의 가운데 명예롭게 살 수 있을 것이기에 만족하며 죽는다. 내가 누구에게도 해를 입히지 않았고, 할 수 있는 한 모든 사람에게 친절했던 기

88) **조반니 데 메디치의 유언, 그의 성격 1429.**

89) 조반니 데 메디치는 1429년 2월 20일에 죽었다.

90) 코지모(1389년 출생)는 두 사람 중 형이었다. 로렌초는 1395년에 태어나서 1440년에 죽었다.

억보다 나를 더 행복하게 하는 것은 없다. 나는 너희들도 이렇게 되기를 바란다. 도시와 관련해서 너희들이 안전하게 살고 싶으면 법과 동료 시민들이 부여하는 만큼의 역할만 해야 한다. 그렇게 하면 너희가 시기와 위험에 노출되지 않을 것이다. 사람이 미움을 받는 것은 우연히 거저 주어지는 것이 아니라, 스스로 취하는 것이기 때문이다. 너희는 남의 몫을 원하면 너희 것을 잃고, 그것을 잃기 전에도 끝없는 고민과 불안 속에 살고 있음을 알게 될 것이다. 그렇게 많은 적과 논쟁 사이에서 나는 이런 기술을 가지고 이 도시에서 나의 명성을 유지할 뿐만 아니라 키웠다. 나의 발자취를 따른다면 너희들은 자신을 지키고 성장할 것이다. 그러나 너희들이 이 길에서 벗어난다면 너희들의 최후는 우리 기억 속에 있는, 자신과 가문에 파멸을 가져왔던 다른 사람들의 결말과 다르지 않을 것이다." 그는 이렇게 말하고 곧 숨을 거두었다. 뛰어난 자질로 인해 그는 도시의 전체 인민(universale)에게 매우 큰 그리움을 남겼다. 조반니는 자비로운 성품을 지녔고, 누구든 구하는 사람들에게 자선을 베풀었으며, 요청 없이도 여러 차례 가난한 사람들의 필요를 채워주었다. 그는 모든 사람을 사랑하고 선한 사람을 칭찬하고 악한 사람을 동정했다. 그는 결코 명예(공직)를 요구하지 않았으나, 모든 명예를 가졌다. 그는 요청 없이는 결코 궁에 들어가지 않았고, 평화를 사랑하고 전쟁을 피했다. 그는 역경에 처한 사람들을 지원하고 그들이 번영하도록 도왔으며, 공적 약탈에 반대하고 공공선을 증진하기 위해 노력했다. 관직에 있을 때 자비로웠고, 말을 많이 하지 않았으나 매우 현명했다. 외모는 우울해 보였으나 대화에서는 재치와 위트가 있었다. 재산에 있어 매우 부유하게 죽었지만, 명예와 선의에 있어서는 더 부유하게 죽었다. 영혼의 자산이든 행운의 자산이든 이 유산을 코지모가 유지했을 뿐 아니라 더 발전시켰다.

17.[91)]

감옥에 갇힌 것에 지친 볼테라인들은 석방을 바라며 자신들에게 주어진 요구에 응하겠다고 약속했다.[92)] 그들이 풀려나 볼테라로 돌아갔을 때 볼테라는 마침 새로운 프리오리가 관직에 취임할 시기였다. 그들 중 자신이 평민이면서, 평민들 사이에 영향력 있는 어떤 주스토(Giusto)라는 사람이 뽑혔는데, 그는 피렌체의 감옥에 있었던 사람들 중 하나였다. 자신의 사적 불만뿐만 아니라 공적 모욕에 대한 증오로 불타오른 이 사람은 그와 함께 관직에 앉은 귀족 조반니 디 [콘투지][93)]의 선동에 더욱 자극받았다. 프리오레로서 자신의 권위와 인민에 대한 호의적인 태도로 사람들을 분기시켜서 피렌체인들로부터 마을을 되찾고 스스로 그곳의 군주가 되고자 했던 것이다. 조반니의 조언에 따라 주스토는 무기를 들고 마을을 습격하여[94)] 피렌체인들을 위해 그곳에 있던 지휘관을 결박하고, 인민의 동의를 얻어 스스로 군주가 되었다. 볼테라에서의 이 변혁을 피렌체인들은 매우 못마땅하게 여겼다. 공작과의 협정 조건에 따라 이 사태를 반역적인 도시를 회복하고 단속하기에 좋은 기회라고 생각한 그들은, 즉시 리날도 델리 알비치와 팔라 스트로치를 그 임무의 대리인(commissinario)으로 보냈다. 주스토는 피렌체인들이 자신을 공격할 것으로 예상하고 시에나인들과 루카인들에게 도움을 요청했다. 시에나인들은 피렌체인들과 동맹을 맺고 있다고 말하면서 요청을 거부했다. 루카의 군주였던 파골로 귀니

---

91) **볼테라에서 주스토의 실패한 반역 1429.**

92) 볼테라의 18명의 사절에 대해서는 4권 15장에서 말했다.

93) 모든 원고와 초판에는 비어있다. 마쪼니-카셀라(Mazzoni-Casella) 판은 "Giovanni di Contugi"라고 채우고 있다.

94) 지휘관을 붙잡기 위해서 도시를 무장하고 가로질러서.

지(Pagolo Guinigi)[95]는 공작과의 전투에서 그가 필리포의 친구인 것을 드러냈을 때 잃은 것으로 보였던 피렌체 인민의 호의를 다시 얻기 위해 주스토 돕는 것을 거절했을 뿐 아니라, 도움을 요청하러 온 사람을 피렌체에 포로로 보냈다. 특사들은 여전히 준비가 되지 않은 볼테라인들을 붙잡기 위해 모든 군인들을 소집하고, 발다르노(Valdarno) 하류와 피사 주변 지역에서 대규모 보병을 일으켜서 볼테라를 향해 진군했다. 주스토는 자신의 이웃들에게 버림받았고 피렌체인들이 그를 공격하러 오고 있음을 누구나 알고 있는데도 낙담하지 않았고, 장소적 이점과 도시의 자원을 믿고 방어를 준비했다. 볼테라에는 주스토에게 군주 자리를 차지하라고 부추긴 귀족인 조반니의 형제 아르콜라노(Arcolano)가 있었는데, 마을의 존경을 받는 인물이었다. 그는 자신이 신뢰하는 친구들을 불러 모아 이 일을 통해 곤궁에 처한 그들의 도시에 신께서 도움을 주셨다고 지적했다. 그들이 주스토의 군주 지위를 박탈하고 도시를 다시 피렌체인들에게 돌려주는데 만족한다면, 피렌체인들은 다시 통치자가 될 것이고 도시는 옛날 특권을 유지하게 될 것이기 때문이다. 모두가 이 의견에 동의한 후 그들은 주스토의 궁으로 갔다. 그들 중 일부가 아래층에 있을 때 아르콜라노가 세 명과 함께 올라갔다. 주스토가 몇몇 시민들과 있는 것을 발견하고 그에게 뭔가 중요한 말을 하고 싶은 것처럼 옆으로 끌어냈다. 대화가 이어지자 그들은 한 방으로 들어갔고, 그곳에서 아르콜라노와 그의 동료들이 칼로 주스토를 공격했다. 그러나 그들은 주스토가 자신의 무기를 잡을 기회를 주지 않을 정도로 충분히 빠르지 못했다. 그들이 그를 죽이기 전에 주스토는 그들 중 두 사람에게 심각한 상처를 입혔으나, 결국 수적 열세를 당해내지 못하고 살해되어 땅바닥으로 던져졌다.[96] 그때 무기를 들고 있던 아르콜라노의 당파들이 자신들의 군

95) 1400년부터 루카의 군주였던 파올로 귀니지(1372~1432).

인들과 함께 근처에 있던 피렌체 대리인들에게 도시를 내주었고, 피렌체 쪽은 더 이상의 교섭 없이 행진해 들어갔다. 볼테라는 이전보다 상태가 악화됐는데, 피렌체인들이 볼테라 주변 영토의 가장 큰 부분을 잘라내 직할지(vicariato)로 만들어 버렸기 때문이다.

18.[97)]

볼테라를 거의 잃었다가 또 다시 얻었기에 사람들의 야심이 다시 일어나지 않는다면 더 이상 전쟁이 일어날 이유는 없었다. 브라초 다 페루자의 누이[98)]의 아들 니콜로 포르테브라초는 공작과의 전쟁[99)]에서 피렌체를 위해 오랫동안 싸웠다. 조약이 체결됐기 때문에 이 사람은 피렌체인들에 의해 해고되었고, 볼테라의 일이 불거졌을 때 그는 여전히 푸체키오(Fucecchio)[100)]에 주둔하고 있었다. 볼테라 일의 대리인들은 군사작전에 그와 그의 군대를 이용했다. 리날도가 니콜로와 함께 전쟁에서 애쓰고 있는 동안, 그는 니콜로에게 어떤 구실로라도 루카인들을 공격하기를 재촉했고, 리날도는 니콜로가 그렇게 하면 피렌체에서 루카에 대한 군사작전을 시도하고 니콜로를 그 작전의 사령관으로 만들어주겠다고 했다는 소문이 있었다. 볼테라가 점령되고 니콜로가 푸체키오에 있는 자신의 주둔지로 돌아왔을 때, 리날도의 설

---

96) 1429년 11월 7일에 있었던 16일 동안의 폭동을 마무리하는 에피소드.

97) **니콜로 포르테브라초가 루카의 영토를 침공하다, 피렌체가 루카와의 전쟁을 두고 분열되다 1429.**

98) 여기서 말하는 용병대장은 안드레아 포르테브라초(브라초 다 몬도네)의 누이의 아들 니콜라 델라 스텔라다. 그(브라초 다 몬도네)에 대해서는 1권 38장 참조.

99) 필리포 마리아 비스콘티에 대항한 전쟁(1423~1428).

100) 볼테라의 북쪽으로 약 40킬로미터 떨어진 낮은 발다르노에 있는.

득 혹은 그 자신의 의지로 움직여, 1429년 11월 3백 명의 기병과 3백 명의 보병으로 루카의 요새 루오티(Ruoti)와 콤피토(Compito)를 점령했다. 그리고 평원으로 내려와서 매우 많은 전리품을 차지했다. 이 공격의 소식이 피렌체에 알려지자 모든 종류의 사람들이 떼로 도시 전역에 모여들었고, 대부분은 루카에 대한 작전에 착수하기를 원했다. 이 계획을 선호한 귀족 시민들 중에는 메디치 당의 사람들이 있었고, 리날도 역시 그들을 지지했다. 그들은 작전이 공화국에 유용하다고 판단했거나 혹은 승리로 공로를 인정받을 것이라는 믿음에서 나온 개인적 야심 때문에 마음이 움직였다. 이 계획을 지지하지 않은 사람들로는 니콜로 다 우차노와 그의 당파[101]가 있었다. 전쟁을 시작하는 것에 대해서 같은 도시 안에서 사람들의 판단이 그렇게 갑자기 반대로 바뀌었다는 것은 거의 믿어지지 않는다. 평화로운 10년[102]을 보낸 후 자신의 도시의 자유[103]를 지키기 위해 필리포 공작에게 대항했던 전쟁을 비난했던 바로 그 시민들과 포폴로가, 막대한 비용을 지출하고 도시에 심각한 고통을 겪은 후에 이제는 루카의 자유를 빼앗기 위해 모든 효과적인 방법을 사용하여 전쟁을 시작하자고 요구하고 있었다. 지난번에는 전쟁을 원했던 사람들이 이번에는 전쟁을 비난했다. 견해는 상황에 따라 많이 달라지며, 다중은 자신의 것을 지키기보다는 남의 것을 차지하는 데 마음이 더 기운다. 사람들은 손실에 대한 두려움보다는 이익에 대한 탐욕[104]으로 움직인다. 패배는 그것이 가까이 있지 않은 한 고려되지 않고 이익은 멀리 있더라도 기대가 되기 때문이다. 니콜로 포르테브라초가 획득했고 또 획득하고 있는 것, 그리고

---

101) 니콜로 다 우차노는 파올로 귀니지와 오랜 우정을 가진 대리인이었다.

102) 대략 나폴리의 라디슬라우에 대항한 전쟁의 끝(1414)과 비스콘티에 대항한 적개심이 열리는 시작(1423) 사이에 놓여 있는 햇수.

103) 포폴로의 자유(즉 공화국의 독립).

104) 여기서 표현된 것에 대해서『군주론』3장과『로마사 논고』1권 5장 참조.

루카 근처에 있는 대리인들(rettori)이 보낸 편지는 피렌체인들을 희망으로 부풀어 오르게 했다. 비코와 페샤(Pescia)의 피렌체 총독(vicario)이 항복하는 마을들을 받아들일 것을 허가해달라는 요청의 편지에서, 피렌체가 곧 루카 주변의 전체 지역을 얻을 것이라고 확언했다. 루카의 군주 파골로 귀니지가 보낸 사절을 통해 니콜로의 공격을 비난하고, 시뇨리아가 이웃이자 항상 우호적이었던 도시에 대항하여 전쟁을 벌이는 결정을 하지 말아 달라고 간청하자, 피렌체인들은 더욱 고무되었다. 그 사절은 야코포 비비아니였는데, 얼마 전 그는 파골로[105]에 대한 반역을 꾀했다는 죄목으로 투옥됐었다. 파골로는 그의 유죄를 확신했지만 어쨌든 그의 목숨을 살려주었고, 자신이 용서하고 과거를 잊었기에 그를 신뢰했다. 그러나 야코포는 그가 받을 이익[106]보다 닥칠지 모를 위험을 더 신경 쓰는 사람이어서, 피렌체에 도착하자 비밀리에 시민들을 부추겨서 군사작전을 하게 했다. 그의 재촉은 다른 희망들과 결합하여 시뇨리아로 하여금 498명의 시민이 참석한 평의회를 소집하도록 만들었고, 그들이 보는 앞에서 도시의 주요 인사들이 그 문제를 토론했다.

19.[107]

우리가 위에서 보았듯이 군사작전을 찬성하는 사람들 중 선두는 리날도였다. 그는 루카의 정복으로부터 오는 이익과 작전의 현재적 기회[108]를 지적했다. 그의 말에 따르면, 루카는 베네치아인들과 공

105) 당연히 파올로 귀니지.

106) 『군주론』 7장의 격언 참조.

107) **리날도 델리 알비치가 루카에 대한 전쟁을 선호하다, 니콜로 다 우차노가 그에 대해서 반대되는 조언을 하다 1429.**

작[109]에 의해 피렌체의 전리품으로 남겨졌고, 왕국의 문제에 얽혀 있는[110] 교황은 그들에게 방해가 되지 못할 것이었다. 루카가 한 시민[111]의 노예 상태에 있고, 태생의 활력과 자유를 지키려는 고대의 열정을 잃어버렸기에[112] 그 땅을 차지하기는 쉽다고 덧붙였다. 참주를 쫓아내려는 인민에 의하든 혹은 인민을 두려워하는 참주에 의하든 루카는 무너질 것이라고 얘기했다. 루카의 군주가 우리 공화국에 행한 잘못과 공화국을 향한 악의, 그리고 그가 교황이나 공작의 도움을 등에 업고 다시 피렌체에 전쟁을 걸어오면 얼마나 위험할지를 경고했다. 그는 피렌체 인민이 이보다 더 쉽고, 더 유익하거나 더 정당한 작전을 수행한 적이 없다고 결론을 내렸다. 이 의견에 반대하는 니콜로 다 우차노는 피렌체가 이보다 더 부당하고, 더 위험하거나 더 큰 손해가 일어날 것 같은 작전을 결코 수행한 적이 없다고 말했다. 그에 따르면 먼저, 피렌체 인민에게 항상 우호적이었고, 위험을 무릅쓰고 여러 차례 고향 도시에 남아있을 수 없었던 구엘프 사람들을 가슴으로 받아준 구엘프 도시를 공격하려 하는데, 자유로운 루카가 피렌체를 해롭게 한 어떠한 기록도 발견할 수 없었다. 그러나 만약 이전에는 카스트루초,[113] 지금은 이 사람처럼 루카를 노예로 만든 누군가 피렌체에 해를 끼쳤다면, 비난은 루카가 아니라 루카의 참주가 받아야 한다. 만약 시민들에게는 전쟁을 벌이지 않고 그 참주에게만 전쟁

108) '기회'(occasione)에 관해서 무엇보다도 『군주론』 6장과 26장 참조.

109) 루카와 관련된 모든 조항이 마음에 안드는 1428년의 페라라의 평화협정은 명백하게 외교적 고립으로 이어졌고, 그래서 파올로 귀니지를 찾게 되었다.

110) 나폴리 왕관의 계승 전쟁에 구속된. 교황 마르티노 5세는 1420년에 앙주의 루이지 3세에게 왕 즉위를 승인했다. 그러나 같은해 조반나 2세는 자신의 후계자로 아라곤의 알폰소 5세를 지명했다.

111) 파올로 귀니지는 개인적으로 도시에 영주하게 됐다(1400).

112) 그 주장은 마키아벨리적 성찰로 유명한 모든 점을 다루고 있다(『군주론』 5장, 『로마사 논고』 2권 2장).

113) 카스트루초 카스트라카니. 2권 26−31장을 보라.

을 벌인다면 그는 마음이 덜 상하겠지만, 그런 전쟁은 불가능하기에, 그는 우호적인 시민들의 재산을 약탈하는 일에 동의할 수 없을 것이라고 했다. 그러나 우리는 오늘날 정의와 불의를 많이 고려할 필요가 없는 방식으로 살고 있으므로, 그는 그 문제를 내버려두고 오직 피렌체의 이익만을 다루어 보겠다고 덧붙였다. 그는 이 경우 쉽게 손실을 수반할 것 같지 않은 것만 이익이라고 불릴 수 있다고 믿었다. 그래서 그는 이렇게 손해는 확실하고 이익은 불확실한 작전을 어떻게 이익이라고 부를 수 있는지 알지못했다. 명백한 손해는 작전이 요구하는 지출 비용인데, 그것이 오래도록 안식을 누렸던 도시조차 놀라게 만들 정도로 너무 커서 오랜 심각한 전쟁으로 지쳐버린 도시는 말할 것도 없었다. 작전으로 얻을 수 있는 이익은 루카의 정복인데, 그 이익이 클 것이라는 점을 인정했다. 그러나 그는 그 안에 숨어있는 불확실성을 고려해야 했는데, 이 위험이 너무 커보여서 루카 정복은 불가능하다고 판단했다. 더욱이 베네치아인들과 필리포가 이 정복에 호의적일 것이라 믿을 수 없었다. 베네치아인들은 바로 전에 피렌체 돈으로 매우 큰 영토와 권력(imperio)을 얻었으므로 단지 배은망덕해 보이지 않기 위해 동의하는 척할 것이기 때문이다. 필리포 공작은 피렌체인들이 새로운 전쟁과 새로운 지출로 참여하는 것을 기뻐할 것이다. 피렌체인들이 모든 면에서 탈진하고 지쳤을 때 공격을 재개하는 일보다 바라는 것이 없을 것이기 때문이다. 공작에게는 작전 중에나 피렌체의 승리가 코앞일 때 비밀리에 돈으로 혹은 자신의 군대의 일부를 해산시켜 용병처럼 루카인들에게 보냄으로써 그들을 구할 방법이 부족하지 않을 것이다. 그는 회의에 모인 사람들에게 작전을 삼가고, 참주의 도시 안에서 가능한 많은 적을 만들 조건들을 설계하는 방식으로 그를 대처해야 한다고 조언했다. 루카가 참주의 폭정 아래 살면서 그에게 괴롭힘을 당하고 약해지도록 만드는 것보다 더 쉬운 정복 방법은 없기 때문이다.[114] 참주는 곧 루카를 유지할 수 없고, 루카는 스스로 통치할 능력은 없으므로, 루카가 그런 상태에 처하게 되면 필연적으로 피렌체의 손안에 들어올 것이다. 그러나 니콜로 다 우차노는 당파심(umori)이 너무 자극되어 자신의 말이 수용되지 않는 것을 보았다. 그럼에도 그는 이 일을 그들에게 예언했다. 그들은 많은 돈을 쓰고 많은 위험으로 달려가는 전쟁으로 들어갈 것이고, 루카를 정복하는 대신에 루카를 참주로부터 해방시켜줄 것이며, 우호적이고 종속되어 있는 약한 도시로부터 자유롭고 적대적이며 언젠가 공화국의 위대함에 장애물이 될 도시를 만들 것이라고.[115]

20.[116]

작전을 찬성하는 연설과 반대하는 연설이 있은 후, 그들은 관례에 따라 비밀리에 사람들의 의견을 확인했는데, 전체 숫자 중 98명만 반대 투표를 했다. 결정이 내려지자 그들은 전쟁을 수행할 10인 위원회[117]를 조직하고 보병과 기병을 고용했다. 위원회는 아스토레 잔니와 리날도 델리 알비치를 대리인(commissarii)으로 지명하고, 니콜로 포르테브라초와 협정을 체결하여 그가 차지했던 마을을 돌려받고 피렌체에 고용된 상태로 작전을 계속하도록 했다. 대리인들이 루카의 영토에 도착했을 때, 군대를 나누어 아스토레는 평야를 가로질러 카마

114) 니콜로 다 우차노가 제안한 책략에 대해서 『로마사 논고』 2권 25장 참조.

115) 니콜로 다 우차노의 주장은 국가를 정복하는 것의 어려움에 대한 『군주론』 5장의 유명한 텍스트를 암시하고 있다.

116) **루카와의 전쟁, 세라베차에 있는 아스토레 잔니의 잔인함 1430.**

117) 전쟁과 10인 위원회의 지명이 1429년 12월 중순에 있었다. 10인 위원회에는 네리 디 지노 카포니와 알라만노 살비아티가 지명됐다.

이오레와 피에트라산타[118] 쪽으로 전개해나갔고, 리날도는 주변 지역과 단절시키면 도시를 쉽게 점령할 것으로 판단하여 산 쪽으로 진군했다. 그러나 이 시도는 결과가 나빴는데, 그들이 많은 마을을 정복하지 못해서가 아니라, 그들이 전쟁을 수행하는 동안 이 둘에게 가해진 비난 때문이었다. 아스토레 잔니에게 제기된 혐의는 충분히 근거가 있다.[119] 피에트라산타 부근에 있는 세라베차라는 골짜기는 부유하고 주민이 많다. 특사가 오는 것을 알고서 세라베차 사람들은 그를 만나서 피렌체 인민의 충성스런 신하로 받아달라고 간청했다. 아스토레가 겉으로는 그들의 제안을 받아들이겠다고 공언하고서 군대를 보내 골짜기의 모든 통행로와 교두보를 장악하도록 했고, 주민들을 그들의 가장 큰 교회에 모았다. 그리고 그들 모두를 포로로 삼은후, 자신의 군인들로 하여금 성스러운 장소도 처녀든 부인이든 여자도 봐주지 않고, 잔인하고 탐욕스러운 방식으로 모든 도시를 약탈하고 파괴하도록 했다. 이 악행이 일어나자마자 피렌체에 알려졌고 관리들뿐 아니라 도시 전체가 분노했다.

21.[120]

대리인의 손에서 탈출한 몇몇 세라베차인들이 피렌체로 도망쳐서, 거리에서 만나는 모든 사람에게 그들의 비참한 일을 이야기했다. 그 대리인을, 악행을 저질렀다는 이유로든 아니면 그저 당파에 반대하는 마음으로든, 처벌하고 싶은 많은 사람들로부터 격려를 받았고, 그들

118) 루카의 북동쪽 도시와 바다 사이에 있다.

119) 아스토레 잔니(1380~1449)의 책임에 대해서는 4권 21장 참조.

120) **세라베차인들이 피렌체에서 불평하다, 아스토레가 처벌받다 1430.**

은 10인 위원회로 가서 말하게 해달라고 청했다. 그들은 안으로 들어가도록 허락받았고, 그들 중 한 사람이 다음과 같은 취지로 말했다. "위대한 시뇨리여, 우리는 위원님들께서 우리나라가 당신의 대리인에 의해 어떻게 점령당했고 그가 어떤 방식으로 우리를 대했는지 아신다면, 우리의 말에 위원님들께서 신뢰와 연민을 보이실 것이라 확신합니다. 우리 골짜기는 이전의 사건들에 대한 여러분의 기록이 충분히 보여주듯이 항상 구엘프였고, 기벨린파의 괴롭힘을 당할 때마다 피난을 왔던 여러분의 시민들의 확실한 피난처였습니다. 우리 조상들과 우리들은 공화국이 구엘프파의 우두머리이자 지도자였기에 항상 이 유명한 공화국의 이름을 존경했습니다. 루카인들이 구엘프파인 한 우리는 그들의 권위에 즐겁게 복종할 것이나, 그들이 오랜 친구를 떠나 기벨린파[121]를 좇는 참주 치하로 들어갔을 때 우리는 자유의지가 아니라 억지로 그에게 복종했습니다. 얼마나 많이 우리가 그 오래된 대의에 대한 우리의 마음을 보여줄 기회를 달라고 기도했는지 신께서는 아십니다. 인간의 욕망은 얼마나 맹목적인지요! 우리의 안전이 되기를 열망했던 것이 우리의 파멸이 되어버렸습니다. 우리가 처음 당신들의 기(insegne)가 우리에게 오고 있다는 것을 알았을 때, 우리는 당신들의 대리자에게 적이 아니라 우리의 옛 지배자를 만나는 것처럼 다가가서, 우리의 골짜기, 우리의 재산, 우리 자신을 그의 손에 맡겼고, 그가 피렌체인은 아니더라도[122] 적어도 사람의 정신을 소유한 것으로 믿고 그 믿음에 의지했습니다. 우리가 겪은 것보다 더 큰 고통은 있을 수 없다는 사실이 우리에게 말할 용기를 주었기에 위원님들께서 우리를 용서해 주시길 바랍니다. 당신들의 이 대리자는 그 외모

---

121) 피렌체의 필리포 마리아 비스콘티와의 전쟁 중에 파올로 귀니지 진영의 선택을 명백하게 암시한다.

122) 피렌체인들의 정신의 겸손함과 유순함에 대한 생각은 도시의 정치 저작의 주제다.

말고는 인간이라고 할 수 있는 것이 아무것도 없으며, 이름 말고는 피렌체인이라고 할 수 있는 것이 없고, 어떤 작가도 상상할 수 없는 없는 치명적인 역병, 잔인한 야수, 역겨운 괴물입니다. 그는 우리에게 말할 것이 있다고 하며 우리를 교회로 몰아넣고 우리를 죄수로 만들고 우리 골짜기 전체를 파괴하고 불태웠으며, 우리 주민과 재산을 황폐하게 만들고 약탈하고 때리고 죽였습니다. 그는 여자들을 더럽히고 처녀들을 겁탈하고 그녀들을 어머니의 품에서 끌어내 군인들의 먹잇감으로 주었습니다. 만약 피렌체 인민이나 그에게 우리가 어떤 잘못을 하여 우리가 그런 큰 악을 받을만하거나 혹은 그가 우리에게 무장하여 우리 자신을 보호할 수 있도록 했다면, 우리는 덜 억울할 것이고, 정말 우리의 공격이나 교만이 그것을 초래했다고 우리 자신을 비난해야 할 것입니다. 그러나 우리는 무장하지 않았고, 그에게 순순히 항복했을 때 그는 우리를 강탈하고 큰 상해와 모욕으로 약탈했기 때문에 원망할 수밖에 없습니다. 비록 이 도시가 이탈리아 전체에 우리의 불평에 대한 소식을 퍼뜨려 온 롬바르디아를 불평과 비난으로 채울 수 있었음에도, 우리는 사악한 시민 한 명의 불명예와 잔인함으로 그렇게 명예롭고 자비로운 공화국을 더럽히지 않기 위해 하지 않았던 것입니다. 우리가 몰락하기 전에 그의 탐욕을 먼저 알았다면 우리는 그의 탐욕스러운 정신이 비록 측량할 수도 그 끝을 알 수도 없겠지만, 만족할 만한 것을 찾으려고 시도했을 것이고, 그런 식으로 우리 재산의 일부를 내어주고 나머지를 구했을 것입니다. 그러나 이제는 너무 늦어서 우리는 당신들께 와서 당신들의 신민의 고통을 덜어달라고 간청하기로 결심했습니다. 그러면 다른 사람들은 우리의 사례를 보며 당신들의 권력(imperio) 아래 들어오기를 주저하지 않을 것입니다. 만약 당신들이 우리의 무한한 고통에 마음이 움직이지 않는다면, 신의 분노에 대한 두려움이 여러분을 움직이시기를 바랍니다. 신께서 그분의 교회가 약탈당하고 불타며 우리가 그분의 성소 안에서 배신당하는 것을 보셨기 때문입니다." 이렇게 말하고 그들은 땅에 몸을 던지고 엎드려 떨며, 그들의 재산과 나라를 돌려받고 (비록 명예가 회복될 수 없더라도) 적어도 아내들을 남편들에게, 딸들을 아버지들에게 돌려주도록 기도했다. 처음에는 보고를 통해 알려졌고 다음에는 그 일을 겪은 사람들의 생생한 목소리로부터 듣게 된 그 일의 잔혹함이 시뇨리(il magistrato)의 마음을 움직였다. 그들은 지체하지 않고 아스토레를 소환하여 유죄선고를 내리고 관직에 나올 자격을 박탈했다.[123] 그들은 세라베차인들의 재산을 찾을 수 있는 것은 되돌려 주었고, 나머지는 도시가 제때에 다양한 방식으로 보상해주었다.

22.[124]

한편, 리날도 델리 알비치는 피렌체 인민의 이익이 아니라 자신의 이익을 위해 전쟁을 수행했다는 혐의를 받았다. 그는 대리인(commissario)이 되자, 농촌 지역을 약탈하고 빼앗은 가축들로 자신의 목초지를 채우고 전리품으로 집을 채우는데 열중하여 루카를 차지할 열망을 잊었다. 그는 부하들[125]이 자신을 위해 취한 노획물에 만족하지 않고 병사들의 것을 사들여서 대리인이 아니라 상인이 됐다는 소문이 돌기도 했다. 그의 귀에 들려온 이 중상은 그의 정직하고 고상한 정신을 너

123) 위원들이 1430년 2월 16일에 도시에서 재소집됐다. 사실 아스토레 잔니는 유죄선고를 받지 않았고, (1430년 5월에) 라벤차 성주에게서 재물을 탈취했다는 고발로부터 사면받았다.

124) **리날도 델리 알비치 공금유용으로 기소되다, 리날도의 변호, 새 대리인이 임명되다 1430.**

125) 그의 지시를 따르는 사람들.

무 어지럽혀서, 그는 관직과 시민들에 대한 분노로 무게있고 위엄있는 사람으로 행동하지 않고, 허락이나 요청 없이 피렌체로 돌아왔다.[126] 10인 위원회에 출두하여 그는 규율 없는[127] 인민과 분열된 도시를 섬기는 데 얼마나 많은 어려움과 위험이 있는지를 잘 안다고 말했다. 첫째로는 모든 소문에 휘둘리고, 둘째로는 악한 행동에는 가혹하고, 선한 행동에는 보상이 없으며, 의심만으로 비난을 퍼붓는다는 것이다. 그래서 당신이 승리한다면 어느 누구도 당신을 칭찬하지 않고, 당신이 실수하면 모든 사람이 비난하며, 당신이 패배하면 모든 사람이 비방한다. 당신의 당파는 질투로, 당신의 반대 당파는 증오로 당신을 해하려고 애쓴다. 현재 중상의 악랄함은 그의 인내심의 한계를 넘어섰고, 그로 하여 본성을 바꾸도록 만든 것이 사실이지만, 그럼에도 자신이 근거없는 비난을 두려워하여 도시의 유익을 위해 자신이 해야 할 일을 소홀히 한 적이 없다는 것이다. 그는 미래를 위해 시민들을 더 신속하게 보호하여 그들이 조국을 위해 한층 더 신속하게 봉사하도록 해야 한다고 행정관(magistrato)에게 간청했다. 피렌체에서 피렌체를 충실히 섬기는 사람에게 승리를 주는 것은 관례가 아닌 줄 알지만, 적어도 거짓과 중상모략에 맞서 그들을 보호하는 것이 관례가 되게 해달라고 말했다. 그는 10인 위원회 그들 또한 도시의 시민이고 언제든지 그들에게도 비슷한 공격이 들어올 수 있음을 기억해야 하고, 중상모략으로 정직한 사람들이 어떤 모욕을 당하는지 알아두어야 한다고 경고했다. 10인 위원회는 그를 달래기 위해 할 수 있는 모든 것을 했고, 네리 디 지노와 알라만노 살비아티에게 작전의 책임을 위임했다. 이 두 사람은 루카 주변 지역을 약탈하기를 포기하고 군대를

126) 1430년 4월.

127) '법의 억제 아래 있지 않은'. 이 주제에 대해서는 『로마사 논고』 1권 58장 참조.

루카 가까이로 옮겼다가 날씨가 여전히 추워서 카판놀레(Capannole)에[128] 주둔했는데, 시간을 낭비하는 것처럼 보였다. 그래서 도시로 진입해 들어가고 싶었으나, 10인 위원회가 어떤 변명도 받아들이지 않겠다며 포위를 재촉했지만, 나쁜 날씨 때문에 군인들이 말을 듣지 않았다.

23.[129]

당시 피렌체에 필리포 브루넬레스코[130]라는 뛰어난 건축가가 있었는데, 우리 도시가 그의 작품으로 가득 차 있다. 그의 업적이 대단하여 그가 죽은 후 그의 대리석상[131]이 피렌체 중심 교회에 세워졌고, 받침대에 그것을 읽는 사람 모두에게 여전히 그의 능력에 대한 증거가 되는 비문이 새겨져 있다. 그는 루카가 그 도시의 위치와 세르키오 강[132]의 바닥 때문에 침수될 수 있음을 매우 설득력 있게 주장하여 10인 위원회에서 그 작전을 시도해 보도록 조처했다. 그러나 우리 군대에는 혼란이, 적에게는 수비 강화(securità) 외에는 일어난 것은 없었다. 루카인들이 우리 군대가 세르키오 강의 수로를 돌리는 작업에 대비하는 제방을 쌓고서, 어느날 저녁 군대가 물을 가둬놓고 있던 도랑의 댐을 무너뜨렸다. 그러자 루카 방향으로 흐르는 길이 막힌 물이

128) 루카로부터 동쪽으로 약 20킬로미터 떨어진 카판노리(Capannori).

129) **루카를 물에 잠기게 하려는 시도가 피렌체 군대에 피해를 입히다 1430.**

130) 브루넬레스키(1377~1446)는 그 당시에 피렌체 성당의 쿠폴라의 건축을 책임지고 있었다.

131) 브루넬레스키의 대리석 두상(1446)은 부자노(Buggiano)라 불리는 안드레아 카발칸티(1412~1462)의 작품이다.

132) 피렌체인들은 세르키오 강의 흐름을 바꿨다. 피렌체의 절망적인 시도는 1430년 6월에 있었다.

수로의 댐을 무너뜨려 평원 전체를 덮어버렸다. 그래서 군대는 루카에 가까이 가기는커녕 멀리 후퇴해야만 했다.

24.[133)]

이 시도가 성공하지 못하자 막 새롭게 취임한 10인 위원회는 대리인(commissario)으로 조반니 귀차르디니를 보냈다.[134)] 그는 할 수 있는 한 신속하게 루카를 포위했다. 궁지에 몰린 루카 군주인 파골로 귀니지는 시에나 사람 안토니오 델 로쏘의 조언을 받고 시에나라는 도시(commune) 이름으로 살베스트로 트렌타와 리오나르도 부온비시를 밀라노 공작에게 파견했고, 이들은 파골로를 위해 그에게 도움을 요청했다. 공작이 냉담한 것을 보고 그들은 군인을 사용할 수 있게 해달라고 비밀리에 간청하며, 이에 대한 대가로 인민을 대신하여 자신들의 군주를 죄수로 그에게 넘겨주고, 후에 도시를 공작의 소유로 주겠다고 약속했다. 그들은 공작에게 만약 그가 이 결정을 곧 하지 않는다면, 파골로는 자신의 도시를 많은 제안으로 그를 회유하고 압박하는 피렌체인들에게 넘겨줄 것이라고 경고했다. 그때 공작은 이런 일이 일어날까 하는 두려움으로 신중함을 제쳐두고, 자신이 고용한 장군 프란체스코 스포르차 백작이 그에게 공식적으로 나폴리 왕국으로 가도록 허락해 달라고 요청하게끔 했다. 이 조처와 의도가 무엇인지 익숙하게 짐작한 피렌체인들이 백작에게 그의 친구 보카치오 알라만니를 보내 그를 막고자[135)] 했음에도, 백작은 군대를 이끌고 루카로

133) **밀라노 공작이 프란체스코 스포르차 백작을 루카를 돕기 위해 보내다, 스포르차의 음모 1430.**

134) 1430년 여름.

135) 보카치노 알라만니는 스포르차의 루카 계획을 단념시키기 위해서 풍부한 재

진군했다. 백작이 루카에 왔을 때 피렌체인들이 군대와 함께 리브라파타(Librafatta)로 후퇴하자 백작은 즉시 페샤를 포위했는데, 그곳은 파골로 다 디아체토(Pagolo da Diacceto)가 총독으로 있던 곳이다. 더 신뢰할 만한 조언보다 두려움에 더 큰 영향을 받은 파골로는 피스토이아로 도망갔다. 페샤를 지키고 있던 조반니 말라볼티가 방어하지 않았다면 이 지역을 잃었을 것이다. 폭풍으로 첫 번째 공격에 실패한 스포르차 백작은 보르고 아 부자노(Borgo a Buggiano)로 가서 그곳을 차지하고, 근처에 있는 성벽이 있는 마을 스틸리아노(Stigliano)를 불태웠다. 피렌체인들은 이 재난을 목격하고 그들을 여러 차례 구해주었던 치료법에 의존했다. 그들은 무력이 충분하지 않을 때마다 용병에게 뇌물을 쓰면 된다는 것을 알았다. 그들은 백작이 그만둘 뿐만 아니라 그들에게 루카를 준다는 조건으로 그에게 돈을 주기로 했다. 백작은 루카로부터 더 이상 나올 돈이 없다는 것을 알고 돈이 있는 사람들에게로 쉽게 돌아섰다. 그는 피렌체인들이 그에게 5만 두캇을 주면 자신의 명예 때문에 그들에게 루카를 주지는 않지만 포기하기로 약속을 했다. 이 약속이 이루어지자, 루카 인민이 공작에게 그에 대하여 양해를 구할 수 있도록 하기 위해, 스포르차 백작은 루카인들이 그들의 군주 파골로 귀니지를 제거하는 데 도움을 주었다.

정 자금을 가진 10인 위원회 소속이었다.

25.[136]

내가 위에서 말했듯이 시에나의 사절(ambasciadore) 안토니오 델 로쏘[137]는 루카에 있었다. 프란체스코 백작의 권위로 그는 시민들과 파골로 귀니지의 몰락을 꾀했다. 그 음모의 우두머리는 피에로 첸나미와 조반니 다 키비차노(Giovanni da Chivizzano)였다. 백작은 도시 밖 세르키오 강변에서 파골로의 아들 란지라오(Lanzilao)를 데리고 야영했다. 음모자들은 수가 40명이었다. 이들은 밤에 무장을 하고 파골로를 방문했다. 그는 그들이 내는 소음에 크게 놀라 그들을 만나러 나가서 온 이유를 물었다. 피에로 첸나미는 파골로가 자신들을 오랫동안 지배하면서 칼과 기아로 죽게 했으며, 적에게 둘러싸이도록 만들었다고 대답했다. 그리고 미래에는 스스로 통치하기로 결심했으니 도시의 열쇠와 금고를 달라고 요구했다. 파골로는 금고는 다 썼지만, 열쇠와 그 자신은 마음대로 할 수 있다고 대답했다. 그는 단 한 가지를 간청했는데, 그의 통치가 피흘리지 않고 시작되어 유지되었기에 피를 흘리지 않고 끝나도록 해달라는 것이었다. 프란체스코 백작은 파골로와 그의 아들을 밀라노 공작에게 끌고 갔고, 그들은 감옥에서 죽었다. 프란체스코 백작이 떠나자 루카는 참주로부터, 피렌체인들은 스포르차 군대에 대한 두려움으로부터 해방되었다. 그래서 루카 시민들은 방어를 준비하고 피렌체인들은 공격을 재개했다. 피렌체의 장군은 우르비노 백작[138]이었는데, 그는 루카를 강하게 밀어붙여서 루카인들이 한 번 더 공작에게 의존하도록 만들었다. 공작은 그가 백작을 보낼 때

---

136) **파골로 귀니지가 루카에서 쫓겨나다, 밀라노 공작이 피렌체인들을 패배시키다, 이익 없는 협정 1430~1433.**

137) 4권 24장에 기록되어 있는 안토니오 페트루치.

138) 귀단토니오 다 몬테펠트로(1403~1443). 피렌체와 자주 용병계약을 맺었다.

썼던 똑같은 위장을 한 채 니콜로 피치니노를 보내어 그들을 돕게 했다. 니콜로가 막 루카에 들어가려고 할 때 우리 군인들이 세르키오 강변에서 그를 저지했고, 강을 건너는 동안 교전하다가 패배했다.[139] 대리인은 소수의 우리 군인들과 함께 피사로 피난했다. 이 패배는 도시 전체를 낙담시켰고, 그 작전은 시민 전체[140]의 지지를 받았기에 시민들은 누구에게 화살을 돌려야 할지 몰랐다. 작전을 결정한 사람들을 비난할 수는 없어서 수행한 사람들을 비난했다. 그들은 다시 리날도에게 책임을 돌렸다. 그러나 다른 누구보다도 조반니 귀차르디니가 많은 헐뜯음을 당했는데,[141] 그들은 그가 프란체스코 백작이 떠난 후 전쟁을 끝낼 수 있었으나 돈으로 매수당했고 거액을 고향으로 보냈다고 공격했다. 그들은 돈을 그에게 가지고 갔다는 사람들과 그것을 받았다는 사람들을 고발했다. 이 소문과 고발은 매우 멀리 퍼졌고, 이 공적 보고에 마음이 움직이고 반대 당의 지지자들로부터 재촉을 받은 포폴로의 대장이 조반니를 소환했다. 그는 분노에 가득차서 나타났다. 그의 친척들이 그의 명예를 위해 대장으로 하여금 조사를 포기하도록 설득했다. 이 승리 후에 루카인들은 자신들의 마을을 다시 얻었을 뿐 아니라 비엔티나, 칼치나이아, 리보르노, 리브라파타를 제외하고 피사 지역의 모든 마을을 차지했다. 피사에서 있었던 음모가 발견되지 않았다면 우리는 심지어 그 도시도 잃어야 했을 것이다. 피렌체인들은 군인들을 재조직하여 스포르차의 제자 미켈레토(Micheletto)[142]를 장군으로 고용했다. 다른 한편 필리포 공작은 그의

---

139) 1430년 12월 2일. 피렌체 군대는 귀단토니오 다 몬테펠트로, 니콜로 포르테브라치가 지휘했다.

140) 모든 피렌체 파벌이 원했었다.

141) 이 에피소드는 이미 『로마사 논고』 1권 8장에 기록되어 있다. 거기에서 마키아벨리는 그 비난이 '조반니를 극심한 절망으로 이끌었다'고 쓰고 있다.

142) 코티뇰라의 미켈레토 아텐돌로(1370~1451). 1권 39장에 더 유명한 용병대장들 사이에 기록되어 있다. 베네치아와 바실리카타에 있는 모든 성의 군주

승리 이후 후속조치를 취했는데, 더 큰 군대로 피렌체인들을 괴롭히기 위해 제노바인, 시에나인, 피옴비노의 군주[143]를 루카의 방어에 동참시켰고, 니콜로 피치니노를 그들의 장군으로 고용하도록 했다. 이러한 행동은 필리포 공작의 정책을 완전히 드러냈다. 그래서 베네치아인들과 피렌체인들은 그들의 동맹을 갱신하고 롬바르디아와 토스카나에서 공개적으로 전쟁을 벌였다. 두 지역에서 다양한 전투가 있었고 결과도 달랐다. 모든 사람이 지쳤던 1433년 5월, 참여자들 사이에서 협정[144]이 체결됐다. 이 협정으로 피렌체인, 루카인, 시에나인들이 전쟁에서 서로에게서 차지한 많은 마을을 모두 포기했고, 각자 자신들이 소유했던 것으로 돌아갔다.

26.[145]

이 전쟁이 계속되고 있을 때 피렌체의 당파들 사이의 모든 악의적인 감정(umori)이 다시 들끓고 있었다. 코지모 데 메디치는 아버지 조반니의 죽음 후[146]에 공적인 일에서 더 큰 용기를 내 자신의 친구들에게는 아버지가 한 것보다 더 큰 열정과 더 큰 관대함으로 행동했다. 조반니의 죽음에 즐거워한 사람들은 코지모가 누구인지를 알고 애석해했다. 코지모는 매우 신중한 사람으로 심각하면서 즐거운 외모를 가졌고, 매우 관대하면서 매우 인간적이었다. 그는 결코 구엘프 당

는 프란체스코 스포르차의 사촌이었다.

143) 자코포 2세 아피아니.

144) 1433년 4월 23일에 페라라에서 체결된 평화협정.

145) **코지모 데 메디치, 코지모의 추종자인 아베라르도 데 메디치와 그의 추종자 푸치오 푸치의 책략 1429~1430.**

146) 1429년 2월(4권 16장 참조).

이나 정부에 반대하는 어떤 일도 하지 않았고, 모든 사람에게 선을 행하고 관대함으로 많은 시민들 사이에서 가능한 많은 열렬한 지지자를 얻고자 노력했다. 그의 모범은 통치자들에 대한 인기를 떨어뜨렸다. 그 자신은 이런 식으로 다른 시민들만큼 강력하고 안전하게 피렌체에서 계속 살 수 있거나, 또는 만약 그의 적들의 야망으로 인해 법을 초월한 어떤 것이 닥쳐오게 되면 자신이 무기와 인기 모두에 있어서 그들보다 우월함이 드러날 것이라고 생각했다. 코지모가 자신의 힘(potenza)을 확립하는데 있어 주로 아베라르도 데 메디치[147]와 푸치오 푸치[148]의 도움을 받았는데, 아베라르도는 그의 담대함으로, 푸치오는 그의 현명함과 지혜로 코지모의 영향력과 위대함을 더해 주었다. 푸치오의 조언과 판단은 매우 존중받았고, 그가 모든 사람들에게 널리 알려져 있어서, 코지모의 당은 그의 이름이 아니라 푸치오의 이름을 따랐다. 이 분열된 도시는 루카에 대한 작전에 착수했고, 거기서 당파들의 당파심(umori)은 제거되기보다 오히려 커졌다. 코지모의 당이 그 작전을 찬성했지만, 그럼에도, 반대당의 많은 사람들이 나라에서 명성이 매우 높은 사람들이어서 작전을 지휘하도록 파견됐다. 아베라르도 데 메디치와 다른 사람들은 이 사태에 대한 해결책을 더 찾을 수 없어 모든 기술과 노력을 다 사용하여 대리인들을 비난했다. 어떤 패배라도 있다면 비난 받아야 할 대상은 행운이나 적의 힘이 아니라, 대리자의 어리석음이라고 말이다. 이것은 아스토레 잔니[149]의 죄가 가중되게 했고, 리날도 델리 알비치가 분노하여 허락도 없이 자

147) 코지모의 사촌으로 가문에서 가장 결단력 있고 공평하다고 여겨진다.

148) 푸치오 디 안토니오 푸치(1389~1449)는 코지모와 가까운 한 통속이었고, 소길드 기술자 출신의 “신인”(uomo nuovo)이었다. 그는 정치세계의 특징적인 모습을 상징하는 사례이다. 그것은 한미한 조건의 사람이 파벌에 충실해서 사회경제적으로 출세하는 데 유리해지는 것이다.

149) 4권 20장을 보라.

신의 임무를 버리게 만들었다. 포폴로의 대장에 의해서 조반니 귀차르디니가 소환된 것도 같은 문제였다. 모든 관리와 특사들이 당한 모든 비난의 근원에는 이 당이 만들어낸 증오가 있었다. 진실은 과장되고 거짓은 조작됐지만, 진실이든 거짓이든 그들을 항상 미워하던 인민은 모든 비난을 믿었다.

27.[150)]

그런 일들과 불법적인 방법을 니콜로 다 우차노와 구엘프 당의 다른 지도자들은 완벽하게 이해하고 있어서 여러 차례 해결책에 대하여 논의했으나 아무것도 찾지 못했다. 그들이 보기에 악이 자라도록 허용하는 것은 위험하고 그것에 부딪히는 것[151)]은 어려웠기 때문이다. 니콜로 다 우차노는 불법적인 방법을 반대하는 대표적인 사람이었다. 도시 외부에서 전쟁이 벌어지고 내부에서 이러한 고통이 있을 때 니콜로 바르바도로(Niccolò Barbadoro)[152)]는 니콜로 다 우차노에게서 코지모의 몰락에 대한 동의를 받고자 그의 집을 방문했다. 그는 서재에서 깊은 생각에 빠져있었고, 바르바도로는 그가 할 수 있는 가장 강력한 주장으로 리날도와 연합하여 코지모를 축출하자고 그에게 강권했다. 니콜로 다 우차노는 다음과 같은 의미로 답했다. "만약 당신과 이 신

---

150) **니콜로 다 우차노가 코지모의 힘과 불가피한 승리에 대해 말하다 1429~1430.**

151) 그 서론은 불편에 '임기응변하는 것', 더 정확하게 말하면, '그것에 부딪히는 것'(urtarla)의 큰 유용성에 대한 『로마사 논고』 1권 33장의 이론화된 질문을 상기시킨다.

152) 바르바도리(1375년경 출생)는 『피렌체사』에서 첫 번째로 기록되고 있다. 메디치의 출현 이전 과두정의 탁월한 인물이었다. 메디치 정권의 수립으로 1434년 그에게 내려진 유죄선고 후에 그에 대한 흔적이 사라졌다.

념을 가지고 당신을 따르는 다른 사람들이 당신의 이름이 가리키듯이 금빛 수염이 아니라 은빛 수염을 가졌다면 당신과 당신의 집과 우리 공화국을 위하여 더 좋았을 것입니다. 경험으로 가득찬 은빛 머리카락으로부터 나오는 조언은 모든 사람에게 더 지혜롭고 더 유용할 것이기 때문입니다. 코지모를 피렌체에서 쫓아내려는 계획을 가지고 있는 사람들은 무엇보다도 먼저 자신들의 힘과 그의 힘을 측량해봐야 한다고 저는 생각합니다. 당신은 우리편은 귀족의 당으로 반대편은 평민의 당으로 명명했습니다. 만약 이름이 제대로 지어졌다면 어떤 사건에도 승리는 의심스러울 것이고, 평민에 의해 몰락한 오래전 귀족 가문의 사례를 경고삼아야 합니다. 우리는 희망보다는 두려워할 이유가 더 많을 것입니다. 우리당은 분열되어 있고 적의 당은 하나이기 때문에 우리는 더 큰 두려움을 느낄 필요가 있습니다. 무엇보다도 우리의 최고의 두 시민, 네리 디 지노[153]와 네로네 디 니지[154]가 자신들이 그들의 친구이기보다 우리의 친구라고 스스로 선언한 적이 없습니다. 우리 중에는 많은 가문들과 많은 집안들이 분열되어 있는데, 형제와 친구에 대한 질투로 많은 사람들이 우리를 지지하지 않고 우리의 대적자들에게 호의를 드러내기 때문입니다. 몇 가지 중요한 사례를 상기시켜 드리겠습니다. 다른 사례들은 당신이 스스로 떠올릴 수 있을 겁니다. 마소 델리 알비치의 아들 중에 루카[155]는 리날도에 대한 질투로 인해 자신의 운명을 그들의 당에게 맡겨버렸습니다. 귀차르디니 가문에서 루이지의 아들 피에로[156]는 조반니에 적대적이며

153) 카포니(4권 2장을 보라).

154) 이미 4권 2장에 피렌체 과두정의 주요 지지자들 사이에 기록되어 있다.

155) 형인 리날도보다 12살 어리며(1382년 출생), 메디치의 망명 시기에 고독했지만 코지모에 의해서 명백하게 자리를 잡게 됐다.

156) 피에로 귀차르디니(1370~1441)는 위대한 역사가의 증조부다. 코지모가 권력에 올랐을 때 그는 찬밥신세는 아니었다.

우리의 적들을 지지하고 있습니다. 토마소와 니콜로 소데리니는 삼촌인 프란체스코에 대한 증오 때문에 공개적으로 우리를 반대하고 있습니다. 당신이 그들이 어떤 종류의 사람들이고 우리가 어떤 종류의 사람인지를 잘 고려한다면, 저는 우리 당이 그들의 당보다 고귀하다고 불릴 자격이 더 있는지 잘 모르겠습니다. 만약 그들이 모든 하층계급에 의해 지지를 받기 때문이라면, 이 사실은 우리를 더 나쁜 상태로, 그들은 더 나은 상태로 놓습니다. 참으로 무기나 분열에 관하여 우리는 그들에게 저항할 수 있는 그런 처지에 있지 않습니다. 우리에게 아직도 유지할 힘이 있다면, 그것은 50년 동안 간직한 이 정부의 옛 명성으로부터 나온 것입니다. 그러나 그것이 공격받고 우리의 약함이 드러난다면 우리는 즉시 질 것입니다. 우리를 움직이는 정당한 대의가 우리의 신용을 높이고 그들의 신용을 깎는다고 당신이 말한다면 저는 이 정의는 우리보다는 다른 사람들이 이해하고 설득되어야 한다고 대답하겠습니다. 우리를 움직이는 대의는 이 도시에 군주[157]가 세워질 것이라는 두려움에 기초하고 있습니다. 우리가 이 두려움을 갖고 있다면, 다른 사람들은 그렇지 않을 것입니다. 반대로, 더 나쁘게, 그들은 우리가 코지모를 고발하는 것처럼 우리를 고발할 것입니다. 코지모를 의심하게 만드는 것은 이것입니다. 그가 자신의 돈으로 개인뿐 아니라 공적으로도 모든 사람을 돕고, 피렌체인들뿐 아니라 용병대장들도 돕는다는 것입니다. 그는 관리들의 도움이 필요한 이 시민 저 시민을 돕습니다. 대다수 시민들에게 호의를 베풀어서 그는 자신의 이 친구 저 친구를 높은 관직으로 끌어 올립니다. 그래서 그를 쫓아낼 이유로 그가 자비롭고 도움을 잘 주고 관대하고 모든 사람에게 사랑을 받는다고 주장해야 합니다. 이제 저에게 말해보십시오. 인간 안에 있는 자비, 관대함, 사랑을 비난하고 정죄하는 법이 무엇입니

157) 당연히 주어는 코지모.

까? 이 모든 방법이 사람에게 날개를 달아 군주의 자리로 날아가도록 이끈다고 해도, 그것들은 그렇게 생각되지도 않고, 우리가 그렇게 여겨지도록 만들 수도 없습니다. 우리 자신의 방법이 우리에 대한 그들의 신뢰를 파괴하고, 자연적으로 당파적이며 언제나 파벌의 상존으로 타락해온 도시는 다른 말에 귀 기울일 수 없습니다. 당신이 코지모를 내쫓는 데 성공할 것이라고 가정해 봅시다. 시뇨리아가 우호적이기에 쉽게 일어날 수도 있을 것입니다. 이곳에 남아서 그의 귀환에 대한 열망으로 불타오르는 너무 많은 친구들 사이에서 당신이 그가 돌아오는 것을 어떻게 막을 수 있겠습니까? 그의 친구는 매우 많고 그는 두루 선의를 얻고 있고, 당신은 그들에 대항하여 결코 스스로를 지킬 수 없기에 이것은 불가능합니다. 당신이 그의 위대하고도 공언된 친구들을 더 많이 쫓아낼수록 당신은 더 많은 적을 만들게 될 것입니다. 그래서 그는 짧은 시간 안에 돌아올 것입니다. 당신은 그를 착한 사람으로 쫓아냈는데 그는 악한 사람으로 돌아올 것입니다. 그의 본성은 그를 불러들인 사람들에 의해 타락할 것이며, 그는 그들에게 저항할 수 없고 그들에 대한 의무 아래 놓일 것이기 때문입니다. 만약 당신이 그를 죽일 계획을 세운다면, 그의 돈과 당신의 부패한 마음이 그를 항상 구할 것이기에 관리들을 수단으로 해서는 결코 성공하지 못할 것입니다. 그가 죽거나 쫓겨난 다음 돌아오지 않는다고 가정해 봅시다. 공화국이 코지모에게서 해방된다면 공화국은 스스로 리날도의 노예가 될 것이기에 저는 이곳 우리의 공화국에서 우리가 어떤 이익을 얻는다고 보지 않습니다. 저로서는 권력과 영향력에 있어 다른 시민들을 능가하는 시민이 없기를 원하는 사람들 중 하나입니다. 그러나 만약 이 두 사람 중에서 한 명이 다른 사람을 능가한다면 제가 코지모보다 리날도를 더 좋아해야 할 이유는 없습니다.158) 제가 하고

---

158) 니콜로 다 우차노(4권 3장에 이미 기록된 대로, 전례 없는 지혜에 대한 그의

싶은 말은 이것뿐입니다. 신께서 이 도시를 보호하사 어떤 시민이 군주가 되지 않도록 해주셨습니다. 우리의 죄가 도시의 운명을 그렇게 만들만 하더라도, 군주에게 복종하지 않도록 우리 도시를 지켜주시기를! 모든 면에서 해로운 길을 조언하지 마시고, 소수의 도움을 받으면서 많은 사람의 뜻을 거스를 수 있다고 믿지 마세요. 이 모든 시민은 일부는 무지로 일부는 악의로 우리 공화국을 팔 준비가 되어 있고, 행운은 지금까지 호의를 보였지만 이제 구매자를 발견했기 때문입니다. 그러니까 저의 조언을 따라주세요. 겸손하게 살려고 노력하세요. 자유에 관한한, 상대당의 사람들만큼 우리당의 사람들을 두려워할 많은 이유를 알게 될 것입니다. 중립을 지키며 삶으로써 어떤 곤경이 닥쳤을 때 당신은 양쪽 모두의 호의를 얻게 될 것이며, 그렇게 스스로를 이롭게 하고 조국에 해가 되지 않을 것입니다."

28.[159)]

이 말이 바르바도로의 용기를 상당히 위축시켜서 루카에 대한 전쟁이 지속되는 동안 사태가 조용했다. 그러나 평화가 뒤따르자 니콜로 다 우차노[160)]는 죽었고, 도시는 전쟁도 견제도 없이 남게 되어, 결국 무질서한 당파(umori)가 한계 없이 증가했다. 리날도는 이제 견제 없는 유일한 당수였기에, 그가 보기에 곤팔로니에레가 될 것 같은 모든

초상을 완성했다)에 대한 논의는 사적인 이해와 친분이 교배된 게임에서 부패한 정치 시스템의 본래적인 악습을 고발하고 있다.

159) **당파 갈등의 해악, 코지모가 체포되다 1430~1433.**

160) 우차노는 1432년 4월에 죽었다. 평화는 피렌체의 것이었고, 1433년 봄에 확증되었으나, 코지모 데 메디치와 팔라 스트로치-의 피렌체 당파-에 의해 거부되었다.

시민에게 스스로 무장하고 소수의 악의와 다수의 무지를 통해 필연적으로 도시를 노예상태로 데려갈 사람으로부터 도시를 해방시키라고 끊임없이 간청하고 촉구했다. 리날도가 추구한 이 방법과 그를 반대하는 사람들이 따른 방법들로 도시는 끝없이 불안으로 가득찼다. 관직이 뽑힐 때마다 사람들은 이 당과 저 당의 얼마나 많은 사람이 공직을 차지했는지를 드러내놓고 논했고, 시뇨리아가 선택될 때에는 도시 전체가 들썩였다. 관리들 앞에 제기된 모든 사건은 아무리 작더라도 당파들 사이의 투쟁이 되었고, 비밀은 공개됐으며, 좋은 것과 나쁜 것 모두 선호되기도 경멸받기도 했다. 나쁜 사람들이나 좋은 사람들이 같은 방식으로 찢겨졌고, 어떤 관리도 자신의 의무를 다하지 않았다. 피렌체가 이런 혼란 속에 있을 때, 리날도는 코지모의 힘(potenza)을 줄이려고 마음먹었고, 베르나르도 과다니(Bernardo Gudagni)가 곤팔로니에레가 될 것 같아지자, 나라에 대한 부채가 베르나르도로 하여금 공직을 얻는 데 실격요인이 되지 않도록 그를 위해 세금을 내주었다. 시뇨리를 뽑을 때가 다가왔고, 우리의 분열의 친구인 행운(fortuna)이 베르나르도가 9월과 10월에 봉사할 곤팔로니에로 뽑히도록 만들었다. 리날도는 즉시 그를 방문하여 그에게 귀족의 당과 잘 통치되기를 바라는 모든 사람은 그가 그런 위엄에 다다른 것을 행복해했고, 그들이 헛되이 즐거워하지 않도록 행동하는 것이 그의 의무라고 말했다. 그는 그에게 분열의 위험을 설명하며, 코지모를 파괴시키는 것 외에는 달리 방법이 없다고 지적했다. 자신의 막대한 부로부터 나오는 영향력을 통하여 사람들을 불안정하게 만든 사람은 코지모 뿐이고, 그를 막지 못한다면 그가 군주의 자리에 오를 정도로 매우 높은 자리에 올라있다는 의미이기 때문이라는 것이다. 조국에 자유를 되돌리기 위해서 구제책을 사용하고, 인민을 광장으로 부르고, 국가를 되찾는 것이 좋은 시민의 역할이었다. 리날도는 베르나르도에게 살베스트로

데 메디치가 그의 편에 정의가 없었음에도 조상들이 흘린 피로 세운 구엘프파 정부의 위대함을 견제했던 방법들을 상기시키며,[161] 살베스트로가 그렇게 많은 사람들에게서 정의롭지 못하게 성취했던 것을 베르나르도는 한 사람에 대항하여 정의로운 명분을 가지고 할 수 있다고 설득했다. 리날도는 베르나르도에게, 무장한 친구들이 그를 돕기 위해서 준비하고 있으니 두려워하지 말고, 그들은 한때 조르조 스칼리에게[162] 주었던 도움보다 더 큰 도움이 되지 못할 것이기에 코지모를 숭배하는 평민들 역시 두려워하지 말라고 했다. 그는 또한 코지모가 시뇨리의 포데스타(podesta) 안에 있으면 그의 재산은 시뇨리의 것이 될 것이기 때문에 코지모의 재산을 두려워하지 말아야 한다고 조언했다. 리날도는 이 행동은 공화국을 안전하고 단합되게 할 것이며, 베르나르도를 유명하게 만들 것이라고 주장한 후 말을 마쳤다. 이 말에 베르나르도는 자신은 리날도가 말한 모든 것의 필요성을 이해했고, 정말로 코지모를 제거할 시간이 왔기에 그가 자신의 동료들을 얻게 됐을 때 일을 실행하기 위해 군대를 준비하느라 바쁠 것이라고 간단하게 대답했다. 베르나르도가 공직에 취임했을 때 동료들의 지지를 얻었고, 리날도와 협약을 맺었으며, 코지모를 소환했다. 코지모는 자신의 많은 친구들이 반대했지만 시뇨리의 자비보다는 자신의 무죄를 더 믿고 나타났다.[163] 코지모가 궁에 들어가자마자 체포되었고, 리날도가 많은 무장한 군인들을 이끌고 자신의 집에서 나오자, 귀족당 전체가 그와 함께 광장으로 행진했다. 그곳에서 시뇨리는 인민을 소환하고 도시의 정부를 개혁하기 위해서 발리아 2백 명을 선택했다.[164]

---

161) 1378년(3권 9장 참조). 그 상기는 곤팔로니에레의 메디치 가문에 대한 오래된 증오를 자극했다. 과다니 부친의 집은 치옴피 난 중에 파괴됐다.

162) 3권 20장 참조.

163) 코지모는 무젤로에서 몇 달 있었다. 1433년 9월 4일에 피렌체에 돌아왔고, 7일에 시뇨리에 의해 소환됐다.

그 발리아에서 지체없이 제안된 개혁과 코지모의 운명에 대한 논의가 있었다. 많은 사람들이 그는 추방되어야 한다고 주장했고, 어떤 많은 사람들은 그를 죽여야 한다고 주장했으며, 또 다른 많은 사람들은 그에 대한 연민이나 적들에 대한 두려움으로 침묵했다. 의견이 분분하여 결론이 나지 않았다.

29.[165]

궁의 탑에 그것이 허용하는 최대 크기의 방이 있는데, 알베르게티노(Alberghettino)라고 불린다. 코지모가 페데리고 말라볼티의 책임 아래 그곳에 갇혔다. 코지모는 진행되고 있는 회의, 광장에서 나는 무기들의 소음, 발리아를 알리는 잦은 종소리를 들었을 때, 자신의 생명이 위험에 처했다는 것을 알았다. 그러나 그는 자신의 개인적인 적들이 법적 조처 없이 자신을 죽이는 것을 더 두려워하여 먹는 것을 거부했다. 그는 4일 동안 작은 빵 말고는 아무것도 먹지 않았다. 이를 눈치챈 페데리고가 그에게 말했다. "코지모, 당신은 독살될 것이 두려워서 굶어 죽기로 한 모양이오. 내가 그런 사악함에 가담할 것이라고 믿음으로써 당신은 나를 모욕하고 있소. 나는 당신이 목숨을 잃을 것이라고 믿지 않소. 당신은 궁과 밖에 매우 많은 친구가 있소. 만약 당신이 목숨을 잃는다면 절대 내가 아니라, 저들이 당신으로부터 목숨을 빼앗기 위해 행동할 다른 신하(ministro)가 하는 것으로서, 나 말고 다른 수단을 사용할 것이라고 확신해도 좋소. 나는 어느 누구도, 특히 나에게 전혀 해를 입힌 적 없는 당신의 피를 흘리는데 내 손을 더럽히고

164) 코지모가 체포된지 2일 후인 9월 9일.
165) **코지모가 독살을 두려워하다, 코지모가 추방당하다 1433.**

싶은 생각이 추호도 없소. 용기를 가지고 음식을 들고, 당신의 친구와 나라를 위해 목숨을 지키시오. 큰 자신감으로 당신이 그렇게 하면, 나는 당신과 함께 똑같은 음식을 먹겠소." 이 말이 코지모를 크게 격려했다. 눈에 눈물이 고인채 페데리고를 껴안고 입맞춤하며, 활기차고 생생한 말로 그의 매우 동정적이고 사랑스러운 행동에 감사를 표했다. 그리고 행운이 자신에게 기회를 준다면 그에게 가장 고마워할 것이라고 약속했다. 코지모는 그때 어느 정도 용기를 얻었다. 그의 사건은 시민들 사이에 논의 중이었으며, 페데리고는 그를 즐겁게 해주기 위해서 저녁 만찬에 재미있고 위트가 있는 파르가나치오(Farganaccio)라고 불리는 곤팔로니에레의 친구를 동참시켰다. 그들이 저녁식사를 거의 끝냈을 때, 코지모는 자신이 잘 알고 있는 이 사람의 방문을 이용하기로 생각하고 페데리고에게 자리를 비켜달라는 사인을 보냈다. 그 이유를 짐작한 그는 만찬을 시중하는 데 필요한 것을 가지러 가는 체 했다. 두 사람만 남았을 때 코지모는 파르가나치오에게 몇몇 친절한 말을 한 후, 그에게 서명된 쪽지를 주면서 산타 마리아 누오바(Santa Maria Nuova)의 관리인에게 가서 1천1백 두캇을 받아오라고 요청했다. 1백 두캇은 코지모 자신이 갖고, 1천 두캇은 그 곤팔로니에레에게 주도록 했으며, 자신에게 와서 이야기할 적당한 기회를 찾아보라고 부탁했다. 파르가나치오는 그 임무를 수락했으며, 대가는 지불됐다. 베르나르도는 마음이 누그러들었고, 결과적으로 코지모는 그를 제거하고 싶어했던 리날도의 의지와는 달리 파도바로 추방당했다.166) 아베라르드도와 메디치 가문의 많은 다른 사람들도 추방을 당했고, 이들과 함께 푸치오와 조반니 푸치도 추방을 당했다. 코지모의 추방에

166) 9월 11일 발리아는 코지모에게 5년의 망명을 선고했다. 아베라르도 데 메디치는 나폴리에, 코지모의 형 로렌초는 베네치아에 감금됐다. 모든 메디치 가문은 귀족(magnati)으로 불리지 않았다(공직으로부터 배제됐기 때문에).

반대한 사람들을 겁주기 위해 그들은 8인 감찰위원회(Otto di guardia)와 포폴로의 대장에게 발리아(balía)를 주었다.[167] 모든 문제가 해결된 1433년 10월 3일 코지모는 시뇨리 앞에 나왔고, 그들은 추방 명령을 내렸다. 그들은 그에게 재산과 본인에게 더 가혹한 조치를 받기 원하는 게 아니라면 복종하라고 경고했다. 코지모는 쾌활한 얼굴로 추방을 받아들이면서 시뇨리아가 보내기로 하는 곳이 어디든 즐겁게 머물겠다고 선언했다. 그는 광장에 그의 피를 원하는 많은 사람들이 있는 것을 듣고서, 그들이 자신의 목숨을 부지해줬으니 이제 그 목숨을 보호해 달라고 간청했다. 그는 자신이 어느 곳에 있든지 자신과 자신이 가진 모든 것이 항상 도시, 인민, 시뇨리를 위해 봉사할 것이라고 말을 마쳤다. 곤팔로니에레는 그를 격려하고 밤이 될 때까지 궁에서 지켜주다가 코지모를 집에 데리고 가서 저녁식사를 대접한 후, 많은 무장 군인들의 호위를 받으면서 국경까지 가도록 했다. 코지모는 어느 곳에 가든지 명예로운 환대를 받았으며, 베네치아인들은 공식적으로 그를 방문하여 망명객이 아니라 가장 높은 지위에 있는 사람으로 명예롭게 대우했다.

30.[168]

피렌체가 매우 위대하고 모두에게 사랑을 받는 시민의 미망인으로 남게 되자 모두가 당황했다. 승리한 사람들이나 패배한 사람들이 똑같이 두려워했다. 자신에게 닥칠 미래를 예견한 리날도는 자신과 자

167) 두 기관에 폭넓은 권한을 부여했다.

168) **리날도 델리 알비치가 코지모가 처형돼야 한다고 주장하다, 리날도가 발리아를 조언하다 1433.**

신의 당이 실패하지 않도록 많은 친한 시민들을 함께 불러서, 그들이 원수들의 기도와 눈물과 돈에 압도당하도록 스스로를 허용했기에, 그들의 몰락이 준비된 것을 알고 있다고 말했다. 그들은 곧 간청하고 울어야 하며, 그들의 기도는 들어주지 않고, 그들의 눈물에 연민을 느끼는 사람은 하나도 없을 것임을 알아차리지 못했다. 이제 그들은 갚아야 할 원금에 고문, 죽음, 망명이라는 이자를 지불해야 하며, 코지모를 살려두고 그의 친구들이 피렌체에 남아 있는 것보다 아무것도 하지 않는 편이 나았을 것이라고 말했다. 위대한 사람들은 건들지 말거나, 손을 댔으면 제거해야만 하기 때문이다. 그는 이제 스스로 강해지는 것 외에 다른 어떤 자원이 도시에 없음을 알게 됐다. 그들의 적이 깨어나면 −그들은 곧 깨어날 것이다− 그와 그의 친구들을 합법적인 방법으로는 제거할 수 없어져서 결국 무기를 가지고 그들을 몰아내려 할텐데, 그가 오래전에 제시했던 해결책은 적이 평민을 등에 업고 강해졌기에 도시의 모든 관직을 귀족에 돌려주고 양보하여 그들의 지원을 받아 이 당을 강하게 만드는 것이다. 이런 식으로 그들의 당은 더 많은 생명과 활력과 용기와 명성을 가지고서 더 강해질 것이다. 그러나 그는 최후의 진실된 이 해결책이 채택되지 않는다면 수많은 적들 사이에서 정부를 유지할 방법은 없다고 생각했고, 당의 급속한 몰락과 도시의 다가오는 붕괴를 예감했다. 이에 대하여 참석한 사람들 중에서 마리오토 발도비네티(Mariotto Baldovinetti)가 귀족의 교만과 그들의 참기 힘든 성품을 지적하면서 반대 의견을 표했다. 평민으로부터 의심스러운 위험을 피하기 위해 어떤 참주정 아래 스스로 들어가는 것은 결코 좋은 일이 아니라고 주장했다. 결과적으로 리날도는 자신의 조언을 듣지 않는 것을 보고서, 모든 것이 사람들의 무지와 무분별보다는 그렇게 의도한 하늘에 책임이 있는 것으로 돌렸고, 자신과 자신의 당의 불운을 한탄했다. 그때 일이 이런 상태에 있고 어떤 필요한 준비도 없을 때, 누군가 아뇰로 아차이우올리(Agnolo Acciaiuoli)[169]가 코지모에게 쓴 편지를 발견했다. 그 편지는 코지모에 대한 도시의 호의적인 분위기를 설명하고, 그에게 전쟁을 부추기는 제안을 했다. 또 돈이 필요한 도시에 그것을 공급할 사람이 아무도 없는 상황에서 시민들의 기억에 코지모는 생생하게 떠오를 것이기에 모두가 그의 귀환을 바랄 것이라고 썼다. 아뇰로는 또한 네리 디 지노를 친구로 만들라고 격려하며, 만약 네리와 리날도가 분열되면 리날도의 당은 매우 약해져 스스로를 방어하기에 충분치 않게 될 것이라고 했다. 이 편지가 관리들의 손에 들어갔고 아뇰로가 체포되어 고문을 당하고,[170] 추방당했다.[171] 그러나 지금 이 사건 조차 코지모에 대한 인기를 제어하지 못했다. 코지모가 추방된 날로부터 거의 일년이 지난 1434년 8월 말 2개월 임기의 차기 곤팔로니에레로 뽑힌 사람은 니콜로 디 코코(Niccolo di Cocco)였고, 8명의 시뇨리도 함께 선출됐는데 모두 코지모의 열성 지지자였다.[172] 그 시뇨리아가 리날도와 당을 경악하게 만들었다. 시뇨리가 공직을 인수하기 전 3일 동안 민간인으로 남아있는 시기에, 리날도는 다시 한번 그의 당의 지도자들에게 확실하고 임박한 위험을 지적하며 해결책을 제시했다. 그것은 무기를 들고 당시 곤팔로니에레 직에 있었던 다나토 벨루티(Danato

169) 코지모(1448년과 1458년에 곤팔로니에레가 됐고, 매우 자주 발리아의 10인 위원회에 선출됐다)의 출세와 오랜 통치 기간 동안 그를 수행했던 아차이우올리는 코지모의 죽음 후에 메디치 정권의 반대자가 됐고, 결국 1466년 루카 피티의 음모에 참여했다.

170) 줄에 매달려 고문을 당하고. [역자주] 두손을 등뒤로 묶어서 줄에 매달고 바닥에 갑자기 떨어뜨리는 고문인 스트라파도(strapado)를 의미. 마키아벨리도 메디치 가문의 복귀 후 역모에 연루되어서 동일한 고문을 받았다.

171) 1434년 봄. 아차이우올리는 체라로니아에서 10년 동안 망명했고, 거기에서 그의 가족은 –언젠가 나폴리 왕에 의해서 귀족으로 봉해졌다– 봉토의 권리를 얻었다.

172) 니콜로 디 도나토 코키는 염색공이었다. 루카 피티 역시 프리오리로 선출되었다.

Velluti)로 하여금 포폴로를 광장에 모이도록 하여 새로운 발리아를 만들고, 방금 막 뽑힌 시뇨리의 관직을 박탈한 다음 나라에 적합한 새로운 시뇨리를 구성하는 것이었다. 그리고 주머니를 불태우고 친구들로 채운 새주머니를 만드는 것이다. 많은 사람들이 이 계획이 안전하고 필요하다고 생각했고, 다른 사람들은 그것이 폭력적이고 너무 많은 비판을 초래할 것 같다고 생각했다. 이 계획에 반대한 사람들 중 팔라 스트로치는 조용한 사람으로서 교양 있고 공손하며, 당을 통제하고 도시의 분열을 반대하기보다는 문학 연구에 더 적합한 사람이었다. 그는 영리하거나 대담한 계획은 처음에는 좋아 보이지만 실행하기는 어렵고 결국에는 해롭다고 말했다. 그는 밀라노 공작의 군대[173]가 우리 국경 근처 로마냐에 있기 때문에, 시뇨리가 외부의 새로운 전쟁이 시뇨리로 하여금 내부의 불화보다 그것을 더 생각하도록 만들 것이라고 믿었다. 그리고 그는 그들이 변화를 만들고자 한다면 (그들은 이해되지 않고는 그것을 할 수 없다), 그의 당은 항상 무기를 들고 전체의 안전에 필요해 보이는 것은 무엇이든지 하기에 충분한 시간이 있으며, 만약 이 일을 불가피해서 한다면 포폴로를 놀라게 하지 않을 것이고, 자신들 역시 비난을 덜 받게 될 것이라고 주장했다. 결국 새 시뇨리가 공직에 취임하도록 허용하고, 그들의 움직임을 관찰하면서 당에 반대되는 어떤 것이라도 포착되면 모두 무기를 들고 어느 방향으로도 가기에 유리한 궁 근처의 산 풀리나리 광장[174]에 모이기로 결론이 났다.

173) 필리포 마리아 비스콘티의 군대. 그때 로마냐에서 수행된 밀라노의 작전은 니콜로 피치니노가 지휘했다.

174) 산타폴리나레(Sant'Apollinare).

31.[175)]

이 결정이 내려지자 이들은 해산했고, 시뇨리는 공직에 취임했다. 곤팔로니에레는 자신의 명성을 높이고 자신을 반대할 생각을 했던 사람들을 위협하기 위해 자신의 선임자 도나토 벨루티[176)]에게 공금 유용 혐의로 징역형을 선고했다. 이후 그는 코지모의 복귀와 관련하여 그의 동료들을 시험했다. 그들이 코지모의 귀환 쪽으로 마음이 기우는 것을 발견하고서 스스로 메디치 당의 지도자라고 생각한 사람들을 만나 의논했다. 그들이 더 격려하자 그는 리날도, 리돌포 페루치, 니콜로 바르바도로를 반대당의 지도자로 소환했다. 이 소환 후에 리날도는 시간 낭비할 틈이 없다고 생각하고 많은 무장한 사람들을 데리고 나왔고, 리돌포 페루치와 니콜로 바르바도로가 즉시 합류했다. 모인 사람들 중에 피렌체의 직업 없는 많은 시민들과 군인들이 있었고, 그들은 모두 약속에 따라 산 풀리나리 광장에 모였다. 그럼에도 팔라 스트로치는 나오지 않았고, 조반니 귀차르디니 또한 모습을 드러내지 않았다. 리날도는 그들을 재촉하고 그들의 게으름을 꾸짖기 위해 사람을 보냈다. 조반니[177)]는 집에 남아서 자신의 형제인 피에로가 궁을 구하기 위해서 밖으로 나가는 것을 막는 것이 적대적인 당에 충분히 전쟁을 벌이는 것이라고 대답했다. 팔라는 많은 사절이 그에게 보내진 후에야 도보로 따라오는 두 수행원을 대동한 채 말을 타고 산 풀

175) **리날도 델리 알비치가 무기를 들다, 리날도의 당파가 그를 지원하지 않다 1434.**

176) 임기가 만료된 곤팔로니에레인 도나토 벨루티는 공금횡령으로 유죄선고를 받았다.

177) 피에로와 조반니 사이의 귀차르디니 가문의 내부 분열은 4권 27장에 기록되어 있다.

리나리 광장으로 왔는데, 그들은 무장하지 않았다. 리날도는 그를 만나서 그의 무관심을 강하게 질책하고, 다른 사람들과 합류하지 않은 것은 믿음이 부족하거나 용기가 부족한 데서 나왔으며, 이 두 가지 모두 그가 가진 그런 명성을 원하는 사람이라면 피했어야 하는 행동이라고 꾸짖었다. 만약 그가 당에 대한 의무를 하지 않음으로 인해 적에게 승리를 안겨준다면, 그가 죽음이나 망명으로부터 피할 수 있다고 믿는 것은 오산이라고 경고했다. 리날도는 자신은 만약 어떤 나쁜 일이 벌어진다면 위험이 닥치기 전 끝없이 조언했고, 위험이 닥쳐오자 최선을 다해 무력으로 행동했음에 만족한다고 덧붙였다. 팔라와 다른 사람들에게는 자신들의 도시를 세 번 배신한 것을 숙고한다면 자신들의 후회가 세 배가 될 것이라고 말했다. 첫 번째는 그들이 코지모의 목숨을 살려준 때이고, 그 다음 그들이 리날도의 조언을 다시 한번 듣지 않았을 때이며, 세 번째는 그들이 무력으로 피렌체를 구하지 않았을 때이다. 팔라는 이 비난에 대해 옆에 선 사람들이 들을 수 있는 어떠한 대답도 하지 않고, 속으로 중얼거리며 말을 돌려 집으로 돌아갔다. 시뇨리는 리날도와 그의 당이 무기를 들었고 자신들은 버림받았다는 사실을 알게되자 궁을 걸어잠갔으나, 계획도 없고 무엇을 해야 할지 알지도 못했다. 그러나 리날도는 오지 않은 군대를 기다리기 위해 광장에 늦게 도착함으로써 이길 수 있는 기회를 놓치고, 시뇨리에게[178] 스스로 준비할 수 있는 용기와 많은 시민들에게 가서 그들에게 무기를 내려놓기 위한 수단을 제시할 용기를 주었다. 덜 두려워했던 몇몇이 시뇨리를 대표하여 리날도에게 가서 시뇨리아는 그가 움직이는 이유를 전혀 모르겠고 그를 해하려고 꿈도 꾸지 않았다고 말했다. 그리고 코지모에 대해 약간 논의하긴 했지만, 그를 다시 데려

178) 알비치는 산타폴리나레 광장에서 가지각색의 많은 지지자와 군인이라는 수확을 얻었다.

오는 것은 생각도 하지 않았다고도 했다. 만약 그 이유로 리날도와 그의 친구들이 두려워했다면 그들은 안심해도 되며, 그들이 궁으로 오는 것에 만족한다면 대단히 환영받을 것이고, 모든 요구가 충족될 것이라고 말했다. 이 말이 리날도의 결심을 바꾸도록 만들지는 못했다. 그는 시뇨리의 직을 박탈함으로써 스스로를 안전하게 만들고 싶고, 그렇게 될 때 도시가 모든 사람의 이익을 위해 재조직될 것이라고 말했다. 그러나 권력이 동등하고 의견이 다른 곳에서는 항상 무엇이든 좀처럼 행복한 결말로 끝나지 않는다는 것은 사실이다. 리돌포 페루치는 시뇨리아를 위해 말한 시민들의 설득에 감동 받아서, 그로서는 코지모가 돌아오지 않는 것 말고는 아무것도 추구하지 않고, 그것에 동의한다면 그는 충분한 승리(assai vittoria)를 이루었다고 생각한다고 말했다. 그는 더 완벽한 승리를 위해 도시를 피로 채우고 싶지 않기에 시뇨리아에 복종하고자 한다고 말하고, 그의 추종자들과 함께 궁으로 들어가서 기쁘게 환영을 받았다. 결국 리날도의 산 풀리나리에서의 지체, 팔라의 용기 부족, 리돌포의 변심이 리날도에게서 작전의 승리를 박탈했고, 그를 추종한 시민들의 용기는 여기에서부터 식기 시작했다. 여기에 교황의 영향이 더해졌다.

32.[179]

교황 에우제니오[180]가 인민(popolo)에 의해 로마에서 쫓겨나 피렌체에 있었다. 이 소란을 보고 진정시키는 것이 자신의 의무라고 생각한 교황은 리날도의 좋은 친구이자 귀족인 조반니 비텔레스키(Giovanni

---

179) **교황 에우제니오 4세가 중재자 역할을 하다 1434.**

180) 에우제니오 4세는 1434년 6월에 로마를 버리고 피렌체로 갔다.

Vitelleschi)[181]를 보내 자신이 시뇨리에게 영향력이 부족하지 않고, 리날도에게 시민들에게 유혈사태와 피해 없이 안전과 만족을 보장할만한 충분한 신용이 있다고 생각한다며, 자신에게 오도록 간청했다. 그의 친구에게 설득당한 리날도는 자신의 무장한 모든 추종자들과 함께 교황이 살고있는 산타 마리아 노벨라로 갔다. 에우제니오는 리날도에게 시뇨리가 자신을 신뢰하고 있고, 시뇨리가 모든 의견 차이에도 그의 중재를 따르겠다고 했음을 알려주며, 그가 무기를 내려놓으면 모든 것이 최선이라고 생각한대로 해결될 것이라고 말했다. 리날도는 팔라의 냉담함과 리돌포 페루치의 불안정을 보고, 더 나은 계획이 달리 없어, 교황의 영향력이 확실히 그를 보존해줄 것이라고 기대하고 교황의 손에 자신을 맡겼다. 교황은 니콜로 바르바도로와 밖에서 그를 기다리고 있던 다른 사람들에게 리날도가 시뇨리와 협상하려고 그와 함께 남아있는 것이니 무기를 내려놓으라는 지시를 내렸다. 그 선포에 그들은 모두 마음을 정하고 무장을 해제했다.

33.[182]

시뇨리는 그들의 적이 비무장한 것을 보고 교황의 중재안에 협상하는 것을 늦추고, 비밀리에 피스토이아 산으로 사람을 보내 보병을 요청했다. 그들은 이 보병이 그들의 모든 군인들과 함께 밤에 피렌체로 오도록 했다. 그들이 도시의 요새를 점령하자 인민을 광장으로 소집하여 새로운 발리아[183]를 세웠다. 발리아가 모이자마자 코지모를 그와

181) 알레산드리아의 귀족으로 유명한 레카나티와 마체라타의 주교. 1437년에 주교로 지명됐다.

182) **리날도 델리 알비치가 패배하다, 코지모 데 메디치가 승리하고 귀환하다 1434.**

함께 추방된 사람들과 함께 도시에 귀환하도록 조처했다.[184] 발리아는 적의 당에서 리날도 델리 알비치, 리돌포 페루치, 니콜로 바르바도로, 팔라 스트로치를 다른 많은 시민들과 함께 추방했는데, 이들의 수가 많아서[185] 그들이 망명 가지 않은 도시가 전 이탈리아에 거의 없을 정도였고, 이탈리아 밖에도 망명자들로 가득찼다. 이 사건으로 피렌체는 능력 있는 사람들뿐만 아니라 부와 산업도 잃게 됐다. 교황은 그의 호언으로 무기를 내려놓은 사람들에게 닥친 파멸을 보고 매우 분노했다. 그는 자신의 맹세 아래 리날도에게 가해진 해를 한탄하고 행운은 변화무쌍하기에 그에게 인내하고 희망을 가지라고 격려했다. 리날도는 다음과 같이 대답했다. "저를 믿었어야만 하는 사람들이 저에게 가진 작은 믿음과 제가 교황 성하께 가졌던 너무 큰 믿음이 저와 저의 당을 망하게 만들었습니다. 저는 다른 누구보다 저 자신을 더 책망합니다. 당신의 도시에서 쫓겨나신 성하께서 저를 저의 도시에 지켜주실 수 있다고 믿었기 때문입니다. 행운의 속임수로 저는 많은 경험을 했습니다. 번영에 큰 신뢰를 두지 않듯이 역경도 저를 덜 괴롭힙니다. 행운의 여신이 기쁘면 저에게 더 우호적일 것이고, 그녀가 결코 그렇게 하지 않는다면 저는 법이 사람보다 강하지 않은 도시에서 사는 데 큰 가치를 두지 않을 것입니다. 참으로 바람직한 조국은, 한 사람의 고향으로서 자신의 재산과 친구들을 안전하게 유지할 수 있어야 하지만, 당신의 재산이 쉽게 박탈당하고 당신의 친구들은 자신의 재산을 지키고자 가장 절박한 상태에 있는 당신을 버리는 조국은 바람직하지 않습니다. 현명한 사람들과 선한 사람들에게는 항상 조국의 해악에 대해서 듣는 것이 목격하는 것보다 덜 괴롭고, 노예 시민이 되는

183) 포폴로는 9월 28일에 광장에 모여서, (12월 31일에 임기가 끝나는 발리아를 해산하고) 많은 권한이 주어진 새로운 발리아를 구성하라고 외쳤다.

184) 9월 29일 발리아의 첫 번째 행동이었다.

185) 10월과 11월 사이에 73명의 시민 전체가 추방됐다.

것보다 명예로운 망명자가 되는 것이 더 영광스럽다고 생각했습니다." 그러고서 엄청난 분노에 차 교황을 떠나 자신의 계획을 거부한 친구들의 나태함을 속으로 비난하면서 망명을 떠났다.[186] 한편 코지모는 자신이 복권됐다는 소식을 듣고 피렌체로 돌아왔다.[187] 승전을 거두고 개선한 어떤 사람도 그가 망명에서 돌아올 때와 같은 무수한 인파와 선의의 표현으로 환영받은 경우는 거의 없었다. 모든 사람이 그를 인민의 벗이자 조국의 아버지로 열렬하게 환영했다.

186) 알비치는 1434년 11월 13일 트라니에 감금됐다.
187) 1434년 10월 6일.

역자 해제[1)]

서양 근대 정치학(정치사상)의 선구자인 마키아벨리(1469-1527)는 역사가이기도 했다. 실제로 역사 관련 글을 적지 않게 썼을 뿐 아니라, 주요 저작에서 자신의 논지의 근거로 고대와 당대의 역사적 사례들을 풍부하게 인용하고 있다. 무엇보다 마키아벨리 자신이 스스로 정체성을 역사가로 규정하기도 했다.[2)]

마키아벨리의 역사 저술 중 가장 많이 알려진 것이 『군주론』과 함께 마키아벨리의 양대 저작 중 하나로 간주되는 『로마사 논고(Discorsi sopra la Prima Deca di Tito Livio)』(1517년)다. 로마 역사가 리비우스(Titus Livius, 기원전 59년~기원후 17년)의 『로마사(Ab urbe condita)』의 첫 10권에 주석을 다는 형식으로 쓰여진 『로마사 논고』는 공직 재진출을 위해서 어느 정도 본심을 감출 수밖에 없었던 『군주론』과는 달리, '공화주의자'로서 마키아벨리 자신의 평소 생각을 가감 없이 담은 책으로 알려져 있다. 하지만 『로마사 논고』는 타인이 쓴 역사서에 주석을 다는 방식으로 쓰여졌기 때문에 마키아벨리 자신의 본격적인 역사서라고 보기에는 한계가 있다.

마키아벨리의 역사에 대한 본격적인 생각을 알 수 있는 책이 바로

1) 역자 해제는 신철희(2012, 2015)를 기초로 작성했음.

2) 마키아벨리는 친구인 귀차르디니(Francesco Guicciardini)에게 1525년 말(정확한 날짜는 미상)에 보낸 편지 말미에, "역사가, 희극작가, 그리고 비극작가, 니콜로 마키아벨리"(Niccolo Machiavelii, istorico, comico e tragico)라고 서명을 했다(Machiavelli 2000, 568).

『피렌체사(Istorie Fiorentine)』(1525년)다. 양대 저작인 『군주론』이나 『로마사 논고』와 비교해서 그동안 관심을 덜 받았지만, 마키아벨리가 인생 황혼기에 쓴 『피렌체사』는 그의 저작들 중 가장 방대할 뿐만 아니라, 후기 르네상스를 살다간 한 천재의 정치와 역사 그리고 인간에 대한 통찰을 엿볼 수 있는 걸작이다. 그는 조국인 피렌체가 겪을 수밖에 없었던 전쟁과 변혁, 분열과 갈등, 승리와 실패의 역사를 그 기원부터 때로는 상세하게, 때로는 간략하면서 날카롭게 서술하고 있다.

하지만 『피렌체사』를 이해하는 데 어려운점이 있다. 『피렌체사』는 『군주론』이나 『로마사 논고』와는 달리 권(libro)과 장(capitolo)으로 구분되어 있을 뿐 소제목이 붙어 있는 것도 아니어서, 그동안 『피렌체사』를 어떻게 읽어야 할지에 대해 학자들 사이의 의견이 분분했다.[3] 최근에 국내외 학계에서 『피렌체사』에 대한 관심이 높아지고 전문 연구자들의 연구성과가 나오고 있는 것은 마키아벨리 연구자로서 매우 반가운 현상이 아닐 수 없다. 이런 상황에서 국내 독자들의 이해를 좀 더 돕기 위해 각주가 가장 풍부하게 달린 이탈리아어 판본을 번역해서 소개하는 것은 매우 큰 의미가 있다고 생각한다.

저술 배경

1512년 메디치 가문의 복귀로 공직에서 물러난 후 마키아벨리는 공직 복귀에 대한 희망의 끈을 놓지 않고 계속 노력했다. 메디치의 젊은 군주에게 『군주론』을 써서 바치기도 했고, 지인들을 통해 메디치 가문에 어필하기도 했다. 하지만 요지부동이었다. 1494년 프랑스 샤를 8세의 침략으로 메디치 가문이 실권한 후 설립된 공화정의 서기

3) 이러한 학계의 상황을 가리켜서 마키아벨리 연구의 대가였던 펠릭스 길버트(Felix Gilbert)는 "논쟁의 초점이 되는 이슈들을 추리는 것조차 힘들다"고 고백했었고(Gilbert 1977, 135–6), 40년이 훌쩍 지난 지금도 사정은 그다지 달라지지 않았다.

장을 지냈던 마키아벨리를 메디치 가문이 적대감과 의심을 품고 바라볼 수밖에 없었을 것이다. 또 마키아벨리의 실수도 있었다. 그는 망명생활 중이던 메디치 가문 사람들을 로마나 프랑스에서 마주치면 매우 냉랭하게 대했다고 한다(Ridolfi 2000, 286).

그러나 '지성이면 감천'이라고, 드디어 공직에 복귀할 수 있다는 희망을 품어도 될만한 일이 일어나게 된다. 1520년에 메디치 가문 출신인 교황 레오 10세로부터 『피렌체사』를 쓰라는 명령을 받은 것이다. 추기경 줄리오 데 메디치(Giulio de' Medici)가 자신의 사촌형인 레오 10세에게 마키아벨리를 추천한 것이다. 메디치 가문 지도자들의 의심이 드디어 풀린 것으로 보기에 충분한 사건이었다. 사실 『피렌체사』 주문 이전에 몇 가지 자잘한 일감을 던져줬었는데, 그것은 마키아벨리의 충성심을 시험해 보기 위한 사전작업이었던 것이다.

하지만 『피렌체사』 저술은 의미가 확실히 달랐다. 이전에 피렌체 역사를 썼던 위대한 선배들인 브루니(Leonardo Bruni)와 포조(Poggio Bracciolini)의 이름만 떠올리더라도 조국의 역사를 기록한다는 것은 피렌체 사람에게 대단한 영예로 여겨지고 있었다. 더군다나 브루니와 포조는 단순하게 피렌체 역사만 기록한 것이 아니라, 마키아벨리가 그렇게도 복귀하기 원하는 정부의 고위직(제1 서기국의 서기장)을 역임했던 공직자이기도 했다. 여러모로 조짐이 좋았다. 5년 만에 책을 완성한 마키아벨리는 자신을 추천한 추기경 줄리오(이때는 교황 클레멘스 7세가 되어 있었다)에게 헌정한다.

『피렌체사』를 헌정받은 클레멘스 7세는 만족해 하면서 처음에 약속한 것보다 두 배의 사례금을 줬다고 한다. 고진감래 끝에 마키아벨리의 오랜 바람이 거의 이뤄지기 직전이었다. 하지만 1527년 '금요일의 봉기'로 메디치 정권이 다시 붕괴하고 공화정이 복귀함으로써 모든 꿈이 한순간에 사라지고 만다. 마키아벨리와 메디치 가문은 악연이었나보다. 메디치 가문에 의해 공직을 잃었고, 이제 관계를 회복하니 메디치 가문이 실권해버렸다. 매우 낙심한 마키아벨리는 며칠 후 세상을 떠나고 만다.

책의 주제와 구성

마키아벨리는 서문(proemio)에서 『피렌체사』의 저술 의도를 분명하게 밝히고 있다. 그는 피렌체가 외국 군주 및 인민들과 벌인 전쟁을 주로 묘사했던 브루니와 포조와는 달리, 그들이 별로 주목하지 않았던 도시 내부의 분열과 갈등에 저술의 초점을 맞추겠다고 말한다. 그것들만큼 피렌체의 특징과 역량이 잘 드러난 소재가 없다고 보는 것이다. 마키아벨리는 『피렌체사』에서 피렌체가 파벌의 발생으로 이어지는 파괴적인 성격의 분열과 갈등을 겪게 된 원인이 무엇인지, 누가 가장 큰 책임이 있는지, 그리고 해결책이 무엇인지를 서술하고 있다.

『로마사 논고』에서도 상세하게 언급하고 있다시피(D I. 3–4),[4] 마키아벨리는 갈등 자체를 부정적으로 보지는 않는다. 그는 갈등에는 긍정적인 갈등과 부정적인 갈등이 존재하는데, 파벌의 발생 여부에 따라 양자를 나눌 수 있다고 주장한다. 즉, 파벌이 발생하지 않는 갈등은 좋은 갈등이고, 반대로 파벌의 발생으로 이어지는 갈등은 나쁜 갈등인 것이다. 그는 심지어 파벌이 발생하지 않는 시민들 사이의 다툼은 고대 로마 공화정의 경우처럼 오히려 도시가 발전할 수 있는 원동력이라고까지 말한다(D I. 4).

마키아벨리가 보기에 피렌체의 가장 큰 문제점은 파벌의 발생으로 공공성이 약화되고 국력이 쇠약해진 것이었다. 이러한 문제의 원인

---

4) 이 글에서 P와 숫자는 『군주론』의 장을, D와 알파벳 및 숫자는 『로마사 논고』의 권과 장을, IF와 알파벳 및 숫자는 『피렌체사』의 권과 장을 지칭한다. 그리고 D와 IF 다음에 나오는 pro는 서문(proemio)을 의미한다.

제공자로 마키아벨리는 다양한 주체들을 지목한다. 법과 공권력을 무시하는 귀족들과 분란을 일으키기 위해 태어난 듯이 서로 싸우는 귀족 가문들, 독점욕이 강해서 끊임없이 분열을 일으키는 중산계층(포폴로), 이익을 위해 때로는 과격하게 또 때로는 약삭빠르게 행동하는 평민들, 종교 본연의 역할보다는 세속권력에 탐닉하여 피렌체에 계속 외세를 끌어들이는 교회와 고위 성직자들. 그러나 특히 『피렌체사』의 후반부에서 마키아벨리는 피렌체를 실질적으로 통치하고 있었던 메디치 가문의 책임을 강조한다. 그들은 막강한 재산으로 만든 파벌을 이용해서 권력을 유지했으며, 실제는 군주처럼 피렌체를 지배했지만 공화정의 외양으로 치장하는 데 능숙했다. 또 평소에는 관대하고 겸손한 태도로 다른 시민들의 호감을 사고 경계심을 느슨하게 만들 줄도 알았다.

『피렌체사』는 1492년 위대한 로렌초 데 메디치의 죽음을 묘사하면서 끝이 나는데, 로렌초가 죽은 지 불과 2년 만에 피렌체는 그동안 겪어보지 못했던 참혹한 경험을 하게 된다. 피렌체는 프랑스의 샤를 8세(Charles VIII)의 군대 앞에 힘 한 번 써보지 못한 채 항복할 수밖에 없었고, 메디치 정부는 붕괴한다. 이후 피렌체는 예전의 힘과 명성을 회복하지 못하게 된다. 위와 같은 역사적 사실과 연결해 봤을 때, 『피렌체사』는 바로 메디치 가문 아래서 피렌체가 쇠퇴해 가는 과정을 묘사하고 그 원인을 규명하는 것이라고 말할 수 있다. "나는... 나의 조국을 영혼보다 더 사랑한다"[5]고 고백했던 마키아벨리에게 자신의 조국의 역사를 있는 그대로 드러내서 교훈을 얻는 것보다 더 큰 목표는 없었을 것이다.

5) "Io...amo la patria mia più dell' anima"(IF III. 7). 마키아벨리가 친구인 프란체스코 베토리(Francesco Vettori)에게 보낸 편지(1527년 4월 16일)에도 동일한 표현을 쓰고 있다(Machiavelli 2000, 629).

『피렌체사』는 총 8권으로 구성되어 있다. 『피렌체사』를 저술하는 데 있어서 마키아벨리가 가장 중요한 기준으로 삼는 것이 코지모가 망명으로부터 돌아오는 1434년이다. 1434년을 기준으로 전반부 1-4권과 후반부 5-8권이 나뉜다. 마키아벨리는 선배 역사가들인 부르니와 포조가 도시 외부에서 발생한 일들은 이미 상세하게 기술했으므로, 1434년까지는 도시 내부에서 발생하는 일들만 상세하게 묘사하고 외부에서 발생한 일들은 내부의 일을 아는 데 도움이 되는 경우만 말하겠다고 밝힌다. 그리고 1434년 이후를 다룬 후반부에서는 도시 내부와 외부의 일 모두를 상세하게 쓰고 있다. 그런데 마키아벨리는 『피렌체사』를 피렌체의 기원이 아니라 이탈리아의 기원부터 시작한다. 1권은 로마 제국의 쇠퇴 이후 1434년까지 이탈리아에서 발생한 모든 사건들에 대해서 간략하게 설명하고 있고, 2권은 피렌체의 시작부터 아테네 공작의 추방 이후 교황과의 전쟁까지를, 3권은 라디슬라오 왕이 죽은 1414년까지를, 4권은 1434년까지의 일들을 다룬다. 그리고 5권부터 8권까지는 1434년부터 1492년 로렌초의 죽음까지 피렌체 내부와 외부에서 발생한 일들을 상세하게 묘사하고 있다.

피렌체의 분열과 갈등

『피렌체사』의 핵심 주제인 시민들 사이의 분열과 갈등에 대한 마키아벨리의 문제의식은 이미 『로마사논고』에 잘 드러나 있다. 근대 정치사상사에서 마키아벨리의 기여로 인정받는 것 중의 하나가 바로 정치적 갈등의 긍정적인 효과에 대한 발견인데, 마키아벨리는 『로마사논고』 1권에서 귀족(patricii)과 민(plebs)의 불화가, 당시의 통념과는 다르게, 오히려 로마 공화정이 강성해지게 된 원동력이라고 주장한다(D I. 4). 반면에 『피렌체사』는 도시에서 발생하는 갈등의 부정적인 결과인 파벌에 대해서 자세하게 분석하고 있다.

마키아벨리가 『피렌체사』뿐 아니라 자신의 주요 저작들에서 파벌(당파, 분파)의 의미로 사용하는 단어는 'setta(sette)', 'fazione', 'parte' 등이다. 그의 주요 저작들에 나타나는 단어의 용법으로부터 유추하면, '파벌'은 개인이나 집단이 가지고 있는 권력이나 명예에 대한 욕구, 또는 상대방에 대한 적대감을 공적 수단이 아니라 재력이나 피호관계(patronage) 같은 사적 수단에 의존해서 해소하려고 할 때 발생하는 특수한 이익 집단을 의미한다고 볼 수 있다. 때에 따라서 계급(계층)을 '파벌'이라고 부르기도 한다. 그는 고대 로마의 경우처럼 보다 넓은 이익에 기반한 계급 간의 갈등은 긍정적으로 생각하지만, 다른 계급과 공존하려는 의지가 부족하거나 도시 전체의 이익보다는 자신들의 이익만을 추구할 때 그 계급(들)을 '파벌'이라고 부르기도 한다(IF III. 5). 다시 말하면, 파벌은 개인이나 집단, 더 나아가서 심지어 계급조차도 공공 이익(bene comune)보다는 특수 이익(bene particulare)에 집착할 때 발생하게 되는 것이다.

『피렌체사』 서문에서 마키아벨리는 피렌체의 분열과 로마나 아테네 같은 고대의 공화국들의 분열의 성격을 간단하게 비교하고 있다. 그는 고대 로마를 비롯한 다른 공화국들은 망할 때까지 민(popolo)과 귀족(grandi) 사이의 분열이 지속된 반면에, 피렌체는 이긴 세력이 끊임없이 둘로 분열을 해서 결국 귀족과 귀족, 귀족과 포폴로, 포폴로와 평민 사이의 분열이 연이어서 계속되었다고 말하고 있다(IF pro). 그런데 여기에서 주목할 점은 마키아벨리가 피렌체와 달리 귀족과 민의 분열이 끝까지 유지된 예로 언급하고 있는 공화국들은 모두 고대의 국가들이며, 피렌체와 동시대의 다른 국가들은 거론하지 않고 있다는 사실이다. 비록 명시적으로 언급하고 있지는 않지만, 마키아벨리는 고대의 경우와는 상이한 분열과 파벌의 근대적 성격을 염두에 두고 있는 것이다.[6] 따라서 피렌체의 분열과 파벌의 성격을 규명하기 위해서는 고대 국가들 중에서 마키아벨리가 가장 큰 관심을 둔 로마의 경우와 비교하는 것이 필요하다(Gilbert 1977, 149).

마키아벨리는 『피렌체사』 7권 1장에서 파벌 발생의 주요 원인을 개인의 명예(riputazione) 추구 방식에서 찾는다. 그는 개인이 명예를 추구하는 방식을 "공적인 방식"(vie publiche)과 "사적인 방식"(modi privati)으로 구분한다. 즉, 명예를 얻는 "공적인 방식"에는 "전투에서 승리하거나, 도시를 정복하거나, 조심스럽고 사려깊게 임무를 완수하거나, 공화국에 현명하고 큰 이익이 되는 조언을 하는 것" 등이 있고, "사적인 방식"에는 "이 시민 혹은 저 시민을 이롭게 하거나, 그를 행정관으로부터 보호하거나, 돈으로 돕거나, 그에게 상응하지 않은 명예를 주거나, 놀이와 공적인 선물로 인민에게 잘 보이려고 대접"하는 것 등이 있다. 그런데 마키아벨리는 전자를 택할 경우 도시에 도움이 되지만 후자의 경우 파벌이 발생할 수밖에 없다고 주장한다.

마키아벨리가 "인간이 추구하는 궁극적인 목표(fini)"[7] 중 하나로 간주하는 명예나 영광은 그의 정치학에서 매우 중요한 역할을 한다. 인간이 명예를 추구하는 것은 불멸성(immortality)에 대한 욕구 때문인데, 유한한 생명을 가지고 있는 인간이 불멸하기 위해서는 특별한 업적을 통해서 후세에 이름을 남기는 것이 최선의 방법이다. 마키아벨리는 기본적으로 악한 인간의 본성 중에서 명예를 향한 이 욕구를 이용하여 정치 공동체를 형성하고 유지하기 위한 희생과 협력을 이끌어내고자 한다(Zmora 2007, 449－50).

그런데 문제는 인간의 명예욕이 너무 강하기 때문에 "경멸할 만한

6) 데이비드 흄(David Hume)에 따르면 파벌에 대한 근대적 관점의 특징은 파벌(정파)을 인간 성향에서 비롯되는 불가피한 현상으로 인정했다는 점이다(Hume 2006, 55－59).

7) 마키아벨리는 『군주론』 25장에서 인간의 궁극적인 목표는 "영광과 부"(glorie e ricchezze)라고 말하고 있다(P 25).

일들”(cose vituperose)을 통해서라도 그것을 얻으려고 한다는 점이다(IF pro). 다시 말하면, 제재를 가하지 않을 경우 인간은 “사적인 방식”으로 명예를 얻는 것에 전혀 거리낌이 없으며, 결국 특정 개인이나 집단의 이익만 증진시키는 파벌을 발생시킴으로써 공동체 전체에는 해를 끼치게 된다. 따라서 마키아벨리의 관심사는 명예를 “사익”이 아니라 “공동선”의 관점에서 추구하도록 법과 제도를 통해서 유도함으로써 도시에 이익이 되도록 만드는 것에 있다(IF VII. 1). 마키아벨리는 개인의 명예 추구 방식을 도덕성의 문제라기보다는 제도(ordini)의 문제로 보는 것이다. 그렇기 때문에 마키아벨리는 상벌이 분명한 제도를 통해서 개인의 명예욕이 공공 이익과 부합하도록 만드는 방법을 고민했다.

포폴로와 '절반의 승리'

마키아벨리의 정치이론에서 가장 기본적인 갈등 양상은 민(popolo)과 귀족(nobili, grandi) 사이의 대립이다. 『피렌체사』 3권 1장에서 마키아벨리는 지배와 관련된 민과 귀족의 성향(umori)의 차이에서 발생하는 증오와 반목이 도시의 모든 악의 원인이 될 수 있다고 말한다(IF III. 1). 잘 알려져 있다시피, 마키아벨리는 『피렌체사』뿐 아니라 그의 다른 주요 저작들에서도 인간의 성향을 크게 두 가지, 즉 귀족의 지배하려는 성향과 민의 지배받지 않고 자유롭게 살려는 성향으로 구분하고 있다(IF II. 2, 12; P 9; D I. 5). 그러나 마키아벨리는 기본적으로 민과 귀족의 성향과 그것들 사이에 발생하는 갈등 자체에 대해서는 중립적인 입장을 취한다. 민과 귀족 사이의 갈등은 “우연한 사건들”(accidenti)에 따라서 도시를 확장시키는데 도움이 되기도 하고, 반대로 도시를 멸망시키는 원인이 될 수도 있기 때문이다(IF pro).

그런데 마키아벨리가 『피렌체사』 7권 1장에서 묘사하는 피렌체 시민들 사이의 분열과 증오의 결과는 파괴적이었다.

> 피렌체의 분열은 항상 파벌을 동반했으며 해로운 결과들이 뒤따랐다. 적대적인 파벌이 행동할 때를 제외하고는 승리한 파벌이 단결을 유지한 사례가 없다. 그러나 적대적인 반대파가 사라지면, 승리한 쪽은 자제해야 한다는 어떠한 부담이나 그것을 제어할 스스로의 원칙도 없이 곧바로 분열되었다(IF VII. 1).

피렌체에서는 외부의 적이 사라지거나 자체의 제어 시스템(ordini)이 잘 작동하지 않았을 때에는 항상 승리한 세력(sette)이 분열했다(IF pro, VII. 1). 다른 어떤 도시보다 피렌체에 파벌이 많았던 이유는 피렌체 시민들의 권력을 독점하려는 성향과 밀접한 관련이 있었던 것이다. 흔히 세력들 간의 갈등 관계에서 상대 세력을 완전히 몰아내고 권력을 독점했을 때 갈등이 사라지고 장기간의 평화가 가능한 것처럼 생각하기 쉽다. 그러나 마키아벨리는 인간 사회의 갈등문제에 있어서 두 가지 점을 강조한다. 하나는 인간이 모여서 사는 곳에는 갈등이 생길 수밖에 없다는 것이다. 또 다른 강조점은 적대 세력이 완전하게 제거되었을 때보다 오히려 남아있을 때 상대방에 대한 두려움 때문에 자기 진영의 단결과 절제를 낳고, 나가서 도시 전체에도 이익이 된다는 것이다.

하지만 피렌체 시민들은 세력들 사이의 대결에서 상대방을 완벽하게 굴복시키고 모든 것을 독차지하려는 "궁극적인 승리"(ultima vittoria)(IF II. 32)를 추구했다. 그 결과는 평화가 아니라 오히려 끊임없는 분열과 갈등이었고, 자연스럽게 국력의 약화가 뒤따랐다(IF pro). 마키아벨리는 피렌체가 이러한 지속되는 질곡에서 벗어나려면 싸워서 승리하더라도 적절한 선에서 멈추고 상대방과 공존하는 "절반의 승리"

(mezzana vittoria)(IF III. 25, IV. 14)에 만족해야 한다고 권고한다. 완전한 승리, 궁극적인 승리가 아니라 절반의 승리에 만족할 때 고대 로마와 같은 영광을 얻을 수 있다는 것이 마키아벨리가 하고 싶은 말인 것이다(김경희 2023).

그런데 마키아벨리는 민과 귀족 사이의 갈등이 악을 낳는 경우, 다시 말하면, 파벌이 발생할 때 여기에서 주도적인 역할을 하는 쪽은 귀족보다는 민, 그중에서 중간계층인 포폴로(popolo)라고 본다. 그는 로마와 피렌체에서 분열과 갈등으로 인한 결과가 다르게 나타난 것은 두 도시의 민이 가지고 있는 "상이한 목적" 때문이라고 말한다.

> 로마 초기에 평민과 귀족 사이의 적대감은 논쟁으로 해결됐지만, 피렌체에서는 전투로 해결되었다. 로마에서 평민과 귀족 사이의 증오는 법의 제정으로 귀결됐지만, 피렌체에서는 많은 시민들의 망명과 죽음으로 끝이 났다. 평민과 귀족 사이의 적대감이 언제나 로마에서는 군사적 역량을 강화시켰지만, 피렌체에서는 완전히 그것을 말살시켜버렸다. 평민과 귀족 사이의 증오가 로마에서는 도시의 시민들 사이의 평등을 매우 큰 불평등으로 바꾸었지만, 피렌체에서는 불평등에서 놀라운 평등으로 옮겼다. 이런 상이한 결과는 로마와 피렌체의 민이 가지고 있는 상이한 목적(diversi fini)에서 비롯됐을 것이다. 로마의 민은 귀족과 함께 최고의 명예를 누리고자 했던 반면, 피렌체의 민은 귀족의 참여 없이 정부를 독점하고자 했다(IF III. 1).

고대 로마의 민은 귀족과 명예를 나누려고 했지만, 피렌체의 민은 귀족을 배제하고 권력을 독점하려고 했다. 또한 로마의 민은 귀족의 '지배하려는 성향'을 존중해 주고, 비록 그들과 싸워서 승리했더라도 철저한 말살을 추구하지 않고 정부 운영에 참여시킨 반면에, 피렌체의 민은 귀족을 철저하게 배제하고 권력을 독점했다. 그 결과 피렌체 귀족이 가지고 있었던 “군대”와 “관대함”이 사라지게 된 것이다. 비록 피렌체의 귀족이 다른 시민들에게 오만하게 대하고 불평등을 야기하기도 했지만, 그들의 군사적 능력과 관대한 성격은 피렌체의 존립에 없어서는 안되는 요소였다. 더군다나 귀족이 가지고 있었던 이런 미덕들이 도시를 장악한 포폴로에게는 전해지지 않았다(IF II. 42).

그렇다면 피렌체의 민, 그중에서 포폴로는 어떤 사람들이며, 그리고 고대 로마의 민과 달리 강한 독점욕을 가지게 된 원인은 무엇일까? 라틴어 단어 ‘populus’로부터 파생된 ‘popolo’는 13세기경 이탈리아의 도시국가들 안에서 처음으로 생겨난 고유한 계급(계층)으로서(Najemy 2008, 2–3), 마키아벨리가 살았던 시대의 모습과 그의 민에 대한 시각의 독특성을 가장 잘 드러내주는 개념이다. ‘popolo’는 그리스 도시국가의 ‘demos’나 고대 로마의 ‘populus’처럼, ‘도시 전체의 시민’과 그중 다수를 차지하는 ‘일반 평민’이라는 이중의 의미를 가지고 있었다.

길드에 기반한 중산계급인 포폴로가 피렌체의 지배 세력으로 등장하게 된 것은 13세기 중반 봉건토지귀족(magnati)과의 대결에서 승리함으로써 가능했다. 이때 피렌체가 생긴 이후 최초로 상공시민의 길드 연합체가 중심이 된 정부(‘il primo popolo’)가 수립되었다(1250–60년). 또한 1293년 ‘정의의 법령’(Ordinamenti della giustizia)[8]을 계기로 봉

8) ‘정의의 법령’은 피렌체 역사상 가장 중요한 문서로서 다음의 두 가지 중요한 내용을 담고 있다. 첫째, 길드 사이에 공식적인 연합을 구성하고 이들의 손에 피렌체의 행정을 맡긴다. 둘째, 반귀족법(anti–magnate legislation)을 명문화해서 도시의 140개 귀족가문이 비귀족(non–magnates)에 대해 죄를 범했을 경우 더 가혹한 처벌을 담보한다(Najemy 2008, 82–3). 나제미에 따르면 ‘정의의 법령’은 귀족들 사이의 갈등 자체를 방지하기 위한 것이 아니라 비엘리트 시민에 대한 엘리트 파당의 영향력을 약화시키기 위한 것이었다. 귀족들 사이에 분쟁이 일어나면 귀족들과 후원자–피후원자의 관계에 있는 비귀족들이 거기에 말려들 수밖에 없으며, 희생을 당하는 쪽도 대개 비귀족들이었다. 즉 귀족들과 비귀족들 사이의 관계를 단절시켜서 귀족들 사이의 다툼이 도시 전체에 확산되는 것을 방지하려는 의도를 가지고 있었다(Ibid., 85).

건귀족은 특권을 상실하고 정부의 고위관직으로부터 배제되었다(IF II. 13; 박영철 1996, 578). 마키아벨리의 기술에 의하면 이들이 다시 관직을 얻기 위해서는 포폴로의 신분으로서만 가능했고 또 포폴로처럼 생각하고 행동해야만 했다(IF III. 1). 고대 로마에서는 부유한 평민이 귀족에 편입되기 위해 노력했지만, 피렌체에서는 오히려 귀족이 생존을 위해서 포폴로를 따라해했다는 것은 변화된 시대상을 잘 보여준다.

『피렌체사』에서 묘사되는 민은 『군주론』이나 『로마사논고』에서보다 더 주도적인 정치적 역할을 하는 것으로 묘사된다. 특히 『군주론』에서는 민이 통치자의 관점에서 건국을 하거나 세워진 국가를 유지하는데 필요한 지지세력, 인적기반으로서 주로 거론되지만, 『피렌체사』에서는 귀족과의 싸움에서 이기고 공화국을 주도한 "상업으로 길러진" 민, 즉 포폴로의 역할이 부각된다(IF I. 39). 피렌체를 군주처럼 지배한 메디치 가문도 바로 포폴로 출신이었다.

귀족과 민(포폴로)의 투쟁에서 민이 승리했다는 것은 아테네나 로마와 같은 고대의 사례들과 다른 피렌체의 특징이었다. 그러나 피렌체의 포폴로는 귀족의 위신을 세워주고 공존을 도모했던 고대 로마의 민(plebs)과 달리 귀족들과 영예를 공유하기를 거부했다. 또한 거기에서 그치지 않고 평민들(plebe)과 갈등을 일으켰으며(IF II. 42, III. 1), 평민들과의 관계에서도 그들의 권리를 인정하지 않고 권력과 이익을 독점하려고 했다. 즉, 피렌체의 포폴로는 파벌의 특성을 강하게 띠고 있었던 것이다.[9]

피렌체에서 포폴로와 평민의 새로운 분열의 원인은 지배 성향에 있어서 민 내부의 분화와 관련이 있다. 마키아벨리는 기본적으로 귀족

9) 같은 중간계급이라 하더라도 이러한 현상이 나타난 이유는 포폴로만의 역사적 특성, 즉 자본주의의 발전과 밀접한 관련이 있다. 다시 말하면, 마키아벨리의 『피렌체사』는 중세 말, 근대 초에 새롭게 등장하는 부르주아 계급의 속성을 잘 보여주고 있다.

과 민이라는 계급의 차이에 따라서 지배에 대한 욕구가 다른 것으로 구분하지만, 사실 민 가운데도 지배욕이 충만한 사람들이 존재했다. 다시 말하면, 객관적으로 계급은 민에 속하지만 자신들의 위치에 만족하지 못하는 군주의 지배성향을 가진 중간층이 존재했고, 이들이 귀족과의 대결에서 승리한 후 자신들보다 약한 민(plebe 또는 popolo minuto)과의 대립을 주도했던 것이다. 고대 로마의 경우 지배성향이 있는 민은 귀족과 평민 사이를 중재하다가 귀족에 편입되어서 '신귀족(conscripti)'이 되었고, 결과적으로 귀족과 평민의 대립이 지속될 수 있었다. 반면에 피렌체의 경우 중간층(popolo)은 귀족과 평민을 중재하는데 그치지 않고 귀족을 배제하고 평민을 제압함으로써 권력을 독점하려고 했으며, 이것은 역설적으로 도시가 지속적으로 분열과 갈등에 빠지는 원인이 되었다.

인민형성의 정치

마키아벨리의 진정한 문제의식은 분파와 당파가 발생하는 근대 정치사회의 현실 속에서 어떻게 시민들 사이의 일치를 달성하고 정치를 가능하게 만들지에 있었다. 마키아벨리는 분열을 이용하려는 통치자는 허약하며, "무력과 개인적 능력으로 국가를 유지할 수 없을 때, 통치자는 그러한 책략에 호소"한다고 말한다(D III. 27). 단합과 일치의 강조가 통치자에 의해서 불만 세력을 탄압하기 위한 구실로 사용될 수 있음에도 불구하고 중요한 정치적 과제가 되는 이유 중 하나는, 분열은 공동체의 성립 자체를 어렵게 만들기 때문이다.

『피렌체사』에서 마키아벨리는 도시의 단합이 시민들과 도시의 자유, 그리고 강성함의 원동력임을 계속해서 강조한다(IF III. 35). 그는 도시가 분열되었을 때 루카(Lucca)의 카스트루초(Castruccio Castracani)나 아네테 공작에게 도시의 자유를 상실했지만, 단합했을 때는 밀라노의 주교나 교황도 어찌할 수 없을 정도로 강했다고 말한다(IF III. 11). 그리고 피렌체가 "잦은 새로운 분열"(le spesse e nuove divisione)이 없었더라면 강대함에 이르렀을 것(IF II. 6)이며, "도시의 단결이 계속 유지되고 오래 묵은 당파 싸움(umori)이 재점화되지 않았다면 … 더 큰 일을 할 수 있었을 것이다"(IF III. 29)라고 강조하기도 한다. 다시 말하면, 『피렌체사』에서 반복적으로 강조되는 것은 일치와 단결(III. 29, 35, IV. 11)이며, 이것은 도시의 자유를 지키고 큰일을 이루기 위한 전제조건인 것이다.

마키아벨리가 고민한 시민들의 단합과 일치의 달성은, 달리 말하면, 피렌체 정치체제의 인적 기초가 되는 인민(people)을 형성한다는 의미다. 주권을 지닌 정치 공동체의 구성원으로서 '국민'(nation)이 근대국가 안에서의 초월적이고 법적인 측면을 강조하고, '다중'·'군중'·'대중' 등이 정치 공동체가 형성되기 이전이나 이후의 민의 원초성이나 일시성을 강조하는 데 반해서, '인민'은 '다중'·'군중'·'대중'보다는 초월적이고 일치를 지향하지만, '국민'보다는 그 내부에서의 역동성이 강조된다(Ackerman 1998, 187). 공동체의 단합과 발전을 저해하는 파벌을 극복하고 국가(도시)의 구성원으로서 인민을 형성하는 것은 정치의 핵심과제다. 서양 정치사상사의 중심 주제 중 하나가 바로 '인민형성' (people-building)의 필요성과 그 조건에 관한 것이라고 말할 수 있다. 아리스토텔레스 이후 정치사상사가들은 진정한 국가를 건설하기 위해서는 사람들의 단순한 집합인 다중(multitudo)을 공통의 목적의식을 가진 인민(populus)으로 전환하는 것이 핵심적인 정치적 과제라고 보았다(신철희 2009, 181-9).

라틴어에서 시작된 '인민'이라는 단어의 발전 과정도 '인민형성'을 둘러싼 갈등과 역동성을 잘 보여준다. 즉, '인민'에는 정치 공동체 구성원 사이의 일치와 단합이라는 목표와 세력들 간의 갈등과 투쟁이라는 현실이 동시에 담겨 있는 것이다. 모밀리아노(Arnold Momigliano)에 따르면, '보병'(infantry)을 의미했던 'populus'는 군대와 밀접한 관련이 있었다.[10] 대부분의 고대 도시국가들과 마찬가지로 로마에서도 팔랑크스(phalanx)나 군단(legion)에서의 군역은 일정한 재산을 가진 계급에 한정되었기 때문에 초기에는 기본적으로 민(plebs)은 군단('포풀루스')에서 제외되었다(Momigliano 1986, 183-4). 따라서 세르비우스의 군대개혁[11] 이후 200여 년간의 '신분투쟁'(The Conflicts of Orders)의 역사는 바로 '군대'(포풀루스)에서 제외되었던 민이 '포풀루스'로 편입되는 과정이었으며, 동시에 그들이 공동체에 대한 자신들의 기여만큼 정치적 권리를 획득해 가는 투쟁이기도 했다.[12] '인민' 개념의 기원은 '인민'이 단일성과 초월성을 상징하면서, 동시에 그 안에 민 사이의 갈등과 타

10) 라틴어로 된 가장 오래된 문헌 중 하나인 Carmen Saliare에 'populus'를 'pilumnus', 즉 보병의 무기인 '창'(pilum)을 들고 있는 것으로 묘사하고 있고, 동사 'populor'는 군대용어로서 '초토화시키다'(to lay waste)라는 의미를 가지고 있었다. 독재관(dictator)의 별칭은 '보병의 사령관'(magister populi)이었고, 그의 부관(deputy)은 '기병의 사령관'(magister equitum)이라고 불렸다(Momigliano 1986, 184).

11) 세르비우스(Servius Tullius) 왕이 6세기 중반에 '중무장 보병 혁명'(hoplite revolution)을 일으켜서 시민을 재산에 따라 6개의 계급으로, 이것을 다시 100명 단위(centuria)로 나누었다. 지킬 것이 많은 사람이 더 무거운 부담을 지도록 하기 위함이었다. 마지막 여섯 번째 계급은 나중에 노병(oarsmen)으로 복무하기도 했지만 원칙적으로 군역에서 제외되었다. 'centuria'는 공공생활에서는 민회 중의 하나인 백인대회(comitia centuriata)를 구성했다. 그리고 말을 살 여유가 있는 기사계급(equestrians)은 기병으로 활약했다(Rodgers 2003, 32; Havell 2003, 44).

12) 라틴어 'populus'의 그리스 기원이라고 할 수 있는 'demos'나 '포풀루스'(populus)에서 파생되어 나온 단어들인 이탈리아어 'popolo', 영어 'people'은 어느 정도 경멸의 의미를 담고 있다. 그리고 귀족 계급은 자신들이 '데모스'나 '포폴로', '피플' 등으로 불리는 것을 원하지 않았다. 그러나 귀족들을 포함한 모든 로마인들은 '포풀루스'를 조금도 경멸적인 호칭으로 여기지 않았다. 오히려 자신들이 '로마 인민'(populus Romanus)임을 자랑스럽게 여겼다. 실제로는 비록 소수의 원로원 귀족들이 권력을 독점하고 있었지만, 이념상으로는 로마 인민 전체가 로마를 다스린다는 믿음을 가지고 있었다.

협, 그리고 정치의 역동성이 내재되어 있다는 사실을 잘 보여준다. 그러나 이론은 현실에 항상 뒤처지는 것이어서, 정치사상사에서 '인민' 내부의 갈등과 역동성에 본격적으로 주목하기 시작한 것은 마키아벨리에 이르러서라고 볼 수 있다. 마키아벨리 이전의 전통적인 '인민형성' 논의는 '인민'의 공통성과 단합에 초점을 맞추고 있었던 것이다.

마키아벨리가 '인민형성'이라는 표현을 구체적으로 사용하지는 않았지만, 다중(moltitudine; universale; vulgo)[13]의 인민(popolo; populo)으로의 전환에 대한 생각을 그의 정치이론에서도 찾아볼 수 있다(Fontana 1993). 마키아벨리는 '다중'을 '인민'과 거의 같은 의미로 사용하기도 하지만, '인민'이 되기 이전의 민이나 '인민'이라고 불릴 수 없는 상태에 있는 민을 지칭하는 데 사용하는 경우도 많다. 후자의 경우 다중은 정치체제를 구성하는 중요한 인적 재료지만 그 자체로는 방향성과 주체성이 부족한 민의 존재 양식인 것이다(D I. 55). 마키아벨리는 지도자가 없이 무력하거나 법의 규제를 벗어났을 때의 민의 양태인 다중이 지도자를 갖게 되고 법의 규제 안에서 도시의 통치에 참여할 때 인민이 되는 것으로 묘사한다(D I. 44, 54, 58). 홉스는 자연상태의 다중이 정치공동체를 형성한 이후에는 정치로부터 배제되는 것으로 가정하지만(Hobbes 1998, 137), 자연상태를 가정하지 않는 마키아벨리는 다중은 도시(국가) 안에 늘 존재하면서 정치와 역사의 조건에 따라 인민이 되거나, 또 역으로 인민이 다중이 되기도 하는 것으로 본다. 마키아벨리의 '인민형성'에 대한 시각은 전통적 논의나 홉스 등의 사회계약론자들의 주장과는 달리 인민 내부의 갈등을 인정함으로써 보다 역

13) 파벌은 다중(multitude)과는 성격이 다르다. '인민형성'과 관련됐을 경우, 다중이 구심점이 없는 개인들의 집합체로서의 민이나 법의 테두리를 벗어난 군중, 폭도로서의 민을 지칭한다면, 파벌은 형성된 인민 안에 존재하는 사적 이익, 특수 이익을 중심으로 뭉친 소집단을 의미한다. 또한 민을 가르는 중요한 기준인 계급과도 다르다.

동적으로 정치를 볼 수 있는 길을 열어주었다는 특징을 가지고 있다.

『피렌체사』에서 가장 중요한 사건 중 하나로 다뤄지고 있는 치옴피의 난(Tumulto dei Ciompi)도 다양한 세력의 공존이 인민형성의 핵심임을 잘 보여준다. 피렌체는 도시가 길드 조직에 따라 구성되었기 때문에 길드의 영향력이 막강했으며, 길드 연합체에서 결정한 것이 곧 도시 전체의 의사로 여겨질 정도로 길드와 도시 전체의 관계는 밀접했다.[14] 그러나 소포폴로(popolo minuto)와 최하층민(infima plebe)이 종사하는 많은 직업들이 자체의 길드를 구성할 수 있는 권리를 인정받지 못하고 직업의 특성에 따라 기존의 길드에 소속되어서 규제를 받아야 했다. 그렇기 때문에 그들은 열악한 작업 환경에 내몰리거나 임금을 제대로 받지 못하는 경우도 많았다. 이런 상황에서 양모 길드에 소속된 노동자들이 주축이 되어 1378년에 일으킨 것이 치옴피의 난이다.

마키아벨리는 『피렌체사』에서 치옴피의 난을 일으킨 하층민들이 이후에 보인 과격함에 대해서 비판적인 시각을 드러내고 있지만, 사실 난을 일으킨 하층민들의 요구가 처음부터 그렇게 과도한 것이 아니었다. 그들은 자신들도 길드를 구성해서 정당한 노동의 대가와 진정한 피렌체 시민으로서의 대우를 인정받는 것을 원했던 것이다. 그러나 길드 연합체를 장악하고 있었던 포폴로는 이러한 하층민들의 요구를 거부하고 권리와 이익을 독점하려고 했으며, 그래서 우모리가 충족되지 못한 하층민들이 치옴피의 난을 일으키게 되었다. 치옴피의 난은 마키아벨리가 『피렌체사』 서문에서 언급한 분열의 종류 중에서 포폴로와 평민이 대결한 대표적인 사건이었는데, 이 사건 이후에 피렌체는 급격하게 쇠퇴의 길을 걷게 된다.

---

14) 처음에 12개의 길드로 시작했으나, 곧 대길드 7개와 소길드 14개, 총 21개의 길드가 존재했다(IF III. 12).

포폴로는 다른 계층 및 세력들과 공존하지 못하고 권력과 부를 독점하려고 함으로써 오히려 자신들의 지지 기반을 약화시키는 우를 범했다. 포폴로의 비관용 정책, 다시 말하면, '인민형성'의 실패는 귀족의 미덕을 도시에서 소멸시켜 버렸고, 소외된 평민으로 하여금 메디치 가문을 돕도록 만들었다. 포폴로의 평민 배제 정책이 오히려 메디치 가문에 의한 독재의 길을 넓혀주었던 것이다(Najemy 1979, 64-7). 마키아벨리는 다양한 세력의 욕구(umori)의 만족과 상호 공존이 도시의 건강함과 강성함의 기초가 된다고 생각한다. 이것이 불가능할 때 도시가 부패하고 파벌이 발생하게 되는 것이다. 마키아벨리가 대평의회(Consiglio Maggiore)의 재개원을 주장한 것은 바로 피렌체의 대다수 시민들이 정치에 참여할 때만 파벌의 발생을 막고 진정한 의미의 인민형성을 할 수 있기 때문이다.

메디치 가문

마키아벨리가 막상 『피렌체사』를 쓰기 시작했을 때 결코 쉽지 않은 난관에 부딪치게 된다. 『피렌체사』 저술은 절호의 기회였지만, 거기에는 매우 곤란한 요소도 개입되어 있었기 때문이다. 마키아벨리로 하여금 『피렌체사』를 쓰게 했을 뿐 아니라 그의 공직 복귀 여부의 결정권을 쥐고 있는 메디치 가문의 인물들을 어떻게 묘사하고 평가해야 하는가의 문제였다. 그는 역사가로서의 양심과 공직 복귀라는 절실한 인생의 목표 사이에서 갈등했을 것이다. 마키아벨리는 자신이 맡은 작업이 잘못했다가는 큰 낭패를 볼 수도 있는 매우 민감한 성격의 일인 것을 너무나 잘 알고 있었다. 『피렌체사』의 헌정사를 보면, 교황 클레멘스 7세가 마키아벨리에게 '아첨하지 말고 솔직하게 쓰라'고 지시했던 것 같다. 그러나 마키아벨리가 교황의 말을 있는 그대로 받아들이기는 쉽지 않았을 것이다. 그래서 그는 헌정사에 "아첨"(adulazione) 또는 "아첨꾼"(adulatore)이라는 단어를 여러 번 사용해서 교황 자신이 한 말을 상기시키고, 그럼으로써 혹시 메디치 가문 사람들에 대한 비판이 야기할 지 모르는 위험을 사전에 차단하려고 한다.

메디치 가문을 노골적으로 비판할 수도 없고, 그렇다고 메디치 가문의 책임을 거론하지 않고 넘어갈 수도 없는, 이런 진퇴양난의 상황에서 고심 끝에 마키아벨리가 찾아낸 해결책은 책에 등장하는 인물들의 입을 통해서 말하는 것이었다. 이 당시 마키아벨리의 심정을 『피렌체사』를 쓰는 과정에 도움을 많이 주었던 절친한 친구인 도나토 잔노티(Donato Giannotti)에게 보낸 편지에서 찾아볼 수 있다.

> 도나토, 난 결코 코지모가 권력을 장악한 그때부터 로렌초 사후까지의 역사를 내가 모든 짐에서 벗어난 상태에서처럼 쓸 수는 없어. 물론 그들의 행위 자체는 무엇이든 배제하지 않고 그대로 쓸 것이네. 다만 사건의 전반적인 원인들을 논하지 않으려 할 뿐이야. 그래서 나는 코지모가 정권을 잡았을 때 일어난 일들을 기술하되, 그가 어떤 방법과 수단을 사용하여 그 높은 곳에 다다르게 되었는지는 말하지 않으려 하네. 이에 대해 알고 싶은 사람은 내가 그의 적을 통해 하는 말을 눈여겨 보아야만 할 걸세. 난 내가 직접 말하기보다는 그의 적의 입을 빌려 말하게 할 것이기 때문이지(Ridolfi 2000, 319-20).

하지만 주의력이 조금만 있는 사람이라면 『피렌체사』에 등장하는 인물들이 하는 말이 곧 마키아벨리 자신의 생각임을 알 수 있었다. 마키아벨리는 메디치 가문에게 자신의 생각을 완전히 숨기지 않았던 것이다.

피렌체의 전성기와 쇠퇴기의 중심에 있었던 메디치 가문에 대한 마키아벨리의 평가는 긍정과 부정 사이에서 나름대로 균형을 유지하려고 애쓴 것처럼 보인다. 마키아벨리는 코지모와 로렌초의 조상인 살베스트로(Salvestro), 베리(Veri), 조반니(Giovanni)는 정치적으로 온건했고 공적 테두리 안에서 지도력을 발휘했던 훌륭한 시민이었다고 매우 긍정적으로 평가한다(IF III. 18, 21, 25, IV 14, 16; Jurdjevic 2014, 152). 그러나 『피렌체사』에서 가장 비중 있게 거론되는 인물들인 코지모와 로렌초에 대해서는 부정적인 평가 쪽으로 기울었다. 국부(pater patriae)로 추앙받는 코지모와 피렌체의 전성기를 이끌었던 '위대한' 로렌초(Lorenzo il Magnifico)를 평가하면서 마키아벨리는 피렌체의 부패와 쇠퇴에 이들의 책임이 매우 크다고 지적한다.[15)]

코지모(Cosimo de' Medici, 1389-1464)는 메디치 가문을 피렌체의 실질적인 지배자로 만든 장본인이다. 더군다나 마키아벨리는 코지모가 망명에서 돌아와서 피렌체의 권력을 장악하는 1434년을 『피렌체사』 서술의 중요한 기준점으로 삼고 있다. 코지모는 여러 가지 면에서 뛰어난 인물이었다. 그는 피렌체와 다른 모든 도시가 기억하고 있는, "비무장한 사람"(uomo disarmato)으로서는 "가장 명망이 있는 시민"이었고, "권위"(autorità)와 "부"(ricchezze)에서뿐만 아니라 "관대함"(liberalità)과 "사려깊음"(prudenzia)에서도 당대의 모든 사람을 능가했다(IF VII. 5).

하지만 마키아벨리는 코지모를 칭송하기만 하는 것이 아니라 그의 문제점과 잘못도 동시에 지적하고 있다. 마키아벨리가 보기에는, 위에서 언급한 코지모가 가지고 있는 미덕과 능력 중에서 그를 조국의 "군주"로 만들어 준 것은 무엇보다 부에 기반한 그의 "관대하고 당당

15) 마키아벨리의 『피렌체사』 서술에는 메디치 가문의 눈에 들어 공직에 복귀하고자 하는 현실적인 소망보다 더 큰 목표가 있었다. 그것은 바로 자신의 조국인 피렌체의 정치현실을 개혁하는 데 실제적인 도움이 되는 교훈을 제공하는 것이었다(Cabrini 2010, 132). 이런 목표 앞에서 그렇게 염원하던 공직 복귀는 사실 부차적인 목적이거나 그것을 달성하기 위한 수단에 불과했던 것이다.

한"(liberale e magnifico) 성격이었다. 그런데 마키아벨리는 재산을 활용해서 사적인 방법으로 영향력을 확대하는 것은 공공의 이익에 해가 된다고 생각한다. 마키아벨리가 생각하는 인간이 가지고 있는 가장 강력한 욕망은 바로 "부와 영광"(ricchezze e glorie)이다. 그런데 인간이 영광(명예)을 얻기 위해 선택하는 방식에는 앞에서 이야기한 대로 "공적인 방식"(vie publiche)과 "사적인 방식"(modi privati)이 있는데, 시민이 사적인 방식으로 명예를 추구할 때 도시에 해로운 파벌이 발생한다고 보는 것이다(IF VII. 1).

코지모는 자신의 명예를 얻기 위해서 사적인 방법을 사용하는데 거리낌이 없는 사람이었다(IF IV. 27). 물론 코지모는 공적인 방식을 사용하기도 했다. 그는 군사 업무에는 문외한인 "비무장한 사람"이었지만 정치와 외교 문제에 있어서는 당대의 어느 누구보다도 뛰어난 능력을 보였다. 하지만 오직 공적인 방식으로만 영광을 추구했던 장군인 네리 카포니(Neri Capponi)와는 대조적이었다. 결과적으로 네리는 지지자(amici)는 많지만 열성 당원(partigiani)은 적은 반면, 코지모는 지지자와 열성 당원이 모두 많았다(IF VII. 2). 재산과 사적인 방법으로 모은 파벌의 힘을 가지고 코지모는 피렌체를 군주와 다름없이 통치할 수 있었던 것이다.

따라서 앞서 마키아벨리가 코지모를 칭송하기 위해 거론했던 미덕들도 사실은 사적인 방식으로 명예를 얻고 자신의 파벌을 확보하는데 주로 사용되었던 것이다. "내부의 분열은 피렌체에서 항상 그의 권력 상승을 가져왔고"(IF VII. 5)라는 마키아벨리의 표현은 코지모 개인의 영광과 피렌체의 공익 사이에 불일치가 있었다는 것을 상징적으로 보여준다. 그래서 그의 적들은 —메디치 가문의 인물들에 대한 진정한 평가는 "적의 입을 빌려 할 것"이라는 마키아벨리의 언급을 떠올려보라— 코지모를 "저승보다 이승을, 조국보다 자신을 더 사랑하는 사람"이라고 비난했던 것이다(IF VII. 6).

『피렌체사』 8권은 코지모의 손자 로렌초가 피렌체의 권력을 장악하는 과정을 보여준다. 그가 어떻게 파치 가문(i Pazzi)의 암삼 음모로부터 살아남아서 피렌체를 "통치"(IF VIII. 10)하게 되고, 그가 죽자 어떻게 피렌체가 다시 어려움에 빠지게 되었는지를 서술하고 있다. 그리고 로렌초가 어떤 사람이었는지를 묘사한 후 『피렌체사』 전체가 끝이 난다.

로렌초가 피렌체의 실권을 장악하게 된 원동력은 자신의 조부인 코지모와 다르지 않았다. 로렌초는 파치 가문의 공격으로 자신의 동생인 줄리아노(Giuliano)가 죽은 다음 피렌체의 유력자들 앞에서 행한 연설에서, 메디치 가문은 "모든 사람을 능가하는 자비, 관대함, 혜택"을 베풀어서 명예가 높아졌다고 고백하고 있다(IF VIII. 10). 로렌초는 파벌을 발생시키는 사적인 수단을 활용해서 자신의 명예를 추구했던 것이다. 그리고 "우리 가문이 이 공화국을 통치"(reggere la mia casa questa republica)하고 있다는 로렌초의 표현은 그가 자신과 자신의 가문이 피렌체에서 차지하고 있는 위상을 어떻게 인식하고 있었는지를 잘 보여준다(IF VIII. 10).

로렌초를 비롯한 메디치 가문이 그들의 재산과 사적 수단으로 피렌체 시민들을 부패시킨 결과는 파치 가문의 암살 사건에서 잘 드러난다. 줄리아노는 살해했지만 로렌초를 죽이지 못해서 어려움에 빠지자, 주동자였던 프란체스코 데 파치(Francesco de' Pazzi)와 베르나르도 반디니(Bernardo Bandini)가 파치 가문의 지도자이자 미온적인 가담자인 야코포(Jacopo de' Pazzi)에게 도움을 청한다. 그래서 야코포가 말을 타고 광장에 나가서 "인민과 자유"(popolo e libertà)에 호소했지만 시민들 중 어느 누구도 호응하지 않았다. 왜냐하면 시민들은 메디치 가문의 "재산과 관대함"으로 귀가 멀었고, 자유는 피렌체에 알려지지 않았기 때문이었다(IF VIII. 8). 1478년 파치 가문의 음모는 외양적으로는 귀족(Ottimati)을 통치에 참여시켜서 공화정의 겉모습만 유지하면서 실제로는 군주처럼 행동했던 로렌초에 대한 귀족의 반감으로 일어난 사건이었지만, 오히려 메디치 가문의 권력만 더 강화시키고 말았다(Najemy 2008, 347–8).

마키아벨리의 역사서술 정신

마키아벨리의 정치사상에서 역사는 어떤 의미를 가지고 있을까? 그는 왜 정치에 대한 자신의 주장의 근거로 고대와 당대의 역사적 사례를 자주 제시하고, 또 적지 않은 역사서를 쓰기까지 했을까? 역사 또는 역사연구에 대한 마키아벨리의 입장은 그의 저술의 곳곳에서 찾아볼 수 있지만, 대표작 중의 하나인 『로마사논고』 1권의 서문에서 다음과 같이 말한다.

> 고대의 왕국이나 공화국에서 일어난 가장 귀중한 활동들이 역사책에 잘 기록되어 있는데도 불구하고 왕, 장군, 시민, 입법가들 등 자신의 조국을 위해 노력한 사람들의 활동은 말로만 찬양할 뿐, 본으로 삼지 않는다는 사실에 주목하게 된다. 나는 이러한 세태에 대해 놀라움을 느끼는 동시에 한탄하지 않을 수 없다. … 그럼에도 불구하고 국가의 수립, 정부의 유지, 왕국의 통치, 군대의 조직, 전쟁의 수행, 시민들 간의 법률 집행, 제국의 확장 등에 관해서는 어떤 군주나 공화국도 이제 더 이상 고대의 선례를 참고하지 않는다(D I. pro).

마키아벨리는 현재의 정치와 정부 운영에 있어서 과거의 사례들, 즉 역사에 관심을 돌리지 않는 세태에 안타까움을 금치 못하고 있다. 그런데 당대의 피렌체나 이탈리아 사람들이 결코 역사를 모르거나 읽지 않는 것은 아니었다. 오히려 르네상스의 영향으로 고대 역사와 문화에 대한 사람들의 관심과 독서 열풍은 그 어느 때보다 높았다고 볼 수 있다. 그렇다면 마키아벨리가 왜 위와 같은 한탄을 했던 것일까? 마키아벨리는 다음과 같이 덧붙인다.

> 이러한 현상은 현재의 종교가 이 세상에 초래한 무기력함 또는 많은 기독교 지역이나 도시에서 교만한 게으름이 초래한 해악에서도 비롯되지만, 그에 못지않게 역사책을 제대로 이해하지 못한 결과, 우리가 그 책을 읽더라도 거기에 담긴 참된 의미나 묘미를 제대로 터득하지 못한 데서도 비롯된다고 믿는다. 이로 인해 다수의 독자들은 단지 그 책들이 담고 있는 다양한 사건에 귀를 기울이는 데에만 즐거움을 느끼고, 그것들을 본받으려는 생각은 추호도 하지 않는다. 그들은 하늘, 태양, 원소 및 인간들이 그 운동, 배치 및 능력에서 과거와 달리 커다란 변화를 겪기라도 한 것처럼 과거를 본받는 것은 어려운 일일 뿐만 아니라 불가능한 일이라고 단정한다(D I. pro).

마키아벨리는 이러한 현상이 역사를 단순하게 재미를 얻는 수단으로만 여기는 역사에 대한 사람들의 잘못된 인식에서 비롯되었다고 본다. 마키아벨리는 사람들이 역사적 사실은 많이 알고, 또 과거의 위대한 역사에 경탄을 하지만 그러한 화려하고 영광된 역사가 오늘날 이곳에서 재현될 수 있고, 또 경우에 따라서는 현재가 과거보다 우월할 수 있다(D II. pro)는 생각을 차마 하지 못하는 것이 불만스러웠던 것이다. 마키아벨리가 보는 역사에 대한 사람들의 잘못된 태도의 핵심은 현재에 대한 비관적 인식과 역사의 재현 가능성에 대한 신념 부족이었던 것이다. 역사 (또는 역사연구)에 대한 마키아벨리의 이상은 매우 높았다.

따라서 마키아벨리 역사 서술의 목적은 엄격한 사실 규명이 아니었다. 마키아벨리는 현대 역사가들이나, 또는 친구이자 유명한 역사가였던 귀차르디니(Francesco Guicciardini)와는 다르게 꼼꼼하게 사실을 검증하는 것보다는 정치적 교훈을 찾아내는 것에 더 큰 관심을 가지고 있었다(곽차섭 1983; Gilbert 1977, 137–9; 1984, 246). 그래서 리돌피(Ridolfi 2000, 316)는 마키아벨리가 역사 서술을 통해서 "역사를 관통하는 인간 행위의 규칙성을 찾아내려고 했다는 점에서 역사학보다는 일종의 역사정치학을 추구했다"고 말한다. 그러나 마키아벨리의 이러한 역사관은 딜레마에 직면할 수밖에 없다. 역사로부터 도움이 되는 교훈을 얻기 위해서는 먼저 사실과 사건들의 인과관계를 분명하게 밝혀야 될 것 같은데, 마키아벨리의 태도가 극단화될 경우 자신의 목적을 위해서 역사적 사실을 왜곡할 가능성도 충분히 있기 때문이다.

이 문제와 관련해서 비롤리(Maurizio Viroli)의 다음과 같은 언급은 마키아벨리의 현실주의가 단순하게 사실(facts)의 규명에 머무는 것이 아니라는 점을 알 수 있게 해 준다.

> 정치적 현실이라는 것은 사실들의 합보다 큰 것이며, 오직 해석적 작업을 통해서만 약간이나마 접근할 수 있는, 불확실하고 애매한 징후와 말과 제스처로 이루어진 세계이다. 그는 정치현실을 파악하는 것이 얼마나 어려운 일인지를 잘 알고 있었고, 동시에 진정한 현실주의자, 진정한 정치 지도자라면 새롭고 더 좋은 세상과 생활 방식을 상상할 수 있어야 하고, 그 실현을 위해 단단한 각오와 지혜를 갖고 노력할 수 있어야 한다고 믿었다(Viroli 2014, 52).

우리가 역사적 사실이라고 알고 있는 것이 실제는 사실이 아닐 수도 있다. 실체적 진실이 무엇인지 완벽하게 파악할 수 있는 사람은 없다. 비롤리의 말대로 우리는 역사적 사실을 해석할 뿐이며, 마키아벨리는 해석자의 역할을 충실히 하고 있다고 볼 수 있는 것이다.

역사로부터 현재의 삶에 도움이 되는 실제적인 교훈을 얻을 수 있다는 마키아벨리의 주장은 크게 두 가지 가정, 즉 인간의 열망(desiderii)이나 성향(umori)은 쉽게 변하지 않고(그것은 기본적으로 악하다) 인간의 역사는 종말을 향해서 일직선으로 가는 것이 아니라 오랜 시간을 두고 순환한다는 것이다(Gilbert 1977, 136). 인간 성향의 지속성은 정치 현실 속에서 인간의 행위를 이해하고 예측하는 것을 도와주고, 순환론적 역사관은 현실의 개선 가능성에 대한 희망을 제공한다.

마키아벨리는 홉스(Thomas Hobbes)처럼 완결성을 갖춘 체계적인 사상가는 아니지만, 그의 저작 곳곳에서 "일반적으로"(generalmente)라는 표현과 함께 인간 본성과 행동양식에 대한 나름의 시각을 제시했다. 그러나 인간에 대한 그의 입장은 대체적으로 부정적이다. 『군주론』에서 마키아벨리는 군주가 민에게 "두려움"을 야기하는 것과 "사랑"을 받는 것 중에서, 물론 양자를 다 갖추는 것이 좋겠지만, 만약 하나를 선택해야 하는 상황이라면 어느 쪽을 선택하는 것이 군주 자신의 안위에 유익한지 논하면서 인간 본성에 대해 다음과 같이 말한다.

> 인간은 일반적으로(generalmente) 감사할 줄 모르고, 변덕스러우며, 가장하고, 위험을 피하려 들며, 이익을 탐한다고 말할 수 있기 때문이다. 당신이 그들에게 이익을 줄 경우, 내가 위에서 말 한대로, 그것의 필요가 아직 없을 동안에는 피, 재산, 목숨, 자식까지 주려고 할 정도로 당신의 편을 든다. 하지만 정작 그럴 필요가 가까워지면 반역한다(P 17).

마키아벨리가 보기에 인간은 "아버지의 죽음"보다 "재산의 손해"를 더 오랫동안 기억하는 탐욕스러운 존재인 것이다. 이렇게 이기적인 것을 기본적인 특성으로 하는 인간의 성향은 또한 잘 변하지 않는다. 마키아벨리는 모든 "도시"와 "인민"뿐 아니라 "가문"들은 저마다의 오래된 습성과 성향을 지니고 있다고 주장한다(D I. 39, III. 43, 46). 그렇기 때문에 과거를 면밀하게 고찰하면 미래를 쉽게 예측할 수 있다. 이와 관련해서 마키아벨리는 『로마사 논고』에서 다음과 같이 말한다.

> 과거의 사건들을 부지런히 검토하는 자는 쉽게 모든 나라에서 일어나는 미래의 사건들을 예견하게 된다. 그리하여 그는 고대인들이 사용한 치유책을 미래의 일들에 적용할 수 있고, 만약 그런 것을 발견할 수 없으면 사건의 유사성에 착안하여 새로운 치유책을 고안해 낼 수도 있다. 그러나 이러한 통찰이 식자들에 의해 무시되거나 이해되지 않기 때문에, 아니면 이해된 경우에도 통치자들에게는 알려지지 않기 때문에 어느 시대건 동일한 분쟁이 반복해서 일어나게 마련이다(D I. 39).

역사의 순환에 대한 마키아벨리의 생각은 그리스 역사가인 폴리비우스(Polybius)의 순환사관의 영향을 많이 받았다. 폴리비우스는 르네상스 시기에 피렌체에서 널리 읽혔던 『역사』에서 정치체제에는 좋은 정체인 군주정, 귀족정, 민주정과 각각에 상응하는 나쁜 정체인 참주정, 과두정, 폭민정이 존재한다고 가정한다. 그리고 그는 자연상태에서 힘세고 용감한 자를 우두머리로 삼는 군주정[16]이 처음 등장한 이후 차례대로 참주정, 귀족정, 과두정, 민주정, 폭민정이 이어지고, 다시 군주정으로 돌아가서 위와 동일한 순환을 한다고 주장한다(Polybius 2010, 372-8). 마키아벨리는 『군주론』에서는 정치체제를 군주정과 공화정으로 구분했지만, 『로마사 논고』에서는 폴리비우스의 분류법을 따랐던 것이다(D I. 2).

그러나 마키아벨리의 역사관은 어차피 시간이 흐르면 쇠퇴기가 지

16) 폴리비우스는 정확하게는 민의 동의에 의해서 선출되는 일인정(monarchy)과 세습되는 왕정(kingship)을 구분하고, 일인정이 먼저 나타난 다음에 이것이 왕정으로 변한다고 본다.

나가고 다시 부흥과 번영의 시기가 도래할 테니 그냥 앉아서 기다리면 된다는 수동적인 숙명론은 아니었다. 역사의 순환에 대한 믿음은 자신의 시대가 그 어느 때보다 더 비참한 쇠퇴기라고 보았던 마키아벨리에게 희망의 단초가 될 수 있었다. 그는 폴리비우스의 정체순환론을 따르면서도 여러 정체의 장점들을 섞은 혼합정(governo misto)을 통해서 각 정치체제의 단점을 극복하고 정치체제 순환의 고리로부터 벗어날 수 있다고 보는 것이다.

피렌체 정체개혁은 어떻게 가능한가?

마키아벨리의 역사 서술은 역사를 단순히 흥밋거리로만 보지 않고 그 속에서 현실에 적용 가능한 교훈을 추구한다. 그는 메디치 교황이 자신의 책을 통해서 피렌체를 다시 부흥시킬 방안을 찾기를 바란다. 그렇다면 피렌체가 다시 일어서기 위한 묘책은 무엇인가? 이와 관련지어서 『피렌체사』를 읽을 때 길잡이가 될 수 있는 것이 그가 『피렌체사』와 비슷한 시기(1520년)에 쓴 짤막한 글인 "피렌체 정체개혁론"(Discursus florentinarum rerum post mortem iunioris Laurentii Medices)[17]이다. 『피렌체사』와 비슷하게 줄리오 추기경이 교황 레오 10세에게 보여주려고 주문한 것인데, 『피렌체사』보다 더 구체적이고 분명하게 글의 주제에 대한 지침을 받았다. 그것은 바로 교황을 대신해서 피렌체를 통치하던 로렌초 데 메디치(Lorenzo de' Medici, 1492－1519)[18]가 병으로 죽은 이후 피렌체 정체를 어떻게 개혁할지 마키아벨리에게 대안을 제시해 보라고 지시한 것이다(Ridolfi 2000, 296).

---

17) 『피렌체사』를 "피렌체 정체개혁론"과의 관계 속에서 독해하려는 시도는 주르드빅(Jurdvic 2014) 참조. 그는 통상적인 이해와 달리, 두 작품 속에서 드러나는 마키아벨리의 피렌체 정치에 대한 전망은 긍정적이라고 주장한다.

18) '위대한' 로렌초의 아들인 피에로(Piero)의 장남이자 교황 레오 10세의 조카이다. 마키아벨리가 그에게 『군주론』을 헌정했다.

“피렌체 정체개혁론”에서 마키아벨리는 어떻게 하면 피렌체를 좋은 공화정으로 만들 수 있을지를 고민한다. 그의 제안의 핵심은 정부에 가능하면 다양한 세력이 참여할 수 있도록 문호를 넓히는 것이었다. 그는 이를 위한 구체적인 대안으로 사보나롤라 시대인 1495년에 존재했던 대평의회(Consiglio Maggiore)를 다시 열 것을 제안한다. 마키아벨리가 보기에 “다수의 시민들을 만족시키지 않고서는 안정된 정부를 세우는 것은 불가능”해 보였기 때문이다”(Machiavelli 1989, 110).

물론 마키아벨리가 “개방성”을 무조건 옹호하는 것은 아니다. 그는 정치에 있어서 권위(autorità)와 질서(ordini)의 중요성을 잘 알고 있었다. “잘 조직된”(bene ordinata) 공화정이 아닐 경우, 오히려 그 “개방성”이 붕괴를 더 빨리 촉진시킨다고 말한다. 그럴 바에야 차라리 “진정한 군주정”(vera principato)이 나은 것이다(Machiavelli 1989, 106, 110-1). 마키아벨리의 주요 저작들인 『군주론』, 『로마사논고』, 『피렌체사』는 결국 같은 방향을 바라보고 있다. 피렌체를 어떻게 하면 법과 제도가 잘 갖춰지고, 시민들이 상호 공존하는 좋은 도시로 만들 수 있는지에 초점이 맞춰져 있는 것이다.

어떤 인물이나 세력도 상대방을 철저하게 배제하고 권력을 독점하려고 하면 오히려 또 다른 분열과 파벌을 양산하게 되고, 도시에는 분란이 끊이지 않게 된다. 일시적으로 권력을 잡은 쪽도 평화와 안정을 제대로 누리지 못하고 늘 불안에 떨 수밖에 없다. 상대방을 제거해서 권력을 독점하는 것이 아니라, 다양한 세력의 서로 다른 성향이 적절하게 균형을 이루고 상호 공존하는 것이 건강한 정치 공동체의 특징이다(김경희 2010, 2012). 정치에서 권력의 영원한 독점은 바람직하지도, 가능하지도 않다. 이것이 마키아벨리가 『피렌체사』를 통해서 말하고 싶어하는 핵심 주장이다.

옮긴이의 말

이번 마키아벨리 『피렌체사』 번역은 정치학계와 역사학계에서 오랫동안 그 필요성에는 공감하지만, 방대한 분량과 원어의 난해함으로 인해 쉽게 나서지 못했던 작업을 시도했다는 데 큰 의미가 있다고 할 수 있다. 또한 마키아벨리에 대한 대중의 관심이 늘고 있는 상황에서 그동안 비교적 덜 알려진 마키아벨리의 또 다른 주요 저작을 소개한다는 것에 역자로서 큰 보람을 느낀다.

우선, 번역 텍스트로 삼은 원서와 번역할 때 참고한 다른 언어의 책은 다음과 같다.

원서: Machiavelli, Niccolo. 2010. *Opere Storiche*. A cura di Alessandro Montevecchi e Carlo Varotti, Coordinamento di Gian Mario Anselmi(2 tomi). Roma: Salerno Editrice.

영역본: Machiavelli, Niccolo. 1988. *Florentine Histories*. Laura Banfield and Harvey Mansfield, trans. Princeton: Princeton Unversity Press; Machiavelli, Niccolo. 1989. *Machiavelli: The Chief Works and Others*, Vol. 1. Allan Gilbert, trans. Durham and London: Duke University Press.

독어본: Machiavelli, Niccolo 1993. *Geschichte von Florenz*. Mit e. Nachw. von Kurt Kluxen. Aus d. Ital. übertr. von Alfred von Reumont. Zürich: Manesse Verlag.

번역작업은 1~4권(번역본 1권)은 신철희가, 5~8권(번역본 2권)은 김경희가 담당했다. 각자 초벌 작업을 한 후 상대방의 원고를 교차 검토해서 용어와 문장을 통일하고, 번역책임자인 신철희가 최종적으로 글을 가다듬었다. 번역을 위한 원서를 고르는 데도 신중을 기했다. 전문연구자와 일반독자 모두에게 마키아벨리의 대작을 좀 더 친절하게 안내하기 위해 최근 연구성과를 반영한 각주를 풍부하게 싣고 있는 이탈리아 국가공인 판(Edizione Nazionale)인 Salerno(2010) 출판사의 책을 선택했다. 역자들이 내세울 수 있는 이번 번역의 가장 큰 장점 중 하나가 바로 번역에 포함시킨 2천 8백 개에 가까운 각주라고 할 수 있다. 원서에는 더 자세하고 많은 각주가 있지만, 지면의 한계를 고려해서 단순히 어휘론이나 서지학적 정보를 담은 각주는 제외했고, 내용이 너무 긴 것은 필요한 부분만 옮겼다. 또한 가능하면 쉬운 표현을 쓰되 학문적으로 중요한 핵심 용어는 원어를 병기하고 번역의 통일성을 유지하려고 노력했다.

번역 과정에 많은 분들의 도움을 받았다. 먼저, 문장을 가다듬고 적절한 대안을 제시해 준 이화여대 박사과정의 구윤정 선생에게 감사를 전하고 싶다. 또한 고전번역의 가치를 인정하고 기회를 제공해 준 한국연구재단과 미진한 원고를 좋은 책으로 만들어 준 박영사에도 감사의 마음을 전한다. 원고를 꼼꼼하게 검토하고 편집을 해 주신 박영사의 양수정 대리에게도 감사를 드린다.

2024년 2월
역자를 대표해서 신철희

참고문헌

곽차섭. 1983. "마키아벨리의 역사사상." 『서양사론』 24집: 1－49.

김경희. 2010. "국가와 공공성－마키아벨리의 stato론." 『정치사상연구』 16집 1호: 76－97.

김경희. 2012. "국가와 공공선/공동선－절대선과 개별선 사이의 마키아벨리." 『정치사상연구』 18집 1호: 33－52.

김경희. 2023. "마키아벨리와 절반의 승리: 『피렌체사』를 중심으로." 『한국정치학회보』 57집 2호: 135－154.

박영철. 1996. "마키아벨리의 시민갈등론." 『동국사학』 30집: 567－594.

신철희. 2009. "스피노자 정치사상에서 '다중'(multitudo): '인민'(populus)과의 관계를 중심으로." 『오토피아(Oughtopia)』 24권 2호: 177－204.

신철희. 2012. "마키아벨리 『피렌체사(Istorie Fiorentine)』 읽기: 파벌과 인민형성." 『정치사상연구』 18집 2호: 61－86.

신철희. 2015. "마키아벨리의 역사사상: 『피렌체사』와 메디치 가문." 『한국정치학회보』 49집 1호: 5－22.

Ackerman, Bruce. 1998. *We the People 2: Transformations*. Cambridge: The Belknap Press of Harvard University Press.

Cabrini, Anna Maria. 2010. "Machiavelli's Florentine Histories." In John Najemy, ed. *The Cambridge Companion to Machiavelli*. Cambridge: Cambridge University Press.

Fontana, Benedetto. 1993. *Hegemony & Power: On the Relation between Gramsci and Machiavelli.* Minneapolis: University of Minnesota Press.

Gilbert, Felix. 1977. *History: Choice and Commitment.* Cambridge: The Belknap Press of Harvard University Press.

Havell, H. L. 2003. *Ancient Rome: The Republic*. London: Gaddes & Grosset.

Hobbes, Thomas. 1998. *On the Citizen*. Richard Tuck and Michael Silverthorne, ed. and trans. Cambridge: Cambridge University Press.

Hume, David. 2006. "Of Parties in General." *Essays Moral, Political and Literary*. New York: Cosimo Classics.

Jurdjevic, Mark. 2014. *A Great and Wretched City: Promise and Failure in Machiavelli's Florentine Political Thought.* Cambridge: Harvard University Press.

Machiavelli, Niccolo. 1989. *Machiavelli: The Chief Works and Others,* Vol. 1. Allan Gilbert, trans. Durham and London: Duke University Press.

Machiavelli, Niccolo. 2000. *Opere di Niccolo Machiavelli*, Vol. 3. A Cura di Franco Gaeta. Torino: Unione Tipografico－Editrice.

Machiavelli, Niccolo 저 · 강정인 · 안선재 역. 2003. 『로마사 논고』. 파주: 한길사.

Machiavelli, Niccolo 저 · 강정인 · 김경희 역. 2008. 『군주론』. 서울: 까치.

Machiavelli, Niccolo 저 · 신철희 역. 2013. 『군주론』. 서울: 책마루.

Momigliano, Arnold. 1986. "The Rise of the Plebs in the Archaic Age of Rome." In *Social Struggles in Archaic Rome*, Kurt Raaflaub, ed. Berkeley: University of California Press.

Najemy, John. 1979. "Guild Republicanism in Trecento Florence: The Successes and Ultimate Failure of Corporate Politics." *The American Historical Review* 84(1): 53－71.

Najemy, John. 2008. *A History of Florence 1200−1575*. Chichester, UK: Blackwell Publishing.

Polybius. 2010. *The Histories*. Robin Waterfield, trans. Oxford: Oxford University Press.

Ridolfi, Roberto 저 · 곽차섭 역. 2000. 『마키아벨리 평전』. 서울: 아카넷.

Rodgers, Nigel. 2003. *The History and Conquest of Ancient Rome*. London: Herman House.

Viroli, Maurizio 저 · 김동규 역. 2014. 『How to Read 마키아벨리』. 서울: 웅진지식하우스.

Zmora, Hillay. 2007. “A World without a Saving Grace: Glory and Immorality in Machiavelli.” *History of Political Thought* 28(3): 449−468.

찾아보기

[ㅈ]

[ㅊ]

[ㅋ]

[ㅌ]

역자 약력

김경희

이화여자대학교 정치외교학과 교수이다. 서울대학교 정치학과를 졸업하고, 독일 베를린 훔볼트 대학교에서 마키아벨리 연구로 박사학위를 받았다. 주요 연구 분야는 서양정치사상, 공화주의, 국가론 등이다.
저서로는 『공화주의』(2009), 『공존의 정치』(2013), 『근대국가 개념의 탄생』(2018)이 있고, 역서로는 『공화주의』(공역, 2006), 『군주론』(공역, 2015), 『로마사 논고』(공역, 2019)가 있다.

신철희

경기연구원 선임연구위원이다. 서울대학교 정치학과에서 "마키아벨리와 스피노자의 민(民) 개념 비교연구"로 박사학위를 받았다. 주요 연구 분야는 마키아벨리, 스피노자, 민(民)의 정치사, 지방자치 등이다.
저서로는 『마키아벨리씨, 국가는 누구인가요?』(공저, 2014), 『공화주의의 이론과 실제』(공저, 2019), 『마키아벨리, 리더십을 말하다』(근간)가 있고, 역서로는 『군주론』(2013) 등이 있다.

한국연구재단 학술명저번역총서 서양편 802
피렌체사 1

초판발행 2024년 2월 28일

지은이 Niccolò Machiavelli
옮긴이 김경희 · 신철희
펴낸이 안종만 · 안상준

편 집 양수정
기획/마케팅 노 현
표지디자인 이수빈
제 작 고철민 · 조영환

펴낸곳 (주) 박영사
서울특별시 금천구 가산디지털2로 53, 210호(가산동, 한라시그마밸리)
등록 1959. 3. 11. 제300-1959-1호(倫)
전 화 02)733-6771
f a x 02)736-4818
e-mail pys@pybook.co.kr
homepage www.pybook.co.kr
ISBN 979-11-303-1015-2 94080
979-11-303-1007-7 94080 (세트)

정 가 22,000원

이 책은 2019년 대한민국 교육부와 한국연구재단의 지원을 받아 수행된 연구임(NRF-2019S1A5A7068802)